JN272525

# 争点
# 倒産実務の
# 諸問題

**倒産実務交流会 [編]**

青林書院

## 推薦の辞

1 　大阪弁護士会には，弁護士と研究者が共同して，倒産処理に関する法律上，実務上の問題を研究するという，良き伝統がある。私も，松田安正先生，今中利昭先生，そして，田原睦夫先生，四宮章夫先生の研究会に参加させていただき，非常に多くを学ばせていただいた。そのような事情もあり，平成18年に，木村真也弁護士から，同様の研究会（倒産実務交流会）を発足させるということで協力を求められた際には，二つ返事で引き受けさせていただいた。少しでもご恩返しができれば，これに勝る喜びはない。

2 　本研究会は，平成17年12月に，東畠敏明先生が，「一冨士フードサービス」と「イカリソース」の二つの会社更生事件管財人団に，倒産実務の研究会を発足させるよう提案され，皆さんがこれに応じる形で，同年5月に事務局を立ち上げられ，7月に第1回研究会を開催されたことに始まる。その後，弁護士の会員が増え，さらには大阪地裁第6民事部（倒産部）の裁判官有志，大学の倒産法研究者，金融実務家の皆様にもご出席いただけることとなり，一大研究会を形成するに至った。銀行法務21の「大阪倒産実務交流会」の表題（ちなみに通天閣の写真付である）も，多くの方が目にしておられることと思われる。

3 　さて，本研究会の運営は，3ヶ月単位のスケジュールで行われている。まず，最初の月に，研究会の準備として，佐々木豊法律事務所において，報告予定者が実務交流会の幹事らと検討会を行う。我々は，これを「準備会」と呼んでいる。第2の月に，本研究会が開催される。そして，最後，第3の月に，報告者と実務交流会の幹事らが，やはり佐々木豊法律事務所において，銀行法務21に掲載する論文原稿の検討会を行う。これは「検討会」と呼ばれている。その後，論文が掲載されれば，当該プロジェクトは無事終了となる。

4 　研究報告のスタイルには，1つのルールがある。それは，実務の研究に加え，具体的な事実の中で，あるいは具体的な実務処理において，理論を

検討するということである。あるいは理論がどのように機能するかを示すことである。これは、実務と理論の融合をより強化しようという意図に基づくものである。

　倒産処理実務が理論を背景とする場面は、限定的だといわれるかも知れない。しかし、倒産実体法の分野で、理論が重要であることに異論はないであろう。また、それ以外の場面でも、ある手続的な段取り、事業再生のためのスキームなどを法律構成するときには、当該法律規定の理論的理解が不可欠である。また、交渉の過程で、ある規定や制度を武器として使うときにも、それらの理論的理解が必要であろう。さらに、事業再生のためのスキーム自体の作成や、事業譲渡の相手方の決定なども、ビジネスの領域に位置する問題であろうが、ビジネス・スクールで行われているケース・スタディ的な理論分析が可能なはずである。既に、そのような研究は、いくつかなされている。

　他方、倒産処理の現場で理論的検討を行うことが、法理論の形成にとって極めて有益であることは、いうまでもないことである。

　理論と実務の融合の強化は、人的物的資源の有効な活用という観点からも重要である。法律実務の世界にも、法律学の世界にも、多くの有為な人材と多額の資金が投入されている。学界で生み出された法理論と、法律実務とが、別々に存在し、互いに交流を欠き、影響を及ぼし合わず、利用もされないのであれば、そのような社会は非生産的であり、非効率的であるとの批判を免れないであろう。

5　このようなスケジュールと方法論で行ってきた本研究会も、次回で第25回となり、全ての研究会の報告が原稿となったわけではないが、このようにして執筆され、銀行法務21に掲載された論文は、実に22本にのぼるわけである。

　論文のテーマは、倒産処理の手法、倒産処理の機関、倒産処理の費用負担、担保権、保証人の求償権、相殺、契約関係の処理と、倒産処理実務全般に及んでいる。その内容は、現在の倒産処理実務の水準を示すと同時に、理論的にも高いレベルに到達している。論文の多くは、実務家だけでなく、研究者の論文・著作に引用されている。また、論文の中には、今後

の理論の形成を先導すると思われるものも，存在する。さらに，論文の中には，最高裁判所の判決につながったものも，存在する。

6　以上のように，本書は，大阪弁護士会の伝統を承継し，入念な準備と，明確な方法論に基づき，各会員が懸命に執筆した，珠玉の論文集である。ここに，皆様に，是非ともご一読いただきますよう，推薦する次第である。

　　平成24年5月

　　　　　　　　　　　　　　　　　　神戸大学大学院法学研究科教授
　　　　　　　　　　　　　　　　　　　　　中　西　　　正

# はしがき

　本書は，倒産実務交流会における報告者が執筆した論稿と，研究者の方々からいただいた報告者の論稿に対するコメントから成っています。

　倒産実務交流会は，平成18年，神戸大学大学院法学研究科中西正教授のご指導の下，倒産実務に携わる関西方面の中堅・若手の弁護士を主体に発足しました。当時は，バブル崩壊後の怒涛のような不良債権処理がほぼ終息し，平時の経済環境に復したばかりの頃でしたが，一連の倒産法抜本改正からまだ間がなく，倒産手続の理論と実務の運用は試行錯誤の連続でした。

　そのような状況のなか，倒産実務交流会は回を重ねるにしたがって，参加者の輪が金融実務家からベテランの弁護士まで拡がり，加えて大阪地裁第6民事部（倒産部）の裁判官有志，大学の研究者の方々のご出席をいただいて，レベルの高い多彩な議論の場が実現するようになりました。報告者が，倒産実務交流会における議論を踏まえて執筆した論稿は，銀行法務21に掲載させていただきました。本書は，各執筆者が銀行法務21掲載後の判例などを補充してまとめた論稿と研究者の方々からいただいた報告者の論稿に対するコメントから成っています。

　倒産実務交流会は，基本的に報告者が経験した事例を基礎に，倒産実務に密着した問題意識からテーマを選択して議論を展開しています。そのため，本書の内容も，倒産処理の手法，管財人・保全管理人の地位と職務，担保権，保証人の求償権，相殺，契約関係の処理など，実務的な問題意識に支えられて多岐にわたっています。いずれのテーマについても，倒産実務交流会において，研究者の方々から理論的な視点に基づいた背景の解説と問題点に関する鋭い分析をいただきました。その結果，報告者が実務的な発想と理論的な発想の両面からの議論を踏まえて執筆した論稿と，研究者の方々からいただいた明快かつ簡潔なコメントは，非常に興味深くユニークな内容になったと自負しております。

　一連の倒産法抜本改正からほぼ10年を経た現在，関係者の方々の様々な努力により，倒産手続の理論と実務の運用は概ね安定してきました。しかし，

少子高齢化とデフレ経済が進行するなか，リーマンショック，ユーロ危機，東日本大震災，福島原発事故など，100年に1度の危機が頻発する近年の経済・社会環境は，著しく変動しています。そこで，倒産手続の理論と実務の運用も，絶え間なく変動する環境に適応するため，倒産法の新たな改正も視野に入れながら，創意工夫を重ねてさらに進化していく必要があります。

　本書が，今後，ますます混迷を深める経済・社会環境のなか，倒産手続の理論と実務の運用の発展の一助になれば，幸いです。

　最後に，実務家弁護士に対し熱心にご指導いただいた中西正教授，論稿の掲載をご快諾いただいた銀行法務21編集部の皆様，また本書の出版に多大なご尽力をいただいた青林書院の宮根茂樹氏に深く感謝する次第です。

　平成24年5月

倒産実務交流会
幹事　弁護士　中井　康之
幹事　弁護士　佐々木　豊
幹事　弁護士　石井　教文
幹事　弁護士　木村　真也
幹事　弁護士　中嶋　勝規

# 凡　例

(1) 叙述は，原文引用の場合を除いて，原則として常用漢字，現代仮名遣いによった。ただし，数字は原文引用中においても算用数字を用いた。
(2) カッコ内における法令名は，原文引用の場合を除き，原則として，次のように表した。
   (a) 主要な法令名は，後掲の「法令名略語例」により，それ以外のものはフルネームで表した。
   (b) 複数の法令条項を引用する際，同一法令の場合は「・」で，異なる法令の場合は「，」で併記した。それぞれ条・項・号を付し，原則として，「第」の文字は省略した。
(3) 主要な判例集や雑誌等の名称は，後掲の「判例集・雑誌等略語例」により，それ以外のものはフルネームで表した。

## 【法令名略語例】

| | | | |
|---|---|---|---|
| 会 | 会社法 | 不登 | 不動産登記法 |
| 会更 | 会社更生法 | 民 | 民法 |
| 会更規 | 会社更生規則 | 民再 | 民事再生法 |
| 破 | 破産法 | 民執 | 民事執行法 |

## 【判例集・雑誌等略語例】

| | | | |
|---|---|---|---|
| 民録 | 大審院民事判決録 | 金判 | 金融・商事判例 |
| 民集 | 最高裁判所（大審院）民事判例集 | 金法 | 金融法務事情 |
| | | 銀法 | 銀行法務21 |
| 刑集 | 最高裁判所（大審院）刑事判例集 | ジュリ | ジュリスト |
| | | 曹時 | 法曹時報 |
| 裁判集民 | 最高裁判所裁判集民事 | 手研 | 手形研究 |
| 高民 | 高等裁判所民事判例集 | 判時 | 判例時報 |
| 東高民時報 | 東京高等裁判所民事判決時報 | 判タ | 判例タイムズ |
| | | 判評 | 判例評論 |
| 下民 | 下級裁判所民事裁判例集 | 法協 | 法学協会雑誌 |
| 行集 | 行政事件裁判例集 | 法時 | 法律時報 |
| 労民 | 労働関係民事裁判例集 | 民研 | 民事研修（みんけん） |
| | | 民商 | 民商法雑誌 |

## 編集者・執筆者紹介

### 編集者

| | |
|---|---|
| 中　西　　　正 | 神戸大学大学院法学研究科教授 |
| 中　井　康　之 | 弁護士（堂島法律事務所） |
| 佐々木　　　豊 | 弁護士（佐々木豊法律事務所） |
| 石　井　教　文 | 弁護士（弁護士法人大阪西総合法律事務所） |
| 野　村　剛　司 | 弁護士（なのはな法律事務所） |
| 木　村　真　也 | 弁護士（はばたき綜合法律事務所） |
| 中　嶋　勝　規 | 弁護士（アクト大阪法律事務所） |
| 堀　　　政　哉 | 弁護士（堀政哉法律事務所） |

### 執筆者

| | |
|---|---|
| 中　島　弘　雅 | 慶應義塾大学大学院法務研究科教授 |
| 藤　本　利　一 | 大阪大学大学院高等司法研究科教授 |
| 松　下　祐　記 | 千葉大学大学院専門法務研究科准教授 |
| 杉　本　純　子 | 日本大学法学部准教授 |
| 東　畠　敏　明 | 弁護士（東畠法律事務所） |
| 髙　橋　典　明 | 弁護士（髙橋典明法律事務所） |
| 上　田　裕　康 | 弁護士（弁護士法人大江法律事務所） |
| 中　井　康　之 | 弁護士（堂島法律事務所） |
| 増　市　　　徹 | 弁護士（共栄法律事務所） |
| 苗　村　博　子 | 弁護士（弁護士法人苗村法律事務所） |
| 印　藤　弘　二 | 弁護士（はばたき綜合法律事務所） |
| 黒　木　和　彰 | 弁護士（弁護士法人黒木・内田法律事務所） |
| 池　口　　　毅 | 弁護士（弁護士法人大阪西総合法律事務所） |
| 井　上　計　雄 | 弁護士（谷・井上法律事務所） |
| 桐　山　昌　己 | 弁護士（弁護士法人桐山昌己法律事務所） |
| 山　本　健　司 | 弁護士（北浜法律事務所・外国法共同事業） |
| 籠　池　信　宏 | 弁護士（籠池法律事務所） |
| 野　村　剛　司 | 弁護士（なのはな法律事務所） |
| 稲　田　正　毅 | 弁護士（共栄法律事務所） |
| 木　村　真　也 | 弁護士（はばたき綜合法律事務所） |
| 赫　　　高　規 | 弁護士（弁護士法人関西法律特許事務所） |
| 坂　川　雄　一 | 弁護士（はばたき綜合法律事務所） |
| 新　宅　正　人 | 弁護士（新宅法律事務所） |
| 余　田　博　史 | 弁護士（はばたき綜合法律事務所） |
| 大　江　祥　雅 | 弁護士（弁護士法人大江橋法律事務所） |
| 中　西　敏　彰 | 弁護士（北浜法律事務所・外国法共同事業） |
| 堀　　　政　哉 | 弁護士（堀政哉法律事務所） |
| 佐　藤　　　俊 | 弁護士（弁護士法人大江橋法律事務所） |
| 川　口　珠　青 | 弁護士（弁護士法人黒木・内田法律事務所） |

# 目　　次

推薦の辞
はしがき
凡　例
編集者・執筆者紹介

## 第1章　倒産処理の手法

### 第1　ＡＤＲ
・論　　文／事業再生ＡＤＲの手続上の諸問題 ………〔中井　康之〕…… 3
・コメント／プレＤＩＰファイナンスに基づく債権の共益債権化
　　　　　　………………………………………………〔中西　　正〕…… 25

### 第2　赤字第三セクターの処理
・論　　文／第三セクターに関する事業再生の実例と今後の事業再生のあ
　　　　　　り方について　……〔山本　健司＝中西　敏彰〕…… 29
・コメント／赤字第三セクターの債務整理が進まないのはなぜ？
　　　　　　………………………………………………〔中島　弘雅〕…… 43

### 第3　会社分割を用いた事業再生
・論　　文／濫用的会社分割に対する一試論
　　　　　　………………………………〔黒木　和彰＝川口　珠青〕…… 47
・コメント／濫用的会社分割と否認権・債権者取消権
　　　　　　………………………………………………〔中西　　正〕…… 66

## 第2章　管財人・保全管理人の地位と職務

### 第1　保全管理人の地位
・論　　文／倒産手続における保全管理人の地位と事業譲渡
　　　　　　………………………………………………〔髙橋　典明〕…… 75

・コメント／保全管理人による事業譲渡について―会社更生を念頭に―
　　　　　　　　　　　　　　　　　　　　　　　　〔松下　祐記〕……　83

### 第2　破産管財人の職務
・論　　文／破産管財人の源泉徴収義務―大阪地方裁判所平成18年10月25日判決について―　……〔桐山　昌己〕……　87
・コメント／破産管財人の源泉徴収義務　………〔中西　　正〕……　100

### 第3　管財人の第三者性
・論　　文／将来債権譲渡の効力と債権法改正―管財人の第三者性の議論との関係も踏まえて　………〔赫　　高規〕……　105
・コメント／倒産法と将来債権譲渡の効力　………〔中西　　正〕……　125

## 第3章　担　保　権

### 第1　先取特権
・論　　文／更生手続下における動産売買先取特権の取扱いについて
　　　　　　　　　　　　　　　　〔池口　　毅＝木村　真也〕……　133
・コメント／更生手続における先取特権保護に関するコメント
　　　　　　　　　　　　　　　　　　　　　　〔中西　　正〕……　146

### 第2　銀行の取立手形と商事留置権
・論　　文／銀行の手形取立金の実体的法律関係と倒産法理
　　　　　　　　　　　　　　　　　　　　　　〔東畠　敏明〕……　149

### 第3　将来債権譲渡担保
・論　　文／将来債権譲渡担保と更生担保権評価……〔籠池　信宏〕……　183
・コメント／将来債権譲渡担保と倒産手続　………〔中西　　正〕……　218

## 第4章　保証人の求償権

### 第1　開始時現存額主義
・論　　文／開始時現存額主義の適用範囲を示した最高裁判決に関する一考　　　　　　　　　　　　　　　　　　〔印藤　弘二〕……　227

- ・コメント／手続開始時現存額主義の意義と弁済充当の合意 ……………………………………………………〔藤本　利一〕…… 241
- 第2　弁済による代位
  - ・論　　文／弁済による代位と民事再生—大阪高裁平成22年5月21日判決の事案から—（附）最高裁平成23年11月24日判決について ……………………………………………………〔野村　剛司〕…… 245
  - ・コメント／財団（共益）債権性・優先的倒産債権性の承継可能性 ……………………………………………………〔中西　　正〕…… 260
- 第3　事後求償権による相殺
  - はじめに ……………………………………………………………… 267
  - ・論　文　1／保証人の事後求償権と相殺—【1】破産手続における事後求償権の属性の観点からの考察 ………〔増市　　徹〕…… 268
  - ・論　文　2／保証人の事後求償権と相殺—【2】相殺権行使の可否の観点からの考察 ……………………………〔坂川　雄一〕…… 276
  - 最　後　に …………………………………………………………… 281
  - ・コメント／委託を受けない保証人の求償権と破産財団に対する債務との相殺の可否 ……………………………〔中西　　正〕…… 283

## 第5章　相　　殺

- ・論　　文／証券投資信託における受益者の破産・民事再生と相殺—名古屋高裁平成24年1月31日判決の検討— ……………………………………………………〔中西　　正〕…… 289

## 第6章　契約関係の処理

### 第1　契約全般

#### I　商取引債権

- ・論　　文／再建型倒産手続における商取引債権保護 ………………………………〔上田　裕康＝杉本　純子〕…… 305

- コメント／再建型倒産処理手続における商取引債権優先的取扱いの根拠
  ……………………………………〔中西　正〕…… 315
- Ⅱ　倒産前に締結された契約条項の拘束力
  - 論　　文／契約自由の原則と倒産法における限界…〔稲田正毅〕…… 319
  - コメント／アメリカ連邦倒産法における ipso facto 条項をめぐる展開素描—管財人による転貸借事例を手がかりに
    ……………………………………〔藤本利一〕…… 331

## 第2　賃貸借契約

### Ⅰ　賃借人の倒産
- 論　文　1／賃借人破産における破産法53条1項による解除の規律
  ……………………………………〔井上計雄〕…… 341
- 論　文　2／敷金の充当関係と充当後残債務の処理について
  ……………………………………〔堀　政哉〕…… 353
- コメント／賃貸借契約と破産手続 ……………〔中西　正〕…… 363

### Ⅱ　賃貸人の倒産
- 論　　文／賃貸人の倒産における敷金返還請求権の取扱い
  ……………………………〔野村剛司＝余田博史〕…… 367
- コメント／賃貸人の倒産と敷金返還請求権 ………〔中西　正〕…… 386

### Ⅲ　不動産信託スキームと倒産
- 論　　文／不動産の流動化における受益者・マスターレッシーの倒産
  ……………………………〔苗村博子＝佐藤　俊〕…… 391
- コメント／「不動産の流動化における受益者・マスターレッシーの倒産」における2，3の問題 ……………〔中西　正〕…… 414

## 第3　請負契約
- 論　　文／公共工事請負人の破産—前払金の帰趨…〔新宅正人〕…… 417
- コメント／公共工事請負人の破産について——前払金の信託と双方未履行双務契約 ……………………………〔中西　正〕…… 431

## 第4　リース契約
- 論　　文／転リース契約への民法613条1項前段の類推適用の可否
  ……………………………………〔大江祥雅〕…… 435

・コメント／ファイナンス・リースの破産法上の取扱い
　　　　　　　　　………………………………………〔中西　正〕…… *444*

倒産実務交流会活動一覧
初出一覧
事項索引

# 第 1 章

# 倒産処理の手法

# 第1｜ＡＤＲ

■論　文

# 事業再生ＡＤＲの手続上の諸問題

弁護士　中　井　康　之

## 1　はじめに

　事業再生ＡＤＲが注目を集めている。事業再生ＡＤＲは，「裁判外紛争解決手続の利用の促進に関する法律」（以下「ＡＤＲ法」という）1条に基づく法務大臣の認証を受け，かつ，「産業活力の再生及び産業活動の革新に関する特別措置法」（以下「産活法」という）48条に基づく経済産業大臣の認定を受けた紛争解決事業者である「事業再生実務家協会」（以下「実務家協会」という）が裁判外で行う，事業再生を目的とした再建計画や債務調整の合意を図るための手続である[1]。

　筆者は，事業再生ＡＤＲの手続実施者として，愛媛に所在した会社[2]と大阪に所在した会社[3]の本手続に関与し，また，マンションデベロッパーである日本エスコン[4]の代理人として本手続を利用した経験をもつ。そこで，事業再生ＡＤＲの特徴を概観したのち（後述2），その手続上の問題点の

---

[1] 山本和彦「事業再生手続におけるＡＤＲ」事業再生実務家協会・事業再生ＡＤＲ委員会編『事業再生ＡＤＲの実践』2頁（商事法務，2009年）。
[2] 持株会社とその子会社3社を対象債務者としたこと，そのうち2社を清算型としたこと，リース債権者を対象債権者としたことに特徴のある事案である。
[3] 正式受理後に民事再生手続に移行した事案である。
[4] 複数の公募社債を発行していたことから，社債権者集会を併用して対象債権者である金融債権者と社債権者を可能な範囲で平等に取り扱った点に特徴のある事案である。本件に関しては，中井康之「事業再生ＡＤＲ手続における公募社債の取扱いをめぐって」伊藤眞ほか監修『新倒産法制10年を検証する─事業再生実務の進化と課題─』402頁以下，中井康之ほか「事業再生ＡＤＲの概要とマンションデベロッパーの事例」仲裁とＡＤＲ6巻50頁以下を参照。

うち，一時停止（後述3），DIPファイナンス（後述4），対象債権者と債務者（後述5），手続移行（後述6）について，問題点の整理を行うものである*5。

## 2 事業再生ADRの特徴
### (1) 私的整理と法的倒産手続のメリットの組合せ

事業再生ADRは，対象債権者の全員同意を前提とする私的整理の一種であるが，他方で，法令等に基づいて一応の手続準則が定められており，私的整理のメリットと法的倒産手続のメリットを生かすことができる仕組みとなっている（QA9問。前記*5参照）。

まず，法的倒産手続とは異なり，対象債権者を金融機関等に限り，商取引債権者を保護していることから，事業価値の毀損を防ぐことができる。また，原則非公開であるから，風評リスクがなく，その点でも事業価値の毀損が相対的に少ない。ADR法，産活法，経済産業省令*6（以下「省令」という），経済産業省告示*7（以下「告示29号」「告示257号」という），経済産業省が事実上承認した手続規則*8（以下「規則」という）等の明確な手続ルールが存在するので，手続の透明性が高く，かつ，手続の進行に対する予測可能性も高い。また，事業再生の経験が豊富な手続実施者が手続全体を主催する点で，手続の公正さが確保できる（手続実施者の資格要件等に関しては告示29号で定められている）。しかも，資産評定に関する評定基準が告示257号として公表され，

---

*5 全国倒産処理弁護士ネットワーク編『私的整理の実務Q&A100問』（金融財政事情研究会）に，事業再生ADRの諸問題が網羅的に整理されている。本文では，「QA○問」として引用する。なお，網羅的な引用はしないが，個々に是非参照されたい。

*6 「事業再生に係る認証紛争解決事業者の認定等に関する省令」平成19年経済産業省令第53号（最終改正平成23年7月14日）。

*7 「事業再生に係る認証紛争解決事業者の認定に関する省令第14条第2項の規定に基づき認証紛争解決事業者が手続実施者に確認を求める事項」平成20年経済産業省告示第29号（最終改正平成23年7月14日），「事業再生に係る認証紛争解決事業者の認定等に関する省令第14条第1項第1号の資産評定に関する基準」平成20年経済産業省告示第257号（最終改正平成21年6月22日）。

*8 事業再生実務家協会の作成している「特定認証ADR手続に基づく事業再生手続規則」をさす。省令及び告示29号が平成23年7月に改正されているが，これに伴う規則の改正は未了である。なお，同規則は未公表であるが，事業再生ADRの手続の透明性と信頼性を確保するためには速やかな公表が望まれる。

それに従った資産評定や目標数字が定められているので、計画内容の適正さと経済合理性が担保されている。

加えて、事業再生計画が対象債権者全員に公平に開示し説明され、対象債権者間の平等性が確保できる。また、事業再生計画については、手続実施者による調査が行われ、その結果が債権者会議で報告される（規則28条・29条）ので、計画内容の公正さが確保でき、しかも、実行可能性が高い。さらに、債権放棄を伴う事業再生計画が成立した場合、債務者・債権者にとって、税務上の処理が明確であり、税務リスクが少ない（ＱＡ84問、85問）[9]。

### (2) 法律上の効果

法律上の効果として、産活法に定めるものとして、特定調停における特例（単独裁判官による調停・産活法49条）とＤＩＰファイナンスに対する一定の保護（再生計画・更生計画において差を設けても衡平を害しない場合に該当する。産活法53条・54条）があり、ＡＤＲ法に定めるものとして、時効の中断（ＡＤＲ法25条）と訴訟手続の中止（ＡＤＲ法26条）がある。

しかし、あくまで事業再生ＡＤＲも私的整理のひとつであるから、債権放棄はもとよりリスケジュールなどの権利の変更については、対象債権者の同意がなければ成立せず、これを多数決で決めることはできず、同意の得られない債権者に対して計画を強制する手段はない。しかも、あくまで「和解」の仲介を行うＡＤＲ手続である以上、対象債権者は、原則として任意に手続から離脱でき（規則26条9項）、法的倒産手続のように手続に拘束させることはできない。

## 3 一時停止

### (1) 一時停止の意義

一時停止とは、債務者が事業再生計画を立案し、これを対象債権者に説明して協議を行い、再生計画に対する全員同意を得るための手続を進める間、対象債権者が個別に権利行使をしないものとすることで、私的整理の土俵を

---

[9] 国税庁文書回答事例平成20年3月25日「特定認証紛争解決手続に従って策定された事業再生計画により債権放棄等が行われた場合の税務上の取扱いについて」を参照。

形成するために極めて重要な意義を有する。

　法的倒産手続の場合は，倒産手続開始の申立てをしたとき，保全の必要があれば，弁済禁止等の保全命令が発令され債権者の個別の権利行使が法的に禁止される。私的整理の場合も，個別の権利行使を許すと手続が混乱し事業価値が毀損し，債務調整をするための計画の立案や協議をすることも不可能となるから，一時停止は事業再生ＡＤＲを行う前提として必要不可欠な仕組みである（ＱＡ32問，33問）。

(2)　**一時停止の通知**

　(a)　「一時停止の通知」の内容　　債務者は，事業再生ＡＤＲの申請が実務家協会に正式受理されたとき，実務家協会と連名で，「一時停止の通知」を発するものとされている（省令７条，規則25条）。

　通知書に記載される一時停止の内容は，「債権者全員の同意によって決定される期間中に債権の回収，担保権の設定又は破産手続開始，再生手続開始，更生手続開始若しくは特別清算手続開始の申立てをしないこと」（省令７条）とされる。この「債権の回収」に相殺が含まれるのか文面上は明らかでないが，相殺も債権回収行為の一態様であるから，「債権の回収」に相殺も含まれると解される[*10]。実務的には，対象債権者に停止を求める「債権の回収」の範囲を明確にする意味で，一時停止の通知には，「債権の回収（相殺を含む）」と明示的に記載すべきであろう。

　このように一時停止の通知に，省令の記載事項を当然に記載するとして，それ以外の事項の記載が禁止されるわけではない。例えば，担保権の実行や強制執行の申立ての可能性があり，このような申立てがあれば円滑な債務調整が困難になると予測されるような場合には，私的整理に関するガイドラインにおける一時停止の通知の場合と同様に，担保権の実行等も停止の対象と

---

[*10]　私的整理に関するガイドラインにおける一時停止の通知書では，①与信残高を減らすこと，②弁済の請求・受領，相殺権を行使するなどの債務消滅に関する行為をなすこと，③追加の物的人的担保の供与を求め，担保権を実行し，強制執行や仮差押え・仮処分や法的倒産手続の申立てを差し控えるように求めており，相殺権の行使も明示されている。

して明記することになろう[*11]（一時停止の具体的内容については後記(3)(b)を参照）。

(b)　「一時停止の通知」の法的効果

(イ)　支払停止・期限の利益喪失事由か　　一時停止の通知は，事業再生計画案の概要の説明のための債権者会議（省令9条。以下「第1回会議」という）の招集通知と合わせて対象債権者に送付されるもので，債務者が事業再生ＡＤＲの手続を行うことを明らかにし，対象債権者に手続への参加を求めるとともに，ＡＤＲ手続の場を設定するために個別権利の行使を自粛することを要請する行為である。

しかし，ＡＤＲ手続を行い，その参加を求めることを対象債権者に表明しても，対象債権者以外の債権者には通常どおりに支払うことを予定し，資力欠乏のために対象債権者に対する支払ができないと表明しているわけではないから，一時停止の通知を発した事実のみでは，倒産法上の「支払停止」に該当せず，一般に銀行取引約定書の期限の利益喪失事由にも該当しない[*12]。

(ロ)　債権者への効果　　一時停止の通知は，対象債権者に個別権利行使の自粛を求めるもので，法的倒産手続における弁済禁止の保全処分とは異なり，対象債権者が当然にこれに拘束されるわけではない。また，一時停止の通知によって当然に期限の利益が付与されるわけではないから，一時停止の通知から第1回会議までに弁済期が到来した債務は，その時点で遅滞に陥ることになる。したがって，対象債権者は，弁済期が到来すれば，一時停止の通知に従うことなく，相殺適状にある反対債務（預金等）と相殺をしたり，債務者に弁済を求めたり，期限の利益を喪失させて，担保権を実行し，倒産手続を申し立てることもできることになる。

---

[*11]　松嶋英機ほか「パネルディスカッション　事業再生ＡＤＲの実践(1)」前掲（＊1）実践169頁〔須藤発言〕，松嶋英機ほか「事業再生ＡＤＲの展望と課題／シンポジウム　運用実務1年をふり返って」事業再生と債権管理128号29頁〔腰塚和男発言〕を参照。なお，その必要性については，債務者と実務家協会（より具体的には手続実施者候補者）と協議することになろう。

[*12]　私的整理に関するガイドラインＱ＆ＡのＱ26参照。伊藤眞「第3極としての事業再生ＡＤＲ」前掲（＊1）実践22頁は，実務家協会が事業再生の見込みの存在と停止の必要性を公証したことから，請求喪失事由である「債権保全を必要とする相当の事由が生じたとき」には該当しないとする。

しかしながら，債務者の申立てを実務家協会が事前審査し，事業再生の可能性があるとしてＡＤＲ手続を開始することとして，一時停止の通知をしたのであるから，対象債権者たる金融機関としては，今後提出される事業再生計画案に同意できるかどうかはともかくとして，ＡＤＲの場において，債務者の事業再生計画案の内容の合理性・相当性を真摯に検討することが期待され，事業再生計画案を検討することなく，手続への参加をただちに拒否することは金融機関のあり方として相当とはいいがたい。

さらに進んで，対象債権者たる金融機関は，事業再生ＡＤＲの手続を尊重する義務があり，一時停止の通知に反して，法的倒産手続を申し立てた場合は，申立ての目的の不当性や誠実性の欠如が問題となり，当該債権者の債権は，法的再建計画において劣後的取扱いを受ける可能性を示唆するとともに，産活法１条に反し「金融機関の法令遵守」に抵触するとする見解もある[13]。

また，第１回会議までに一時停止の通知に従わず，例えば相殺適状にある流動性預金と貸付金を相殺した後，第１回会議で一時停止に合意した場合には，一時停止の通知を遵守した他の対象債権者との平等を図るために，その回復を求めるか，事業再生計画案において相殺分の早期回収を踏まえて弁済計画に差異を設けるなどの手当てをすべきであろう。

**(3) 一時停止の決議**

一時停止の通知を発した日から原則として２週間以内に第１回会議を開催しなければならず（省令７条），第１回会議において，債権者ごとに要請する一時停止の具体的内容及びその期間を決議することになる（省令９条２項３号，規則26条６項２号）。

**(a) 決議の意義** この決議は，対象債権者の多数決ではなく全員同意で成立するものであるが，あくまで各対象債権者と債務者の個別合意の集積である。全員同意を必要とするのは，ＡＤＲ手続を公平かつ円滑に進めるには一部債権者の抜け駆けを認めることができないからである。また，対象債権者はＡＤＲ手続からいつでも離脱できることから，対象債権者間と債務者の

---

[13] 伊藤・前掲（*12）「第３極としての事業再生ＡＤＲ」23頁。

三者契約とはいえないであろう。

決議の効力は，ＡＤＲ手続が終了すれば，決議によって定めた期間（終期）が到来していなくても当然に失われる。一時停止はあくまでＡＤＲ手続の場を設定するための合意であるからである。

(b) 一時停止の具体的内容

(イ) 債権の回収　債権の回収は，債務者に対する元利金の支払請求行為，弁済の受領，預金債務との相殺，その他の債権消滅行為である。

一時停止に同意しても期限の利益を付与するものではないから（後述），弁済期を徒過すれば遅滞に陥るが，一時停止の内容として債権の回収行為ができない以上，その前提となる期限の利益を喪失させる行為（請求喪失の意思表示）もできないと解すべきである。

なお，同意により具体的内容を定めるのであるから，例外は許容される。具体的には，①利息の支払，②固定性預金との相殺，③担保目的物の換価代金の担保権者への弁済などが考えられる。実際，一時停止の内容として貸金元本の弁済のみを禁止し，約定利息の弁済を認めることが通例である[*14]。

このとき対象債権者ごとに貸付金の約定利率は異なるが，一時停止期間中に利払いを認める場合，従来の約定利率で支払うことが多い[*15]。また，預金との相殺（預金による弁済）は原則禁止されるが，担保見合いの固定性預金との相殺を認める場合もありえよう[*16]。その理由として，相殺が予定される預金債務については，早期に相殺するほうが金利負担を軽減でき債務者の資金繰りに資する場合があるからである。

一時停止期間中に担保不動産等を換価した場合に，対象債権者に被担保債権を弁済することは例外的に許されよう。担保権を有する以上，他の債権者との公平を害することはないし，弁済による金利負担の軽減や担保不動産の所有コストを削減することができる場合もあるからである。

---

[*14] 松嶋ほか・前掲（[*11]）シンポジウム29頁〔須藤英章発言〕によると，金利の支払は「例外なく例外にしている」とのことである。

[*15] 対象債権者間の公平を考えると，一時停止の通知後に利息を支払う場合の利率は統一するという考え方も十分にありうるところである。

[*16] 担保性預金（質権の設定した預金・定期預金・積み金等）についても一時停止期間中の相殺・実行を認めず，事業再生計画において相殺を認めた事例もある。

担保物の換価代金の弁済に代えて，換価代金を預金し当該預金に質権を設定し担保変換をする場合もあるが，この場合は，新たな担保設定の例外として許容されよう[*17]。

これら例外は，対象債権者に同意を得る一時停止の内容として具体的に明示しておくべきである[*18]。

　(ロ)　担保の設定　　対象債権者は新たな担保設定（その要求）が禁止される。事業再生計画を立案し，債務調整の同意を得ようとするのに，一部債権者にのみ担保を設定することは債権者間の平等を害するからである。

例外は，一時停止後にＤＩＰファイナンス等の新たな与信行為をする場合に，それと同時交換的に担保を設定する場合である。このとき，ＤＩＰファイナンスの優先的取扱いをするためには，対象債権者全員の同意と手続実施者の確認が必要である（産活法52条，省令17条，規則31条）。しかし，特別の優先性を求めない場合には，同時交換的な担保設定をすることを一時停止の内容（例外）として定めておけば，一時停止期間中に与信行為と引換えに行う担保設定行為に個別同意は不要であろう。

また，前述のとおり，担保目的不動産を売却した場合に，抵当権の解除と引換えに売却代金を預金して当該対象債権者に質権を設定する場合も，一時停止の内容（例外）として定めておけば，担保変換をする場合に個別同意は不要であり，その後の報告で足りよう。

　(ハ)　法的倒産手続開始の申立て　　対象債権者は，一時停止期間中は，破産・民事再生・会社更生・特別清算等の法的倒産手続開始の申立てができない。事業再生ＡＤＲにおいて，私的整理を行うことを合意するのであるから，その手続を進める間は，法的倒産手続開始の申立てをしないことを合意するのは当然であろう。

　(c)　決議の効力　　一時停止の通知に法的拘束力はないが，第１回会議に

---

[*17] 日本エスコンの事例では，担保不動産を売却した場合は，売却代金を預金して質権を設定し，不動産抵当権を預金質権に担保変換した（中井ほか・前掲（*4）57頁を参照）。

[*18] 約定どおりの弁済をするに足りる資金は不足するが，運転資金を超える資金がある場合に，対象債権者の理解を得るために，一時停止期間中に，その資金の一部を債権額プロラタ等の基準で内入れ返済をすることもありうる。

おいて，一時停止の具体的内容と期間を決議したことにより，各対象債権者と債務者の契約としての法的拘束力が生じる。

したがって，対象債権者が一時停止の内容に違反した場合，当該対象債権者は債務不履行責任を負い，当該債権者は原状に回復すべきである。仮に当該債務不履行が理由で事業再生に失敗した場合は，債務者は損害賠償を求めることができる場合もあろう。相殺を含む債権の回収をしない旨の決議が成立したのに，決議に反して相殺した場合，相殺の効力は生じない（民505条2項）。

仮に，その後にＡＤＲ手続から離脱する対象債権者がいても，当該対象債権者も債務者と合意した一時停止の拘束を受けるというべきであり，決議した期間中は決議した内容の行為（債権回収行為・倒産手続の申立て等）をすることはできない。つまり事業再生ＡＤＲの場を破壊することは許されないというべきであろう[*19]。もとより手続が終了しすべての対象債権者との間で一時停止の効力が失われた場合は，その限りではない。

(d) 一時停止の期間の意味　一時停止の決議において，停止する期間を定める。対象債権者は，この一時停止期間中には債権の回収ができず，期限の利益を喪失させることもできないが，明示的な合意がない限り，個々の貸付金の弁済期を一時停止期間の満了日まで猶予したものとまではいえないであろう。したがって，一時停止期間中に弁済期の到来した借入債務は付遅滞となり，遅延損害金が発生し，また保証人の地位には影響せず，保証履行請求も可能となろう。約定利息の支払を決議している場合は，損害金の内金を支払うことになり，その後，事業再生計画が成立すれば，その時点で，遡及して延滞が解消されることになろう。

これに対して，一時停止の決議により，その期間中は期限が付与されたとする見解もある（損害金も発生しない）が，対象債権者としては不作為の約束

---

[*19] 一時停止の決議が当該債権者と債務者との個別合意であるとすれば，ＡＤＲ手続から離脱した以上，当該債権者との間ではＡＤＲ手続における一時停止の決議の効力も消滅するとする見解もありうるが，一時停止の決議は，すべての対象債権者との間でＡＤＲ手続の場を設定するためであるから，ＡＤＲ手続が継続する以上，そこから離脱した債権者との間でも一時停止の効力は継続すると解すべきである。そのように解さなければ，離脱した債権者がＡＤＲ手続の場を壊すことを容認することになるからである。

をしたにとどまり，当事者の合理的意思として，弁済期限を猶予したとまで解するのは無理があるように思われる。

　(e)　一時停止の期間　規則26条6項2号ロは，一時停止の期間を，原則として，事業再生計画案を協議するための債権者会議（省令10条。第2回会議）までとし，第2回会議において事業再生計画案の決議のための債権者会議（省令11条。第3回会議）まで延長できるとする。実際には，第1回会議において第3回会議までと定める例が多い[20]。

　第1回会議で事業再生計画案の概要説明を行い，第2回会議で事業再生計画案について協議し，第3回会議で事業再生計画案の決議をするというスケジュールであるから，手続の円滑な進行及び手続の安定性を考慮すれば，第3回会議まで一時停止を継続することが確定しているほうが好ましい。また，第2回会議までとすると，第2回会議は全員出席が必須の要件ではないので，一時停止の延長決議ができない場合がありうるからである。

　ADR手続の進行状況に応じて一時停止の期間を細かく定めることが合理的な場合もあろうが，手続の安定性と円滑な進行を考慮すれば，特段の事情がない限り，実務的には，一時停止の期間は原則として第3回会議までとするのが相当であろう。

　(f)　決議の手続　第1回会議において，一時停止の具体的内容と期間について，対象債権者全員の同意をもって決議しなければならない（省令9条2項本文，規則26条8項）[21]。

　一時停止の通知後，一時停止に同意せずADR手続に参加しない旨を明確にした対象債権者がいる場合の取扱いが問題となる。それが主要債権者の場合，当該債権者を除外して手続を進めることが不可能であれば，ADR手続を進めることはできないので，手続を終了させることになろう。しかし，当該債権者を除外してもADR手続を進めることができる場合には対象外債権者として手続を進めることになる（規則25条6項・32条1項3号イ）。

　第1回会議の席上において，特定債権者がADR手続に参加しない旨を明

---

[20]　松嶋ほか・前掲（[11]）シンポジウム31頁〔腰塚和男発言〕。
[21]　規則26条8項には，「前項の決議」とあるが，「6項の決議」の誤りと思われる。

らかにした場合，当該債権者を除外しても事業再生計画の遂行に支障を来すおそれがないときは，当該債権者を対象外として手続を遂行することができるが，他の対象債権者としては，特定の債権者を対象債権者から除外することを前提に無条件で一時停止の決議等をすることは困難であろう。そのような場合に，ＡＤＲ手続を直ちに打ち切るのは早計で，例えば，他の対象債権者でいったん決議をしたうえで，一定の期限までに異議を述べた場合は手続を終了させる旨の一種の解除条件付き決議をするなどの工夫が必要となろう。第１回会議において，「反対しない予定であるが，稟議が間に合わず，今日は同意できない」と説明したような場合なども，同様の工夫が必要であろう[22]。

事業再生ＡＤＲはあくまで私的整理のひとつであるから，手続を主催する手続実施者としては，必要に応じて対象債権者の同意を得て，合理的で柔軟な手続運営をすることが望ましい。

(4) プレＤＩＰファイナンス

(a) プレＤＩＰファイナンスとは　事業再生ＡＤＲ手続において，「プレＤＩＰファイナンス」とは，「ＡＤＲ手続の開始から終了に至るまでの間における当該事業者の資金の借入れ」のうち，特定認証紛争解決事業者である事業再生実務家協会が産活法52条に基づいて同条に定める要件に適合することの確認をした借入れをいう（ＱＡ66問）。

事業再生ＡＤＲは，一時停止の通知によって開始するので（規則25条），産活法52条の「開始」とは，一時停止の通知が発せられたときと解される[23]。一時停止の通知後であれば，第１回会議前の借入れも対象となる。「終了」とは，ＡＤＲ手続の終了時期であり，決議が成立したとき，又は，全員の同意が得られず，決議の成立の見込みがなく手続が打ち切られたときである（規則32条１項）。

---

[22] 松嶋ほか・前掲（＊11）「パネルディスカッション　事業再生ＡＤＲの実践(1)」174頁〔溝端発言〕参照。

[23] 小林信明「「ＤＩＰファイナンス」をめぐる諸問題」前掲（＊１）実践141頁も結論として同旨。同小林論文は，「プレＤＩＰファイナンス」の実務上の問題点について網羅的に議論されており，大変参考になる。

確認の対象となるのは，①当該事業者の事業の継続に欠くことができないものとして省令に定める基準に該当するもので，具体的には，決議成立の日までの間における債務者の資金繰りのために合理的に必要なものであり，かつ，弁済期が決議成立後であることと（省令17条1項1号），②当該借入れについて，その時点の他の債権の弁済よりも優先的に取り扱うことについて対象債権者全員の同意を得ていることの2点である（産活法52条）。当該プレDIPファイナンスに優先性を付与することにより，事業再生ADRの開始から終了までのリスク期間中に，事業継続に欠くことのできない資金の新規借入れを誘導しようとするものである。決議の成立により，新規貸付リスクは軽減されるから，それ以降の貸付は，プレDIPファイナンスの対象とはならない。

**(b) プレDIPファイナンスの成立**

(イ) 要 件　　プレDIPファイナンスの要件は，前述のとおり，ADR手続の開始から終了までの間の貸付につき，①事業継続に欠くことができないもので，決議成立の日までの間における債務者の資金繰りのために合理的に必要なもので，かつ，弁済期が決議成立後であること，②優先性の付与について対象債権者全員の同意があることである。

(ロ) 手 続　　プレDIPファイナンスは，対象債権者全員の同意と実務家協会（具体的には手続実施者）の確認が必要であるが，平成23年7月14日改正前の省令17条2項は，「同意」も「確認」も第1回会議に限られていた。しかしながら，第1回会議は一時停止の通知後2週間以内に開催されるのが原則である（規則26条1項）から，借入れを予定する債務者の立場からは，第1回会議までに借入れの金額や条件等を確定することは困難であるし，手続実施者としても要件の充足性を確認するための調査に要する時間が短すぎて同会議で確認することは容易ではない。しかも，かかる状況のもとで対象債権者全員の同意を得るのも困難である。このような状況を踏まえて，同意と確認は第1回会議に限られないという考え方[24]や第2回会議に

---

[24] 小林・前掲（*23）147頁。松嶋ほか・前掲（*11）シンポジウム「事業再生ADRの展望と課題—運用実務1年をふり返って」33頁〔須藤英章発言〕。

おいても，計画案の概要説明をすれば，それは第1回会議の性格を併せ持つので，そこで同意と確認を得ればよいとする解釈論が提示されていた[*25]。

　実務的にも，第1回会議の続会で決議する取扱いや，第1回会議で借入れの概要について決議を得たのち詳細が確定次第，手続実施者が確認して対象債権者に報告するという取扱いがなされており[*26]，省令の改正が期待されていたところ，平成23年7月14日改正により，第2回会議，第3回会議でも同意と手続実施者の確認ができるものとされた（省令17条2項）。

### (5) 「確認」の法的効果

(a) 産活法53条・54条の趣旨　　対象債権者の同意の対象は，プレDIPファイナンスの弁済を，他の対象債権の弁済よりも優先的に取り扱うことについてである。

　プレDIPファイナンスについて，ADR手続で合意の対象となる弁済計画において他の対象債権より優先弁済することは対象債権者の理解が容易に得られるであろう。産活法53条・54条の予定する場面は，ADR手続終了後に法的倒産手続が開始したときである。つまり，再生計画・更生計画においてプレDIPファイナンスに基づく債権と他の倒産債権の権利変更の内容に差を設けた場合に，「確認」のあることを考慮して，倒産裁判所が「権利変更に差を設けても衡平を害しない場合に該当する」と判断して認可できることである（民再155条1項，会更168条1項）。

(b) 優先性の具体的内容　　「他の債権の弁済より優先的に取り扱う」再生計画・更生計画の内容としては，他のADR対象債権も含めてすべての一般債権に優先して弁済する内容（A案）のほか，他のADR対象債権にのみ優先して弁済する内容（B案）や，他の一般債権と同列とし他のADR対象債権のみを劣後させる内容（C案）などが考えられる。

　しかし，C案は，同意した対象債権者のみが劣後する案であり，他の対象債権者が一般債権者の犠牲になるという点で理解が得られ難いであろうし，B案は，プレDIPファイナンスと対象債権の間のみで差を設ける案で，一

---

[*25] 松下淳一「事業再生ADRでの債権者会議をめぐる考察」金法1888号1頁。
[*26] 須藤英章ほか「パネルディスカッション　事業再生ADRの実践(2)」前掲（＊1）実践177頁〔多比羅誠発言〕参照。

般債権に劣後しない点で衡平であるが，プレDIPファイナンスを優先しようとすれば，他の対象債権者は一般債権者より不利益となり，他の対象債権者として受け入れ難いであろう。A案は，他の一般債権者の同意を得ていないのに，それらに優先する根拠が問われることになるが，プレDIPファイナンスが事業継続に必要不可欠な資金であり事業価値の維持に貢献していること等を考慮すれば，すべての債権者の利益のための借入れと評価できるから，他のADR対象債権のみならず一般債権にも優先するA案も許容でき，実際にもA案でなければ円滑なファイナンスは困難となろう[*27]。

次に，A案における優先性の内容・程度が問題となるが，未だその実例が報告されていない。優先性の根拠に照らせば，単に弁済率に差を設けたりするにとどまらず，権利の変更を伴わずに約定どおり優先弁済する計画や担保のある場合には無担保部分を全額弁済する計画も許容されよう。これにより，実質的には次に述べる共益債権としての取扱いにつながることになる。

(c) 共益債権としての計画外の弁済　プレDIPファイナンスは，更生計画等において差を設けるのにとどまらず，法的倒産手続申立後の保全管理人による借入れ（会更128条1項参照）や，裁判所の許可又は監督委員の承認を得た借入れ（民再120条1項）の場合と同様に，倒産手続開始後に，共益債権類似の債権として，計画によることなしに和解契約又は少額債権等として裁判所の許可を得て早期弁済ができないかが検討されてよいであろう[*28]。プレDIPファイナンスが事業再生のために必要不可欠であり，手続実施者により確認を得ていることからすれば，不幸にしてADR手続から法的倒産手続に至った場合でも，そのリスクを最小化する仕組みが具備されていれば，手続中の円滑な資金調達が可能となり，結果として事業再生の可能性を拡大

---

[*27] 山宮慎一郎「事業再生ADR手続のながれ」前掲（*1）実践50頁及び同書で指摘する参考文献。

[*28] 小林・前掲（*23）150頁以下。松嶋ほか・前掲（*11）シンポジウム「事業再生ADRの展望と課題―運用実務1年をふり返って」36頁〔須藤発言〕。松嶋一重ほか「事業再生ADRの展開と課題―金融機関の実務対応―プレDIPファイナンスの留意点」事業再生と債権管理128号16頁。片山英二ほか「日本航空の事業再生プロセスについて」事業再生と債権管理133号160頁によると，JALの事例では，事業再生ADR手続におけるDIPファイナンスは，その後の更生手続において，裁判所の許可を得て共益債権として弁済されているようである。

することになるからである。プレＤＩＰファイナンスを促進させるためにも，法的倒産手続における柔軟な運用が期待される（ＱＡ94問）。

#### (6) 「確認」を受けない開始後の借入れ

ＡＤＲ手続の開始から終了までの間に，運転資金等に充てるために「確認」を受けない新規の借入れが禁止されるわけではない。これら借入れの返済条件は，当該借入契約の定めるところに従うことになり，対象債権と異なる取扱いをすることは禁止されないし，対象債権者の同意が必要となるわけでもない。もとより，不必要な資金の借入れや，対象債権者に不合理な結果となる返済条件等であれば，ＡＤＲ手続による事業再生計画自体に対する同意が困難となろう。

確認を得ていない借入れは，ＡＤＲ手続が終了して法的倒産手続に移行した場合，産活法53条・54条の適用はないから，更生計画等において仮に対象債権より有利な取扱いを定めても，裁判所は，差を設けても債権者間の衡平を害しない場合に該当するか否かを，原則どおりに判断することになる。ただ，この場合も，ＡＤＲ手続開始後に事業継続に必要不可欠な借入れであり，事業価値の維持に貢献し，一般債権者の利益に資するものであれば，「確認」を得ていないという理由のみで，差を設けた計画案が，ただちに付議できないとか，不認可になるということはないと考える。

### 4 対象債権者と債務者

#### (1) 対象債権者の選択における留意点

事業再生ＡＤＲの対象となる債権者（対象債権者）は，基本的に債務者が選択するが，具体的には，①金融機関，②貸金業者（ノンバンク），③前記①及び②に掲げる者からその債権を譲り受け又はその回収の委託を受けた債権回収会社（株式会社整理回収機構を含む），④その他相当と認められる債権者である（規則25条）。対象債権者の範囲を検討すべき場面は，以下のとおりである[*29]。

(a) 金融機関・貸金業者　原則として，すべての金融機関と貸金業者を

---

*29　宮川勝之「事業再生計画策定上の問題点(1)」前掲（＊１）実践98頁以下参照。

対象債権者とすべきであろう。債務者に与信をする立場としては、金額の多寡（メインか非メインか）や業態の相違（銀行かノンバンクか）は基本的に問題とすべきではないであろう。かつては、銀行、信組信金、農協系金融機関、事業系金融機関、政府系金融機関等によって、債権者側もまた債務者側も対応を異にしていたこともある。確かに、資金の性質や体力等に相違のあることは否定できないが、金融面における与信行為としては法的には等質であるから、ＡＤＲ手続においてこれらを区別する合理的理由に乏しい。

債権回収会社や投資対象として債権を買い取った債権者等の場合は、通常の金融機関と異なる投資家としての判断をする場合が少なくないが、対象債権者から除外する理由はないであろう。むしろ、事業再生ＡＤＲに基づく事業再生計画と長い付き合いを求めるよりは、投資効率を優先した判断をすることが少なくないと思われるので、対象債権者の衡平を害さない範囲で、その意図に応じた計画を立案する必要が生じる場合が少なくない。

また、少額の金融債権者の場合、少額であるがゆえに、合理的な判断をすることなく単独行動に走るリスクを抱えていることに留意しつつ、他方で、金融機関としての自覚を促す対応が求められる。

(b)　リース債権者　　リース債権者も、金融に近い与信行為であるから、基本的に対象債権者となりうるが、対象となるリース物件の属性等により、対象債権者に含めるかどうか個別判断が必要となるであろう。事業用設備リースで、事業そのものに対する与信と変わらない事例において、全リース債権者を対象債権者とした事案を手続実施者として経験しているが、早い段階でリース債権者の理解を得ることができた[*30]。

(c)　ゼネコン　　債務者がデベロッパーなどの場合、ゼネコンを対象債権者とすることは十分検討に値する。デベロッパーの法的倒産手続において、土地購入資金を融資した金融機関と建物の建築資金について事実上与信したゼネコンが、土地と建物の価値の配分をめぐって紛争になる場合が多い。事業再生ＡＤＲの場合も同様の利益状況にあるから、開発土地に抵当権等を有する金融機関と建物に商事留置権等を有するゼネコンの利害を調整して事業

---

[*30]　前掲（＊2）の事案。溝端浩人「事業再生ＡＤＲの事例」前掲（＊1）実践78頁。

再生を図るためには，ゼネコンを対象債権者とするのが合理的な場合も少なくないと思われる。

(d) 社債権者　一般に，金融機関が引き受けた私募債は対象債権としていると思われる。公募社債の場合は，その所持者が不明な場合に対象債権とすることは困難であるが，特定の金融機関が所持している場合などでは対象債権に含めることも検討の余地がある。ただ，金融機関の所持する一部の公募社債のみを対象とすることは，他の所持者との関係で公平性を確保できないので，個別同意がない限り，対象とすべきではないであろう。なお，公募社債をADR手続の対象債権としなかったものの，結果的には，公募社債をディスカウントして債務者が買い取ることにより事実上の支援が得られた公表事案がある[*31]。

(e) 事業取引先　個別の事案によっては，商社などの主要仕入先が実質的に金融をしているのと同視できる場合が認められるから，そのような場合は金融機関と同様に対象債権者に含めることはありえよう。ただし，金融機関の場合と異なり，取引の継続が必須な主要仕入先等であろうから，事前に支援を確認できる場合に限定されよう。

## (2) 対象債務者の範囲

対象債権者の範囲の決定と表裏の関係にあるのが，対象債務者の範囲である。

グループ企業の場合，どの範囲の関係会社を対象債務者とするかは，対象債権者の範囲や事業再生計画とも密接に関係することになる。対象債権者の数が増えれば，それだけ全員同意を得るのが困難になるのが通例だから，債務超過でもなく資金繰りも問題とならない関係会社は対象債務者とするまでもないであろう。

また，ADR手続の対象となる親会社が関係会社の債務を連帯保証しており，関係会社の資金繰りに問題がある場合は，関係会社も対象債務者としたうえで，当該債権者を両社の対象債権者として一体的な処理をするのが相当

---

[*31] 日本エスコンの事例。前掲（*4）参照。なお，須藤英章「私的整理か民事再生か」事業再生研究機構編『民事再生の実務と理論』285頁（商事法務，2010年）は，多額の公募社債がある場合は法的手続を選択するしかないとする。

な場合もある。他方，グループ企業の親会社と子会社で対象債権者と保証の範囲が異なる場合，しかも親会社が持株会社にすぎず，収益源は子会社の事業会社である場合，子会社収益の配分（親会社への配当等）をめぐって親と子の対象債権者間の利害相反が先鋭化するときもある。

このように，対象債務者の選択も慎重な判断を要することが少なくない（ＱＡ24問）[*32]。

**(3) 手続開始後の対象債権者の変更**

(a) 一時停止の通知後第１回会議までに特定債権者を対象外とすることの当否　一時停止の通知に対して同意しない債権者を対象債権者から除くことができるのか。例えば，不同意債権者の債権額が少額である，対象債権者に含めなくても計画の立案が可能である，他の債権者への影響が小さい，他の債権者も除外することを理解し同意すると見込まれる場合は，「手続の進行及び債務者の事業再生計画案の遂行に支障をきたすおそれがない」ので，対象債権者から除外することが許容されよう（規則25条6項）。

このとき，第１回会議では，当該債権者を対象外としてＡＤＲ手続を進行させることについて他の対象債権者全員の同意が必要である。

(b) 一時停止の通知後に対象債権者を追加することの可否　何らかの事情で当初は対象債権者に含めなかったが，後日，手続の進行上，ＡＤＲ手続に含めるべき債権者が存在するとき，当該債権者がそれまでの手続進行に同意する限りは，他の対象債権者にとっても不利益はないので，第１回会議以後にＡＤＲ手続の対象債権者に追加することも許されよう（規則29条3項）。

(c) 第１回会議後（一時停止に同意後）にＡＤＲ手続から離脱することの可否　ＡＤＲ手続は，あくまで利害関係者の同意による集団的和解であるから，たとえ，一時停止（ＡＤＲ手続への参加）に同意した債権者であっても，最終的に計画に同意しない自由を有している以上，ＡＤＲ手続中もいつでも手続から離脱することができる（ＡＤＲ法6条12号，規則26条9項，32条1項3号イ）。

対象債権者の一人又は全員が，ＡＤＲ手続から離脱した場合，原則とし

---

[*32] 前掲（*2）の事案。溝端・前掲（*30）77頁，宮川・前掲（*29）106頁。

て，手続は打ち切られ終了する。ただし，「手続の進行及び債務者の事業再生計画案の遂行に支障をきたすおそれがない場合」は，当該債権者が手続から離脱するのみで，手続は終了しない（規則32条1項3号但書）。もとより，一部の対象債権者が手続から離脱することにより，計画に対する他の対象債権者の同意が得られにくくなることは避けられないであろう。それだけに，離脱した対象債権者に対して，約定弁済を認めるのか，個別和解をするのか，特定調停等の申立てをするのか，事案によって適切な対応が必要となろう。

なお，手続から離脱した債権者は，離脱後も，いったん同意した一時停止の合意の拘束力から免れることはできないと解すべきである。つまり，ＡＤＲ手続からの離脱はできるが，ＡＤＲ手続の場の設定に合意した以上，一時停止の効力が失われるまでは，回収行為等はできないというべきである（3(3)(c)参照）。

## 5 手続移行について

(1) ＡＤＲ手続と特定調停

一時停止に同意しない（ＡＤＲ手続に初めから参加しない）債権者がいる場合，手続に参加したが計画への同意が得られる見込みがない場合，第3回会議で決議が成立しなかった場合等は，ＡＤＲ手続を終了させて，対象債権者全員を対象に改めて特定調停を申し立て，調停で計画同意を求めることがある（規則25条7項・30条9項・32条6項）[33]。

また，一部債権者がＡＤＲ手続に同意しない場合，当該債権者をＡＤＲ手続の対象債権者から除外してその余の対象債権者でＡＤＲ手続の決議を得たうえ，他方で，当該債権者のみを相手方として特定調停の申立てをして調停を成立させる場合も想定されよう。ただし，このときは計画内容の同一性が担保しにくいので，ＡＤＲ手続を残し，不同意債権者のみを対象として特定調停の申立てをして，調停裁判所の説得又は17条決定[34]等を利用して同意

---

[33] 須藤英章「私的整理か民事再生か」前掲（[31]）理論287頁によると，産活法49条はかかる事態を想定して立法されたという。
[34] 特定調停に係る事件に関し裁判所がする民事調停法17条に基づく調停に代わる決定のことである。

を得たのち，ＡＤＲ手続の決議を成立させる方法もあろう。

両手続の進行の平仄をどのように合わせるか実務的な問題はあるが，手続実施者の調査報告書等を特定調停においても活用するなどして，2つの裁判外ＡＤＲ手続の活用を工夫することが期待される（ＱＡ93問）。

**(2) 法的手続への移行**

債権放棄を伴う事業再生計画案を提出するとき，計画案において，対象債権者全員の同意が得られない場合や，全員同意を得た事業再生計画に基づくが債務の弁済ができない場合には，債務者は，特定調停，破産，民事再生，会社更生又は特別清算の申立てを行うものと定めることになる（告示29号2条5項）ので，このような場合は，ＡＤＲ手続から法的倒産手続への移行が義務付けられる（ＱＡ93問）。

**(3) 移行場面の課題**

事業再生ＡＤＲ手続から法的倒産手続に移行した場合に，プレＤＩＰファイナンスについては，前述のとおり，産活法53条・54条等の保護があるが，それにとどまらず，ＡＤＲ手続と法的倒産手続の連続性を考えたとき，以下の点を考慮すべきである。

(a) **商取引債権の保護**　ＡＤＲ手続の開始後に商取引を継続することは，客観的には，債務者の事業価値を維持し一般債権者の利益に資すると評価できるから，一時停止後に生じた商取引債権は，法的倒産手続開始後において，裁判所の許可による少額債権の弁済の対象とすることが検討されてよい（会更47条1項5号，民再85条5項参照）[35]。さらには，ＡＤＲ手続の開始と法的倒産手続開始の申立ては同様の利益状況にあると評価できるから，一時停止後の商取引債権は裁判所の許可による共益債権としての保護を検討すべきである（会更128条2項，民再120条1項参照）[36]（ＱＡ95問）。

(b) **ＡＤＲ手続中に成立した預金債権との相殺禁止**　ＡＤＲ手続による一時停止の通知は，倒産法上の支払不能や支払停止等に該当しないが，その後，法的倒産手続へ移行した場合，一時停止の通知後に成立した預金債権と

---

[35] 伊藤眞「事業再生ＡＤＲの展開と課題―民事再生・会社更生との協働を――時停止の機能再考」事業再生と債権管理128号12頁。
[36] 小畑英一「再生債権をめぐる諸問題」前掲（＊31）理論126頁。

対象債権との相殺を許容すべきではない。対象債権者らの全員同意のもとで返済を停止した結果として確保できた預金が，一部の対象債権者の優先回収に充てられるのは対象債権者間の公平を害する。一般財産に取り込むべきであろう（QA52問，98問）。

(c) ADR手続における資産処分等　ADR手続中に，財産を処分し，弁済し，担保を設定する行為等は，ADR手続から法的倒産手続へ移行した場合も，否認対象とならないというべきである。その実質において有害性や不当性はないと判断できるし，公平な手続実施者が主催するADR手続のもとで行われた財産処分等がその後の法的倒産手続で否定されると安心してADR手続を遂行することができなくなるからである。もとより，ADR手続に隠れてなされた意図的な詐害行為や偏頗行為が否認対象となることはいうまでもない（QA97問，99問）。

(d) 私的整理における再建計画案の活用　ADR手続において作成される事業再生計画案は，第3回会議で全員の同意を得ることができなかった場合でも，省令の要件を充足し，公平な手続実施者による検証と確認を経ている（省令13条・14条，告示29号2条，規則28条）ので，法的倒産手続においても活用する余地は十分にあり，不同意債権者が限られる場合，ADR手続における事業再生計画案を活かして更生計画案等をとりまとめ，すみやかに付議し決議することが検討されてよい（QA101問）。

(e) 第三者専門家等の積極的活用　ADR手続から法的倒産手続へ移行した場合，管財人又は監督委員・調査委員が必要となるが，手続実施者を積極的に活用することを検討すべきである[37]。ADR手続後の円滑で迅速な法的倒産手続は，事業価値の維持に資するし一般債権者の利益にもなることが少なくないであろうから，手続主体の変更による時間ロスを少なくすることは重要であろう。また，このような取扱いによって，ADR手続における手続実施者の意見がより尊重されるようになるとともに，対象債権者の大多

---

[37] 私的整理に関するガイドラインにおける専門家アドバイザーを，その後の法的倒産手続における管財人等に活用することについて慎重な意見もある。多比羅誠ほか「私的整理ガイドライン等からの会社更生への移行」NBL886号9頁，難波孝一「『私的整理ガイドライン等からの会社更生への移行』に対する検討」NBL886号17頁。

数が同意した場合に不合理な不同意が無意味になる状況を創出でき，ＡＤＲ手続の成立可能性が高まることが期待される（ＱＡ100問）。

□■

■コメント

# プレDIPファイナンスに基づく債権の共益債権化

神戸大学大学院法学研究科教授 中 西 正

## 1 はじめに

平成12年に民事再生法が施行されると，旧和議法下では弁済禁止保全処分の発令にすら慎重であった裁判所が，大胆かつ果敢に方針を転換し，そのもとで，再生型倒産処理の新しいビジネスモデルが形成されていった。その頃，裁判外の再生型倒産処理は，比較的低調だったのではないだろうか。しかし，民事再生法，さらには会社更生法のもとで，〈再生型倒産〉処理のモデルが確立されると，それが裁判外の倒産処理に適用され，再び私的整理が活発になっていく。今日，事業再生ADRが注目を集めるのも，このような流れのうえにあるように思われる。

事業再生ADRは，全債権者のうちの金融債権者のみを対象とし，債務者の取引関係には触れず，しかも，手続が係属する期間が比較的短いので，企業価値を毀損する程度が低いと思われる。したがって，財務リストラにより生じる全損失が金融債権者だけで負担可能なサイズである（財務状況悪化の程度が低い段階での申立てである）等の条件を満たす場合には，きわめて効果的な事業再生のツールになると思われる。また，成功した事例が積み重なれば，早期の手続開始申立てへの強いインセンティヴとなり，倒産による損失を抑えるという意味で，経済社会全体にも有益な効果をもたらそう。

## 2 プレDIPファイナンスについて

中井論文は，倒産処理の分野でわが国を代表する弁護士の1人である著者が，事業再生ADR実施の際に扱われた問題を検討されたもので，いずれも非常に優れた検討である。中井論文に啓発されて，私も，プレDIPファイ

ナンスに基づく債権の取扱いにつき、若干の意見を述べてみたい。

　倒産手続遂行の費用に該当する財団債権・共益債権が、倒産債権に優先して弁済される根拠は、主として以下の点に求められると思われる。第1に、優先して弁済しなければ倒産手続を遂行することができないからである。例えば、再生手続開始後、再生債務者と取引をした結果生じた債権が、再生債権と同列に扱われるのであれば、誰も再生債務者と取引をしないであろう。これでは、再生手続は成功しない。第2に、倒産債権者は手続遂行の利益を受けるのだから、費用にあたる額は配当原資から差し引かれるべきであろう。

　財団債権・共益債権は、一般に、倒産手続開始後に成立する債権であると理解されているが、以上で述べた根拠論から明らかなように、そのように限定する必然性はない。民事再生法120条1項は、手続開始前に成立する共益債権を規定するが、これはこのような必然性のないことを示す一例である。ただ、その範囲が不必要に拡大されると、倒産債権者の配当原資から差し引く正当化根拠がないものがここに入ってくるので、手続開始前に成立した債権を共益（財団）債権化するにあたっては、不要な出捐をここから排除する（これに含めない）スキームが必要であろう。120条1項の場合であれば、裁判所の許可がこれに相当すると考えられる。

　そして、民事再生手続が廃止されて破産手続（牽連破産）に移行する場合のように、ある倒産手続が別の倒産手続に移行する場合、先行手続の共益債権は、後行手続においても共益（財団）債権として扱われる（民再39条3項1号・2号・252条6項、会更50条9項1号・2号・254条6項）。これも、このようにしなければ、先行手続が効果的に遂行できないし（例えば、再生手続が廃止されると共益債権性が失われるなら、再生手続でＤＩＰファイナンスを得ること等も困難になるであろう）、手続遂行から利益を得る以上、倒産債権者への配当原資からこのような手続遂行の費用を差し引いても、不当ではないからであると、説明することができる、と思われる。

　以上で検討した結果から、プレＤＩＰファイナンスにつき、以下のような結論を得ることができる。第1に、プレＤＩＰファイナンスに基づく債権を、後に続く法的倒産手続において共益（財団）債権として取り扱うことは、

理論的には可能である。共益（財団）債権化しなければ私的再生手続の効果的遂行が不可能となるし，一般に倒産債権者にとって有益である以上（当該場合は成功しなかったわけであるが），それに要した費用を倒産債権者への配当原資から差し引いても不当ではないからである。このような立場からは，対象債権者全員の同意と手続実施者の確認は，共益（財団）債権化を適正な範囲に抑制する判断のスキームであると位置付けることになるであろう。

　第2に，以上のように考えても，事業再生ＡＤＲと後に続く倒産手続の関係は問題である。

　例えば，事業再生ＡＤＲで債務者が支払能力を回復し，その後の原因で法的倒産手続が開始された場合，プレＤＩＰファイナンス上の債権が後の手続で共益（財団）債権化されるのは，正当でないと思われる。そうではなく，実質的に1個の倒産事件の前半を民事再生で，後半を破産で処理した場合に，前半で生じた費用も破産手続の財団債権として支払うことが正当化されるように，実質的に1個の倒産事件の前半を事業再生ＡＤＲで，後半を法的倒産手続で処理した場合に，前者で生じた費用を，後者で共益債権として支払うことが，正当化されると思われるからである。

　このような関連性は，プレＤＩＰファイナンスの期間の短さにより事実上確保されているという見解もあろうが，共益債権とするうえで不可欠な要件であると思われる。

# 第2 | 赤字第三セクターの処理

■論　文

## 第三セクターに関する事業再生の実例と今後の事業再生のあり方について

弁護士　山本　健司
弁護士　中西　敏彰

## 1　はじめに

　財務状況の悪い第三セクターの再生・破綻処理は，各自治体における重要課題である。政府は，総務省において平成15年12月12日に「第三セクターに関する指針の改定について」との通知をしたほか，様々な通知やガイドラインを示すなどしている。また，平成21年6月23日には，総務省において「第三セクター等の抜本的改革の推進等について」との通知を行い，同通知の「第三セクター等の抜本的改革等に関する指針」において，「特に，地方公共団体財政健全化法が平成21年度から全面施行されたことにかんがみ，同年度から5年間で，基本的にすべての第三セクター等を対象として，必要な検討を行い，第三セクター等改革推進債も活用し，存廃を含めた抜本的改革を集中的に行うべきである」と述べるなど，第三セクターの抜本的改革を強く求めた。

　しかし，後述するとおり，現状，第三セクター等改革推進債（以下，「改革推進債」という）が積極的に利用されている状況にはない。そこで，筆者（中西）において関わった特定調停手続，民事再生手続を利用した第三セクターの事業再生例を紹介するとともに，こうした実例を踏まえ，再生可能[1]な

---

[1]　なお，再生可能，再生不可能の判断は，前記「第三セクター等の抜本的改革等に関する指針」別記二「抜本的処理策検討のフローチャート」を参照。

第三セクターについての事業再生のあり方について考察してみる。

## 2 第三セクターの事業再生における特徴・留意点

### (1) 議会との関係

まずはじめに、第三セクターの事業再生における特徴・留意点について言及する。第三セクターの事業再生における難しさの1つに、議会への対応が挙げられよう。当該第三セクターの抜本的処理をすることについて議会の理解を得るためには、十分な根回しや説明が必要となり、当該作業には相当の時間を要する。また、政治的な問題があるため、純粋に経済合理性だけでは納得を得ることが難しい場合もある。さらに、議会の決議を得るに際しては、議会スケジュールも勘案する必要がある。

### (2) 保有資産の評価の問題

第三セクターの保有する資産の評価についても、問題となることが多い。つまり、第三セクターの保有する資産は、公共性があるゆえに、単純に市場価格で評価してよいのか、あるいは公共的価値を織り込む必要性があるのかということが問題となることがある。また、固定資産税評価額との関係が問題となることもある。

### (3) 透明性確保等の必要性

地方自治の本旨からすれば、自治体が出資しており、公共性を有する第三セクターの事業再生については、透明性の確保、住民への各種情報の積極的開示がとくに求められることになる。一方で、情報統制すべき事柄（いまだ協議中、未確定の事柄等）であっても、外部に情報が漏れるケースもみられるので、こうした点については留意が必要である。

## 3 特定調停手続を利用した例──クリスタ長堀㈱

### (1) 概　要

クリスタ長堀㈱（以下、「クリスタ」という）の概要の詳細については、中森亘＝中西敏彰「『クリスタ長堀株式会社』の特定調停による再建事例」事業再生と債権管理120号4頁を参照されたい。

概略としては、平成4年5月、大阪市が8億円（出資比率42.11%）を出資

して設立された第三セクターであり，地下4階式構造物である長堀地下街（愛称：「クリスタ長堀」）及び長堀駐車場，並びに鉄筋コンクリート造地下2階建駐車場である東長堀駐車場を営業していた，というものである。

(2) **手続選択の理由**

クリスタは，開業時の借入金過多による利息の負担，バブル経済崩壊後の景気低迷などにより，平成16年3月期には，債務額が355億円，債務超過額が14億円を超えるに至り，抜本的再建が必要となった。この点，法的倒産手続については，中小事業者が大半を占めるテナントや取引先をはじめとする一般の債権者にも影響が及ぶこととなり，大阪市に対する信用毀損を含め，その社会的影響は計りしれないとされ，地下街自体の事業価値の毀損を回避するという観点から，避けられた。

一方，事業の公共性，大阪市が最大株主であるという事情等から，公平性や透明性等をより確保する必要があった。そこで，裁判所が関与する特定調停手続が選択された。なお，本来，同手続は非公開の手続であり，その進行状況等が必ずしも外部には明らかにならないが，前記の必要性から，むしろ積極的な情報開示に努めることとした。

(3) **再生の経過**

クリスタは，大阪地裁に対し，平成16年11月1日，特定調停の申立てを行った。クリスタは，前記のとおり，地下街及び駐車場の運営を行っていたが，資金繰りの問題，債務免除益の問題等から，駐車場を売却し，その売却代金及び地下街での収益で弁済する計画を立てた。特定調停手続においては，そもそも駐車場を売却するスキームの是非やその価格の正当性が問題となったが，調停期日外における度重なる説明，情報開示，裁判所から選任された中立的な鑑定人による鑑定などにより，最終的には平成17年6月28日の第5回調停期日において特定調停成立に至った。駐車場の譲受先は，大阪市道路公社であった。

## 4 民事再生手続を利用した例——大阪中小企業輸入振興㈱

(1) **概　　要**

大阪中小企業輸入振興㈱（以下，「輸入振興」という）は，平成2年7月に設

立された第三セクターで,大阪市及び同市の第三セクターであるアジア太平洋トレードセンター㈱(以下,「ATC㈱」という)が合計70％以上の出資をしていた。設立目的は,中小企業のATC事業[*2]への参画を促進するため,大阪市の湾岸部にあるアジア太平洋トレードセンター(以下,「ATCビル」という)に中小企業専用ゾーンを設置・運営することにあった。輸入振興の事業は,国の中小企業高度化事業[*3](具体的には輸入品卸売等経営合理化支援事業)として制度化され,大阪府から,長期・低利の高度化資金[*4]融資を受けた。輸入振興の具体的事業としては,中小企業に対する出店スペースの賃貸や,商店経営者や新規開業する者に対して各種の情報提供などを行う商い繁盛館の大阪市からの運営受託であった。

　輸入振興においては,設立以来,赤字経営が続き,平成12年度には黒字となったが,債務超過状態は解消されず,また,金融機関への返済原資も乏しく,経営環境は厳しかった。こうした中,大阪市は,平成17年2月,監理団体の大胆かつ抜本的な改革を着実に実行するため,「大阪市監理団体改革基本方針」を発表した。この基本方針に基づき実施される監理団体改革の客観性や透明性を確保するために設置された大阪市監理団体評価委員会(外部の専門家で構成)により,輸入振興は,「債務超過にあり,今後の収益向上も見込めない状況にあることから,早急に法的整理を検討する必要がある」との評価がなされた。大阪市としては新たに支援を行うことは困難であり,法的整理もやむをえないと判断し,同市より法的整理の手続をとるよう要請がされ,輸入振興は,平成18年1月25日,大阪地裁に対し,再生手続開始の申立てをなし,同月31日に再生手続開始の決定を得た。

(2) **手続選択の理由**

---

[*2] 主として,アジア・太平洋地域との新しいかたちでの交流(人・物・文化)を目指して,大規模国際流通センターをコアとし,アメニティの要素も融合させたアーバンコンプレックスを大阪市湾岸部の咲洲コスモスクエア地区に形成しようとするアジア・太平洋トレードセンター(ATC)構想に基づく事業。
[*3] 中小企業者が事業協同組合等を組織して,工場・店舗の集団化や事業の共同化,協業化等を行ったり,第三セクターなどが施設を整備して,中小企業を支援することにより,経営の近代化・合理化等の体質の改善を図る事業。
[*4] 高度化事業を実施する組合などに対し,大阪府が独立行政法人中小企業基盤整備機構(当時は中小企業事業団)と協力し,長期・低利の条件で融資する資金。

輸入振興の再生手続開始の申立て当時は，同じ大阪市の監理団体である㈱大阪シティドームにおける特定調停手続が不調に終わっていたという状況であり（平成17年10月7日に更生手続開始の申立て），再建スキームとしても，自力再生は不可能であり，すべての事業を譲渡するという抜本的なものであったことから，法的倒産手続が選択された。一方，輸入関係の中小企業の高度化を図る公共性のある事業として，事業自体の継続の必要があるとされたことから，破産手続ではなく，再建型の手続である民事再生手続が選択された。また，破産手続と異なり，民事再生手続においては，輸入振興の資産の評価について，裁判所に選任された評価人による中立的な評価が可能であったことも，民事再生手続が選択された一因であった。

### (3) 再生の経過

　輸入振興はATCビルの一部の床を所有し，かつ，全事業をATC㈱に委託しており，ATCビルにおける事業は同社による安定的な一括管理がなされていたことから，輸入振興の全事業をATC㈱に譲渡することが最善の再建スキームであると判断され，当該スキームを前提に，譲渡価格の相当性を確保することを重要課題として手続を遂行した。

　具体的には，財産評定に関し，事業譲渡対象資産について，民事再生法124条3項に基づく評価人の選任を受けた。かかる裁判所が選任した評価人による中立的な評価により，輸入振興の所有する不動産の譲渡価格の正当性を確保しようとしたものである。輸入振興については，全事業をATC㈱に譲渡することが予定されていたことから，当該評価命令において，民事再生規則56条1項但書の基準（継続企業価値基準）により評価することとされた（なお，参考価格として，同項本文の基準（処分価値基準）による価格も出されている）。

　そして，ATC㈱への譲渡対価は，当該評価命令に基づく価格とし[*5]，担保権者に対しては，参考価格として出された処分価格を提示することとした。その後，担保権者とは別除権協定締結が困難となったため，担保権消滅の許可の申立てを行うこととなり，さらに，この許可の決定に対して担保権

---

＊5　ただし，民事再生法150条2項に基づく決定がなされた場合で当該価額が前記の同法124条3項に基づく評価人が出した参考価格（処分価値基準）を上回ったときは，当該差額を価格に上乗せすることとした。

者より価額決定の請求がなされたところ、民事再生法124条3項に基づく評価人と同じ鑑定士が選任され、同条項に基づく評価命令の評価時である開始決定時点から同法150条1項に基づく評価命令の評価時に時点修正された価格にて評価がなされた。当該価額決定確定後、輸入振興はＡＴＣ㈱に対して事業譲渡を行った。

## 5 実例を踏まえた今後の事業再生のあり方について
### (1) 改革推進債の利用状況及びその問題点
**(a) 第三セクター経営破綻の状況** 総務省の調査結果[*6]によると、平成21年3月31日現在で、第三セクターの全国総数は、7535法人（前年比151法人減）で、調査対象6238法人のうち、3924法人（62.9％）が黒字、2314法人（37.1％）が赤字、負債が資産を上回っている法人は341法人で全体の5.5％、負債が超過している額は2294億円となっている。

実に、全国の第三セクターの概ね3分の1が経営赤字の状態にあり、5％強は債務超過の状態に陥っている。また、金融機関からの借入れに関して、地方公共団体が金融機関等と締結している損失補償契約に係る債務残高を有する第三セクターは465法人（7.5％）であり[*7]、この第三セクター465法人についての損失補償契約に係る債務残高[*8]は、計1兆8306億円[*9]（1法人あたり平均約40億円）である。ところが、破綻した第三セクター等（地方三公社を含む）についての法的整理ないし特定調停が行われた実績は、各地方自治体の首長に対し、「経営改善の困難な第三セクターについては、積極的に法的整理実施の判断をすべき」との自治財政局長通知[*10]が出された平成15年度の26件（清算型11件、再建型7件、特定調停8件）をピークに、以後、年間20件以下で推移し、平成20年度は14件（清算型3件、再建型11件）にとどまっており、経営破綻の実態からすると、いかにも少ない状況にあった。

---

*6 総務省「第三セクター等の状況に関する調査結果」（平成21年12月25日）参照。
*7 一方、地方三公社では767法人（66.8％）と、その割合が非常に高くなっている。
*8 地方三公社では5兆6478億円となっており、地方三公社の債務残高合計に占める割合は75.5％となっている。
*9 内訳は、社団法人・財団法人は1兆4692億円、会社法人は3614億円となっている。
*10 総務省自治財政局長通知「第三セクターに関する指針」（平成15年12月12日）。

(b) 改革推進債の創設　その背景には，赤字第三セクターの事業整理・再生が行われると，金融機関の損失の確定により自治体の支払義務が顕在化し，自治体において損失補償の履行を余儀なくされるため，その財政的負担に耐えられない自治体については，赤字第三セクターの早期の抜本的な改革（債務整理）が要請されるものの，先送りせざるをえない，といった実情が存した。こうした実情を背景に，「5年以内の抜本的改革」を期待する5年の時限立法（平成21年度から25年度までの時限措置）として地方財政法が改正され（平成21年3月31日公布，4月1日施行），第三セクター等の整理・再生のための一定の経費を地方議会の議決，総務大臣又は都道府県知事の認可等の手続を経て，地方債の対象とすることができることとされた。

こうした特別措置は，自治体が損失補償を行っている法人の法的整理（民事再生，会社更生，破産，特別清算など），（特定調停又は）私的整理（私的整理ガイドライン，事業再生ＡＤＲ，ＲＣＣ企業再生スキーム，中小企業再生支援協議会スキーム）を行う際に必要となる当該損失補償に要する経費（短期貸付金の整理に要する経費を含む）を対象としており，これらについての財政的裏付けができたことにより，損失補償契約のある第三セクターについても，法的倒産手続も債権放棄を伴う私的整理もできるようになるものと大いに期待された。

(c) 改革推進債の利用状況　ところが，総務省の発表によると，導入後1年間（平成22年3月31日現在）の改革推進債の利用状況は，**図表1**[11]のとおりであり，9の自治体が計約384億円の起債の許可を受けたにすぎない。しかも，そのうち，第三セクターの損失補償に関する起債は，図表1の「第1－2.」と図表1の「第2－1.」の2つの自治体分にとどまり，その他は，病院，土地造成，土地区画整理といった事業の会計，特別会計の廃止に要する経費に関するものである。本項の冒頭でみた，経営不振，債務超過状態にある全国の第三セクターの数及びそれに対する自治体の損失補償額からすれば，改革推進債の導入1年目ということを割り引いても，十分な活用がなされているとはいいがたい。

---

*11　総務省・報道資料「平成二一年度一般事業（第三セクター等改革推進債）の起債に係る許可及び同意」（平成22年3月31日）より。http://www.soumu.go.jp/menu_news/s-news/27255.html

**図表 1**

```
第1　都道府県・指定都市分
  1．長野県（6,400.0百万円）
    「病院事業会計」の廃止に要する経費
  2．大阪市（16,400.0百万円）
    「㈱大阪ワールドトレードセンタービルディング」の事業の再生に伴う
    損失補償に要する経費
第2　市町村分
  1．北海道稚内市（1,762.6百万円）
    「㈱稚内シーポートプラザ」の清算に伴う損失補償に要する経費
  2．青森県むつ市（1,367.9百万円）
    「用地造成事業会計」の廃止に要する経費
  3．千葉県東金市，山武市及び九十九里町（1,207.0百万円）
    「組合立国保成東病院」の廃止に要する経費
  4．大阪府松原市（3,216.4百万円）
    「病院事業会計」の廃止に要する経費
  5．大阪府泉佐野市（6,575.0百万円）
    「宅地造成事業会計」の廃止に要する経費
  6．香川県観音寺市（185.0百万円）
    「産業団地造成事業特別会計」の廃止に要する経費
  7．香川県坂出市（1,300.0百万円）
    「土地区画整理事業特別会計」及び「臨海部土地造成事業特別会計」の
    廃止に要する経費
```

　この点，すでに平成21年秋の段階で，民間のシンクタンクにより，損失補償している自治体等へのアンケート調査結果に基づいて，「償還の負担が重いため，推進債を活用すると財政健全化指標が赤信号になる自治体も存在。財政健全化の趣旨を歪めることは厳に慎みつつも，改革が進むように償還期限の延長や交付税措置の充実なども視野に入れた検討の余地あり」「財政健全化指標である『将来負担比率』は，三セク等の改革の必要性を顕在化させるには不十分。三セク等の破綻時における自治体財政に与える影響の大きさ

など，危険性を具体的に示す新たな指標によって改革機運を醸成する必要あり」などといった提言も公表[*12]されていた。結局，図表１の「第１−２．」の㈱大阪ワールドトレードセンタービルディングの164億円[*13]もの起債は，体力を有する大阪市ゆえ実現されたものといえ，税収減を背景に体力のない自治体は，改革推進債の利用につき，二の足を踏んでいるのが実情のようである。

(2) **前記の事例において事業再生が進められた要因**

一方，改革推進債の創設以前であっても，クリスタ及び輸入振興において事業再生が進められた要因としては，①大阪市において，監理団体の大胆かつ抜本的な改革を実行するという方針が打ち出されていたこと，②大阪市において，このような処理をするだけの体力があったこと，③処理時点において当該会社の債務に対して大阪市による損失補償がなされていなかったこと，④住民訴訟など住民による適切な監視がなされており，不当な延命措置を行うことが困難であったことなどが挙げられよう。しかし，自治体において，こうした体力のない場合，改革推進債が導入されても，財政健全化団体に陥ってしまうことを避けたいために，なかなかこれを利用して抜本的対策をとることができないのが現状のようである。結局，第三セクターの破綻処理の方法の選択においては，こうした現状を前提に臨まざるをえず，政府においても，この現状を踏まえた第三セクターの事業再生を促す，さらなる施策が必要であろう。

(3) **破綻した第三セクターを再生するための方法の選択**[*14]

(a) 特定調停手続の利用　　これまで，法的倒産手続が利用された案件のほとんどは，自治体の損失補償がついていない案件である。一方，損失補償

---

*12　㈱日本総合研究所平成21年11月4日付けニュースリリース「地方自治体における第三セクター等改革推進債の活用意向について」。http://www.jri.co.jp/company/release/2009/091104/
*13　大阪市の発表によれば，大阪市が履行することとなった損失補償額は約424億円であり，そのうち164億円について，改革推進債が活用されたとのことである。http://www.city.osaka.lg.jp/port/page/0000074393.html
*14　本稿の検討にあたっては，中島弘雅「第三セクターの法的整理・特定調停の事例」宮脇淳編『第三セクターの経営改善と事業整理』148頁以下（学陽書房，2010年）を参考とさせていただいている。

がついているケースは，第三セクターにおいて法的倒産手続を利用し，金融機関の損失が確定すれば，自治体においてその損失額を一括にて支払わなければならず，その負担は大きい。そのため，特定調停手続は，自治体本体への影響を極力抑えつつ，金融債権者への弁済を継続（長期分割）していく方法としての意義があった。しかし，同手続は，担保目的物の評価が問題となると，担保権者を含めた「全員同意」を得るのが厳しいという点が最大のネックであり，また，金融債権者への弁済期間も30年から40年という長期弁済となると，計画遂行の蓋然性が弁済期間のより短い再建型法的整理手続と比べて劣ることから，2次破綻・住民訴訟のリスクもある。さらに，改革推進債の利用によって自治体の損失補償の履行のための資金手当てがなされるのであれば，同手続の意義と役割は相対的に限定されたものとなるのでは，との見方も存する。

しかし，前記のとおり，現状，改革推進債は自治体の体力的問題により利用されづらいという面があるし，改革推進債は，第三セクターが長期弁済するかわりに，自治体が改革推進債というかたちで長期弁済を行うにすぎない。第三セクターへの抜本的処理・改革が遅れれば，住民の負担はさらに膨らんでしまうおそれがあり，第三セクターに対する抜本的処理・改革が急務である現状において，弁済期間について特段の制限がなく，改革推進債における自治体にとっての不都合性[*15]もない特定調停手続のほうが自治体にとって利用しやすい場合，単なる先延ばしではなく，当該第三セクターに対する抜本的改革を行う計画を立て，かつ，各種の責任の明確化がなされるのであれば，同手続もなお検討に値するといえよう[*16]。

担保権者との関係の難しさについても，同手続の現場において，「評価手法などについて，評価人を含めて手続内で徹底した議論を尽くした結果，評

---

[*15] さらに，すでに第三セクターが金融機関から支援を受けている場合，当該利率よりも改革推進債における利率のほうが低いとは限らない。

[*16] なお，従前，特定調停手続においては，自治体に対し，新たな損失補償が求められたが，前記「第三セクター等の抜本的改革等に関する指針」において，新たな損失補償は行うべきではないとされている以上，特定調停手続において新たな損失補償の求めには応じることはできないと解されよう。

価額について合意が形成された事例も多くあ」る[*17]とされている。もちろん，一般債権者（金融債権者以外のテナントや取引先）を手続に巻き込まずに保護を図り，事業毀損を最小限に防ぐことができるのも，同手続ならではのことである。その意味で，同手続の意義と役割は，いまだ失われてはいないということができるのではないか。

(b) 法的倒産手続の利用　一方で，金融債権者が多数いるなど，調停成立が困難な場合や，一般債権者の債権について免除を受けなければ再建を図ることができないような場合は，法的倒産手続を選択せざるをえない。そして，法的倒産手続のうち，どの手続を利用するかについては，会社の規模・債権者数・債務の状況など，諸般の事情をもとに総合的に判断することになり，この点は多くの書物が述べているところであり，第三セクターについての手続選択においてもとくに異なるものではない。

ただ，第三セクターにおいては，会社更生手続をとったときには，新たな役員の引受け手を探すのが困難であるというような場合や[*18]，対議会，自治体との関係で元の役員をとどまらせておくほうが望ましい場合もあるようである。そのような場合には，民事再生手続のみならず，ＤＩＰ型の会社更生手続の利用も考えられるべきであろう[*19]。

この点，会社更生手続における財産評定については，更生担保権者との関係において，第三者的立場にある管財人によるものであるからこそ公正さが確保されるという面があるが，ＤＩＰ型の会社更生手続においては，これが妥当しない。そこで，同手続においては，こうした評定に対する公正さを確保するために，従来の経営者や申立代理人を管財人とするのみならず，第三者たる者も管財人に加えたり，調査命令（会更125条1項）により選任された

---

*17　池田辰夫ほか「〈座談会〉自治体が絡む事業再生案件への対処」判タ1308号20頁〔林圭介発言〕。
*18　㈱厚木テレコムパークの事例においては，仮に再建ができても役員の引受け手がいないという事態が生じるおそれがあったことから，旧会社更生手続ではなく，民事再生手続が選択されたとされる（立川正雄ほか「『厚木テレコムパーク』の民事再生手続」事業再生と債権管理120号20頁）。
*19　なお，大阪地裁第六民事部（倒産部）と大阪弁護士会司法委員会との平成21年度の懇談会において，同部より，大阪地裁でも事案に応じてＤＩＰ型会社更生手続が認められうる旨が述べられている。

調査委員[*20]が財産評定（同項2号参照）に積極的に関与したりすることも必要であろう。加えて、申立代理人においても、第三者的立場にある管財人による財産評定に対するものと同等の公正さや信頼が確保されるため、各種の工夫や債権者への説明、情報開示が求められる。

## 6　最後に

　財務状況の悪い第三セクターについて、直ちに抜本的な改革を行わず、ただただ延命させることは、住民の負担を増やすばかりである。そこで、第三セクターの抜本的な改革実現のため、政府のさらなる働きかけにより、改革推進債の活発な利用を促すことが求められるところであるし、自治体としても、第三セクターの採算性を適切に判断し、改革推進債の活用にかかわらず、第三セクターの抜本的な改革に直ちに着手すべきである。また、金融機関等の利害関係人としても、自治体の実情等を理解したうえで、抜本的な解決に向けての協働が求められるところであろう。

【追加加筆】
## 7　改革推進債に関する最高裁判決

　本原稿執筆後、東京高判平成22・8・30（判時2089号28頁）において、安曇野市と金融機関との間の損失補償契約が無効と判断された。そのため、関係者の間では大変な議論がなされることとなった。また、改革推進債を利用した第三セクターの抜本的な改革について、地方公共団体は躊躇したとされている[*21]。改革推進債は平成25年度まで時限措置として認められているものであるため、損失補償契約の有効性に関する最高裁による早期の判断が望まれていたところ、上記高裁判決に対する上告審である最〔1小〕判平成23・10・27（判タ1359号86頁）は、上記高裁判決後の事情をもとに、住民による公

---

*20　ＤＩＰ型会社更生手続において、開始決定後の調査委員の選任とその役割については、難波孝一ほか「会社更生事件の最近の実情と今後の新たな展開」ＮＢＬ895号17頁、菅野博之ほか「東京地裁におけるＤＩＰ型会社更生手続の運用」事業再生と債権管理127号34頁参照。
*21　阿多博文「損失補償契約の適法性・有効性の判断方法・基準を初めて示した最高裁判決の紹介」ＮＢＬ965号27頁。

金の支出の差止めを求める訴えを却下した。そしてその中で、付言として、「地方公共団体が法人の事務に関して当該法人の債権者との間で締結した損失補償契約について、財政援助制限法3条の規定の類推適用によって直ちに違法、無効となる場合があると解することは、……相当ではないというべきである」とした上で、「上記損失補償契約の適法性及び有効性は、……当該契約の締結に係る公益上の必要性に関する当該地方公共団体の執行機関の判断にその裁量権の範囲の逸脱又はその濫用があったか否かによって決せられるべきものと解するのが相当である。」とした。

当該最高裁判決により、損失補償契約について、上記裁量権の範囲の逸脱又はその濫用の有無を判断することは必要であるが、かかる判示は改革推進債を利用した第三セクターの抜本的な改革を推し進めることについての前向きな影響を与えるものといえよう。

## 8 その後の改革推進の実態

上述の総務省の調査結果以降の調査結果[*22]によると、平成23年3月31日現在で、第三セクターの全国総数は、7317法人（前年比122法人減）で、調査対象6023法人のうち、3677法人（61.0％）が黒字、2346法人（39.0％）が赤字、負債が資産を上回っている法人は297法人で全体の4.9％、負債が超過している額は2178億円となっている。

また、金融機関からの借入れに関して、地方公共団体が金融機関等と締結している損失補償契約に係る債務残高を有する第三セクターは409法人であり、この第三セクター409法人についての損失補償契約に係る債務残高は、計1兆6195億円（1法人あたり平均約40億円）である。さらに、破綻した第三セクター等についての法的整理ないし特定調停が行われた実績は、平成21年度、同22年度も十数件にとどまっている[*23]。

これを見る限りでは、第三セクターの抜本的な改革が加速しているとは見られない。上記最高裁判決による判断及び改革推進債の期限の接近を契機と

---

＊22　総務省「第三セクター等の状況に関する調査結果」（平成23年12月22日）参照。
＊23　平成22年度には、事業再生ＡＤＲが利用された事案が1件（名古屋臨海高速鉄道㈱）ある。

して，さらなる抜本的改革が進むことを望むものである*24。

*24 なお，前掲（*19）に関し，その後，大阪地裁においても，平成22年10月31日，ＤＩＰ型会社更生事件の開始決定がなされ，平成23年3月23日には更生計画の認可決定がなされている（上田裕康ほか「大阪地方裁判所におけるＤＩＰ型会社更生事件」金法1922号47頁参照）。

■コメント

# 赤字第三セクターの債務整理が進まないのはなぜ？

慶應義塾大学大学院法務研究科教授 　中　島　弘　雅

## 1　第三セクター等改革推進債の創設理由

　経営が著しく悪化した第三セクターについては，かねてより，その存廃も含めた抜本的改革が必要であるといわれ続けてきた。しかし，結局のところ，それらの事業の整理・再生を進める過程で必然的に発生する財政負担に，当該第三セクターの設立に関わった地方自治体が耐えられないために，法的整理を中心とする抜本的処理（債務整理）が先送りされてきたという側面がある。そこで，政府では，各自治体が赤字第三セクターの抜本的改革を集中的に行うことができるように，総務省内に設置された「債務調整等に関する調査研究会」の平成20年12月5日付けの「第三セクター，地方公社及び公営企業の抜本的改革の推進に関する報告書」の提言を踏まえ，平成21年度から25年度までの時限措置として，第三セクター等の整理・再生のための一定の経費を，地方議会の議決，総務大臣又は都道府県知事の認可等の手続を経て地方債の対象とできることとする特例措置（第三セクター等改革推進債）の創設を盛り込んだ改正地方財政法を成立させた。そして，改正地方財政法は，平成21年4月1日に施行された。

　この第三セクター等改革推進債（以下，「改革推進債」という）は，各自治体が損失補償等を行っている赤字第三セクター等の債務整理を推進していくうえでの財源的裏付けを与えるものなので，私としても，この改革推進債の創設により，全国の多くの赤字第三セクターについて，法的整理を含む抜本的処理（債務整理）が積極的に進められていくのではないかと期待した[1]。

---

[1]　中島弘雅「赤字第三セクターの債務整理のための特例地方債」金判1322号1頁（2009年）。

## 2　赤字第三セクターの抜本的改革に向けて

　しかし，改革推進債は，残念ながらこれまで，赤字第三セクターの債務整理にほとんど役に立ってこなかった。その理由としては，山本＝中西論文（以下，単に「本論文」という）も述べているように，改革推進債の起債により，当該自治体の「実質公債費比率」が基準値を超えると，その自治体は「早期健全化団体」に転落し，国・都道府県の監督・指導が強化されるため，当該自治体の財政状態・規模からみて第三セクターの累積債務額があまりに大きい場合には，自治体が起債を躊躇していたという点を挙げることができる。

　そこで，本論文は，政府に対して，こうした現状を踏まえて，赤字第三セクターの債務整理を推進するためのさらなる施策を実行するよう求めるとともに，体力的に改革推進債を利用できない自治体に対しては，当該第三セクターの単なる延命ではなく，抜本的改革を行うことを内容とし，かつ，各種の責任の明確化を盛り込んだ内容であることを条件に，債務の弁済期間について特段の制限のない特定調停手続を利用したほうが，むしろよいのではないかと提言している。確かに，改革推進債を起債する体力のない自治体の関係する第三セクターについては，金融債権者や担保権者の数が少なく，それらの者の協力が比較的容易に得られる場合で，しかも，金融債権者の債権のみを減免の対象とすれば第三セクターの事業の再建ができるような場合には，特定調停には，なお利用価値があるのかもしれない。しかし，体力のない自治体については，むしろ改革推進債の償還年限を例外的に長期（例えば30年）にしてでも改革推進債を活用する方が，赤字第三セクターの抜本的な処理方法としては適切なのではなかろうか。

　他方，関係する自治体の財政状態・規模から見て，当該第三セクターの累積赤字額が，改革推進債の起債によってカバーできないほど大きくない第三セクターについては，改革推進債を利用すれば，自治体を財政破綻させることなく，第三セクターの債務整理を推進できるはずである。にもかかわらず，実際には，そうした第三セクターについても，これまでは，あまり債務整理は進んでこなかった。その背景には，赤字第三セクターについて破綻処理（債務整理）を進めるとなると，その事業を積極的に推進してきた関係者（とくに首長や有力議員）に対する政治的責任が問題とならざるをえないため，

首長及びその後継者が当該事業の推進派であった場合には，当該第三セクターについて債務整理を推進しようとのインセンティブが働きにくいという点[*2]や，第三セクターの主要債権者である金融機関としても，自治体との損失補償契約[*3]によって貸付債権の回収が担保されている限り，金融機関の側から，関係自治体に対して第三セクターの債務整理を積極的に働きかけるインセンティブがまったく働かないといった点があるように思われる。

しかし，財務状況の悪い第三セクターについて，抜本的改革を進めることなく，ただ延命させることは，本論文も指摘しているように，住民の将来の負担を増やすだけである。したがって，自治体自身が赤字第三セクターの債務整理に消極的な場合には，地方議会や住民が，首長に対して第三セクターの抜本的改革を求めていくことも必要であろう。本論文も指摘しているように，改革推進債が導入されてしばらくは，改革推進債は必ずしも十分に活用されていなかったが，その後，全国各地の自治体で，改革推進債を利用した赤字第三セクターの整理が進められていると仄聞している。

第三セクターの経営破綻や地方自治体の財政破綻問題に関心をもつ者の一人として，今後，少しでも多くの自治体において，経営の悪化した第三セクターについて，積極的に債務整理が進められていくことを期待してやまない[*4]。

---

[*2] かねてより，特に地域密着型の第三セクターの経営破綻の場合には，個別特殊な事件としての要素ばかりがクローズアップされ（ことに首長の政治責任が前面に出た場合にはその観が強くなる），法的倒産処理手続が第三セクターの破産処理の受け皿となることは少なかったと指摘されているが，結局，今も，かかる状況は変わっていないということのようである。この点については，佐藤鉄男「第三セクター企業の倒産と地域住民」河野正憲＝中島弘雅編『倒産法大系』226頁（弘文堂，2001年）参照。

[*3] ちなみに，近時，金融機関が第三セクターに融資をする際に，自治体との間に締結する損失補償契約が，財政援助制限法3条に実質的に違反し，無効となるかどうかが大きな問題となっていたが，最〔1小〕判平成23・10・27金判1380号46頁は，損失補償契約が，同法3条の規定の類推適用によって直ちに違法，無効となる場合があると解することは，相当でないと判示している。

[*4] この問題に関する筆者の比較的最近の論稿として，中島弘雅「第三セクターの経営破綻と地方自治体の財政再建」沖縄法政研究13号69頁以下（2010年）がある。

# 第3 | 会社分割を用いた事業再生

■論　文

## 濫用的会社分割に対する一試論

弁護士　黒　木　和　彰
弁護士　川　口　珠　青

## はじめに

　近時，窮境状態に陥った債務者が，債権者に秘密裡に会社分割を行い，新設会社において優良事業を継続する一方で，新設会社に承継されない債権者を一方的に害する事例が散見される（以下，このような事例を「濫用的会社分割」という）。このような事例について，東京地判平成22・5・27金判1345号26頁が，会社分割に対する詐害行為取消権の行使を肯定したことを契機に，多くの論稿が発表され，債権法や会社法改正の議論をも加味して，様々な議論が展開されている。

　そこで，筆者らは，本稿において，①濫用的会社分割とはいかなるものであるのか，②現行法及び判例を前提とした濫用的会社分割に対する対処法及びその効果について，1つの試論の提示を試みるものである。なお，あくまで試論であることを了承されたい。

## 1　許容される会社分割との限界

　会社分割が「濫用的」として，その法効果が否定される場合があるとして，どのような要件があれば会社分割が否定されるべきであろうか。換言すれば，窮境債務者が会社分割制度を利用して，優良事業の継続を図りながら事業再建を行うことができ得る場合とはどのような場合であろうか。

　まず，典型的な濫用的会社分割のスキームは，以下のとおり説明されることが多い。すなわち，①債務超過に陥った分割会社が，債権者に秘密裡に，

同社の優良事業及び重要資産と，移転させる資産にほぼ見合う額の負債とを，新設分割により新設会社に移転する分割計画書を作成する，②承継債務については分割会社が重畳的に債務引受を行い，債権者保護手続はとらない，③分割会社は，新設分割の実行により新設会社の全株式を取得するが，バランスシート上，当該株式の価値はほとんどない，④分割会社は新設会社の株式を協力者たる第三者に安価で譲渡する，⑤新設会社において増資を行う場合もある，⑥分割会社については破産申立てや特別清算手続がとられるか，又は，放置される[*1]。

しかし，前記①ないし③は，会社法上直ちに違法とはいいがたく，また，④の譲渡行為については，詐害行為や否認権の行使は可能であろうが，これも分割型会社分割を併用すると，さらに困難となる。したがって，会社分割が濫用と評価されるためには，会社法の解釈のみならず，一般法も含めたより広範な検討が必要であると考えられる。以下，一般的に指摘される要素ごとに，検討を行う。

### (1) 残存債権者への説明・同意

濫用的会社分割については，「債権者に秘密裡に」といった説明が使用されることが多いことに表れるとおり，通常，残存債権者への説明は行われておらず，分割会社にのみ請求できる残存債権者の同意も得ていない。

債務超過という窮境状態にある債務者には，契約責任に付随する義務として，残存債権者に対して会社分割を行うこと及び当該分割計画の内容を説明する義務を負うというべきである[*2]。よって，残存債権者に説明すらしていないことは，当該会社分割が濫用的なものといえる1つの要素であるといえよう。とりわけ，いわゆる私的整理による事業再建の手法として会社分割が利用される場合には，原則として分割会社に対する全残存債権者の同意が必要とされる。

---

\* 1　内田博久「倒産状態において行われる会社分割の問題点」金法1902号54頁。
\* 2　最判昭和59・9・19裁判民集142号311頁は，契約準備段階における信義則上の注意義務を認めており，また，最判平成18・6・12金判1251号27頁は説明義務を認めている。かかる判例からすれば，弁済という本来的給付義務と密接不可分な組織再編行為についての説明義務や情報開示義務は付随義務として認められるというべきである。

しかし，残存債権者全員の同意を欠くというだけで，直ちに濫用的会社分割であるともいいがたい場合もあろう。なぜなら，残存債権者が当該会社分割に同意をしない理由は様々なものが考えられ，窮境債務者の債権者に対する弁済率を含めた義務を満たしても，債権者の同意を得られないという場合もあり得るからである。

　例えば，分割計画に合理性があり，会社分割を行わないまま法的倒産手続に至った場合に比して高い弁済率が確保されているような場合で，かつ，残存債権者のすべてに説明が行われて主要な残存債権者からの同意が得られているというような場合には，その余の残存債権者の同意がなくとも，当該会社分割を許容すべき場合も十分に想定され得る。

　したがって，説明が一切ない場合は濫用的会社分割に該当する可能性がきわめて高いが，主要な債権者の同意を得ていても，一部の債権者が同意していない場合には，許容される会社分割である余地もあるといえよう。

### (2) 重畳的債務引受

　重畳的債務引受が行われることにより，会社法上の債権者保護手続が不要となり，債権者に秘密裡に新設分割を行うことが可能となることから，重畳的債務引受の有無が「濫用的な」会社分割であることの1つのメルクマールとなるという解釈もあり得るものと考えられる[*3]。

　しかしながら，かかる解釈については，いわゆる「良い会社分割」においても，公告や催告をすることで事業価値が毀損することを回避するため，重畳的債務引受をするケースもあるとの指摘があり，これに賛同する意見も少なくない[*4]。したがって，重畳的債務引受が行われたことのみで，直ちに「濫用的会社分割」にあたるとするのは早急であろう。

　一方，重畳的債務引受は行わないものの，本社の移転と公告方法の変更によって，実際には債権者の目に触れない公告を行うといった濫用的な事案も判例上現れている。

　したがって，重畳的債務引受の有無は重要な要素ではあるものの，濫用的

---

[*3] 福岡地判平成21・11・27金法1911号84頁参照。
[*4] 仁平信哉ほか「〈パネルディスカッション〉事業承継スキームの光と影」事業再生と債権管理132号41頁〔綾克己発言〕等。

か否かという点で，決定的な要素とはいいがたいであろう。

### (3) 株式譲渡

「良い会社分割」と濫用的会社分割のいずれでも，分割会社に交付された新設会社株式を会社分割実行後に第三者に譲渡するということは行われる。したがって，株式譲渡の有無それ自体は，直ちには，濫用的会社分割のメルクマールにはならないものというべきである。

しかし，分割会社が交付される株式は，新設会社に移転した事業価値そのものを表章するものであるから，この株式の譲渡が適正になされるか否かが，濫用的会社分割といえるかの重要なメルクマールといえよう。そして，この点は，後述する承継資産と負債の評価にも関係するが，単に債務者の資産と負債の評価をもとに株式を第三者に譲渡するということは許容されていないと考えられる。すなわち，窮境事業者によって行われる実質的に債務の免除を伴う会社分割が最終的に許容されるためには，倒産時における清算価値保障原則が満たされていることが必要であると解されるからである（ただし，清算価値の算出にあたっては，分割会社が交付を受けた株式の評価については，合理的に予測される買い手が呈示するであろう価格とする必要があると考える）[*5]。したがって，許容される会社分割とされるためには，分割会社とは関係のないスポンサーなどの第三者に対して，市場に照らして適正な価額で譲渡され，その譲渡代金は残存債権者への弁済に充てることが必要といえよう。

これに対し，判例上に現れた濫用的会社分割の場合は，譲渡の相手方は新設会社代表者ないし分割会社代表者の親族，若しくは，会社分割を計画したコンサルタントなどの関係者であった。また，譲渡価額は低廉で，市場価格や適正な評価などを考慮して譲渡価額を決定した形跡はない。また，譲渡代金が残存債権者への弁済に充てられた事情もうかがわれない。

したがって，会社分割後に分割会社が交付を受けた株式が譲渡された場合

---

[*5] 倒産時における清算価値の考え方について，山本和彦「清算価値保障原則について」青山善充先生古稀祝賀論文集『民事手続法学の新たな地平』925頁（有斐閣，2009年）では，「仮に現実の買い手が現れていなくても，その出現が破産手続の下で合理的に予測されるような場合にも，やはりその予測された買い手の示すであろう価額が清算価値となりうるものと解されよう」とする。

は，株式譲渡の相手，時期，株式譲渡を行うことの周知の有無，譲渡価額，代金の使途等を総合的に考慮して，新設会社に移転した事業の価値を債権者に適切に分配されているかが非常に重要な判断要素となると考えられる。すなわち，単純な債務超過を超えて，事業の存続が危ぶまれる窮境事業者が，その事業の一部を存続させるために会社分割制度を利用し，債権の免除を要求する場合は，会社財産に対する既存株主の支配権は債権者に対する弁済に充てることを優先すべきなのである[*6]。

### (4) 新設会社における増資

裁判例に現れた濫用的会社分割の事案では，新設会社において増資手続が行われているケースがしばしば見受けられる。

したがって，濫用的会社分割においては，関係者が新設会社に対する支配権を取得し，債権者や破産管財人による新設会社に対するコントロールを阻止するため，関係者への安易な株式譲渡又は増資手続，若しくは，その両方が用いられる傾向が強いということができる。

新設分割手続において，対価たる新設会社株式は残存債権者にとって重要な責任財産であるところ，そのような株式の価値に，譲渡や増資によって，合理的理由や必要性がなく変更が加えられている場合には，当該会社分割が濫用的なものである可能性がきわめて高いものといえよう。

### (5) 承継資産・債務の内容

濫用的会社分割の裁判例の事案では，いずれも，承継債務と承継資産がほぼ同額というものが多い。また，分割計画書の内容が確認できた事案では，承継債務と承継資産の明細がきわめて大まかに記載されており，承継される事業に必要不可欠な資産，債務であるか否かなどの詳細かつ誠実な検討が行われた様子はうかがわれなかった。

---

[*6] この考え方は，会社の倒産時には株主が会社に払い込んだ資本金は債権者のための信託基金となり，取締役はその受託者となるという，いわゆる信託基金理論と同じ見解であるといえよう（後藤元「取締役の債権者に対する義務と責任をめぐるアメリカ法の展開」金融研究29巻3号127頁。なお，私的整理に関するガイドライン研究会「私的整理に関するガイドライン」再建計画案の内容(4)は，「対象債権者の債権放棄を受けるときは，支配株主の権利を消滅させることはもとより，減増資により既存株主の割合的地位を減少又は消滅させることを原則とする」とするが，これも同じ発想によるものと解されよう。

この点，例えば，分割計画が，事業の存続，及び，債権者間の可能な限りの平等と弁済率の向上という点を十分に考慮してそれを実現するものである場合，すなわち，当該分割計画が，承継される資産及び負債が承継される事業に必要なもので，負債の選別が合理的な基準でなされ，残存債権者に法的手続に至る場合を上回る弁済をもたらすような場合には，当該会社分割の合理性・正当性が認められ得るものと考える。

### (6) 分割会社のその後

濫用的会社分割にかかる裁判例に現れた事案に共通な点として，会社分割後の分割会社がそのまま放置される傾向が指摘できる。このような事実も，当該会社分割に存する濫用的な意図を表す要素として挙げることができる。

### (7) 小　括

以上のとおり，詐害的であるがゆえに許容されない会社分割と，許容される会社分割とは，単純にスキームで区別ができるものではないと考えらえる。したがって，許容される会社分割であるか否かは，残存債権者に対する説明の有無，残存債権者からの同意の有無，交付された新設株式の譲渡の有無，増資手続の有無，株式譲渡がある場合にはその譲受人や譲渡価格の決定方法等の多様な事情を総合的に考慮して，窮境事業者の株主が許容される資産管理の範囲を超えて，債権者に損害を与えている詐害的な意図があるかといった多様な要素を判断することが必要と考えられる。その際には，分割計画書の内容も1つの考慮要素になるものといえよう。

なお，中小企業再生支援協議会等の中立公正な第三者の関与のもとの会社分割であれば，濫用的会社分割とされる可能性は低いと考えられる。

## 2　民法・会社法による解決（詐害行為取消権以外）

次に，濫用的会社分割が行われた場合で，倒産手続に至らない時点での残存債権者の救済方法について，現行法及び判例を前提として，検討する。なお，代表的な救済方法と考えられる詐害行為取消権については，4以下で，否認権行使とともに考察することとする。

### (1) 会社分割無効の訴え

濫用的会社分割に対しては，会社分割無効の訴え（会828条1項9号・10号）

によって対抗することが考えられる。

　もっとも，残存債権者は債権者保護手続の対象外であるから，会社分割無効の訴えの原告適格を有さない（会789条1項2号・810条1項2号参照）[7]。よって，現行法下で，会社分割無効の訴えによるためには，残存債権者において分割会社につき債権者破産申立てを行い，破産管財人に対して同訴えの提訴を促す必要があり（会828条2項9号・10号参照），費用負担が重いうえ，提訴期間も限られているため，手段として実効性が乏しい。

　さらに，会社分割の無効原因は，分割手続に瑕疵があることと解されているところ，濫用的な会社分割においては通常は手続上の瑕疵はないものと考えられるから，結局，会社分割を無効となし得ない可能性があるものと考えられる。

　以上のとおりであるから，少なくとも現行法下では，会社分割無効の訴えが，濫用的会社分割における残存債権者の保護の点で，有効に機能するとは考えにくい。

　したがって，これを濫用的会社分割に対して有効に機能させるためには，少なくとも，会社分割手続の債権者保護の中に残存債権者保護の手続を新設することが必要である。

　もっとも，残存債権者の保護のあり方としては，全債権者を巻き込んで会社分割を無効とするまでの必然性はなく，新設会社に承継された資産が残存債権者の債権の引当てとなるような状況を回復できれば，保護として不足ないものといえよう。そうであるならば，会社法改正の検討にあたっては，会社分割無効の訴えによる方法よりも，残存債権者保護手続とその違反の場合の連帯債務化等の規定を新設するほうが適切といえよう[8]。

### (2) 会社法22条1項類推適用

　新設会社が分割会社の商号を続用する場合には，分割会社の残存債権者は，会社法22条1項を類推適用して新設会社に対して債務の履行を請求して

---

[7]　東京高判平成23・1・26金判1363号30頁。なお，弥永真生「会社分割無効の訴えの原告適格」商事法務1936号4頁。
[8]　全国倒産処理弁護士ネットワーク「濫用的会社分割についての立法意見の提出」金法1914号10頁以下参照。

いくことが考えられ，最判平成20・6・10金判1302号46頁もこれを肯定する。この場合，会社分割による承継を維持しながら，残存債権者に対する債務をも承継させたのと同一の効果となるため，効果としては望ましい結果となるといえよう。

　もっとも，新設会社は，商号を続用しないか，あるいは，分割会社の債務を弁済する責任を負わない旨の通知又は登記を行うことで，会社法22条1項類推適用による責任を回避することが容易である（会22条2項参照）。また，会社法22条1項の根拠は，商号続用における，事業主体が依然として譲渡会社であるかのような外観，あるいは債務引受により債務が譲受会社に移転したかのような外観を信頼した債権者の保護にあるとの理解が一般的であるところ[*9]，分割会社の事業再生手法等に関して分割会社と交渉中であった金融債権者等の場合，かかる信頼を認めることが難しい場合もあり得るであろう。

　したがって，あえて会社法22条1項類推適用による解決を否定する必要はないが，解決手段としての通用性には疑問なしとし得ない。

## 3　法人格否認の法理の適用

　法人格否認の法理の適用類型には，法人格の形骸化型と濫用型があるといわれるが，濫用的な会社分割において問題となり得るのは，濫用型である。そして，濫用型の法人格否認の法理の要件として，支配要件及び目的要件の充足が必要と解されることが多いが，濫用的会社分割については，他の事案と比して比較的容易に同法理の適用が認められているとの指摘もある。この法理による場合は，資産の承継を維持しながら，残存債権者に対する債務をも新設会社に承継させることができ，効果としては望ましいといえよう。

　しかしながら，同法理の要件充足性の判断は，最終的には事案ごとの判断とならざるを得ず，事案に即した柔軟な解決が可能という点は評価できるものの，法的安定性の面では不安定な状況が続くこととなるおそれがある[*10]。

---

＊9　江頭憲治郎編『会社法コンメンタール1』210頁〔北村雅史〕（商事法務，2008年）参照。
＊10　山本和彦「会社分割と倒産手続」事業再生と債権管理132号13頁。

また，同法理による請求は期間制限がないため，不安定な状況が長期間にわたって継続するという難点もあろう。

したがって，濫用的会社分割に対する詐害行為取消権の適用や会社法22条1項類推適用に関する解釈が流動的である現在，法人格否認の法理による救済の重要性は高いが，本来は，詐害行為取消権等の明文規定による救済の要件・効果が確立されることが望ましく，それが実現した場合には，法人格否認の法理については補充的な救済手段として位置付けられるべきであろう[11]。

## 4　詐害行為取消権

会社分割が詐害行為取消権の対象となるか否かについては，肯定説[12]と否定説[13]とに分かれていた。もっとも，会社法立法担当者は，詐害的な会社分割が行われた場合に分割会社の債権者がとるべき措置に関しては，詐害的な事業譲渡が行われた場合に譲渡会社の債権者がとるべき措置と同様，詐害行為取消権を行使すべき旨を指摘していた[14]。そして，東京高判平成22・10・27金判1355号42頁等が会社分割が詐害行為取消権の対象となると判断したことに対して結論を異にする評釈は見当たらず，現状では肯定説が圧倒的多数説といってよい状況にある[15]。

筆者らも，会社分割に対する詐害行為取消権の行使は肯定されるべきであると考えている。否定説の論拠は，会社分割が「組織法上の行為」であるといわれる点，会社分割無効の訴えが用意されているとの点，及び新設会社株

---

[11] 福岡地判平成22・1・14金判1364号42頁。
[12] 相澤哲ほか編著『論点解説　新・会社法』674頁，690頁，723頁（商事法務，2006年），藤田友敬「組織再編」商事法務1775号60頁，弥永真生「株式会社の新設分割と詐害行為取消し―東京高判平成22・10・27を契機として」金法1910号30頁，内田・前掲（＊1）59頁，難波孝一「会社分割の濫用を巡る諸問題」判タ1337号30頁，神作裕之「濫用的会社分割と詐害行為取消権―東京高判平成22・10・27を素材として」商事法務1924号4頁，1925号40頁ほか多数。
[13] 岡伸浩「濫用的会社分割と民事再生手続」ＮＢＬ922号9頁，後藤孝典「民事再生と会社分割―近時の再生実務実態とあるべき再生手法にむけて」ビジネス法務2010年3月号58頁。
[14] 相澤ほか編著・前掲（＊12）690頁，郡谷大輔「会社分割法制上の法際問題」事業再生と債権管理132号63頁。
[15] 前掲（＊11）福岡地判平成22・1・14の控訴審判決である福岡高判平成23・10・27金法1936号74頁は，原判決を変更し，詐害行為取消権の行使を認めて，価格賠償を認めた。

式を取得することから対価性があるとの点にあるが，前2点については，すでに多数の論稿が発表されていることから，それらに対する考察は割愛し，以下，対価性の論点と偏頗性の論点について，詐害行為取消権の要件充足性と効果について考察する。

(1) **詐害性（客観的要件）**

(a) 行為態様の分類　　会社分割は，分割会社の権利義務の全部又は一部を承継会社や設立会社に包括的に移転する行為であるから，分割会社の財産の流出を生じさせる行為である。一方，重畳的債務引受が行われなければ分割会社は承継債務分だけ債務を免れ，さらに，分割会社は新設会社株式を取得する。したがって，会社分割は，債務消滅行為又は担保提供行為に類似する面もあり，また，対価性の捉え方によっては，相当価格売買又は廉価売買に類似する面もある。

詐害行為取消権については，現在，債権法改正の検討において問題点が指摘され，改正案が議論されているところであるが，まずは，現行民法及び判例を前提に検討を行いたい。

この点，判例は，ⓐ無償譲渡など，負債が変化せずに債務者の積極財産が減少する場合，ⓑ相当価格売買など，積極財産の入替えがありその入替えのために積極財産の質が悪化する場合，ⓒ本旨弁済など債務者の積極財産が流出するとともに，同額の負債も減少する場合のすべて，詐害行為取消権行使の可能性を認めている[16]。もっとも，判例は，ⓐの場合は，債務者の詐害意思は債権者を害することの認識で足りるとして比較的容易に詐害行為性を認め，ⓑの場合は，消費又は隠匿しやすい財産に換えることは原則として詐害行為になるが，その目的・動機が正当なものであるときは詐害行為にならないとし，ⓒの場合は，原則として詐害行為にならないが，債権者と通謀して他の債権者を害する意思をもって弁済したような場合にのみ詐害行為となるとして，行為態様によって，詐害行為の該当性基準を異にしている[17]。

---

[16] 最判昭和39・11・17民集18巻1851頁，大判明治39・2・5民録12輯136頁，大判明治44・10・3民録17輯538頁，大判大正5・11・22民録22輯2281頁ほか多数。井上聡ほか「〈座談会〉会社分割をめぐる諸問題」金法1923号46頁〔山田誠一発言〕等。

[17] 前掲（*16）の判例参照。

では，濫用的会社分割は，前記ⓐないしⓒのいずれの類型に類似するか。

この点について，会社分割の本質は，承継債権者と残存債権者との間の不平等，すなわち，偏頗性にあることから，ⓒの類型に準じて考えるべきとの指摘がある。確かに，会社分割はいわゆる「良い会社分割」であってもほぼ必然的に債権者間の不平等を生じるものであるから，偏頗性を内包している制度であるといえよう。しかし，濫用的会社分割を行う会社及びその関係者の主たる目的は，承継債権者に優先的に弁済を与えるという点にあるのではなく，残存債権者から資産を隔離すること，又は，それにより分割会社関係者の支配下で事業を安定的に継続させることにある。そうであるならば，濫用的会社分割の本質は，積極財産の流出を中心として捉えるべきである。そもそも，債務を一切承継せず積極財産のみ承継させる会社分割も理論上可能であるが，かかる場合の会社分割に債務消滅行為に準じる側面はない。また，通常の弁済における受益者は弁済を受けた債権者となるが，会社分割時点ではいまだ実際には弁済はなされていないから，承継債務の債権者を受益者と捉えるのはいまだ擬制である。しかし，新設会社を弁済に関する受益者と捉えるのにも違和感が残る。したがって，債務承継を行う会社分割によって偏頗弁済に似た状況が生じることは異論のないところであるが，だからといって，従前の弁済に関する詐害行為取消権の判例の事案と同様に解するには問題が残る。

したがって，筆者らの意見としては，会社分割の詐害性は，分割会社の積極財産が新設会社に流出することが中心であり，この価値と，承継債務の価値と分割会社が取得する株式の対価性の有無によって，廉価売買又は相当価格売買に準じて解されるべきものと考える。

(b) 対価の相当性　そこで，承継資産と，承継債務及び交付される株式とが，対価として相当性を有するか否かが問題となる。なお，まずは，事案を単純化して，承継債務につき重畳的債務引受ないし連帯保証が行われない場合を想定して検討する。

この点については，分割会社が債務超過にあることから，承継債務の実際の価値はその額面よりも低いと考えられる。したがって，端的に，承継債務の価値を実価で評価し，承継資産と，承継債務及び交付される株式の価値と

の間に，対価的な等価性がないとして，廉価売買と解する見解があり得る。

しかし，判例は，本旨弁済については原則として詐害行為に該当しないとの立場に立っており，破産手続に至らない時点で，承継債務を実価で評価することとは整合しないものといえよう。また，現在，債権法改正の議論において，本旨弁済の詐害行為該当性の有無が議論されているところ，これを否定する見解も有力といわれている。さらには，新設会社は，順調に事業を継続すれば，承継債務について額面額での弁済を行うことになるのだから，この点でも，承継債務を実価評価することの妥当性には疑問が残らざるを得ない。したがって，現行法及び判例を前提にすれば，少なくとも破産手続に至らない時点で，承継債務を実価で評価して廉価売買であると結論づけるのは困難であるものと考える。

仮に，今後，民法に支払不能概念を導入して破産手続とパラレルな方向で改正がなされれば，「支払不能」状態以降は債権者平等の要請が働き，また，非義務的行為については支払不能前30日以内まで債権者平等原則が拡張される（破162条1項1号・2号）。したがって，分割会社においては遅くとも会社分割後ただちに支払不能状態に陥ること，及び承継債務の多くは会社分割時に弁済期にはないことを鑑みると，承継債務を実価評価して対価性を捉えることも論理的であるといえる。しかし，以上のように解するには，やはり，現行民法の改正が必要といえよう。

以上のとおりであるから，現時点では，承継債務は額面額で評価せざるを得ないであろう。よって，分割会社に交付された株式が，計数上は，承継債務と承継資産の差額分の価値を有することになることから，重畳的債務引受が行われない場合は，会社分割の客観面は，基本的に，相当価格売買に準じて解すべきものと考える。

これに対し，承継債務につき重畳的債務引受が行われた場合は，計数上は，分割会社の負債は変わらない一方，資産は承継資産分だけ減少することになる。したがって，一見すると，ⓐの類型として，明らかな積極財産の流出があると解することもできる。しかし，重畳的債務引受が行われる動機はケース・バイ・ケースであろうが，いずれの場合であっても，分割会社と新設会社との間では，承継債務についてはもっぱら新設会社が弁済を行うとの

共通認識があり，分割会社による弁済は予定されていないのが通常である。そうであるならば，重畳的債務引受を形式的に捉えて対価のない積極財産の流出があると解することには違和感が残る。よって，重畳的債務引受がある場合であっても，その実質から，基本的に，ⓑの類型の相当価格売買に準じて解するのが妥当であると解する。

基本的な解釈は以上のとおりであるが，会社分割後に，交付された新設会社株式が，予測された買い手の示すであろう価額をもとに算定される市場価格に照らして廉価で第三者に譲渡された場合や，新設会社において新株発行が行われて分割会社に交付された新設会社株式の価値が薄められた場合等は，ⓐの類型の廉価売買と解する余地があるものと考える。

(c) 資産の質の変化　承継された資産は，もともとの形式であれば，債権者にとって仮処分や強制執行による換価の可能性があるといえよう。しかし，資産が新設会社株式に変換された場合，分割会社にとって，当該株式は，もともとの形式のままの資産を個別に第三者に譲渡するのに比べて，第三者への移転が容易になっているといえる。これに対し，債権者にとっては，当該株式の帰属先の把握や評価自体が困難となるうえ，仮に差押えに成功したとしても，強制執行手続の中でその換価を実現することには多大な困難を伴う。また，当該株式が，譲渡制限付株式である場合には，なおさらである。

したがって，判例法理に照らし，会社分割による資産の質的変換には，客観的に詐害性を肯定することができるものと考える。

### (2) 詐害意思（主観的要件）

以上のとおり，会社分割については，相当価格売買に準じて，一般的に，客観的な詐害性を肯定できるものと考える。したがって，次に主観的要件たる詐害意思の有無を検討する。

この点，相当価格売買にかかる従前の判例は，弁済にかかる判例と異なり，とくに要件を過重してはいないため，債務者において債権者を害することの認識を有していれば，詐害行為性は肯定されるようにも思える。

もっとも，判例は，当該法律行為の詐害性が強ければ債務者の悪意は単なる認識で足り，当該法律行為の詐害性が弱ければ債務者の悪意は害意を必要

とするというように、客観的要件と主観的要件とを相関的に考慮して詐害行為にあたるか否かを判断していると分析されている[*18]。

この点、会社分割において承継資産と対価関係にあるのは株式のみではなく、承継債務がある場合はそれも含まれる。そして、弁済にかかる判例を前提とすれば、弁済は原則として詐害行為ではなく債権者との通謀等の特別の事情がある場合にのみ詐害行為にあたるのであるから、債務承継のある会社分割は、基本的には、その目的の一部に、将来的な弁済の原資として資産を承継させるという平時においては一見正当な目的・動機を含んでいると解することができる。よって、債務承継のある会社分割は本来的には詐害性が弱い行為であると評価することができよう。

このことから、会社分割に関しては、基本的には相当価格売買に準じて解するものの、債務承継のある場合は、弁済に関する判例の考え方を取り入れて、債務者においてとくに残存債権者を害する意思をもって会社分割を行ったというような事情が認められる場合にのみ、詐害意思が肯定されるべきではないか。

このように解すれば、例えば、債務者において会社分割を行うことについて残存債権者に事前に通知と説明を行ったか、会社分割について残存債権者の少なくとも一部から同意が得られたか、承継債務と非承継債務の区別に合理性があるか、株式譲渡代金から残存債権者に弁済が行われたか、残存債権者の弁済率が法的手続による場合よりも高いものとなっているかといった要素を総合的に考慮して、前記要素について誠実な対応が行われるいわゆる「良い会社分割」の場合は、詐害意思がないものとして、詐害行為にあたらないと結論付けられることになろう。

### (3) 詐害行為取消権行使の効果

詐害行為取消権は、本来的には、債務者の責任財産保全のための制度である。しかし、判例において、取消債権者の実質的な優先弁済権を認める結果となっていることから、その制度趣旨と実現される結果に不一致が生じている状態にある。そこで、現在、債権法改正の議論において、詐害行為取消権

---

[*18] 民法（債権関係）部会資料7-2。

の効果について、活発な議論が行われていることは周知のとおりであるが、まずは、現行法及び判例を前提として、会社分割に対する詐害行為取消権行使の効果を検討することとする。

　まず、会社分割は権利義務の集合体を承継させるものであり、その対価の相当性も承継された資産全体を対象に検討されるべきものであるから、会社分割によって移転した個々の資産ごとに取消し及び回復を求めることとは、整合しにくいといえる。したがって、取消しの対象は、会社分割により移転した個々の財産ではなく、会社分割全体が対象となるものと考える。

　次に、承継資産の回復方法については、詐害行為取消権の場合、現物返還が原則であり、それが困難な場合に例外的に価格償還が認められると解されている。これを会社分割についてみれば、分割計画書の承継資産明細に「事業に関する一切の資産」というような記載がなされている場合は、債権者にとって承継資産を特定することは困難であり、また、特定できたとしても、会社分割実行時から詐害行為取消権行使時までに、承継された資産の少なくとも一部に変動があることが容易に予想される。

　また、実質的な面をいえば、会社分割に対する詐害行為取消権の行使によって、残存債権者にとっても承継資産が引当てとなるような状況が回復できれば、残存債権者の保護に不足はなく、その後いずれの資産から弁済が行われたとしても問題はないといえよう。これに対し、残存債権者が承継資産ごとに回復ないし取得することができるとすれば、かえって、分割会社は事業に重要な資産を失って事業の継続が困難となり、承継債権者が不測の事態に陥ることになる。したがって、会社分割に対する詐害行為取消権の行使においては、その特質から、価格償還が基本とされるべきと考える。

　また、価格償還の際の承継債務の取扱いについては、詐害行為取消権の効果は逸失した責任財産の回復にあることから、これを控除する必要はないものと考える。

　以上のことから、会社分割に対する詐害行為取消権の効果としては、承継資産の価額と取消債権者の債権額の少ないほうの金額を限度として、新設会

社に対する価格償還が認められるべきと解する[*19]。

## 5 破産法による解決

最後に、濫用的会社分割に対する否認権行使の可能性及びその効果について検討したい。

### (1) 否認権行使の可否

(a) 適用すべき否認類型　福岡地判平成22・9・30金法1911号71頁、及び前掲福岡地判平成21・11・27は、重畳的債務引受により分割会社の負債額が不変である一方で、資産は逸出させた点を捉えて、破産法160条1項に基づく詐害行為否認を認めている。

しかし、前述のとおり、会社分割によって優良事業を新設会社に切り出す場合、承継債務につき分割会社が重畳的に債務引受をしていても、承継債務について分割会社が弁済をすることは予定されていない。よって、実質的には、分割会社においては、逸失した資産と、消滅したと同視できる債務及び交付される株式との間でバランスが取れているといえるから、計数的な側面のみを捉えて破産法160条1項に基づく否認を認めることには違和感が残る[*20]。

また、承継資産と承継債務及び新設会社株式との間に対価性を認めたうえで、承継された債務を実価で評価して廉価処分性を肯定する見解も示されており、支持も少なくない。しかし、詐害行為否認に債権の実価を持ち込むことは、同法160条2項との整合性を欠くとの批判がある。

したがって、会社分割については、承継資産と承継債務及び新設会社株式との間に対価性を認めたうえで、承継債務を額面額で評価するのが適切であり、その結果、会社分割による資産移転は相当価格行為否認（破161条1項）が認められる可能性があるにとどまると解する。

---

[*19] 詐害行為取消しの場合には、形成判決としての性格を有するため、判決が確定しない限り価格償還請求権を行使することができない。これは、詐害行為取消権構成である以上やむを得ないものであるが、承継会社（債務者）側が上訴手続をとることで確定を後らせることが可能となっている。

[*20] 最判昭和62・7・3民集41巻5号1068頁、金判780号3頁では、保証債務の負担について無償行為該当性を認めており、破産手続開始決定後の場合には、検討が必要であろう。

(b) 破産法161条1項の要件充足性　破産法161条1項は、「隠匿等のおそれを現に生じさせるものであること」、「破産者の隠匿等の意思」、「相手方の悪意」を否認権行使の要件としている。

前記要件については、詐害行為取消権で述べたのと同様、分割会社に交付された新設会社株式は、承継された各資産の集合体に比べて、破産者にとっては流出させやすく、一方、債権者にとっては保全、評価や換価等に困難を伴うものと評価できる。したがって、資産を株式に変換することは「隠匿等のおそれを現に生じさせる」処分に該当する。また、前掲福岡地判平成22・9・30は破産会社が新設分割の5日後に被告代表者に新設会社株式を譲渡した事実から、破産会社の破産債権者を害する処分をする意思と被告の悪意を認めることができるとして、破産法161条1項による否認を肯定している。

以上のように、裁判例は相当価格行為否認に肯定的ともいえるところ、学説においてもこれを支持する見解は比較的多い。おそらく、承継資産及び負債と新設会社株式との対価関係に着目すると、新設会社株式が第三者に廉価で譲渡されたという事情等が付加されない限り、価格相当性がやはり大きな壁とならざるを得ないからであろう。

また、会社分割を利用した企業再建事例には当然ながら、債権者に十分な説明を行い一定の同意を得て行われる「良い会社分割」も多数存在するところ、そのような許容される会社分割に対して否認が認められ得るような要件解釈は、法的安定性の観点から望ましいものではない。この点、重畳的債務引受を計数的に捉えて詐害性を認めるような解釈は、「良い会社分割」であっても重畳的債務引受を行えば詐害性を肯定することになり、問題が残る。一方、相当価格行為否認であれば、債務者の隠匿等の意思及び受益者の悪意の要件で事実を総合的に考慮して柔軟な結論を導き得る余地がある点で、問題に即していると思われる。

(c) 偏頗行為否認の成否　債務超過会社の会社分割における問題の実質は、会社分割により債務の一部が資産とともに新設会社に承継されることによって債権者平等が害されることにあるという指摘がある[21]。その場合は、

---

[21] 井上ほか・前掲（*16）47頁〔山田誠一＝山本和彦発言〕。

会社分割に対する否認は，偏頗行為否認（破162条1項）の問題となる。しかし，かかる見解に対しては，否定的な見解も示されているところである[*22]。

**(2) 否認権行使の効果**

前掲福岡地判平成22・9・30は，否認権行使の効果として，会社分割により承継された特定の資産のみの取戻しを認めたが，会社分割が，本来，資産の集合体と債務の集合体とを承継させ，これらの集合体と株式との間に対価関係があると考えられることからすると，特定の一部の承継資産のみの取戻しとはなじみにくいのではないかという疑問が残る。また，破産財団の増殖の点では，必ず特定の一部の承継資産の価値よりも承継資産全体の価値のほうが大きくなるはずであるから，特定の一部の承継資産のみの取戻しを認める必要性に欠けるのではないかという疑問も生じる。

これに対し，前掲福岡地判平成21・11・27は，承継資産全体を価額償還で取り戻すことを認めた。破産法168条4項は逸出した財産の価額から同条1項ないし3項の規定により財団債権となる額を控除した額の償還請求を認めるから，価額償還が認められるのは異論のないところであるが，問題は財団債権の額である。

この点，新設分割においては，新設会社は債務を承継するうえ，新設分割後に承継債務の少なくとも一部を弁済するものと考えられる。前掲福岡地判平成21・11・27はこの弁済額又は承継債務額につき「反対給付」と解することはできないとして，財団債権性を否定した結果，控除額はゼロとなった。一方，前掲福岡地判平成22・9・30は，弁済額につき「反対給付」と解する余地があるとしており，そのように解すれば，弁済額は財団債権として控除の対象となる可能性が残り，弁済額等が多ければ，結局，否認の実効性が失われるおそれもある。

現在のところ，否認権行使の効果については様々な議論がなされている段階であり，承継債務ないし弁済額につきいかに解するかは難解な問題であろう。

---

[*22] 井上ほか・前掲（[*16]）48頁〔村田渉発言〕等。

## 6 立法的解決

### (1) 法制審議会（会社法部会）での検討状況

以上は，現行法下での濫用的会社分割に関する検討である。

現在，法制審議会（会社法部会）で会社法の改正論議がなされているところ，平成23年8月31日に開催された第12回会議で，会社法上の制度として，詐害的な会社分割がなされた場合に，残存債権者が，承継会社等に対して金銭の支払を直接請求できる制度を創設することが検討されている[23]。

この制度は，以上に述べた詐害行為取消権を原因とする価格代償請求や法人格否認等に，効果としては類似するものである。しかし，いかなる場合に「詐害的」とされるのか，その実定法上の要件の定め方については，責任限度額や存続期間などの制度設計に加えて，今後検討されることとされている。今後は，この議論の動向が注目されよう[24]。

### (2) むすびにかえて

本稿は，倒産実務交流会での参加者各位の貴重な指摘を得て記述したものである。筆者らは，濫用的会社分割により残存債権者がその財産権を侵害されるということを回避しながら，企業再建の重要な手法として会社分割が定着していくことを望むものである。また，同研究会の参加者もその観点から様々な指摘をしていただいた。ただ，残念ながら，筆者らの能力不足のため，その際の貴重な意見を十分に反映できたものとはいいがたい。ただ，立法解決も含めたこの問題の解決のための一助ともなればと思いながら拙稿をまとめたものである。

---

[23] 会社法制部会資料12（http://www.moj.go.jp/content/000078901.pdf）の18頁以下。

[24] 法務省法制審議会会社法制部会は，平成23年12月7日に「会社法制の見直しに関する中間試案」を発表し，「第2部 親子会社に関する規律，第6 会社分割等における債権者の保護」において，「1 詐害的な会社分割における債権者の保護」として，「吸収分割会社又は新設分割会社（以下第6において「分割会社」という。）が，吸収分割承継会社又は新設分割設立会社（以下第6において「承継会社等」という。）に承継されない債務の債権者（以下「残存債権者」という。）を害することを知って会社分割をした場合には，残存債権者は，承継会社等に対して，承継した財産の価額を限度として，当該債務の履行を請求することができるものとする。」としている（商事法務1952号16頁）。

このような債権者から承継会社に対する直接請求権を明文の規定でもうける立法がなされれば，濫用的会社分割の問題点のかなりの部分が解決することが期待される。

── ■コメント ──────────────────

## 濫用的会社分割と否認権・債権者取消権

神戸大学大学院法学研究科教授　中　西　　正

### 1　はじめに

　会社分割は今や事業再生に不可欠な法的手段であるが，濫用的に利用される場合があると指摘されている。ただ，どのような場合が「濫用的」であり，それに対してどのような救済手段を付与すべきなのかについては，見解の一致を見ていない。

　黒木＝川口論文は，会社分割を濫用的にする要素を考察したうえで，否認・詐害行為取消しを中心にこれに対する救済策を検討する，優れた論文である。そこで，本稿でも，否認・債権者取消しの成否につき，若干の検討をしたい。

　検討にあたっては，A社は資産4億円・負債8億円の債務超過であったため，事業再生のため新設分割をすることとし，B社を新設し，B社の株式はA社がすべて保有し，資産4億円・負債4億円をB社に移転し，B社が承継する債務についてはA社が重畳的債務引受をし，その後B社の株式はA社の関係者であるCに安価に譲渡され（これは本件新設分割の際A社により計画されていたことであり，B社もこれを知っていたものとする），その後A社は破産手続開始決定を受けたという設例を前提とする。

### 2　有害性

　本設例で最も重要な問題は，何が有害性かである。

　まず，A社はB社の全株式を保有しているので，B社に移転した財産的価値に見合った対価を取得しているとして，有害性を完全に否定する見解があり得よう。このように解するなら，財産減少行為否認は成り立たない。しかし，これは，黒木＝川口論文も指摘する不当な結果を放置することになり，

妥当でないと思われる。

　そこで、B社の株式が非上場会社の株式であった場合には、その株式価値を保全しつつ株式に対して強制執行を行うことが困難となるので、A社の責任財産の共同担保としての価値が実質的に毀損されるとする見解が生じる。しかし、このように解するなら、会社分割の対価が非上場会社である場合には原則的に有害性が認められ、否認・債権者取消しの可能性が生じるため、会社分割の機能が著しく損なわれることになり、正当でないと思われる。

　以上に対して、「間接的な有害性」であれば、本設例でも認められ、問題を妥当に解決すると思われる。間接的な有害性は、わが国では必ずしも一般的ではないが、ドイツ法、アメリカ法など比較法的には存在し、きわめて有用な法技術である[*1]。

　これを本設例に適用すれば、以下のようになろう。設例では、A社は、①資産4億円・負債4億円をB社に移転し、対価としてB社の全株式を取得した後で、②B社の株式をCに安価で譲渡している。①の時点では有害性は生じていないが（①の取引は対価的に均衡している）、②の時点では明らかに有害性が生じている。この有害性は、直接的には、②の取引（B社の株式をCに安価で譲渡したこと）に起因する。では、①の取引との関係はどうであろう。この問題につき、A社が、①の時点で、①及び②を意図していた、つまり、資産4億円・負債4億円をB社に移転し、B社の全株式を取得した上で、これをCに安価に譲渡しようと計画していたのであれば、①の取引は、②の取引を介して、つまり間接的に、本件有害性を生ぜしめたと考えるのが、間接的な有害性の理論である。それゆえ、B社が、①の時点で、このA社の意図（計画）を知っていたのであれば、取引の安全を害することにはならないので、①の取引を否認することが可能であると、考えることができよう。この場合、有害性は、B社の株式の実価とA社がこれをCに譲渡した価格との差額に存しよう。

---

[*1]　水本宏典「新しい否認制度の理論的検討」ジュリ1349号60頁を参照。

## 3 適用される否認類型

　この間接的な有害性の理論の受け皿となり得る否認類型は財産減少行為の故意否認であり[*2]，わが国では破産法161条1項の否認であろう。そして，故意否認の根拠（私見によれば債務者の管理処分権の濫用である）からすれば[*3]，161条1項が間接的な有害性の理論を受け容れるのは正当であると思われる。

　すなわち，本設例では，A社は①で対価的均衡性ある取引をしており，これだけを見れば，①の取引の効力を否定する理由はない。しかし，これは外観にすぎず，真実は，①の時点で，後に続く②の取引により，A社の財産（B社の株式の実価とCに譲渡した価格との差額）を将来の破産手続により形成される破産財団から奪うことが計画されており，後に実行に移されたわけである。これは，対価的均衡性があるのでA社の責任財産は減少していない（破産法に反する行為は存在しない）と社会一般を欺くものであり，対価的均衡性ある取引を否認の対象から除外するという破産法のルールを奇貨として，債務者の財務状況が悪化した時点で債務者が有していた財産は破産手続に服せしめよう（破160条1項1号・2号・162条1項ほか参照）とする破産法の規律を潜脱するものである。このような詐欺的行為の効力を否定できないのであれば，破産手続は公平な結果を実現できず，社会的信頼も失うであろう。効力は否定されなければならない。

　そこで，これをどう理論構成するかが問題となる。私見によれば，故意否認の根拠論により，説明が可能である。すなわち，債務者は対価的均衡性ある取引を破産手続開始前まで有効に行える（破160条1項1号・2号を参照）。つまり，破産法上そのような管理処分権行使を保障されている。しかし，①及び②を認識しながら①の取引を行い，客観的にも①及び②によって有害性（債務者財産の減少）を生ぜしめた場合には，管理処分権の濫用として，①の取引の効力を奪うことが正当化される。

---

　[*2]　間接的な有害性には，他に偏頗行為否認により除去されるタイプもある。これについては，中西正「最判平8.10.17民集50巻9号2454頁の判批」判評471号216頁以下を参照。

　[*3]　故意否認の根拠についての私見は，全国倒産処理弁護士ネットワーク編『新注釈民事再生法・上』〔第2版〕714頁以下〔中西正〕（金融財政事情研究会，2010年）を参照されたい。

そこで、以下では、本設例に、破産法161条1項が適用されるか否かを、検討したい[*4]。

なお、この場面では偏頗的結果が生じていると見る見解もある[*5]。確かに、設例では、②の時点以後、A社の債権者と、B社に引き継がれた債権者との間には、得ることのできる満足の点で、不公平が生じている。しかし、①の取引は、それだけを見るなら、対価的に均衡しており、A社の債権者とB社に引き継がれた債権者の間の不公平を生ぜしめたわけではない。したがって、①の取引を偏頗行為否認で捕捉することは困難であると思われる。問題の核心は、意図的に①の取引と②の取引を結び付けた点にあるのである。

## 4 破産法161条1項の適否

### (1) はじめに

以下では、破産法161条1項を、間接的な有害性の理論に従って、本設例に適用することができるか否かを、検討することにしたい。

### (2) 財産処分行為と対価の相当性

破産法161条1項の要件として、まず、財産処分行為、対価の相当性を挙げることができる。本設例では、A社は、資産4億円・負債4億円をB社に移転し、B社の全株式を取得しているので、これらはいずれも存在すると解される。

### (3) 隠匿等の処分のおそれ

次に、財産の種類の変更により、破産者が隠匿、無償の供与その他破産債権者を害する処分をするおそれを現実に生じさせたことを、挙げることができる。その例として、不動産の金銭への換価、大型動産の金銭への換価、非金銭債権である財産上の請求権や知的財産権の金銭への換価がある。金銭債権の処分による現金化も、一概にこれを除外すべきでないとする見解が有力である。変更後の財産の種類については、現金のほか、有価証券や貴金属が

---

[*4] この問題については、神作裕之「濫用的会社分割と詐害行為取消訴訟」商事法務1925号46頁以下も参照。
[*5] 山本和彦「会社分割と倒産手続」事業再生と債権管理132号19頁以下参照。

これに該当する*6。以上のように解するなら，本設例でも，隠匿等の処分のおそれが生じていると思われる。B社に譲渡されたものは，不動産，大型動産，財産上の請求権などの集合体であり，その対価は有価証券だからである。

(4) 隠匿等処分意思

さらに，破産者が，行為の時点で，対価として取得した金銭その他の財産について隠匿等の処分をする意思を有していたことが，必要である。これは，詐害意思の一類型である*7。本設例では，A社は，①の時点で，①及び②を意図していたのであるから，隠匿等処分意思は認められよう。

(5) 隠匿等の処分の現実化

ところで，破産法161条1項の否認の成立時期については，見解の対立がある。第1の見解は，隠匿等の処分の意思をもって，相当の対価を伴う財産処分行為を行い，隠匿等の処分のおそれが生ずれば，否認は成立すると解する*8。第2の見解は，以上に続いて，隠匿等の処分が現実になされた時点で，否認の成立を認める*9。

ここで詳細に論ずる余裕はないが，有害性が否認の一般的要件であることや，故意否認の根拠からすれば，第2の見解が正当であると思われる。そして，第2の見解に立って解釈した場合，161条1項は，「間接的な有害性の理論」と同じ形で，有害性を除去することは，明らかであろう。

## 5　否認の効果

最後に，否認の効果について，若干の言及を行いたい。間接的な有害性の理論によれば，否認の対象は①の取引であるが，原状回復されるべき有害性は，②の取引におけるB社の株式の実価と売却価額の差額である。

これに対して，破産法161条1項を本設例に適用した場合，B社は資産4

---

*6　竹下守夫ほか『大コンメンタール破産法』639頁〔山本和彦〕（青林書院，2007年），伊藤眞ほか『条解破産法』1029頁以下（弘文堂，2010年）。
*7　竹下ほか・前掲（*6）640頁，伊藤ほか・前掲（*6）1030頁。
*8　竹下ほか・前掲（*6）641頁〔山本和彦〕。
*9　伊藤ほか・前掲（*6）1030頁以下。

億円・負債4億円をA社に返還し（破167条1項），破産管財人は，B社の株式がA社の破産財団に現存しないので，A社がCより受けた反対給付をB社に返還することになる（破168条1項・2項）。すなわち，B社は，反対給付によって生じた利益が破産財団に現存する限度で財団債権者として，そうでない限度では破産債権者として，返還を受ける（同条2項）。

　しかし，B社が資産4億円・負債4億円をA社に返還するのは，現実的な処理ではないと思われる。そこで，破産管財人は，差額賠償請求権を行使すべきであろう（破168条4項）。この場合，資産4億円・負債4億円＝B社の株式の価値とすれば，破産財団に回復されるのは，概ねB社の株式の実価と売却価額の差額となる。

# 第2章

# 管財人・保全管理人の地位と職務

# 第1 | 保全管理人の地位

■論　文

## 倒産手続における保全管理人の地位と事業譲渡

弁護士　髙　橋　典　明

### 1　問題の所在

企業が会社更生（民事再生，破産）申立ての事態に至ると，対外的にはそれまで営々と築き上げてきた当該企業に対する社会的・経済的信用が一挙に喪失し，取引先からの取引の停止通告や金融機関からの融資の停止や担保の実行が現実のものとなる。

また企業内部では，従業員の動揺や集団退職等の事態が生じ，申立後は企業の存続可能性が危ぶまれるきわめて不安定かつ危険な状態となる。

企業再建型の倒産手続（会社更生，民事再生）における保全管理人の使命は，こうした申立直後の危機的な混乱状態の中で，社会的組織体としての企業活動を停止させず，当該企業の事業がまとまった組織体として存続が可能なように努力することにある。

保全管理人は，手続開始前会社の資産劣化を防ぎ，手続開始申立時の会社財産を維持し，さらに手続開始前会社の財務状況の調査などの暫定的・現状維持的な役割を果たすのは当然として，より積極的に再建のための事業経営を進めること，場合によっては，事業価値の劣化を防ぐために事業譲渡まで行う権限を保全管理人に認めてよいか否かというのが本稿の論点である[*1]。

---

[*1]　難波孝一ほか「会社更生事件の最近の実情と今後の新たな展開」金法1853号24～39頁では，DIP型会社更生手続の運用を主唱し，その中で保全段階でスポンサー契約の締結を監督委員の同意により行えるようにすべきと主張されている。

## 2 保全管理段階で事業譲渡まで認める実務の傾向（積極説）

　手続開始申立てをした当該企業が自主再建型の再建方針をとるのか，スポンサーに事業譲渡することによる事業再建を目指すのかは，通常は手続開始決定後に更生計画（再生計画）において定められるものであるが（破産については，自主再建型はありえないが，スポンサーに対する事業譲渡型は近時増加している），いずれの場合でも，当該企業の事業価値をできるだけ毀損せずにそれを維持するように努めることが手続開始前の保全管理人に強く要請されている。

　最近の企業再建の例をみると，再建のスピードが重視されている。これは，従業員の離脱や取引先の離脱が進み，企業価値が大きく毀損してしまう前に再建の目途を立てて実行することが，経済合理性に適い，債権者・従業員その他の関係者の利益に沿うと考えられているからである。再建計画を立てようにも，時間が経過して，すでにその計画を実現しうる人的物的資源が枯渇してしまった後であれば，再建計画自体が描けなくなってしまうのである。

　その意味で，実は申立直後から手続開始決定に至る保全期間こそが，会社再建の成否を決める決定的な期間であり，この期間の保全管理人の活動により，企業価値の毀損をどれだけ防止できるかが問われているのである。

　したがって，保全管理の段階で，状況が許せば，裁判所の許可を得たうえで一挙に事業譲渡まで実行できれば，従業員の脱落や取引先の離脱が少ない段階で企業価値を維持したままでの再建が可能となり，従業員の職場の確保にも寄与し，企業価値も高く評価されうるから，債権者の回収にとってもその極大化に寄与することが可能となる。

　従来の解釈では，手続開始前会社の保全管理人の地位及び権限について，「保全管理人は開始前会社の資産劣化を防ぎ，手続開始申立時の会社財産を維持する役割を果たし，更に開始前会社の財産状況の調査など，暫定的・現状維持的役割を果たすに止まり，積極的に再建のための施策を講ずることや会社の事業と財産の充実を図る等の権限を有するものではない」と解されて

いた*2。

## 3 保全管理段階での事業譲渡についての消極説

他方,手続開始決定前は,当該申立企業に会社更生,民事再生,破産の要件があるのかは法的には未確定の状態であり,手続開始決定後に管財人によって処理される管財業務と比較して,暫定的・現状維持的な保全管理人の職務の性格から,債務者企業の財産構成や組織構成の大幅な改変をもたらす事業譲渡は,たとえ裁判所の許可を得たとしても,保全管理人に認めるべきでないとする意見(消極説)もある。

保全管理人による事業譲渡に関する消極説の問題意識は,「手続開始決定前で保全管理人による事業譲渡まで認めてしまうことは,当該債務者の事業継続についての利益(殊に債権者申立ての事案の場合)を考慮していないのではないか,また,当該企業の債権者の意向を聴かずに保全管理人が当該企業の将来の運命を事実上決定するような事業譲渡までしてよいのか」というところにあろう*3。

以上のとおり,保全段階での事業譲渡については,積極説・消極説のいずれもそれぞれが傾聴すべき見解を含んでいると考える。

## 4 事業譲渡に関する保全管理人の権限に関する規定の検討

それでは,事業譲渡と保全管理人の権限に関する各種倒産法の規定はどうなっているのかをまず以下にみてみよう。

### (1) 破産法

破産法では,93条1項で,「債務者の財産(日本国内にあるかどうかを問わない。)の管理及び処分をする権利は,保全管理人に専属する。ただし,保全

---

*2 兼子一監修『条解会社更生法(上)』409頁(弘文堂,1973年)。しかしながら,その後の実務は,企業再建のスピードを重視し,保全管理人に現状維持・暫定的な役割以上により積極的な役割を求め,保全管理の段階でも,場合によっては,事業譲渡も認める運用をしており,積極説の立場で実務は運用されているようである。
*3 伊藤眞『破産法・民事再生法』〔第2版〕759頁(有斐閣,2009年)では「保全期間中は保全管理人の権限に内在的制約が存在すること,また裁判所の許可について明文の規定を欠くことを考えると,保全期間中の事業譲渡を否定すべきである」としている。

管理人が債務者の常務に属しない行為をするには，裁判所の許可を得なければならない」とされ，同条3項で同法78条2項から6項までの規定（破産管財人の権限）が保全管理人に準用されており，破産管財人の権限とされる営業又は事業の譲渡についても保全管理人の権限として明示的に準用されている。

したがって，破産手続における保全段階では，保全管理人による事業譲渡を認める条文上の根拠は明確であると考える。

(2) **民事再生法**

民事再生法81条1項は，「再生債務者の業務の遂行並びに財産の管理及び処分をする権利は，保全管理人に専属する。ただし，保全管理人が再生債務者の常務に属しない行為をするには，裁判所の許可を得なければならない」と規定しているが，事業譲渡については，同法42条，43条で再生手続開始後の規定が存し，破産法と異なり，これらの規定は保全管理人に準用されていない（民再81条3項参照）。

(3) **会社更生法**

会社更生法では，32条で，「開始前会社の事業の経営並びに財産（日本国内にあるかどうかを問わない。）の管理及び処分をする権利は，保全管理人に専属する。ただし，保全管理人が開始前会社の常務に属しない行為をするには，裁判所の許可を得なければならない」と規定し，同条3項で同法72条2項，3項（管財人の権限）の準用をしているが，事業譲渡については，同法46条で更生手続開始後の規定が存し，この規定はやはり保全管理人に準用されていない。

このように，民事再生法，会社更生法においては，開始後の手続で規定された事業譲渡に関し，保全管理段階への明示的な準用はないが，両法とも「常務に属しない行為」については，裁判所の許可を得たうえで保全管理人が処理できると規定しており，裁判所の許可を得た事業譲渡が明示的に禁止されているとまでは解する必要はないであろう。

## 5 管財人が事業譲渡を行う場合の各種倒産法の規定の検討

手続開始決定後に行われる管財人の事業譲渡に関する各種倒産法の規定

は、以下のとおりであり、仮に保全管理人が事業譲渡を行うことが許される場合には、各法ごとに規定された管財人の事業譲渡の処理規範に準じた処理を行う必要があろう。

### (1) 破産法

破産法78条2項3号で、破産管財人が、「営業又は事業の譲渡を行うには裁判所の許可を必要とする」旨を規定し、同条4項で「裁判所は、第2項第3号の規定により営業又は事業の譲渡につき同項の許可をする場合には、労働組合等の意見を聴かなければならない」とし、さらに同条6項では「破産管財人は、第2項各号に掲げる行為をしようとするときは、遅滞を生ずるおそれのある場合又は第3項各号に掲げる場合を除き、破産者の意見を聴かなければならない」と規定している[*4]。

破産法93条3項で、前記の規定はすべて保全管理人に準用されているから、法文解釈として、保全管理人は前記破産管財人と同様に、保全手続中に破産者の意見を聴いたうえで、裁判所の許可[*5]を得て事業譲渡を実行することが可能であると解される。

### (2) 民事再生法

民事再生法42条1項では、「再生手続開始後において、再生債務者等が再生債務者の営業又は事業の全部又は重要な一部の譲渡をするには、裁判所の許可を得なければならない。この場合において、裁判所は、当該再生債務者の事業の再生のために必要であると認める場合に限り、許可をすることができる」と規定し、同条2項で「裁判所は、前項の許可をする場合には、知れている再生債権者、又は債権者委員会の意見を聴かなければならない」旨を規定し、同条3項では「裁判所は、第1項の許可をする場合には、労働組合等の意見を聴かなければならない」とし、さらに43条（事業の譲渡に関する株主総会の決議による承認に代わる許可）で「再生手続開始後において、株式会社

---

[*4] 竹下守夫ほか編『大コンメンタール破産法』335頁（青林書院、2007年）では「事業譲渡は株主総会の特別決議事項であるが、破産手続開始によって、破産者の財産の管理・処分権は破産管財人に専属しているので、破産者が債務超過状態にない場合でも、株主は破産管財人の財産処分行為に容喙することはできず、破産管財人は会社法上の手続を経ることなく営業譲渡をなすことができる」と解している。

[*5] 裁判所は許可をするにあたり、労働組合等の意見を聴くことになる。

である再生債務者がその財産をもって債務を完済することができないときは、裁判所は、再生債務者等の申立てにより、当該再生債務者の事業の全部の譲渡又は会社法第467条第1項第2号に規定する事業の重要な一部の譲渡について同項に規定する株主総会の決議による承認に代わる許可を与えることができる」と規定している[*6]。

### (3) 会社更生法

会社更生法46条1項では、「更生手続開始後その終了までの間においては、更生計画の定めるところによらなければ、更生会社の事業の全部の譲渡又は事業の重要な一部の譲渡（会社法第467条第1項第2号に規定する事業の重要な一部の譲渡をいう。以下この条において同じ。）をすることができない」と規定し、同条2項で「更生手続開始後更生計画案を決議に付する旨の決定がされるまでの間においては、管財人は、裁判所の許可を得て、更生会社の事業の全部の譲渡又は事業の重要な一部の譲渡をすることができる。この場合において、裁判所は、当該譲渡が当該更生会社の事業の更生のために必要であると認める場合に限り、許可をすることができる」とし、同条3項柱書において「裁判所は、前項の許可をする場合には、次に掲げる者の意見を聴かなければならない」と規定しており、知れている更生債権者、更生担保権者、労働組合等の意見を聴かなければならないとしている。また、同条4項柱書では「管財人は、第2項の規定により更生会社の事業の全部の譲渡又は事業の重要な一部の譲渡をしようとする場合には、あらかじめ、次に掲げる事項を公告し、又は株主に通知しなければならない」と定めており、管財人は事業譲渡をしようとする場合には、あらかじめ、譲渡の相手方、時期、対価、事業

---

[*6] 株式会社である再生債務者が債務超過でないときには、事業譲渡につき、民事再生法による裁判所の許可のほかに、会社法による株主総会の特別決議が必要である。
　なお、事業譲渡を再生計画によって行う場合は、再生債権者の意思を問う機会があり、再生計画外で事業譲渡する場合は、裁判所の許可により債権者の再生計画案の決議に代わる措置を保障することになる。
　他方、事業譲渡により大きな影響を受ける株主の意向を聴くことについては、再生手続内では予定していないため、会社法上の株主総会の承認決議の手続が必要である。ただし、会社が債務超過状態に陥っているときには、株主の実質的持分は失われており、その利益保護の必要性も大きいとはいえないので、事業の譲渡を容易にするため特別の規定（民再43条）を設け、裁判所の許可で代替せしめている。

譲渡の対象となる事業の内容につき，公告及び株主への通知をしなければならないとした。同条7項柱書で「裁判所は，次の各号のいずれかに該当する場合には，第2項の許可をすることができない」と定め，同項2号で「更生会社の総株主の議決権の3分の1を超える議決権を有する株主が，書面をもって管財人に第2項の譲渡に反対の意思を有する旨の通知をしたとき」とし，同条8項では「第4項から前項までの規定は，……（略）……第2項の許可の時において更生会社がその財産をもって債務を完済することができない状態にある場合には，適用しない」と規定している*7。

## 6 所　見

保全管理の段階（手続開始決定前）でも事業譲渡が必要な場合があり，そうしなければ事業価値が著しく毀損するときには，保全管理人による事業譲渡を認めるべきであると考える（積極説の立場）。

事業譲渡は，破産の場合は明文で保全管理人の権限として明記されており，会社更生，民事再生の場合は明文の規定はないが，裁判所の許可を条件に事業譲渡を認めるべきと解する。

債務者の「現状維持利益」の保障，債権者の意向を反映する保障については，裁判所の許可の段階で以下のような要件を考慮のうえ，裁判所が許否を決めるのが相当である。

### (1) 企業の株主の意向への考慮

債務超過が明らかな場合には，株主の実質的持分は失われており，保全段階であっても債務超過が明らかな場合には，株主の意向は考慮する必要がな

---

*7　更生手続の場合は，株主が更生手続に参加するので，更生計画で株主の意見を反映する機会がある（会更46条1項）。

また，更生計画外で事業譲渡する場合も，裁判所の許可の前提として，更生債権者，更生担保権者，株主からの意見聴取及び株主の反対議決の権利を保障している（会更46条3項〜7項）。

ただし，会社が債務超過の場合には，株主の実質的持分は失われており，その保護の必要性も大きいとはいえないので，株主の意見を反映する機会は保障されず（会更46条8項），裁判所の許可に委ねられている。

また，民事再生法に関する伊藤・前掲（*3）の759頁の考え方からすれば，更生手続開始前会社の保全期間中の事業譲渡についても否定的に解されると思われる。

いというべきである。債務超過でない，又はそれが不明な場合には，手続開始後に株主が意思の表明する権利を保障すべきであり，保全段階での事業譲渡については，裁判所は慎重であるべきであろう。

### (2) 債務者（経営陣）の意向への考慮

裁判所は保全段階における事業譲渡につき，債務者の意見を聴いたうえでその許否を判断するようにすればよいと解する。

債務者申立ての場合には，当該企業が取締役会を開催のうえ，手続開始を申し立てたのであるから，その場合には，事業譲渡についてもあらかじめ包括的に容認していると解する余地もあろう。

債権者申立ての場合には，債務者の意向を無視したままの事業譲渡には慎重であるべきであり，債務者審尋を実施して債務者の意向を聴くべきと考える。ただし，事案によっては債権者申立てであっても，債務者が事業譲渡に同意する場合もありうるから，債務者の意見を聴いたうえで，裁判所が許否を決するとしておけばよいのではないか。

### (3) 債権者の意向への考慮

民事再生手続や会社更生手続では手続開始後には，債権者の意向聴取の規定があり（民再42条2項，会更46条3項），保全段階で債権者の意向を無視したまま事業譲渡を実行してよいかについて疑義が残る。しかしながら，保全段階で緊急に事業譲渡せざるを得ない事情がある場合は現実に存在し，債権者の意向聴取が十分にできないこともあり得るのが現状である。

このような場合は，事業譲渡しなければ企業価値の毀損が著しく，開始手続を待って債権者の意向を聴いていたのでは，企業の存続が困難であるという特別な事情や債務超過が甚だしく債権者への配当がそもそも困難であるという特別な事情が存する場合には，裁判所が許可を与えてもよいと解する。

# ■コメント

## 保全管理人による事業譲渡について
―会社更生を念頭に―

千葉大学大学院専門法務研究科准教授　松　下　祐　記

髙橋論文のテーマは，倒産手続における保全管理人の地位と事業譲渡であり，その射程は，破産・民事再生・会社更生の各倒産手続に及んでいる。ただ本稿では，紙幅の関係もあり，議論の対象を（委員会設置会社を除く）取締役会設置会社の会社更生に限定する。実務上，手続申立てから開始決定までにある程度の期間が見込まれ，かつ，保全管理人のもとでの事業譲渡が現実問題となる倒産手続は，ほぼ会社更生に限られるからである。

## 1　保全管理人の事業譲渡権限に関連する現行会社更生法の規定

保全管理人に関しては，会社更生法46条が準用されない一方で，同法32条3項が72条2項・3項を準用する。したがって，仮に事業譲渡が「財産の処分」（会更72条2項1号）に含まれるとすれば，裁判所の指定がない限り，保全管理人はその財産管理処分権に基づき（裁判所の許可なくして）事業譲渡をなしうるようにもみえる（会更32条3項・72条2項1号）。しかし，管財人による事業譲渡に同法46条が適用されることに鑑みると，手続開始後よりも手続開始前の保全段階のほうが事業譲渡に関する規律が緩やかで，均衡を失することになる。事業譲渡が「常務に属しない行為」（常務外行為）であることからすれば，同法32条3項ではなく同条1項但書を適用すべきである。髙橋論文もかかる趣旨に立つものと思われ，正当である。

保全管理人による事業譲渡権限の法的根拠を会社更生法32条1項但書に求めるとしても，同法46条は手続開始後の更生計画によらない事業譲渡について特別の規律をおいており，それが（更生計画によらないという点では共通する）保全管理人による事業譲渡の規律についても反映されることになろう。この

点，現行会社更生法の立法過程において，「会社更生法改正要綱試案」の段階では，更生計画によらない営業譲渡の規律として，「手続開始後終了までの間は更生計画によらずに営業の全部又は重要な一部を譲渡することを許されない」との原則を掲げつつ，その例外として，管財人は一定の要件のもとに，裁判所の許可を得て，更生計画によらずに事業の全部又は重要な一部を譲渡することができるとしていた。そして，裁判所の許可に際しての株主の関与のあり方として，甲乙二案が示されており，まず甲案は，更生手続開始後も株主総会権限が失われないことを前提に，民事再生法43条相当の規律を設けるというものであり，他方，乙案は，更生手続開始後は（管財人に更生会社の事業経営権及び財産管理処分権が専属するため）株主総会権限が失われることを前提に，株主の意見聴取手続を設けるというものであった[*1]。現行会社更生法46条の規律が，甲案・乙案いずれの考え方に基盤をおくのかはともかく，ここでの問題に関していえば，甲乙いずれに解するとしても，同法46条の規律からして「常務外行為についての裁判所の許可さえあれば保全管理人は事業譲渡ができる」という考え方にはなじまないとされる[*2]。かかる議論を踏まえれば，保全管理人の事業譲渡を裁判所の許可だけに係らせるのではなく，利害関係人の意向考慮をも斟酌する髙橋論文は，方向性として妥当である。

## 2　保全管理段階における平時実体法と倒産実体法の交錯

　保全管理人の事業譲渡の際に利害関係人の手続保障をどう図るかの問題は，保全管理段階という平時と倒産時の狭間において交錯する平時実体法と倒産実体法の規律をどのように調整するかの問題である。

　その検討の前提として，保全管理段階における利害関係人の利益状況を明らかにする必要がある。筆者は，①倒産原因の存在が，開始決定によって法律的に確定されることが債務者から財産管理処分権を剥奪する正当化根拠で

---

[*1]　改正要綱試案及びその補足説明は，別冊ＮＢＬ70号『会社更生法の改正―事業再生研究機構・シンポジウム』（商事法務，2002年）に所収。

[*2]　伊藤眞ほか編『ジュリスト増刊・新会社更生法の基本構造と平成16年改正』44頁以下（有斐閣，2005年）の各発言参照。

あることから，債務者には，保全管理段階ではその意思によらずに自己が構築した財産の現状を変更されない利益（現状維持利益）があり，他方，②債権者には，保全管理段階ではその投資回収の原資である債務者財産の価値が全体として維持されることに関する利益（価値維持利益）があり，③保全管理段階では両利益の保護・調整に意を用いるべきと考える。そして「債務者」という場合，取締役会設置会社に関しては，経営陣（取締役会）と株主との利益を別個に解すべきであり，少なくとも経営陣による意思表示（取締役会決議）が株主の利益を包摂しているとは考えるべきではない（髙橋論文が株主と経営陣とで意向考慮を区別するのは正当である）。

それを前提に，保全管理段階における平時実体法と倒産実体法の調整という問題を考えた場合，2つの立論がありうる。第1に，保全管理命令により事業経営権が保全管理人に移る以上，平時実体法はすでに倒産実体法に近いかたちにほぼ変容しているのであり，その結果，取締役会・株主総会の各々の意思決定権限は経営権の中身としてすでに剥奪されているとの立論である。第2に，事業経営権・管理処分権が保全管理人に専属するとの規定（会更32条1項）は，あくまで代表取締役が有していた権限を保全管理人が剥奪する意にとどまるのであり，この規定を根拠に平時の取締役会・株主総会の権限が奪われるものではないとの立論である。

筆者は，前述の保全管理段階での利害関係人の利益状況（とくに債務者の現状維持利益）に鑑み，第2の立論を基本とすべきと考える[*3]。髙橋論文はいずれをとるか鮮明ではないが，第2の立論との整合も不可能ではなく，実務

---

[*3] 拙稿「倒産手続における保全管理人による事業譲渡について」青山善充先生古稀記念『民事手続法学の新たな地平』861頁以下（有斐閣，2009年）。結論ほぼ同旨，宗田親彦「会社更生手続における営業譲渡」石川明先生古稀祝賀『現代社会における民事手続法の展開下巻』441頁，460頁（商事法務，2002年）。また，「代表取締役限りでは行えなかった行為で財産の帰属に直接の影響を与えるものについては，会社更生法〔旧〕52条や代替許可を定める民事再生法43条・166条のような明文の規定がない限り，会社の機関と管財人とが重畳的に権限を有すると解するほかない」と説き，営業譲渡に管財人による契約と株主総会決議を要するとする議論も，筆者と立場を共有するものと思われる。松下淳一「法人たる債務者の組織法的側面に関する訴訟の倒産手続における取扱いについて」竹下守夫先生古稀祝賀『権利実現過程の基本構造』759頁（有斐閣，2002年）。

的観点からの議論として評価できよう*4。

　残る論点は保全管理段階における株主権の評価であり，「債務超過時には株主権は無価値であるから株主総会決議は不要である」という議論を一般論として是認するとしても，保全管理段階における債務超過の認定は困難であることから，株主権の否定には慎重であるべきであろう*5。

---

*4　ただし，近時の実務家の手になる論考では，むしろ株主総会決議の省略への志向がみられる。牽連破産時の保全管理人の事業譲渡につき，高井章光「牽連破産に関する諸問題」事業再生研究機構編『民事再生の実務と理論』243頁（商事法務，2010年）。また立法論であるが，高橋修平「保全管理命令」東京弁護士会倒産法部編『倒産法改正展望』346頁以下（商事法務，2012年）。

*5　なお，前掲拙稿881頁参照。

# 第2 | 破産管財人の職務

■論　文

## 破産管財人の源泉徴収義務
### ——大阪地方裁判所平成18年10月25日判決について——

弁護士　桐　山　昌　己

### 1　はじめに

(1)　破産管財人が，給与・退職金に対する配当を行うに際し，源泉徴収納付義務を負うかについては，かねてより議論があるが，現在のところ，東京・大阪両地裁の破産部ともこれを否定に解しているなど[*1]，実務上は，否定説が大勢を占めているようである。ところが，本判決（大阪地判平成18・10・25判タ1225号172頁）は，破産配当につき破産管財人の源泉徴収納付義務を認める判断をし，破産実務の運用に一石を投じた。

(2)　本判決は，旧破産法（大正11年法律第71号）下における退職金債権に対する破産配当につき，破産者は所得税法199条の「支払をする者」にあたるとしたうえ，配当に係る源泉所得税の徴収及び納付は破産財団の管理及び処分に係る事務として破産管財人の権限に包含されるとし，また当該源泉所得税にかかる租税債権は財団債権（旧破産法47条2号但書）にあたるとして，破産管財人において源泉所得税の徴収納付をなすべきものと判示したものである。

---

[*1]　東京地方裁判所民事20部・管財業務ニュース1号（平成5年9月1日）3頁，『破産管財人となられた方へ（平成13年1月改訂）』38頁，大阪地方裁判所第6民事部『（平成11年2月改訂）破産管財人となる人のために』261頁。また，名古屋地方裁判所民事第2部『破産管財人の税務の手引き』〔新法対応版〕14頁等。

(3) 上記判示は，破産配当につき所得税法上の源泉徴収納付義務が生じるかという論点と，これが肯定されるとして破産法上の財団債権に該当するかという論点を含むものと考えられるので，各別に検討を行う。

## 2 破産配当についての破産管財人の源泉徴収納付義務の有無

### (1) 序

所得税法183条1項，同199条によれば，給与，退職手当等の支払をする者は，支払に際し，所得税を徴収し納付しなければならないものとされる。

ところで，個別執行の実務上，執行機関は配当に際し源泉徴収義務を負わないと解されている。そこで本件の重要な争点の一つは，破産配当もこれと同様に，上記各規定の「支払」に該当せず，源泉徴収義務は生じないのではないか，というものである[*2]。

そこで以下では，まず第1に，所得税法199条等の「支払をする者」の意義，第2に，個別執行における源泉徴収の要否，第3に，破産配当についての源泉徴収の要否，について検討することとする。

### (2) 所得税法199条等の「支払をする者」について

本件で，原告（破産管財人）は，「支払をする者」とは，その支払に係る経済的出捐の効果が最終的に帰属し，かつ現実に支払という行為をする者をいうとし，破産者は財産管理処分権を失う結果，現実に支払という行為をすることができないから，「支払をする者」にあたらない，と主張していた。

これに対し本判決は，配当が経済的利益の移転としての支払にあたることはその性質上明らかであるとしたうえ，配当に係る経済的出捐の効果の帰属主体は破産者であるから，当該配当に係る「支払をする者」は破産者であるとして，破産者が源泉徴収納付義務を負うとした。

この点に関する裁判例としては，広島高判昭和35・7・26（行集11巻6号1980頁）があり，同判決は，「支払」の意義につき，「現実に支払われる場合だけでなく，法上支払と同視し得べきものを指す」と判示している。

しかしながら，源泉徴収所得税の不納付には刑事罰の制裁があり（所得税

---

[*2] 大阪地方裁判所・前掲（*1）261頁。

法240条1項)，所得税法199条は刑罰法規の構成要件の一部であることに照らせば，本判決のような解釈は，広範かつ不明確にすぎ，妥当でない。このことは，前掲広島高判についてもあてはまるところと考えられる。

また配当のように，債務者（又は破産者）自身ではなく，執行機関や破産管財人の行為についてまで，債務者等を支払者とみてよいかは，より詳細な検討を要するというべきであろう。現に本判決も，後述のように，個別執行の配当については，源泉徴収義務は生じないとの解釈を示唆している。

### (3) 個別執行における源泉徴収の要否

そこで次に，個別執行手続においては，なぜ源泉徴収を要しないのかを考えたい。所得税法上，執行機関又は債務者が源泉徴収義務を負うことはないのか，負わないとしてそれはどのような法的根拠に基づくのであろうか。

**(a) 執行機関について** まず執行機関は，配当につき源泉徴収義務を負わないとするのが通説であり（高松高判昭和44・9・4高民22巻4号615頁），実務である[3]。本件でもこの結論には争いはない。このように執行機関が源泉徴収義務を負わないのは，執行手続の本質に由来するものと考えられる。

すなわち，現行法上，私権の確定手続（訴訟手続）と実現手続（執行手続）とは明確に分離されており，執行機関は執行債権の存否，消滅の有無等は問題とすることができず，執行請求権は存在するものとして手続を続行しなければならないものと解されている[4]。また執行による手続上の満足は，債権の弁済とは同義ではなく[5]，単に配当等を受けることを意味し，実体的法律関係とはかかわりがない[6]，とも説明される。これは，いったん訴訟手続で確定された権利については，早期救済の観点からも，執行機関は実体的権利の存否等に拘泥することなく，執行手続を進めるべきであるからだと

---

[3] 永島正春「破産管財人の源泉徴収義務」税務弘報36巻9号150頁。佐藤英明「破産手続において支払われる賃金と所得税」税務事例研究67号30頁も，個別執行において源泉徴収をしない運用が存在することは認める趣旨と思われる。
[4] 香川保一監修『注釈民事執行法(1)』9頁〔田中康久〕（金融財政事情研究会，1983年）。
[5] 中野貞一郎『民事執行法』〔増補新訂5版〕40頁（青林書院，2006年）。
[6] 中野・前掲（＊5）45頁後注(10)，梶山玉香「執行による『満足』と債権の消滅(1)」同志社法学41巻6号101頁。

考えられる*7。

　以上より、執行機関は、債務名義に表示のない所得税源泉徴収の要否について考慮すべきでないことは、ほとんど自明の事柄であると思料される。

　(b)　債務者について　　それでは、個別執行により執行債権が所得税の源泉徴収をされることなく満足を受けた場合、債務者自身にはなお源泉徴収納付義務が存するであろうか。前掲高松高判はこの点も否定に解しているが、本件では、被告（国）は、同裁判例を不当であるとし、使用者において源泉所得税納付のうえ労働者に返還を求めることになるとしていた*8。

　これにつき、本判決は「個別的執行手続等において配当がされる場合、債務者は、源泉所得税の徴収、納付義務を負わないと解すべき余地がある。」としながらも、明確な判断を回避した。

　思うに、源泉徴収制度において、一般私人に第三者の租税債務の徴収義務を負わせることが許容されるのは、それが給与からの天引という簡便な方法により得る限りにおいて、徴税方法として能率的かつ合理的であり（最大判昭和37・2・28刑集16巻2号212頁）、社会通念上受忍すべき程度のものであるからだと考えられる。

　だとすれば、使用者が任意に源泉徴収を行わなかった場合はともかく、被告（国）主張のように、執行機関により全額弁済を強制された場合にまで徴収義務を課すことは、本来、源泉徴収制度が予定していないというべきではなかろうか。またこのような解釈によれば、使用者は労働者の無資力についてもリスクの負担を余儀なくされるという過酷な結果が招来されるおそれがある。

　したがって、前掲高松高判のとおり、個別執行の配当については、債務者自身も源泉徴収納付義務を負わないと解することが相当と考えられる。

　**(4)　破産配当につき破産管財人は源泉徴収納付義務を負うか**

　(a)　個別執行との対比　　そこで破産手続においても、個別執行の場合と同様、破産管財人や破産者には、配当につき源泉徴収納付義務はないと考え

---

*7　中野・前掲（*5）26頁参照。
*8　佐藤・前掲（*3）37頁。

るべきかが問題となる。

　この点，本判決は，前記のとおりこれを肯定したうえで，個別執行手続等とは同様に解することはできないと説示している。

　そこで以下では，旧破産法（以下単に「法」という）上の債権確定手続及び配当手続について概観し，これと個別執行を対比して，破産配当についての源泉徴収の要否を検討する。

　　(イ)　債権確定手続　　破産における債権確定手続は，債権調査期日において，届出破産債権の額及び原因，並びに一般の優先権の有無等（法229条・231条）につき調査をする方法により行われる。そして調査期日において，破産管財人及び他の破産債権者が異議を述べなかった債権は確定する（法240条）。

　破産管財人等が異議を述べた債権については，債権確定訴訟による債権存否の確定が図られることになり（法244条・248条），債権確定訴訟についての判決は破産債権者の全員に対して効力を生じ（法250条），届出債権者が勝訴したときは，その債権は破産債権として確定する。

　このように，破産手続においても，債権の存否の確定は，究極的には，訴訟手続によることが予定されており，この点は，平常時における私権の確定手続と変わるところはない。また，破産債権が債権調査期日において異議が述べられないことにより確定する場合についても，債権確定についての債権表の記載は確定判決と同一の効力を生じるから（法242条），通常訴訟において請求認諾があった場合と同視できる。

　　(ロ)　配当手続　　配当実施に際しては，破産管財人は，債権者の住所氏名，配当に加えるべき債権の額，配当することができる金額を記載した配当表を作成，提出しなければならない（法258条・259条）。

　配当に加えるべき債権は，(i)確定破産債権，(ii)異議のある有名義債権（異議を理由ありとする判決が確定したものを除く），(iii)異議のある無名義債権で除斥期間経過までに訴訟提起等の証明があったもの（法261条），(iv)別除権付債権については，予定不足額（疎明のあったものに限る）又は確定不足額（法262条・

277条),である[*9]。

　債権者は配当表につき異議申立てを行うことができるが(法264条),異議事由は,配当表の作成及び更正に関する法則違背等(配当加入資格のある債権の不記載など)に限定され,すでに確定された破産債権の内容に関する主張は異議の事由とはなりえない[*10]。またいったん確定した債権につき,保証人等の弁済があったため消滅しても,任意の届出取下げがない限り,破産管財人は,請求異議の訴えによらない限り,これを配当表から削除することはできないと解されている[*11]。

　そして配当表が確定したときは,破産管財人は配当率又は配当額を定め通知することを要し(法265条・274条),この通知により配当率等は確定し,破産管財人を拘束し,各債権者は現実にその配当率等による配当金請求権を取得する[*12]。

　(ハ) 検　討　このように破産配当は,債権調査の結果として債権表に記載された確定債権額等に一定割合を乗じた配当金請求権を付与することにより,比例的平等的に権利実現を図るものである。この過程において,破産管財人が,債権調査結果に現れていない実体的法律関係を考慮して裁量を発揮する余地は存在しない。

　そうすると破産配当も,個別執行と同様,実体的法律関係にかかわりなく,単に配当加入資格のある債権に手続法上の満足を与えるものにすぎないと考えられる。確かに配当加入債権が実体法上も存する限り,破産配当実施は実体債権消滅の効果を生じるが,破産配当は,実体債権の存否にかかわらず実施されるものであるから,配当手続それ自体は,実体債権の満足を直接の目的とするものではない。

　そうだとすれば,破産管財人が,配当加入債権の実体法上の法的性質を考慮して源泉徴収納付を行うことは,配当手続の本質に背馳するものであると

---

[*9] 斎藤秀夫＝麻上正信＝林屋礼二編『注解破産法』〔第3版〕下巻571頁〔髙橋慶介〕(青林書院,1999年)。
[*10] 伊藤眞『破産法』〔第4版補訂版〕495頁(有斐閣,2006年)。
[*11] 斎藤ほか編・前掲(*9)582頁〔髙橋慶介〕。
[*12] 斎藤ほか編・前掲(*9)587頁〔髙橋慶介〕。

考えられる。

このように考えると，破産配当は所得税法199条等の「支払」に該当せず，破産者及び破産管財人は源泉徴収義務を負わないとの結論が導かれ得る。

(b) 源泉徴収義務の判断可能性について　また本判決は，破産管財人は配当に際して源泉徴収の要否を判断することができると指摘して，源泉徴収納付が破産管財人の権限に包含されるとしている。

しかしながら，個別執行においても，申立てや配当要求に際しては，債務名義正本の提出が義務付けられており（民執25条・51条等），これにより源泉徴収の要否を判断することは可能と考えられる[*13]。よって，この点が個別執行と別異の取扱いを認める根拠となり得るか疑問である。

実際問題として，所得税源泉徴収の対象となる支払は，労働債権に限られるものではなく，原稿料や著作権・工業所有権の使用料等，弁護士報酬等，社会保険診療報酬，プロスポーツ選手やモデル，外交員の報酬等，映画・テレビの出演料等，など多岐にわたっている（所得税法204条1項各号等）。営業継続中であればともかく，1回の配当のために，配当加入債権のすべてについてこれら諸要件の調査・判断を行わなければならないとすることは非効率であり，現実的ではなく，このことは個別執行と破産とで異なるものではない。

## 3　破産配当につき源泉徴収納付義務があるとした場合，その納付義務が財団債権（旧破産法47条2号但書）に該当するか

(1)　仮に，破産配当につき源泉徴収納付義務があるとした場合，この租税債権は，旧破産法47条2号但書にいう「破産財団ニ関シテ生シタルモノ」に該当するかが問題となる。

(2)　この点，本判決は，破産債権に対する配当に係る源泉所得税相当額は，破産債権者の共同的満足の引当てとなるべきものではないということが

---

[*13]　担保権実行又は担保権者の配当要求に際しても被担保債権の記載が必要である。民事執行規則170条1項2号，担保権者の配当要求につき民事執行法49条2項2号・50条1項等。

できるとし,破産財団管理上の経費として,旧破産法47条2号但書に該当すると判示した。

(3) 旧破産法47条2号但書の法意については,破産財団の管理上当然支出を要する経費に属するものであって,破産債権者にとって共益的な支出として共同負担するのが相当であるものと解されている(最〔3小〕判昭和43・10・8民集22巻10号1093頁。同旨,最〔3小〕判昭和62・4・21金判773号3頁)。

その具体的な適用基準については,主として,①特定の租税債権の発生原因と破産財団ないし財団帰属財産との間の事物的関連性の有無を基準として,租税を人的税と物的税とに区別し,但書に該当するのは,物的税に限られるとする見解[*14]や,②破産債権者の共同の利益とは,破産管財人の行為により特定の債務が発生する場合において,その行為により破産財団の維持・増殖という効果が生じる結果,破産債権者への配当が増加することであるとする見解[*15]が存する。

源泉所得税についていえば,破産者以外の所得に課せられる税であって,破産財団構成財産との事物的関連性を有しないと考えられる。また,給与・退職金に対する配当実施により財団の維持・増殖や配当増という効果は生じないし,かえって徴収納付義務を履行するための税理士報酬等諸費用は有害的である。したがって,上記①,②のいずれの見解に立っても,配当に係る源泉徴収所得税が財団債権に該当することはないと考えられる。したがって,本判決の判示は,従来の判例の流れに沿うものか疑問が残るものである。

さらに源泉徴収に関する徴収義務者と納税義務者の法律関係は私法上のものであるから,徴収にかかる源泉所得税相当額が,破産債権者の共同的満足の引当てとなるべきものではないといえるかも疑問が存するところである。

## 4 結 び

(1) 肯定説から否定説の問題点として指摘されるのは[*16],①源泉徴収を

---

[*14] 加藤正治『破産法要論』〔新訂増補版〕112頁(有斐閣,1957年)。
[*15] 山本弘「清算所得の予納法人税と財団債権」ジュリ860号132頁。
[*16] 佐藤・前掲41頁。

予定せずに未払給与額に課税することから生じる納税資金の問題，②個々の従業員が受け取るべき未払給与額を税務署が捕捉することの困難性，である。

しかし①の点は，倒産の場合に限らず，一般的に，権利確定基準を適用することから生じる不都合であり，管理支配基準の弾力的運用により解決すべき問題であると考えられる[*17]。同様に②の点も，申告納税制度一般についてあてはまることであって，倒産会社の従業員の未払給与に限られた問題ではない。

(2) 総じて本判決は，否定説が個別執行との対比から所得税法199条等の「支払」の要件の解釈論として主張されているものであることを看過している感が否めないところである。

その意味で，上級審の判断が待たれるところである。

## 【追加加筆】
## 5　上告審判決

本稿が「銀行法務21」676号で掲載されて後，破産管財人の控訴は棄却されたが，その控訴審判決（大阪高判平成21・4・25金判1359号28頁）について，最高裁判所は，破産管財人の申立てにより上告受理決定のうえ，破産配当の源泉所得税に関する部分について，控訴審判決を破棄し一審判決を取り消して自判し，破産管財人には破産配当について源泉所得税の納税義務は存在しないとの判断を示した（最〔2小〕判平成23・1・14民集65巻1号1頁）。

## 6　破産配当の源泉徴収の要否

同最高裁判例は，判決理由において，「破産管財人は，破産手続を適正かつ公平に遂行するために，破産者から独立した地位を与えられて，法令上定められた職務の遂行に当たる者であり，破産者が雇用していた労働者との間において，破産宣告前の雇用関係に関し直接の債権債務関係に立つものでは

---

[*17] 肯定説に立つとしても，破産会社の元従業員が同一年中に次の雇用主の下において年末調整をされる場合には，同様の問題が生じる可能性がある。

なく，破産債権である上記雇用関係に基づく退職手当等の債権に対して配当をする場合も，これを破産手続上の職務の遂行として行うのであるから，このような破産管財人と上記労働者との間に，使用者と労働者との関係に準ずるような特に密接な関係があるということはできない。また，破産管財人は，破産財団の管理処分権を破産者から承継するが（旧破法7条），破産宣告前の雇用関係に基づく退職手当等の支払に関し，その支払の際に所得税の源泉徴収をすべき者としての地位を破産者から当然に承継すると解すべき法令上の根拠は存しない」と説示している。

最高裁判所調査官の論評（ジュリ1432号100頁以下）においては，「本判決は，破産管財人の地位の独立性のほか，破産管財人の行う配当が破産手続上の職務の遂行として行われるものであることを指摘している。これは，破産管財人が何らかの実体法上の義務の履行として配当を行っているわけではないことを述べるものではないかと解される」とされている（同102頁）。これによれば，本最高裁判例は，本稿で詳述したような，上告人破産管財人のいわゆる「配当無色透明論」に与したものと理解してよいと思われる。

### 7　財団債権弁済及び許可弁済

また上記論評は，現行破産法上，財団債権に該当する労働債権（破149条）や弁済許可に基づく労働債権弁済（破101条）についても，本来の性質が破産債権であるものについては，本判決の考え方が妥当し，破産管財人はこれらの弁済について源泉徴収義務を負わないとの立場をとる（同103頁）。筆者も私見としてこれに賛同する。

この点，本稿のように，配当表の破産管財人に対する拘束を根拠として，破産配当の源泉徴収義務を否定しつつ，現行法上の財団債権弁済や許可弁済については，なお所得税法183条1項等の適用があり源泉徴収義務が存するとの見解もある（伊藤眞ほか『条解破産法』968頁（弘文堂，2010年））。

しかしながら，現行法上，労働債権の一部に財団債権性が付与され，あるいは配当手続によらず弁済が可能とされているのは，もっぱら労働者保護という社会政策的理由によるものであり，そのために税務上の取扱いに差異が生じ，かえって手続が煩雑となることは妥当ではないであろう。破産管財人

は，包括的強制執行の主宰者として，倒産債権に対する満足を図るものであり，その迅速を図るためには，財団債権であれ許可弁済であれ，および破産手続開始前の原因にもとづく労働債権である限り，これを弁済するに際しては，やはり配当によるときと同様に源泉徴収義務がないと解すべきではないだろうか。

　上告人破産管財人は，本件で早稲田大学大学院法務研究科伊藤眞教授の意見書を提出しているが，この中で，同教授は，現行破産法上，非金銭債権についても金銭配当がなされることを挙げられ，破産管財人による配当は，本来的給付そのものの全部又は一部ではなく，本来的給付の価値に即した，破産財団所属財産の金銭的価値の配分とみるべきである，とされている。そのうえで，破産手続開始前の原因にもとづく給与等債権に対する配当を実施する破産管財人は，給与等債権者との雇用関係に立つものではなく，また給与等そのものの支払をするものとみることもできず，ただ給与等債権の経済的価値に応じて破産財団所属財産の金銭的価値を配分するにすぎないから，源泉徴収義務を課す理由を欠くものというべきである，と結論付けられている。

　僭越ながらこれを敷衍し，配当手続であれ財団債権又は許可弁済であれ，破産手続を広く倒産債権に対する金銭的価値の配分の手続と捉えるならば，前述のとおり，およそ破産手続開始前の原因にもとづく労働債権については，破産管財人には，その配当時又は弁済時に源泉徴収義務がないとする結論を論理的に導きうるのではないだろうか。

## 8　労働債権の徴税方法

　破産手続開始前の原因にもとづく労働債権について，破産管財人の源泉徴収義務がないとすれば，これについての所得税徴収は，どのようになされるべきだろうか。

　この点については，破産者本人に源泉徴収納付義務が成立するとする考え方（伊藤眞ほか・前掲『条解破産法』954頁）と，破産債権者が本来の納税者として確定申告（所得税法120条）をすべきとする考え方がありうる。

　本判決後に言い渡された最〔3小〕判平成23・3・22（民集65巻2号735頁）

は，賃金債権の執行手続における債務者の源泉徴収義務について「給与等の支払をする者が，強制執行によりその回収を受ける場合であっても，それによって，上記の者の給与等の支払債務は消滅するのであるから，それが給与等の支払に当たると解するのが相当である」との判断を示している。このように個別執行による回収の場面で，債務消滅の効果が帰属する債務者に源泉徴収義務が生じるのだとすれば，包括執行とされる破産手続においても配当による債務消滅の効果が帰属する破産者に源泉徴収義務が生じるとの結論も導き得ないではない。

しかしそのように解すると，国は配当を受けた破産債権者からではなく，破産者本人から所得税を徴収しなければならないことになる（所得税法221条）。ことに破産法人の場合，当該源泉所得税が劣後的破産債権に該当するとの立場をとれば（伊藤眞ほか・前掲『条解破産法』955頁），徴収の可能性は皆無に等しい。他方，破産者は，破産配当により，破産債権者に対し所得税相当額の不当利得返還請求権を取得することとなるが，これは自由財産として滞納処分による差押えが可能とする見解もある（前掲金法1916号52頁）。しかしながら，破産財団から配当された金員についての不当利得返還請求権が，源泉所得税の納付前に，自由財産として破産者本人に帰属するとする根拠が不明であるし，その点はさておいても，破産手続で労働債権の配当又は弁済が実施される都度，滞納処分差押えを講じなければならないというのは迂遠で非現実的に思われる。

他方，国税庁ホームページ（http://www.nta.go.jp/gensen/oshirase/index.htm）は，今般の判決を受け，これまで破産配当につき納付された源泉徴収所得税がある場合，納付者（破産管財人等）に還付することを明らかにする一方，当該還付金については，退職者等に返金する必要があること，及び，退職者等においてあらためて確定申告・修正申告及び納付をする必要があることを知らせている。

国税庁ホームページの上記内容は，破産配当については，破産管財人のみならず，破産者にも源泉徴収納付義務はなく，これを受領した退職者等に，所得税法120条による確定申告納付義務があることを前提とするものと理解される。

私見としても，前掲の最〔3小〕判平成23・3・22との整合性を欠く感はあるが，本稿で述べた理由により，破産配当については破産者自身にも源泉徴収義務はなく，破産債権者の確定申告により納付すべきものと考える。

□■

## ■コメント

# 破産管財人の源泉徴収義務

神戸大学大学院法学研究科教授　中　西　　正

## 1　はじめに

　破産管財人が給与や退職金を支払うあるいは配当する際に源泉徴収納付義務を負うか否かについては，これまで実務上も学説上もこれを否定する見解が支配的で，とくに問題とされることもなかったと思われる。ところがこれを肯定する有力な見解が主張され[1]，さらに同様に肯定する大阪地判平成18・10・25（判タ1225号172頁）が現れるに及んで，にわかに議論の対象となりつつあるようである。

　桐山論文は，ごく簡単に要約するなら，(1)破産管財人は破産債権確定後確定された内容に拘束されて配当せねばならないので，所得税を控除して支払う権限・責務はない，(2)仮に源泉徴収義務を認めようとしても，徴税当局が管財人（破産財団）に対して有する請求権は財団債権たり得ないという2つの論拠により，管財人の源泉徴収義務を否定しようとするものである。

　(1)の理論は，給料債権が破産債権確定手続に服さない場合（例，財団債権となる場合）には，その適用は困難だと解される可能性もないわけではないが，仮にそうだとしても，(2)で対処することが可能である。したがって，給料債権の破産法上の性質にかかわらず，徴税当局が財団債権者として所得税の支払を管財人に請求することは不可能であると主張するのである。

　桐山論文が提起する問題は重要であるが，紙幅の制約上，本稿では異なる視点から，若干の検討をするにとどめたい。

---

[1]　佐藤英明「破産手続において支払われる賃金と所得税」税務事例研究67号30頁。

## 2 検　　討

(1) 破産管財人が，手続開始前の原因に基づく給与債権等につき，一定の金額を支払い配当する場合（財団債権として支払う場合と優先的破産債権として配当する場合がある），その金額の一部は所得税であり，残部が本来の（正味の）給与である。そして，後者が従業員に分配されるに関しては何の問題もないのに対し，前者については，管財人が直接徴税当局に支払うか，管財人はまず従業員に支払い，従業員が徴税当局に支払うかが問題とされる。つまり，所得税の部分は破産財団に帰属せず，他の財団債権者や破産債権者の支払原資となることなく，全額が徴税当局又は従業員に支払われることになる点に，異論はないと思われる。

したがって，この問題の本質は，所得税の部分を，①管財人が直接徴税当局に支払うのと，②まず管財人が従業員に支払い，その後従業員が確定申告により徴税当局に支払うのでは，いずれが合理的な徴税の方法であるか，いずれが合理的な破産手続の運用であるかという点にある，というべきである。そして，所得税の部分を破産財団に帰属させて配当原資とする理由がない以上，解釈論として管財人に源泉徴収義務を負わせることができる場合には，これを財団債権とできない理由はないと思われる。

なお，以上の見解は，勤務先の破産手続開始を理由に，従業員が手続開始後に支払（配当）を受けた給与等につき，所得税を免除されることはないという見解を前提としている。仮に免除されると解するのが正当であるなら，この問題自体が成立しないことはいうまでもない。

(2) 徴税の方法としてみた場合，管財人が直接徴税当局に支払うのが合理的であろう。つまり，①が合理的な徴税の方法である。なぜなら，そうでないなら従業員の確定申告によることとなろうが，納める側としては申告手続の煩雑さなどの問題があるし，納められる側としても未払賃金の捕捉の困難などの問題があると思われるからである。

(3) 問題は，破産管財人に源泉徴収義務を課すなら，破産手続の合理的運営にどのような支障を来たすかである。つまり，①が合理的な破産手続の運用であるといえるか，である。本稿では，懸念される問題の1つとして，費用分担上の弊害を指摘しておきたい。

破産手続遂行の費用（それを支払わなければ破産手続を遂行できない費用）は，破産法148条1項1号・2号の財団債権として支払われる。すなわち，破産財団の換価金のうち，破産債権者の配当原資となり得るものから，まずこのような費用を支払い，残余を破産債権者に配当することになる。これは，破産債権の間に弁済の優先順位がある場合には，破産手続遂行の費用を可及的に後順位の者に転嫁することを意味する。例えば，破産財団の換価金が2500万円で，第一順位の債権者A，第二順位の債権者B，第三順位の債権者Cがそれぞれ1000万円の債権を有しており，手続遂行の費用が600万円であったとする。仮に費用が生じなければAは1000万円，Bは1000万円，Cは500万円の弁済・配当を受け得たところ，費用が生じたため，Aは1000万円，Bは900万円の弁済・配当を受け，Cは配当を受けられない。この例は，600万円の費用を，まずCが負担し，Cが負担し切れなかった分をBが負担したこと，つまり手続遂行の費用は可及的に後順位の債権者に転嫁されたことを示している。

このような費用分配基準は，優先される債権ほどより多くの手続遂行の利益を受けることに鑑みれば，かならずしも公平で合理的だとはいえないようにも思われる[*2]。

ところが，このような費用分配基準は，破産債権者と取戻権者，別除権者，財団債権者の間にまで拡張されている。例えば，別除権の目的財産の管理・維持に費用がかかった場合，破産管財人自身，あるいは破産管財人と契約した者により管理・維持がなされるのだから，破産法148条1項2号・4号などにより，それは財団債権として破産債権者への配当原資から支払われる。また，破産手続開始前の原因に基づく債権の一部が財団債権化され，そ

---

[*2] このような費用分配基準のオルターナティヴとして，債権者が受けた配当額に応じて費用を按分するというルールがあった（歴史的にはこのようなルールが現在のルール《後順位の債権者に転嫁するルール》に取って代わられた）。先の例でいえば，600万円の費用を，Aが2，Bが2，Cが1の割合（Aは1000万円，Bは1000万円，Cは500万円の弁済・配当を受けるので）で按分するのである。その結果，AとBは760万円，Cは380万円の配当を受けることになる。破産法が現在の費用分配基準をとった理由は，優先する権利者に可及的に完全な満足を与えるため（費用を按分するなら，費用分担を免れない以上，最も優先されるべき債権者も完全な満足を得ることができなくなるから）である。中西正「破産法における費用分配の基準」民事訴訟雑誌55号28頁，36頁以下も参照。

の確定などにつき費用が生じ得るが，その場合にも同様の理由から，費用は破産債権者への配当原資から支払われることになる。別除権者や財団債権者について生じた費用は，弁済順位において彼らに後れる破産債権者，それも可及的に後順位の破産債権者に転嫁されるわけである。

破産管財人に源泉徴収義務が生じた場合，義務履行に伴う費用は，財団債権として結局は破産債権者が負担することになる。すなわち，管財人による義務履行の費用は（源泉徴収義務の事務を負担した分，管財人の報酬が高くなるとは限らないが）管財人の報酬（財団債権である）として破産債権者が負担する。また，複雑な問題があるため，例えば税理士にその処理を依頼したなら，その報酬も財団債権として破産債権者が負担することになる。

このような費用分配基準の正当性には，より大きな疑問があろう。別除権者や財団債権者が破産手続の遂行により利益を得ているのであれば，利益を得た限度でその費用につき応分の負担をするのが公平で合理的ではないか，別除権者や財団債権者のための費用を破産債権者が負担せしめられるのは不合理であり不公平ではないか，と思われるからである。

このような理由から，比較法的には，担保物の換価代金の一部を破産（倒産）財団に組み入れる制度が存在する[*3]。わが国でも，破産法の担保権消滅請求制度（破186条1項1号）は同様の機能を果たしているし，実務上破産管財人が別除権者に別除権のために要した費用の負担を要求することもあると思われる[*4]。このような要請は，破産管財人の職責が，破産債権者の利益を図ることにとどまらず，財団債権者や別除権者の利益を図ることへと拡大せしめられるのであれば，より一層強く感じられよう。破産管財人は，財団債権者として，破産債権者に対する弁済原資から，その報酬の支払を受けるのである。

(4) 以上の検討より，①は，徴税の方法としては合理的であると思われる

---

[*3] 中西正「ドイツ倒産手続における担保権の処遇」民商120巻4・5号593頁以下，田頭章一「アメリカ倒産手続における担保権の処遇」民商120巻6号896頁。
[*4] 全国倒産処理ネットワーク・パネルディスカッション「破産管財人の地位の再検討」事業再生と債権管理128号141頁，中西正「破産手続における利害関係人と破産管財人の権限」事業再生と債権管理129号174頁以下。

が，これに従って破産手続を遂行すれば，弊害が生ずるものと思われる。

　したがって，徴税の方法として合理的な①の方法をとるのであれば（私はとるべきであると考える），解釈によってこのような弊害を除去するか，それが無理であるなら，立法により解決することが，不可欠の前提となろう（この場合法改正が整うまでは②の方法によるしかないであろう）。

# 第3 │ 管財人の第三者性

■論文

## 将来債権譲渡の効力と債権法改正
### ——管財人の第三者性の議論との関係も踏まえて

弁護士 赫 高規

## 1 問題の所在

民法（債権法）改正に向け，法制審議会民法（債権関係）部会において議論が進んでいるが，本稿が取り扱う将来債権譲渡の効力の問題についても，その検討事項に取り上げられている。法制審資料[*1]においては，「譲渡人の地位の変動に伴う将来債権譲渡の対抗力の限界」とのタイトルのもと，「将来債権を譲渡し，第三者対抗要件を具備していたとしても，当該将来債権の譲渡後に譲渡人の地位に変動があった場合には，その将来債権の譲渡の効力を第三者に対抗することができる範囲について，一定の限界があるのではないか」，「立法により，第三者に対抗することができる範囲を明確にすることが望ましいという考え方があるが，どのように考えるか」と問題提起されている。

また，法制審資料では，この「将来債権の譲渡の効力を第三者に対抗することができる範囲」が具体的に問題となる事例として，「①不動産の賃料債権の譲渡後に賃貸人が不動産を譲渡した場合における当該不動産から発生する賃料債権の帰属」の例（事例①）のほか，「②売掛債権の譲渡後に事業譲渡

---

[*1] 法制審議会民法（債権関係）部会資料9－2，『民法（債権関係）の改正に関する検討事項(4)詳細版』（以下，「法制審資料」という）32頁以下（法務省のウェブサイトから入手可能である），『民法（債権関係）の改正に関する検討事項』194頁以下（民事法研究会，2011年）。

等によって事業が譲渡された場合における同一事業から発生する売掛債権の帰属，③将来債権を含む債権の譲渡後に倒産手続が開始された場合における管財人又は再生債務者…（略）…の下で発生する債権の帰属」といった例（事例②・③）が挙げられている。そこで，これらの各事例における債権の帰属者について，いかなる解釈論を採用すべきかも問題となる。

## 2 筆者の基本的な考え方

　以上のような問題に対し，筆者としては，基本的な判断枠組みとして，現行法下でも次のような規律が妥当すべきものと考えており，また，立法論としても，判断枠組みを明確化する観点から，次のような規律を明文化することを提案する*2。

> 　将来することのある法律行為によって生ずべき債権の譲渡は，譲渡人がした法律行為によって生じた債権についてのみ，その効力を生ずる。

　この規律は，第1に，他人間の法律行為によって当該他人のもとで発生する債権を，当該他人の承諾もなく譲渡人が譲渡したとしても，譲渡の効力は発生しないという，当該他人の私的自治の観点からも至極当然の原則を確認するものである。かかる債権譲渡は，他人物売買の一種といわざるをえず，直ちに無効とはいえないものの（民560条参照）当然に譲渡の効力が生じるものではない*3。効力の生じない譲渡につき対抗要件を具備しても対抗力が

---

＊2　本稿に述べる筆者の見解は，拙稿「将来債権譲渡の効力〜管財人の第三者性の議論との関係も踏まえて」関西法律特許事務所開設45周年記念論文集『民事特別法の諸問題第5巻（上巻）』333頁（第一法規，2010年）にて詳論したところを誤解に基づくいくつかの記述を除いて踏襲しつつ発展させ，立法提案を伴わせたものである。

＊3　この規律の例外として，当該他人の承諾がある場合は，当然に譲渡の効力を生じることになる。すなわち，当該承諾の趣旨にもよるが通常は，当該他人の法律行為によって債権が発生した時点で，将来債権譲渡の効力に基づき直ちに当該債権が直接譲受人に移転することになる（将来債権の移転時期については，後掲＊4参照）。

　これに対し，実務上，将来他人Aから譲り受ける将来債権ないし既発生債権を，Bがあらかじめ第三者Cに譲渡する場合が知られている（他人Aから譲り受けた将来債権のうち，事後具体的に発生・取得する債権につき，Bが第三者Cに譲渡する場合も同様）。かかる債権譲渡についても，他人物売買の一種と捉えて，その有効要件等を検討する見解がある（大嶋正道「将

認められないこともいうまでもない。

　第2に，この規律は，その反面として，その債権が，譲渡人がした法律行為を発生原因とするものであると評価できるならば，債権譲渡の効力が生じ，さらに譲受人が第三者対抗要件を具備していれば第三者にも対抗できることを意味している。すなわち，譲渡人が将来債権譲渡をした後に，将来債権を発生させる契約上の地位が第三者に承継され，その後の具体的債権は，当該第三者のもとで（つまり，当該第三者を当初の債権者として）発生したものであったとしても[*4]，当該債権は，譲渡人が締結した契約を発生原因とするものであると評価できるから，当然に譲渡の効力を生じることになる。したがって，また，この場面の問題の本質は，法制審資料にあるような，「将来債権譲渡の対抗力の限界」，「将来債権譲渡の効力を第三者に対抗することができる範囲」の問題ではなく，譲渡人はいかなる将来債権の譲渡であれば債権譲渡の効力を発生させることができるのかという，債権譲渡の効力の発生要件の問題なのである[*5]。

---

　　来承継債権の譲渡—民法（債権法）改正からの視点を踏まえて」金法1910号48頁）が，適切とは思われない。かかる債権譲渡は，例えば，将来にわたって特定の倉庫内に搬入される在庫品を担保のために譲渡する集合動産譲渡担保のケースと同様，将来取得すべき財産をあらかじめ集合体として譲渡するものであって，譲渡対象は他人の財産ではなく自己の財産そのものと解されるからである。

[*4] 　最判平成19・2・15（金判1266号22頁）は，将来債権が国税の法定納期限以前に譲渡担保財産となっている旨を判断する前提として，将来債権が「譲渡担保契約によって譲渡担保設定者から譲渡担保権者に確定的に譲渡されている」と判示した。このことから，将来債権の移転時期について議論が生じたが，「将来債権」，すなわち，いまだ債権とは捉えることができず，将来発生するかもしれず，あるいは発生しないかもしれないようなものとしての「将来債権」が，譲渡契約時に確定的に移転したといって強調してみても，特段の意義がないように思われる。そのような「将来債権」が，法律行為の一般法理に基づき「債権」として現実に発生するプロセスに従って，その帰属先を分析するならば，現実に債権が発生した時点において少なくとも瞬間的には当該債権はいったん，法律行為の一当事者である将来債権の譲渡人（又は譲渡人の契約上の地位の承継者）に帰属していたものと見るほかなく，しかし発生と同時に，将来債権譲渡契約の効力として譲受人に移転したものと見るほかないものと考えられる。同最判が，将来債権が「譲渡担保契約によって……（略）……確定的に譲渡されている」と判示したのは，譲渡担保契約後に現実に債権が発生した場合に，「譲渡担保権者は，譲渡担保設定者の特段の行為を要することなく当然に，当該債権を担保の目的で取得することができる」ことを言わんとするためのもので，そのことを超えて，「将来債権」そのものの移転の時期を問題にする意味はない。

[*5] 　この問題を対抗力の限界の問題と捉え，事例①，③で「将来債権譲渡の効力が及ぶかどうかという問題を，賃貸不動産の譲受人や管財人が第三者にあたるか否かというかたちで議論」し

この規律を前提に、法制審資料における事例①～③についてどのように考えるべきかを、以下若干検討する。

## 3 不動産の賃料債権の譲渡後に賃貸人が不動産を譲渡した場合における当該不動産から発生する賃料債権の帰属（事例①）について
### (1) 私見規律からの帰結

前記2の規律をこの場面にあてはめると、その帰結は、法制審資料で示されている3つの考え方のうち、「［B説］賃料債権の譲渡人（建物の譲渡人）である旧賃貸人が締結した賃貸借契約に基づき発生した賃料債権は、賃料債権の譲受人に帰属し、建物の譲受人である新賃貸人が新たに締結した賃貸借契約に基づき発生した賃料債権は、新賃貸人に帰属するという考え方」、そのものである。

例えば、譲渡人が債務者を特定せずに、ある特定の不動産を目的物として締結される不動産賃貸借契約に基づく賃料向こう10年分を譲渡し、動産及び債権の譲渡の対抗要件に関する民法の特例等に関する法律（以下、「動産債権譲渡特例法」という）上の登記により第三者対抗要件を具備したが、その後ほどなくして譲渡人が目的不動産を第三者に譲渡した場合、当該第三者は、不動産譲受けの当時締結されている対抗力のある賃貸借契約上の賃貸人の地位を承継する。当該承継した賃貸借契約に基づき発生する賃料は、「譲渡人の法律行為によって生じた債権」と評価すべきである[*6]から債権譲渡の効力が生じていることとなり、対抗関係上も優位しているから、債権譲受人は当該第三者に対して賃料債権の帰属を主張できると解されるのである。

ここで留意すべきは、当該第三者は、賃借人が応じるならば、承継した賃

---

ようとした（民法（債権法）改正検討委員会編『債権法改正の基本方針』（別冊ＮＢＬ126号）220頁（商事法務、2009年））ことが、無用な混乱を招いている。債権の対抗関係の問題としては、賃貸不動産の譲受人や管財人が第三者であること、しかし先に第三者対抗要件を備えた債権譲受人に劣後することは、いずれも議論の余地がないはずである。また、債権概念とは区別された将来債権についての対抗力を問題にしようとしているなら、いたずらに議論を混乱させるだけである。前掲（＊4）参照。

＊6 当該承継した賃貸借契約に基づき発生する賃料を請求する場合の請求原因事実を想起するならば、かかる賃料が、「譲渡人の法律行為によって生じた債権」と評価しうることは明らかである。

貸借契約の合意解除をすることも何ら妨げられていないということである。当該第三者は，将来債権譲渡の効力の対抗を受けるものの，将来債権譲渡契約上の譲渡人の義務を承継するものでもなく，債権譲渡の対抗以外に譲受不動産の所有者としてなしうることの制限を受けるいわれはないからである。したがって，合意解除のうえ，その後新たな賃借人との賃貸借契約を締結した場合はもちろん，同じ賃借人と改めて賃貸借契約を締結した場合にも，そこから生じる賃料は，もはや「譲渡人の法律行為によって生じた債権」とは評価しえない以上，債権譲渡の効力は生じないものと考える[*7]。

(2) C説の検討

これに対し，筆者が関与した，弁護士による法制審資料の検討等の機会[*8]において有力だった考え方は，「[C説] 賃料債権の譲受人は，将来債権譲渡の効力を新賃貸人に対抗できず，不動産の譲渡後に発生する賃料債権は，すべて新賃貸人に帰属するという考え方」であったといえる[*9]。しかし，例えば，既発生債権である売買代金債権の譲渡がなされ第三者対抗要件も具備した後に，譲渡人が売買契約上の売主の地位を第三者に譲渡した場合に，譲渡対象債権が債権譲受人に帰属することについては，疑いを入れる余地はない。第三者対抗要件のルールが，契約上の地位の譲渡という法形式をとることによって容易に潜脱されるものではないからである。したがって，C説によるならば，譲渡対象が既発生債権であるか将来債権であるかによって，その取扱いに決定的な差異を設けることになるが，はたしてそのような

---

[*7] 債権差押え時の執行債務者は，差押え発効後，被差押債権の取立てその他の処分は許されないが，被差押債権発生の基本たる法律関係自体の処分，例えば給料債権差押後の退職，賃料債権差押後の賃貸借契約の解除，解約などは妨げられない（兼子一『強制執行法』〔増補版〕200頁（酒井書店，1954年），中野貞一郎『民事執行法』〔増補新訂6版〕672頁（青林書院，2010年）など通説）。債権を差し押さえられた債務者も，その発生の基礎たる法律関係を変更，消滅させる自由を奪われないと解されるからであり，同じ趣旨がこの場面の不動産譲受人に妥当する。
[*8] 大阪弁護士会民法改正問題特別委員会平成22年4月8日会議，日本弁護士連合会司法制度調査会平成22年4月12日法制審バックアップ会議。また，それに先立つ民法（債権法）改正検討委員会の「債権法改正の基本方針」の検討の機会としての大阪弁護士会同委員会平成21年7月17日，18日合宿検討会。いずれも，多数決を取っているわけではなく，筆者の印象に基づく。
[*9] C説をとる見解として，大阪弁護士会編『民法（債権法）改正の論点と実務』420頁（商事法務，2011年）。

合理的理由があるかが疑問である。また，譲渡対象が既発生の履行期未到来債権か将来債権かが判然としない場面も多いものと思われる[*10]。さらには，将来にわたる賃料債権が差し押さえられた後に不動産譲渡がなされた場合についてＣ説的結論を排斥する最高裁判例も存するところであって[*11]，現行実務との接合性の観点からもＣ説には問題がある[*12]。

### (3) Ａ説の検討

では，法制審資料の「[Ａ説] 賃料債権の譲受人は，将来債権譲渡の効力を新賃貸人に対抗でき，将来債権譲渡の対象となった賃料債権は，すべて賃料債権の譲受人に帰属するという考え方」はどうか。Ａ説とＢ説の差異は，債務者不特定の将来賃料債権譲渡がなされた場合に，不動産譲受人である新所有者がその後新たな賃貸借契約を締結したとき，当該契約に基づき発生した賃料債権が賃料譲受人に帰属するか新所有者に帰属するかという点であり，Ａ説は賃料譲受人への帰属を肯定する。しかし，旧所有者が行った賃料債権譲渡は，新賃貸借契約に基づく賃料に関する限り，他人物売買と同じで

---

[*10] 例えば（とりわけ中途解約を許さない）期間の定めのある賃貸借契約において，契約期間中賃貸人が目的物を賃借人に使用収益させる義務に対応するものとして同期間分の賃料支払義務も，契約締結時あるいは目的物が賃借人によって使用収益しうる状態におかれた時点で抽象的には発生していると捉えうるのではないか。賃料債権は使用収益の都度発生するとの考え方もありうるが，そのような見解による場合，実務上多く見られる翌月末分賃料を当月末までの先払いとして合意した場合をどう考えるのか。さらに，期間の定めのない賃貸借契約や更新後の賃貸借契約などにおける賃料も視野に入れると，どこまでが既発生債権でどこからが将来債権かは厳密に区別しがたく，規律に差異を設ける基準として適切でないように思われる。

[*11] 最判平成10・3・24（民集52巻2号399頁，金判1047号7頁）は，「建物所有者の債権者が賃料債権を差し押さえ，その効力が発生した後に，右所有者が建物を他に譲渡し賃貸人の地位が譲受人に移転した場合には，右譲受人は，建物の賃料債権を取得したことを差押債権者に対抗することができないと解すべきである」と判示する。Ｃ説の立場から，この判例を，差押えに特有の効力を認めたものとする理解も存するが（伊藤達哉「将来債権譲渡担保の未決着の論点をめぐる法的考察」金法1873号52頁参照），この判例が，差押債権者との関係では建物譲渡を対抗できず賃料債権は引き続き建物譲渡人のもとで発生するとしたのならともかく，そうではなく建物譲受人が賃料債権取得を対抗できないとしたのであって，賃料債権譲渡の場合にそのまま敷衍できる判示内容である。

[*12] 将来債権の譲渡人は，自己が所有者でないときの賃料を処分することはできないとし，いわば「売買（による所有権，ひいては法定果実収取権の取得）は賃料債権譲渡を破る」との考え方からＣ説を支持する見解もありうる。しかし，売買が賃貸借を破らず不動産取得者が賃貸人の地位を承継し，所有権に賃貸借契約上の制約が及ぶ場合には，法定果実収取権にもすでに債権法上の制約が及んでいるというべきであり，賃料債権の帰属は債権法理により決せられるべきである。

はないか，という疑問がある。仮に同じではないとすると，結局のところ，物の所有者が将来債権譲渡という法形式をとり第三者対抗要件を具備することによって，果実収取権を対世的（その意味で物権的）に分離処分することを認める考え方，したがってまた，果実収取権の失われた所有権が広範に存在しうることを正面から認める考え方をとらざるをえないが，これでは，物権の画一性，明確性（物権法定主義）に反し，取引の安全を害し，あるいは物の社会的効用が発揮されにくい状況を招くことによる社会経済的不利益が大きい。

さらに，A説によれば，不動産取得に際し，当該不動産の過去の全所有者につき賃料債権譲渡の第三者対抗要件の具備がなかったかを調査しなければならないが，これは事実上不可能であり，この将来債権譲渡の公示の脆弱性に起因する問題は現状の公示制度を前提とするとA説を採用しえない最大の論拠となる[*13]。

## 4 売掛債権の譲渡後に事業譲渡等によって事業が譲渡された場合における同一事業から発生する売掛債権の帰属（事例②）について

### (1) 私見規律からの結論

法制審資料では，D〜F説の3つの考え方が示されているが，前記2の規律をこの場面にあてはめると，結論的には，概ね「［F説］債権の譲受人は，将来債権譲渡の効力を事業の譲受人に対抗することができず，事業の譲渡後に発生する売掛債権は，すべて事業の譲受人に帰属するという考え方」に至る。事業譲渡後に，事業の譲受人が締結した個別契約から発生する債権は，規律における「譲渡人がした法律行為によって生じた債権」に該当しないことは明らかであり，かかる債権については債権譲渡の効力が生じないこ

---

[*13] B説も，公示の問題とは無縁ではない。すなわち，賃貸目的物を譲り受けようとする者は，少なくとも譲渡人について，また，承継する賃貸借期間中に賃貸人（所有者）であった者がさらに存する場合はさらに遡って，賃料債権譲渡の第三者対抗要件具備がなされていないかを調査しなければならないが，とりわけ期間中の所有者が複数にのぼるならば事実把握はかなり困難となる。しかし，前述のとおり，B説においては，承継した賃貸借契約を合意解除のうえ新たに賃貸借契約を締結したときには，新賃貸借契約に基づき発生する賃料には，もはや将来債権譲渡の効力が及ばないと解すべきだから，問題はそれほど深刻でない。

ととなる。

　私見規律とF説が異なる場合としては，事業譲受人が事業譲渡人（すなわち将来債権の譲渡人）から承継した継続的契約に基づいて売掛債権が発生したと評価できる場合，すなわち，事業譲渡人から承継した継続的契約が受発注の際の一方の意思表示を代替しうるものとなっている場合である[*14]。例えば，A社製造の所定商品についてその単価を所定のとおりとする旨や，B社が所定の様式で，所定期間をおいた納期を定めて，所定範囲内の数量の所定商品を発注した場合には，A社は特段の意思表示を要さず当然に受注したものとされ，発注内容どおりの納品をしなければならない旨，その他契約期間や解約・更新などの事項の定めのあるAB社間の商品供給基本契約について，A社から事業を譲り受けたC社が，（B社の同意を得て）当該基本契約におけるA社の地位を承継した場合，その後B社からC社に対する発注行為によって発生するC社の売掛債権は，当該基本契約，すなわちA社がした法律行為によって生じた債権と評価しうるから，債権譲渡の効力が生じることになる[*15]。

### (2) 他説の検討

　法制審資料においては，さらに「［D説］債権の譲受人は，将来債権譲渡の効力を事業の譲受人に対抗することができ，将来債権譲渡の対象となった売掛債権は，すべて債権の譲受人に帰属するという考え方」と，「［E説］事業の譲受人が締結した個別契約から発生する債権については，基本契約と個

---

[*14]　いわゆる基本契約は，実務上多くの場合，受発注に際して売買当事者の一方の意思表示を代替しうるものとはなっていない。事業譲受人がこのような通常のタイプの基本契約を取引先の同意を得て事業譲渡人から承継し，その後の個別契約の際に，別段の定めを設けないという方法により当該基本契約が援用され個別契約の付随的事項にその規律が及ぼされる場合も，売掛債権の発生原因が個別契約であることに変わりはなく，私見規律によれば，その売掛債権に債権譲渡の効力は生じない。

[*15]　私見規律によれば，事業譲受人はさらに次のような場面で売掛金を取得できない。すなわち，事業譲渡の実行時点において事業譲渡人が得意先から受注済みで未納品の段階（通常は，帳簿上，売上・売掛金が未計上の段階である）の契約関係については，通常の実務では，その関係が事業譲受人に引き継がれる。この場合の売掛債権については，事業譲渡後に，事業譲受人において得意先に納品され帳簿上も売上・売掛金が計上されるが，その発生原因たる受発注（契約）は事業譲渡前の時点で，事業譲渡人においてなされているから，私見規律によれば債権譲渡の効力が生じることとなる。

別契約の結び付きが弱い場合には事業の譲受人に帰属し，基本契約と個別契約の結び付きが強い場合には債権の譲受人に帰属するという考え方」が示されている。

このうちD説については，かかる考え方に立って，将来債権譲渡の効力が，得意先関係を承継した場合，すなわち，いわば「譲渡人が築いた事実上の関係を基礎として生じた債権」と評価できる場合にまで及ぶものとするならば，将来債権譲渡により，経済活動が過度に制約されて，社会経済全体の不効率を生じ，かつ事業承継者の私的自治が害されるし，それ以前に，要件の不明確性が経済活動に無用なリスクを生じさせこれを萎縮させるから[*16]，妥当でないものと考える。

E説についても，事業譲渡後に発生した売掛債権が，「譲渡人がした法律行為によって生じた債権」と評価できる場合を超えて，将来債権譲渡の効力を及ぼし，事業譲受人の私的自治を害する問題性は共通である。また，基本契約と個別契約との結びつきの強弱という不明確な要件に基づき強力な効力を認めることは，結局，D説同様，行為の効果の予測を困難にして自由な経済活動を萎縮させるものとして妥当でないものと考える。

## 5　将来債権を含む債権の譲渡後に倒産手続が開始された場合における管財人等のもとで発生する債権の帰属（事例③）の検討と管財人等の第三者性について

### (1) 問題の所在

事例③の場面については，より具体的に，事例①，②に対応して，債務者を特定しない特定の不動産の賃料債権の譲渡後に賃貸人に倒産手続が開始さ

---

[*16] 例えば，懇意な業者から，ある会社の購買担当者の口頭紹介を受け，その後の営業活動が実って，当該会社と取引が開始し売掛債権が発生したような場合に，さすがにD説によっても紹介者が行った将来債権譲渡の効力が当該売掛債権に及ぶことはないであろう。しかし，例えば，立地上，自社からの配送効率が悪い得意先との取引を打ち切る趣旨で，近隣の同業者に当該得意先を口頭紹介した場合はどうか。さらには，その際，紹介手数料名義で紹介者・被紹介者間に金銭が授受された場合はどうか。当該得意先を担当していた紹介者の従業員がこれにあわせて被紹介者に移籍した場合はどうか。紹介得意先が1社ではなく複数であった場合はどうか。単なる得意先紹介と事業譲渡との境界線もきわめて流動的である。

れた場合における管財人等のもとで発生する賃料債権の帰属（事例③-1）や、売掛債権の譲渡後に譲渡人に倒産手続が開始された場合における管財人等のもとで発生する売掛債権の帰属（事例③-2）といった例を検討すべきことになる。

　ところで、かかる事例の検討にあたっては、管財人等の実体法律関係における地位をいかに理解するかが重要である。すなわち、ここで仮説として、管財人等が、合併における存続会社や相続人などと同様に、被承継人の権利・義務、契約上の地位などの一切を、いわば全人格的に包括承継する一般承継人と同視されるのであれば、将来債権の譲受人は、その効力を管財人等に主張しうるはずである。なぜなら、そのような一般承継人は、単に将来債権を生じさせている賃貸借契約等の契約上の地位を承継するだけではなく、将来債権譲渡契約における譲渡人の地位も承継していることは明らかであって、将来債権の譲受人は、当該将来債権譲渡契約上の義務履行を当該一般承継人に求めうる立場にあるからである。

　しかし、管財人等は、常に一般承継人と同様の地位に立つものではなく、第三者（差押債権者）と同様の地位に立つ場合があることが広く承認されている。これがいわゆる管財人等の第三者性の議論である。この問題が判例に現れたケースは多数に及ぶが、例えば、債務者から賃借権の設定を受けたものの対抗要件（旧建物保護法1条）を具備していない者は破産管財人に賃借権を対抗できないとされ[17]、他方、債務者に融通手形を振り出した者は、その破産管財人からの手形金の支払請求に対し融通手形の抗弁（手形法17条但書）を対抗でき、破産管財人には人的抗弁切断による保護が及ばないものとされている[18]。

### (2) 管財人等の第三者性の判断基準

　いかなる場合に管財人等の第三者性が肯定されるかの基準について、代表的な見解は、次のように説いている。「破産管財人と外部の第三者との法律関係は、…（略）…基本的には…（略）…破産管財人を破産者自身と同視

---

[17] 最判昭和48・2・16（金法678号21頁）。
[18] 最判昭和46・2・23（金判256号2頁）。

し，またはその一般承継人として規律される。しかし，実体法規がある法律関係について差押債権者に特別の地位を与えている場合には，破産管財人にも同様の地位が与えられる」[19]。筆者も基本的に同様の考え方をとるが，この見解がいうところの，実体法規が差押債権者に特別の地位を与えている場合とはどのような場合か[20]，また，管財人等に与えられる差押債権者と同様の地位とはどのようなものか[21]については，必ずしも明確ではない。この点むしろ，債務者の相手方側の視点からアプローチするほうが判断基準として明快である。すなわち，債務者の財産に個別執行がなされ，利害関係人として差押債権者が出現した場合に，債務者の相手方が取得しうる利益が，従前の債務者のみとの関係で取得しえた利益よりも削減されるときは，倒産手続が開始された場合にも，管財人等との関係で，債務者の相手方に同様の不利益が及ぶものと解すべきである。そして，管財人等は，もともと，債務者の一般承継人としての地位をその基礎として有しているものの，債務者の相手方にかかる不利益が及ぶ限度において，相手方に対し，債務者から承継

---

[19] 伊藤眞『破産法・民事再生法』〔第2版〕249頁（有斐閣，2009年）。なお，今日では，破産管財人のほか更生手続及び再生手続における管財人や再生債務者にも第三者性が認められることについて争いはないといってよい。監督命令がなされている再生債務者につき大阪地判平成20・10・31（金判1314号57頁）。また，小規模個人再生の再生債務者につき最判平成21・6・4（金判1353号31頁）を参照。特別清算会社については，最判平成21・3・27（民集63巻3号449頁，金判1319号37頁）の趣旨によれば第三者性が否定されるものと解される（同判決は，譲渡禁止特約にみずから違反して債権を譲渡した債権者（特別清算会社）について，特約違反による無効を主張する独自の利益がないとして原則として無効主張が許されないとした。同判決は譲渡禁止特約違反の債権譲渡の効力に関するいわゆる絶対的効力説を変更する趣旨とは解されず，かつ，譲渡の無効主張は債務者のみがなしうるとまではしていないのであって，同判決を前提としても，譲渡人の債権者が譲渡債権を差し押さえ，その前提として譲渡の無効を主張することは許されるものと解される。

[20] 伊藤・前掲（*19）250頁以下では，実体法規が差押債権者に特別の地位を与えている場合としては，対抗関係上の第三者や，虚偽表示，詐欺取消し，解除等における第三者が問題となる場面が掲げられており，管財人等の第三者性の理論の適用範囲を，実体法上第三者保護が図られる場面に限定する趣旨であるようにも思われる。筆者としては，そのように限定するのではなく，本文に述べるような理由で本文の基準により判断すべきものと考える。

[21] 前掲最判昭和48・2・16の事例で，管財人等は，旧建物保護法1条の「第三者」に該当するとしても，差押債権者と完全に同じ地位に立つわけではない。借地人は，管財人等に対し，借地契約上の貸主の義務違反に基づく損害賠償請求権を倒産債権として主張することは可能であるはずである。筆者としては，本文に述べるように，管財人等は債務者の一般承継人の地位をベースとして常に有しており，ただ，管財人等の第三者性の理論が適用される場面では，本文に述べるように一定限度で，債務者から承継した義務の不存在を対抗できるものと考える。

した義務の不存在を対抗できるものと解する[*22]。理論的にも，債務者の相手方が個別執行時に確保できない利益は，包括執行たる倒産手続時にも確保できないこととするのが，この場面の利害調整として適切であり，このことからかかる基準の妥当性が裏付けられるものと考える。

## 6 不動産賃料債権の譲渡後に譲渡人に倒産手続が開始された場合（事例③－1）について

### (1) 私見規律からの結論

　前記2の規律を，管財人等の第三者性の議論を踏まえて，この事例にあてはめると，事例①のB説に対応する，法制審資料の「［H説］将来債権譲渡の対象となった債権のうち，管財人等が締結した契約に基づき発生する債権については，譲渡人（管財人等）に帰属し，倒産手続開始前に譲渡人が締結した契約に基づき発生する債権については，債権の譲受人に帰属するという考え方」に至る。

　すなわち，この場面での管財人等の第三者性の検討として，まず，賃料債権を差し押さえた差押債権者については，差押えの当時，第三者対抗要件を具備している賃料譲受人に対し，賃料債権の帰属を主張できる余地はない。ここで検討すべきは，強制管理により賃貸目的不動産を差し押さえた差押債権者との関係である。すなわち，賃借目的不動産に強制管理が開始された場合，管理人は，事例①に関する不動産の譲受人と同様（前記3(1)），開始当時すでに存在している賃貸借契約に基づき発生する賃料債権については賃料譲受人に対抗関係上劣後するからこれを収取することはできないものの，開始後管理人がその権限に基づき新たに締結した賃貸借契約から生じる賃料債権については，前記2の規律からは，債権譲渡の効力が生じず，管理人は収益たる賃料を収取し，それは差押債権者に対する配当等の対象となるのであ

---

[*22] 例えば，抵当権設定契約後その登記前に抵当権設定者が破産した場合，抵当目的不動産が差し押さえられた場合と同様に，抵当権者には，抵当権の設定を受けたことを破産管財人に対抗できないという不利益が及ぼされるから，破産管財人が抵当権者に対し抵当権設定登記を拒んでも，抵当権設定契約上の義務ないし担保価値維持義務の違反は生じないことになる。

る*23。また，管理人は，将来賃料債権譲渡契約上の譲渡人の義務を承継するわけではないので，例えば開始当時存在している賃貸借契約を合意解除のうえ改めて賃貸借契約を締結し，賃料を収取することも許されるものと解される。

そして，強制管理による差押えがなされた場合に賃料譲受人に生じるこのような不利益については，倒産手続が開始された場合にも同様に甘受されるべきものである。すなわち，手続開始前に締結された賃貸借契約によって生じた賃料債権については将来債権譲渡の効力が生じているものの，当該賃貸借契約を合意解除することに制約はなく，また，手続開始後に管財人等が締結した賃貸借契約に基づいて生じた賃料債権については，債権譲渡の効力が生じないものと解することができる。

### (2) 他説の検討

法制審資料では，H説のほか，「［G説］債権の譲受人は，将来債権譲渡の効力を管財人等に対抗することができ，将来債権譲渡の対象となった債権は，すべて債権の譲受人に帰属するという考え方」，及び，「［Ⅰ説］債権の譲受人は，将来債権譲渡の効力を管財人等に対抗することができず，倒産手続開始後に発生する債権は，すべて倒産手続が開始された譲渡人（管財人等）に帰属するという考え方」も掲げられている。

G説については，私見の立場からは，賃貸目的不動産に強制執行（強制管理）がなされた場合との比較において，債権の譲受人の保護に傾きすぎているとの批判が可能である。

また，Ⅰ説については，事例①においてB説を採用する筆者の立場からは，管財人等に，差押債権者を上回る保護が与えられるとするのは，債権の譲受人を不当に害するものであるとの批判が可能であるほか，そもそも，破産者による賃料債権の譲渡は宣告時2ヵ月分のみ破産債権者に対抗できると

---

*23 管理人が管理行為の一環として不動産の賃貸借契約を締結した場合（民執95条1項・2項），その効力は執行債務者に及ぶものの，賃貸借契約の当事者となるのは，当然のことながら，執行債務者ではなく管理人である。したがって，賃借人は，当該賃貸借契約に基づいて管理人に対して直接賃料を支払う義務を負い，当該賃料について，賃借人に対する給付命令（民執93条1項）は不要と解されている（原村憲司「強制管理」井上稔＝吉野孝義編『民事執行』（現代裁判法大系15）347頁，349頁（新日本法規，1999年））。

する旧破産法の規律を採用しなかった現行破産法の立法判断にも反するというべきである。

## 7 売掛債権の譲渡後に譲渡人に倒産手続が開始された場合（事例③-2）について
### (1) 私見規律からの結論

　事例③-2については，前記2の規律と管財人等の第三者性の議論を前提とすると，事例③-1とは異なって，H説[*24]ではなく基本的にG説に至らざるをえない。

　すなわち，この場面での管財人等の第三者性の検討として，まず，債権譲渡の対象となった売掛債権を差し押さえた差押債権者に与えられる実体法上の保護を検討しても，そもそも差押えの時点において既発生の債権はともかく，将来の受発注により生ずべき債権について通常は差押え自体認められないし，また，差押債権者は対抗関係上債権譲受人に劣後しているものといわざるをえない。また，事例③-1とは異なり，将来債権を生じさせる基礎は，賃借目的物という物権の客体ではなく得意先関係（商権）といった事実上のものであり，かかる事実関係そのものが差押えの対象となりえないことはいうまでもない。唯一，在庫品等に個別執行がなされていれば当該在庫品の売却代金は差押債権者が取得でき，債権の譲受人はこれを取得することはできないことから，管財人等にこの規律を及ぼして，倒産手続開始時に存在した在庫品等を管財人等が販売したことによる売掛債権を管財人等に帰属させることが正当化できる。しかし，開始後に製造したり仕入れた商品については，管財人等は当該商品を差し押さえた差押債権者と同様の地位に立つものとは解されず[*25]，しかも，個別執行開始後に債務者が取得した商品につ

---

[*24] なお，売掛債権の譲渡の場面では，通常の場合，「管財人等が締結した契約に基づき発生する債権」と「倒産手続開始後に発生する債権」は原則として同義であるため，H説とI説を区別する必要はない。例外は，継続的契約に基づき売掛債権が発生する場合である。前記4(1)参照。

[*25] 倒産手続開始時に倒産財団に属していた商品とは異なり，管財人等は，開始後に取得した商品について，みずから対抗要件を具備しなければ二重譲受人等第三者に対抗することができないことからすれば，開始後に取得した商品について差押債権者と同様の地位に立たないこと

いての販売代金債権を，当該差押債権者が債権譲受人に優先して取得できるとする規律は見当たらないから，結局，倒産手続開始後に製造したり仕入れた商品の販売代金は，管財人等がこれを取得できないものといわざるをえない。したがって，前記2の規律と管財人等の第三者性の議論からの結論は，開始時に存在した在庫品等の販売代金の例外があるほかは，G説に至らざるをえないものと考える[*26]。

### (2) 更生手続が開始された場合

以上を前提に，債権の譲渡人に更生手続が開始された場合について検討する。ところで，売掛債権の譲渡は実務上は担保のためになされるから，債権の譲受人は，更生担保権者として会社更生法による規制を受けることとなる。そこで問題となるのは，更生担保権の価額，すなわち譲渡担保権の目的である将来債権の価額をどのように定めるかである。

この点，G説の考え方を前提とする限り，「更生担保権額が大きくなり，遂行可能性のある更生計画案が立てられないという問題を生じ」，それが「必然的結論」であるとする指摘もある[*27]。しかしながら，平時において譲渡人に売掛債権を回収する権限が留保され，回収金を事業資金に用いることができるタイプ（営業循環型）の売掛債権の譲渡担保権[*28]については，法的

---

は明らかである。

[*26] 破産手続においては，通常，開始後に商品を製造したり仕入れたりしないので，原則と例外が逆転し，破産管財人はH説に基づいて換価業務をなしうることになる。以下本文では，更生手続及び再生手続におけるG説の帰結ないし修正について検討する。

なお，破産手続に関する論点としては，債権譲渡登記によりサイレント形式で売掛債権譲渡がなされた場合において，債務者対抗要件具備（債権譲渡担保権の実行）が遅れている状況下で破産管財人が譲渡対象の売掛金を回収した場合の法律関係が問題となる。この点，債権譲渡人の債権者が譲渡対象債権を差し押さえ，債務者対抗要件が具備される前に取立権に基づき取り立てた場合には，第三債務者による弁済行為も差押債権者によるその受領行為も法律上の原因のある正当な行為であり，これが覆るとなれば法的安定性を著しく害するから，差押債権者は，債権譲受人に対し，不当利得返還義務を負わないものと解すべきであり，第三者性の議論から，破産管財人も当該回収金を確保できるものと解すべきである。

[*27] 伊藤眞「倒産処理手続と担保権—集合債権譲渡担保を中心として」NBL872号68頁。

[*28] 平時において担保権者による担保権実行・売掛債権の回収がなされるタイプの売掛債権の譲渡担保権（累積型）についての更生担保権の価額の評価は，営業循環型とは異なり，実行後にも売掛債権が継続して発生することを前提としたものであるべきである（ただし，事業継続があってはじめて売掛債権が発生するのであるから，遂行可能な更生計画案が立案できないような価額となることは原則としてない）。

には，担保権実行後に発生するすべての売掛債権を担保権者が取得できるとしても，現実には，債権譲渡人が，その代金を回収できないのにわざわざコストをかけて当該販売先への販売を継続するだけの体力もその動機付けも存しないから[*29]，譲渡対象たる売掛債権が継続して発生することなど合理的に期待できず，したがってまた，この点担保権者も設定時に当然に織り込み済みなのである[*30]。このような譲渡担保権の目的物の時価は，合理的な経済的評価として，原則として担保権実行時の売掛金債権額に等しいというべきであり，G説を前提としても，更生担保権の価額は過大なものにはなりえないものと解する[*31]。

### (3) 再生手続が開始された場合

再生手続では，担保権は別除権として扱われるから（民再53条1項），G説を前提とすれば，開始後に発生した売掛債権についても全面的に担保権者が実行・回収できることとなる。しかし営業循環型の売掛債権の譲渡担保権については，前記(2)のとおり，そもそも担保権実行後も対象の売掛債権が継続して発生すること自体合理的に期待できないものであり，担保権者自身，設定時に，かかる継続発生を前提とした担保価値評価を経済的に行っていない。かかる解釈を貫くことは，単に得意先喪失による再生の不能を招くと同時に，担保権者にも回収の実をもたらさない。

---

[*29] 担保権実行に至ると債務者は通常，期限の利益を喪失する。かかる段階で，債務者に対し，担保価値維持義務ないし譲渡担保権設定契約上の義務として担保権実行後の売掛債権の発生を義務付けたとしても，売掛債権発生の合理的な動機付けにはなりえない。この場面で債務者が直面している規範は，被担保債務残額全額を直ちに支払うべしというもの以上でも以下でもなくそれに尽きるからである。

[*30] 端的には，担保権実行後も継続して売掛債権が発生することを前提に，将来債権の経済的価値を多額に見積もって融資がなされているものではないという担保融資実務の実情が，その証左である。

[*31] 更生手続開始により担保権の実行が禁止される結果，通常は，開始後も債権譲渡担保対象の得意先への販売が継続するが，当然のことながら，更生担保権の価額評価にあたり，かかる売掛債権の継続発生の事実を基礎にすべきでない。倒産手続外ではおよそ把握しえない経済的価値を担保権の開始時の時価として評価に織り込み，担保権者に利益をもたらすのは妥当でないからである。なお，更生手続開始前に担保権が実行された場合，開始により担保権の実行手続が中止し（会更50条1項），担保権者において譲受債権の取立てをなしえなくなるとしても，管財人による売掛金の回収権限が回復するとまでは解されず，回収権限の回復のためには，別途，担保権の実行手続の取消し（会更50条6項）をなす必要があるものと解される。

かかる事情に鑑みれば，営業循環型の売掛債権の譲渡担保権については，担保権者がその実行に着手すれば，その時点で目的債権の範囲が固定し，以後再生債務者と当該得意先との契約により発生する債権については，債権譲渡の効力が及ばないものと解すべきである[*32]。すなわち，将来債権譲渡担保契約において，これを超える効果を定める部分は，過大な担保を定めて再生債務者の事業の再生を著しく困難にするものであり，民事再生手続の趣旨，目的に反するものとして，無効であるものと解すべきである[*33]。

以上のとおり，再生手続の場合，結果的には法制審資料におけるH説とも異なり，「将来債権譲渡の対象となった債権のうち，譲渡担保の実行時までに発生した売掛債権については，債権の譲受人に帰属し，その後発生する債権については，債権の譲渡人(再生債務者)に帰属するという考え方」[*34]（以

---

[*32] 累積型の売掛債権の譲渡担保権については，平時において担保権実行後も継続して売掛債権が発生，譲渡されてきた実績がある以上，再生手続開始後も効力が制限されないものと解する。中間的性質の売掛債権譲渡担保もありうる。この場合の再生手続における効力は，個別の担保権設定契約ごとの判断とならざるをえない。

[*33] 現行制度上，再生債務者としては，担保権実行前に担保権の実行中止命令（民再31条）を得ることによって売掛金の回収権限を当面保持できるが，中止命令取得前に担保権がいったん実行されてしまうと（同条2項参照），担保権者（ないし第三債務者）と交渉して任意に理解を得ない限り再生債務者による売掛金回収は困難となる。また，別除権協定が成立しないときは，担保権消滅許可決定（民再148条）を取得すべきこととなり，その価額評価については更生手続について述べたところが妥当する。民事再生法の立法論としては，申立人の審尋のみにより短期間に限定して担保権の実行を仮に中止できる制度（当該仮中止中に担保権者を審尋して本中止命令を発令できることとなる），及び，担保権消滅許可の申立をした再生債務者等の申立てにより担保権の実行手続を早期に取り消せる制度を新設すべきである。

[*34] 営業循環型の集合動産や売掛債権の譲渡担保についてのいわゆる実行時固定化説（伊藤・前掲（[*19]）705頁）については，筆者としては，再生手続の場合について本文の理論構成によりその結論を支持したい。本文の理論構成は，倒産法上の公序に基づき過大担保を定めた契約条項の効力を制限する考え方にほかならない（山本和彦「債権法改正と倒産法」NBL924号17頁を参照。また，倒産法上の公序原理の深化を試みるものとして稲田正毅「契約自由の原則と倒産法における限界」本書319頁を参照）。ただし，かかる担保権の効力制限は条文化に馴染みにくく，また要件具備等をめぐる係争中に再生債務者の資金が枯渇しかねず立法化の実効性にも疑問がある。実務的には，再生債務者の売掛金回収権限を維持・回復できるようにするために前掲（[*33]）で述べた諸制度の新設が望まれる。
なお，再生債務者は，事業を継続している以上，手続開始後も開始前と同様に，担保権が実行される時（又は担保権消滅の時）まで担保価値維持義務を負い，合理的理由なく譲渡対象となった売掛債権を発生させないような行為は同義務違反となる。担保権が実行されると売掛債権が担保権者にその回収権限を伴って帰属することにより担保価値は実現するから，その時点で同義務は満足して消滅するものと解する。他方，更生手続においては，担保価値維持義務は，手続開始に伴い，更生担保権を適正に評価し適正な弁済を定める更生計画案を立案しこれ

下,「J説」という）に至ることとなる。

### (4) 他説の検討

債権の譲渡人について再生手続が開始された場合についての考え方としては、従前より、G説とⅠ説の対立があったが、G説の結論が妥当でなくJ説に修正すべきことは前記(3)のとおりである。Ⅰ説については、弁護士による法制審資料の検討等の機会においてはかなり有力であった。この考え方は、要するに、債権譲渡の効力が及ぶ将来債権の範囲を画する時点につき、J説において譲渡担保権実行時としているのに対して、これを再生手続開始時と捉える考え方である。しかし、理論的になにゆえ開始時を基準にできるのかが不明であるばかりか、かかる考え方を前提とすると、譲渡担保権者において開始時に担保権を実行することを事実上促進させる結果を招き、担保権についての柔軟な協議を困難とし、再生可能性を阻害することにもなりかねず、実務上も採用しえないものと考える。

【補訂】[*35]

## 8 売掛債権の譲渡後に譲渡人に更生手続が開始された場合等について

(1) 担保のために売掛債権が譲渡された後に譲渡人に更生手続が開始された場合には、開始前に譲渡担保が実行されていないときはもちろん、開始前に実行されているときであっても、譲渡担保権者は、開始後に債権を回収して被担保債権の弁済に充当することは手続上なしえず、更生計画に基づく更生担保権の弁済を受けうるにすぎない（会更50条1項）。したがって、前記7(2)で述べたとおり、将来債権譲渡の効力の問題は、将来債権の価額評価の問題に収斂されることになる。

もっとも、売掛債権譲渡担保が開始前に実行されている場合には、更生会社が債権の回収権限を回復するために、担保権の実行手続の取消命令（会更

---

を遂行すべき義務にその内容が変容したものと理解すべきであり、かかる義務は管財人に課されている善管注意義務の一般的内容と異なるところはない。

[*35] 以下の補訂部分の内容については、拙稿「集合動産、将来債権譲渡担保の再生手続、更生手続における取扱い」倒産法改正研究会編『提言　倒産法改正』204頁以下（金融財政事情研究会、2012年）に詳論した。

50条6項）を得るべきことになる。また，売掛債権の価額評価の問題としても，開始前に実行されているときは特別の考慮が必要と解されるが，詳細は前掲（＊35）の別稿に譲る。

(2) 更生手続申立後開始前における売掛債権譲渡担保の効力についても問題となる。

更生手続開始前には，当然には担保権の実行は禁止されず，既になされている実行手続も中止されないのであり，原則として平時の担保権の規律が及ぶことになる。しかし，売掛債権譲渡について前記7(1)に述べたG説を前提とした効力が認められるならば，更生会社の事業の更生が著しく困難となりかねないから，更生手続申立後に実行された売掛債権譲渡担保については，再生手続に関して前記7(3)で述べたJ説が採用されるべきである。また，申立前に実行された売掛債権譲渡担保についても，後述する再生手続の場合と同様に，「譲渡対象になった債権のうち，倒産手続申立時までに発生した売掛債権については，債権の譲受人（担保権者）に帰属し，その後発生する債権については，債権の譲渡人（管財人等）に帰属するという考え方」（以下，「K説」という）が採用されるべきである。

また実務的には，更生会社は，会社更生法上の手続制度により対応すべきことになる。すなわち，申立時に譲渡担保が実行されていない場合には，更生会社は，包括的禁止命令を得ることにより，実行通知をなすことを禁止することが可能である（会更25条1項）。また，申立時に既に譲渡担保が実行されている場合には，更生会社は中止命令（会更24条1項）を得たうえで，取消命令（会更24条5項）を得ることにより債権の回収権限を回復すべきことになる。

## 9 売掛債権の譲渡後に譲渡人に再生手続が開始された場合等について

(1) 売掛債権譲渡後に譲渡人に再生手続が開始された場合には，前記7(3)で述べたとおり，再生手続の趣旨，目的に照らしてJ説が採用されるべきである。申立後開始前に債権譲渡担保が実行された場合についても同様である。また，申立前に債権譲渡担保が実行された場合にも，申立後においては再生手続の趣旨，目的に照らした効力制限が及ぶべきであるから，上記K説

が採用されるべきである。

　(2)　実体法上は以上のような売掛債権譲渡の効力が制限されるべきであるとしても，実務的には，売掛債権譲渡担保を設定した再生債務者としては，担保権の実行中止命令（民再31条）及び担保権消滅許可決定（民再148条）で対応することになろう。

　現行法の解釈論としては，売掛債権譲渡担保の実行前にも担保権実行中止命令を発令可能であり，これにより担保権の実行が禁止されるものと解すべきである。前掲（＊33）においては，立法論としてもそれを前提として，申立人の審尋のみにより短期間に限定して担保権の実行を仮に中止できる制度の新設を提案した。しかしながら，民事再生法27条が，強制執行等の手続を行うことの「禁止」と「中止」の概念を区別していることからすれば，担保権についてのみ実行手続がなされる以前に中止命令を発することができると解するのは法文上は不自然であることは否めない。そこで立法論としては，むしろ，担保権実行中止命令制度とは別に，同禁止命令制度を設けるべきであり，当該制度において発令にあたり担保権者の事前の意見聴取は不要とし，事後の意見聴取に基づき必要に応じて禁止命令の変更・取消しをなしうるものとすべきである。

　他方，担保権実行後に中止命令を得ても，担保権の実行手続がそれ以上進行することを止める効果をもつにすぎず，既になされた実行通知の効力は失われないことについては，競売手続に中止命令が発令された場合との対比上も明らかであり，現行法の解釈論としても認めざるを得ない。したがって，立法論として，中止した担保権実行手続の取消命令制度を創設すべきであり，この点は前掲（＊33）で述べたとおりである。

## ■コメント

# 倒産法と将来債権譲渡の効力

神戸大学大学院法学研究科教授　中　西　　正

## 1　はじめに

　原債権者の地位の譲渡に対する効力に関し，民法（債権法）改正検討委員会による『債権法改正の基本方針』（ＮＢＬ904号）【3.1.4.02】〈2〉は，「将来債権が譲渡された場合には，その後，当該将来債権を生じさせる譲渡人の契約上の地位を承継した者に対しても，その譲渡の効力を対抗することができる」とする。そして，これに関して，「譲渡人の地位の変動に伴う将来債権譲渡の対抗力の限界」とのタイトルのもと，「将来債権を譲渡し，第三者対抗要件を具備したとしても，当該将来債権の譲渡後に譲渡人の地位に変動があった場合には，その将来債権の譲渡の効力を第三者に対抗することができる範囲について，一定の限界があるのではないか」という問題が提起されている。

　赫論文はこの問題を詳細に検討するものである。そこで，ここでは，将来債権譲渡をした者が破産手続開始決定を受けた場合，破産管財人の第三者性により，当該譲渡の効力が破産手続で尊重されなくなることがあるか否かを，検討することにしたい。

## 2　破産管財人の地位

### (1)　かつての通説

　破産管財人の地位については，かつては，「破産管財人は，破産者の代理人又は一般承継人ではなく，破産債権者の利益のために独立の地位を与えられた破産財団の管理機構である」とする見解が有力であった（最判昭和48・2・16（金法678号21頁）。小林秀之「判批」新堂幸司ほか編『新倒産判例百選』54頁を参照）。これは，基本的には，破産手続は破産債権者に公平な満足を与えるこ

とを主たる目的とするという，破産手続の目的論（中田淳一『破産法・和議法』1頁（有斐閣，1959年），山木戸克己『破産法』3頁（青林書院，1974年）ほか）に基づくものと見るべきである。このような目的論の下では，破産管財人は主として破産債権者のために職務を遂行することになるので，破産債権者が有する（あるいは本来は有すべき）差押債権者的地位を，破産債権者に代わって行使する者（あるいは破産債権者のために有する者）と見ることが，可能になるからである。

### (2) 破産者の一般承継人と見る見解

しかし，破産手続の目的は，取戻権者，別除権者，相殺権者，財団債権者，破産債権者など，破産手続の利害関係人の利益を公平かつ合理的に調整することだと解される（伊藤眞『破産法・民事再生法』〔第2版〕12頁（有斐閣，2009年）以下，中西正「破産手続における利害関係人と破産管財人の権限」事業再生と債権管理129号169頁以下）。そして，そのような利益調整の規制原理（倒産実体法の基本原則）は平時実体法を可及的に尊重することであると解される（水元宏典『倒産法における一般実体法の規制原理』141頁（有斐閣，2002年）以下）。とするなら，破産管財人は，原則として，破産者と同視されるあるいはその一般承継人とみなされると解すべきである（伊藤・前掲248頁以下）。破産手続，ひいては，破産管財人は，利害関係人が平時実体法の下で有する権利を可及的に尊重しなければならないからである（伊藤・前掲248頁は，破産手続開始前から破産者と何らかの法律関係を結んでいた第三者から見た場合，相手方の破産という，自己と無関係の事由によって法律関係の内容が変更されることを受忍する理由に乏しいとされるが，この見解は以上のように理解できるのではないかと考える）。

### (3) 破産管財人の第三者性

(a) 破産管財人は原則として破産者の一般承継人であるとするなら，破産管財人の差押債権者的地位（以下「破産管財人の第三者性」という）は，どう位置づけられるべきであろう。

有力な見解は，破産管財人の第三者性は，破産管財人は破産者の一般承継人であるという原則の例外であり，実体法が差押債権者に特別の地位（破産者の一般承継人とは異なる地位）を与えている場合に，破産管財人にも同様の地位を与えたものであるとする（伊藤・前掲249頁以下）。破産管財人は，破産手

続開始決定により，破産債権者の利益のため，破産財団構成財産の管理処分権を付与されるので，差押債権者と類似の地位も付与されなければならないというのが，その理由である（伊藤・前掲249頁）。

しかし，破産管財人の第三者性は，上述の原則の例外と位置づけられるべきではない，と考える。以下で，ごく簡単にではあるが，説明したい。

 (b) まず，設例を示したい。B，CはAに対して金銭債権を有している。DはAに対して金銭債権を有し，Aが所有する甲地の上に抵当権の設定を受けていた。Dが抵当権設定登記を備えていた場合を①，備えていなかった場合を②とする。

 (c) Bが甲地につき不動産強制競売を申し立て，裁判所が差押えを宣言し，差押登記がなされ，Cが配当要求したとする。この場合，当該強制執行において，Bは差押債権者の地位を取得し，Cもこの地位を享受する。つまり，B，Cが差押債権者の地位を有する（このことは，差押えの処分禁止効に関する手続相対効説などから明らかであろう）。

そして，差押債権者は，民法177条の登記欠缺を主張する正当な利益を認められている。その結果，Dは，①の場合は抵当権をB，Cに対抗できるが，②の場合は対抗できない。

したがって，甲地の売却代金は，①の場合には，まずDの優先弁済に充てられ，残余がB，Cに割り当てられ，按分弁済される。他方，②の場合には，全額がB，Cに割り当てられる。

 (d) 次に，Aに対して破産手続が開始され，Xが破産管財人に選任され，B，Cが破産債権届出をしたとする。この場合，破産管財人の第三者性により，Xは民法177条の登記欠缺を主張する正当な利益を有する。その結果，Dは，①の場合は抵当権をXに対抗できるが，②の場合は対抗できない。

したがって，甲地の売却代金は，①の場合は，まずDの優先弁済に充てられ，残余がB，Cに割り当てられ，②の場合は，B，Cに割り当てられ，その後，いずれの場合でも，B，C間で按分弁済される。

 (e) (c)と(d)を比較すれば，甲地をB・Cと，Dの間でどのように分配するかという問題は，強制執行と破産手続において，同じルールで解決されており，破産管財人の第三者性は，強制執行のルールを破産手続にも妥当せしめ

る機能を果たしていることが，明らかとなろう。

　民法など実体法は，債権者が債務者財産に対してどのような権利を有しているかを明らかにしていない（理論上は，責任，摑取力などの概念が存在する）。債権者の債務者財産に対する権利は，当該債権の行使として強制執行などの民事手続が開始されるまでは流動的・浮動的であるため，明確な権利としては規定されず，民事手続開始後は固定化・顕在化するため，差押債権者の地位として，これを明確に規律したものと思われる。すなわち，法（平時実体法）は，強制執行に参加した債権者全体に，強制執行の対象となる財産につき，差押債権者の地位を付与し，これに様々な効力を付与することにより，債権者一般の責任財産に対する地位を，明確にしたものと理解すべきである。あるいは，ある債務者の責任財産につき，債権者一般と他の権利者の利益が対立した場合に，両者の利益をどのように調整するかを示したと理解すべきである。そして，破産管財人の第三者性をとおして，平時実体法が債権者一般に付与した地位は，破産手続においても妥当することになる。

　このように考えるなら，破産管財人の第三者性は，破産手続の目的論との関係では，以下のように整理することができる。破産手続の目的は利害関係人の利益を公平かつ合理的に調整することであり，その調整原理（倒産実体法の基本原則）は平時実体法を可及的に尊重することである。そして，破産管財人の第三者性は，平時実体法が債権者一般に対し債務者財産について付与した権利，あるいは，平時実体法が行った債務者財産に関する債権者一般と他の権利者の利益の調整についての規律を，破産手続でも尊重するための概念である。

　破産管財人の第三者性を破産手続の目的から導くなら，破産管財人は破産者の一般承継人であるという原則と，破産管財人の第三者性は，同じ目的を達成するための，つまり同じ趣旨のルールであると理解できよう。それゆえ，破産管財人の第三者性は，破産管財人は破産者の一般承継人であるとの原則の例外と位置づけるべきでないと，考えるのである。

　以上のように考えるなら，平時実体法を尊重するため，差押債権者の地位は破産手続においても維持され（破産手続開始決定により消滅することはなく），破産債権者全体に付与されると構成するのが，一貫しているように思われ

る。しかし，このような構成・制度設計は妥当でない。破産債権者全体に差押債権者の地位の行使を委ねるのは，困難だからである。そこで，破産手続開始決定により，債権者全体が有していた差押債権者の地位は破産管財人に移転し，破産管財人は破産債権者全体の利益のためにこれを行使することとされたと，理解すべきである。

　破産管財人に破産財団の管理処分権を付与したのは，主として破産債権者の利益のためであるから，破産管財人に差押債権者の地位を付与したことと，趣旨を共通にする点はある。しかし，破産手続の目的を達成するため差押債権者の地位を破産手続でも尊重し，破産債権者全体の利益のためにその行使を破産管財人に委ねたものが，破産管財人の第三者性であると解すべきである。

## 3　将来債権譲渡と破産管財人の第三者性

　以上で行った検討によれば，将来債権譲渡が，破産手続開始後，破産管財人の第三者性を理由に，当該破産手続においてその効力を否定されることはないと解すべきである。ただし，対抗要件が具備されない場合は，この限りでない。破産管財人の第三者性は平時実体法のルールを変更するものではないし，担保権はコストの低い信用供与，リスクの高い債務者（事業）への信用供与を実現するという重要な社会経済的機能を有しており，その地位を尊重する十分な根拠がある以上，公示を備えているのであれば，破産管財人の第三者性に基づき否定される理由はないからである。

# 第3章

# 担　　保　　権

# 第1 | 先取特権

■論　文

## 更生手続下における動産売買先取特権の取扱いについて

弁護士　池　口　　　毅
弁護士　木　村　真　也

## 1　更生手続下における動産売買先取特権の現状と課題

### (1)　倒産手続における動産売買先取特権の取扱いの現状

　動産売買先取特権（民321条）は，公平の原則を立法趣旨として成立する法定担保物権であるとされ[*1]，またその対象物が転売された場合には，転売代金債権に対して物上代位権が成立するものとされる（民304条）が，これまで倒産実務においてはそれらの保護がきわめて限定されてきた。例えば，破産手続において破産管財人は，動産売買先取特権，物上代位権の行使を封じるために速やかに対象動産を売却して代金を回収するのが実務上の一般的な取扱いとされる[*2]。また，再生手続，更生手続においても，開始前の仕入代金債権の支払を止める一方で，仕入れた動産を売却して当面の資金繰りを確保し，仕入代金債権についても別除権のない再生債権ないし一般更生債権として取り扱われているケースが多いのではないかと思われる[*3]。

---

*1　我妻栄『新訂担保物権法（民法講義Ⅲ）』85頁（岩波書店，1968年）。
*2　大阪地方裁判所第6民事部編『破産・個人再生の実務Q&A～はい6民です　お答えします～』102頁（大阪弁護士協同組合，2008年）。
*3　更生計画において，先取特権ないし物上代位権が更生担保権として扱われた例は多くはない模様である。例えば，東食（1997年更生手続申立て）の事例においては，動産売買先取特権の物上代位権等が更生担保権として認められた例が存するが，これらは手続開始前に差押えがなされていた転売代金債権に限られているとされており，先取特権そのものは更生担保権として扱われていない模様である。

上記のような実務運用の背景には，①動産売買先取特権を厚く保護すると一般債権者への弁済原資が減少すること，②民事執行手続においても動産売買先取特権，物上代位権の行使はきわめて限定されていること，そして③債権者側にも担保権を有するという認識があまりなく，権利行使がなされる事例も限られていたこと，等の事情があったのではないかと推測される。

### (2) 更生手続における先取特権の取扱いに関する課題

　ところが近時，とりわけ再建型倒産手続において，事業の再建のために取引債権者の保護の要請が強い場合が存することが指摘されている。例えば，マツヤデンキ再生事件[*4]においては仕入先との和解により，瀬戸内国際マリンホテル更生事件[*5]においては弁済禁止保全処分の一部解除の手続によりそれぞれ仕入債権の全額弁済が実施され，これにより事業再建が円滑に遂行されたことが報告されている。また，産業再生機構の支援による事業再生や私的整理ガイドラインや事業再生ＡＤＲによる事業再生においても，事業の毀損を回避するために，仕入債権は通常全額支払われることとされている[*6]。従来から更生手続下でも，少額弁済（会更47条2項・5項），更生計画における少額債権への傾斜弁済（会更168条1項但書）等の方法により取引債権者が保護された事例は多く存していたところであるが，このような枠組みにとどまらず，取引債権者をいっそう手厚く保護するべきことが主張されている。このような取引債権者保護の傾向を反映して，再建型倒産手続において，仕入先債権者から先取特権の行使を含めた権利主張が今後いっそう強力になされることが予想される。

　また，平成15年法律第134号により民事執行法190条等が改正されたことによって，従来実行がきわめて困難とされていた動産売買先取特権について，

---

[*4] 上田裕康「プレパッケージと民事再生―マツヤデンキの事例から」事業再生と債権管理105号170頁，同「家電量販店Ｍ社の再生―産業再生機構との協働」商事法務編『再生・再編事例集2』85頁（商事法務，2004年），高木新二郎「私的再建と法的再建の相互乗り入れ」ＮＢＬ772号18頁。

[*5] 中井康之「瀬戸内国際マリンホテルの場合―取引債権の全額弁済と観光財団の時価」商事法務編『再生・再編事例集1』75頁（商事法務，2004年）。

[*6] 「私的整理に関するガイドライン」ＮＢＬ722号15頁，事業再生実務家協会事業再生ＡＤＲ委員会編『事業再生ＡＤＲの実践』5頁（商事法務，2009年）。

執行裁判所の許可を得て，執行官が債務者の占有する場所又は容器を捜索する方法により実行することが可能となった。このことを受けて，再生手続，破産手続下でも，動産売買先取特権者からの権利行使がなされた事例も生じている。

以上のような背景事情のもとで，更生手続においても，動産売買先取特権ないしはその物上代位権が更生担保権として届けられる等の権利行使がなされる場面が増加することが予想される[*7]。

ところが，更生手続における先取特権の実務的な取扱指針については，これまであまり明確にされてこなかった。しかるに，とりわけ更生会社が商社等である場合，膨大な在庫品及び売掛金について動産売買先取特権及び物上代位権の成否が問題となり，更生手続の帰趨と事業の更生に大きな影響を及ぼす場合がある。更生手続における動産売買先取特権及び物上代位権の取扱いについては，以下に詳述するとおり，更生担保権の成否の問題と，先取特権・物上代位権の対象自体の取扱いという2つの異なる局面を有する等，再生手続，破産手続とも異なった検討を要する。そこで本稿では，更生手続において，動産売買先取特権及び物上代位権の取扱いについての実務上の問題点を指摘し，その検討を試みたい。

## 2 更生担保権の届出と対象物の特定，証明その他の取扱い（民事執行手続との相違点）

### (1) はじめに

更生手続下における動産売買先取特権及び物上代位権の取扱いにつき検討すべき第1の局面は，更生担保権の成否に関するものである。すなわち，更生手続開始決定時点において，更生会社の財産上に動産売買先取特権が成立していた場合，これは特別の先取特権として更生担保権に該当する（会更2条10項）。そこで具体的に，その届出，調査その他の取扱いはどのようになされるべきであるのかが問題となる。また，更生手続開始決定時点において，

---

[*7] 更生手続開始決定の時点において，動産売買先取特権の対象物の存否が明確でない場合，更生担保権者は動産売買先取特権と物上代位権の双方を念のため届け出ることが賢明であることを指摘するものとして，印藤弘二「更生担保権の届出の重要性」金法1759号6頁。

動産売買先取特権の対象物が転売されてその売掛金債権が存していた場合，民法上物上代位権が成立するが，これは更生担保権となるかが問題となる。以下ではこれらの点について，動産売買先取特権の場合とこれに基づく物上代位権の場合に分けて，それぞれの取扱いについて執行手続との差異を念頭に検討を進めたい。

(2) **動産売買先取特権の更生担保権として届出とその取扱い**

まず，動産売買先取特権が更生担保権として届けられた場合，以下のとおり，執行手続において動産売買先取特権を行使する場合と比較して，更生担保権としての動産売買先取特権の権利行使が容易である場合があるように思われる。

(a) 対象物が開始決定時点で固定されること　執行手続においては，動産売買先取特権の対象物は日々変動するものであり，権利行使の機会を逸すると権利が消滅してしまうため（民333条），権利行使が容易でない。動産売買先取特権の行使のための差押えの申立てを行った後ですら，執行官が現実に対象物を差し押さえて差押えの効力が生じるまでの間，日々対象物が転売されて権利が消滅していく危険に晒される。

他方，更生手続においては，更生担保権の成否は更生手続開始決定時点で固定され（会更2条10項），その固定された更生担保権について，開始決定後一定の期間として設定される更生債権等届出期間内に届けることが可能である。この点で更生手続下においては，動産売買先取特権者としては動産売買先取特権行使のための届出，証明等を行う時間的余裕が与えられ，権利行使が比較的容易である場合がある。

(b) 更生担保権としての届出の必要性　次に，動産売買先取特権を更生担保権として届けることが必要であることはもとよりである。この点は，基本的には執行手続において債権者の申立てが必要とされていること（民執181条）と同様であると考えられる。しかし更生手続においては，管財人は届出期間の末日の通知義務を負うものとされており（会更規42条），更生担保権の行使の機会を確保するため一定の配慮が求められている点において，執行手続と比較して更生手続のほうが権利行使がより容易になっている側面が存する。

(c) 権利行使に際して求められる対象物の特定の程度　さらに，更生手続と執行手続では，権利行使に際して要求される対象物の特定の程度に差異があり得るように思われる。

すなわち，民事手続上，物の「特定」の意味内容，程度については，判決手続と執行手続では以下のように異なる要素があるとされる。まず，①判決手続における動産の特定は，「あまり厳密に要求することは実際的でないため（のちに執行段階で紛争の生ずるおそれがないわけではないが）動産の所在場所などをも総合した相対的な特定の仕方で足りるとする取扱いが一般的である」との指摘がされる[*8]ように，執行手続と比較して緩やかである。これに対し，②執行手続においては，執行官が執行場所において捜索の結果，当該物件を現実に特定することができなければならないという意味において，①にいう特定よりも厳格となろう[*9]。

ところで，更生担保権の届出は，更生裁判所に対する更生手続参加の申立ての形式であり，債権調査手続を経て更生担保権の存否の確定がなされるものであり，特定の動産に対する担保権の実行手続ではない。すなわち更生担保権の届出，調査は，権利の「存否」を確定する手続であり，「執行」手続ではないことから，上記の①の判決手続における「特定」の程度をもって足りると解される。この点において，執行手続の場合よりも「特定」の程度が緩和され，権利行使が容易になる側面がある。

(d) 調査手続の特徴と証明の程度　さらに調査手続の構造においても，更生手続は民事執行手続と異なる特徴を有する。すなわち民事執行手続においては，債務者を審尋することなく発せられ，執行が完了してしまい，②一般債権者が不服申立てをすることができないという手続構造がとられてお

---

[*8] 斎藤秀夫ほか編『注解民事訴訟法(6)』〔第2版〕150頁（第一法規出版，1993年）。

[*9] 道垣内弘人ほか『新しい担保・執行制度』137頁（有斐閣，2003年）において，以下のとおりの指摘がある。すなわち，「捜索に基づき，目的動産が発見されれば，それを差押えることになるが，売買先取特権の場合には，当該反物が許可決定の根拠となった売買代金債権に対応する反物であること……を執行官が認定しなければならない。この認定の必要は，動産売買先取特権における大きな特徴であり，実務上は大変困難な作業になると思われる。……執行官による特定ができない場合には，結局，執行不能となり，差押えをすることはできない。実際には，このような場合が相当生じるとの見方もある」。

り，このこととの関係で，債権者側からの一方的な資料に依拠することがないよう厳格な証明が必要となるとされている*10。

他方，更生手続においてはこれと異なり，債務者側の情報をも有する管財人が認否を行うこと（会更146条），②他の債権者も更生担保権調査において異議を述べることができることから（会更145条），上記の執行実務のように動産売買先取特権の成否の判断において特別に慎重になるべき事情は存しない。そこで現在の執行実務と比較して，証明の程度について若干緩和される場合があると思われる。

(e) 更生会社（債務者）の有する証拠資料の取扱い　執行手続では，債権者提出証拠のみにより証明がなされる必要があり，債務者の有する証拠は一切考慮されない。したがって，動産売買先取特権者がその権利を十分に証明する資料を保有していない場合，権利行使はきわめて困難である。

他方，更生手続では，管財人は更生会社の有する資料をも踏まえて認否をすることが前提とされており（会更規44条）*11，必ずしも更生担保権者の提出資料により証明が完全でなくとも，更生会社保有資料と併せて証明ができていれば認めることも可能な場合があり得る。管財人として，更生会社の保有する資料をどの範囲で更生担保権調査に反映させるべきかは困難な問題であるが，民事訴訟手続の当事者に要請される真実義務（民訴2条，会更13条）により，管財人も事実として把握した事項に反する認否を行うことは原則として許されないと考えられる。

(f) 対象物の加工の場合の取扱い　動産売買先取特権の対象物が加工された場合に，どのような要件のもとに対象物の同一性が存続し権利行使が許され得るかについては種々議論が存するが*12，実際には，債権者側には加工の事実，程度についての情報を得るすべがなく，執行手続において加工後

---

*10　西岡清一郎ほか編『民事執行の実務　債権執行編〔上〕』〔第2版〕215頁（金融財政事情研究会，2007年）。

*11　最高裁判所事務総局民事局監修『条解会社更生規則：付金融機関等の更生手続の特例等に関する規則民事再生規則等の一部を改正する規則』143頁（法曹会，2003年）。

*12　河野玄逸「動産売買先取特権の射程距離（上）」NBL294号13頁。後藤邦春「Ⅱ　動産売買先取特権」野田宏＝後藤邦春編『裁判実務大系(14)担保関係訴訟法』39頁（青林書院，1991年）。

の動産に対して動産売買先取特権を行使することは，きわめて困難である場合が大半であると思われる。

ところが，上記のとおり，更生手続下において管財人が更生会社の資料を斟酌して担保権の成否を判断することが許されるならば，更生担保権者に知り得ない加工の事実，態様についての情報が更生担保権調査において加味されて，更生担保権の成立が認められる余地が存する。

### (3) 物上代位権の更生担保権としての届出とその取扱い

次に，更生手続開始決定時点において，動産売買先取特権の対象物がすでに転売されており，その転売代金債権が成立していた場合，転売代金債権に対する物上代位権をもって更生担保権として取り扱うことができるかについて検討したい。

(a) **物上代位権について差押えの要否**　まず，更生手続における物上代位権の取扱いについては，①更生手続開始決定時点において物上代位権が存すれば更生担保権が成立するという見解[*13]と，②更生手続開始決定時点において物上代位権の行使のための差押えがなされていることが必要であると

---

[*13] 長井秀典「10 更生担保権をめぐる諸問題—非典型担保—」門口正人編『会社更生・会社整理・特別清算（現代裁判法大系20）』139頁（新日本法規出版，1998年），竹下守夫『担保権と民事執行・倒産手続』215頁（有斐閣，1990年），山本克己「債権執行・破産・会社更生における物上代位権者の地位(3)」金法1457号33頁，玉城勲「動産売買先取特権にもとづく保全処分と倒産手続」松浦馨＝伊藤眞編『倒産手続と保全処分』363頁（有斐閣，1999年），角紀代恵「先取特権の会社更生法上の取扱い」判タ866号262頁，山野目章夫「更生手続と動産売買の先取特権」判タ866号265頁。

なお，山本克己教授は，更生手続開始後に民事執行法193条1項後段の差押えを認めるべきとされ，その場合更生管財人と第三債務者に対する差押命令の送達その他差押えに付随する手続より後の手続は当然に中止するが，更生管財人による取立てが禁止されるとされる（山本克己「債権執行・破産・会社更生における物上代位権者の地位（4・完）」金法1458号107頁）。

しかしながら，この見解は更生手続開始決定の効果として担保権の実行の禁止（会更50条）との関係で疑問が残る。また，東京高判平成9・11・13金判1042号32頁は，動産売買先取特権の物上代位に基づき，債権差押・転付命令の申立後発令前に債務者に対し会社更生手続の開始決定があった場合，同債権差押・転付命令の申立ては却下するべきであるとしており，東京高判平成10・6・19判タ1039号273頁も，動産売買先取特権に基づく物上代位として債権差押命令を申し立て，疎明の追完等をしているうちに買主について更生手続開始決定があったため申立てが却下されたことを相当としており，山本教授の見解は裁判例上も採用されていないと解される。

実質論としても，先取特権自体については更生手続開始後に実行の申立てをして対象物の処分禁止効を生じさせることが許されないこととの比較からみても，物上代位権について更生手続開始後に処分禁止効を生じさせることを可能と解する必要はないと思われる。

いう見解*14に大別される。

　この点，学説上は前者の見解が多数であるが，実務上は，物上代位権が更生担保権として認められた事例は，更生計画を検討する限り，更生手続開始決定時点において差押えがなされていた場合のほかみられなかったとされている。詳細に立ち入ることは控えるが，①の見解は，物上代位における差押えの趣旨について，いわゆる第三債務者保護説を採用したとされる最高裁判例（最〔2小〕判平成10・1・30民集52巻1号1頁）を根拠とするが，その後の最〔3小〕判平成17・2・22（金判1215号24頁）その他の最高裁判例において，物上代位における差押えの趣旨に関する判示が微妙に変遷していることからして決定的な根拠とはならない。また，更生手続開始決定前においては差押えをしていない限り物上代位権を行使し得なかったのに，更生手続開始決定により突如差押えを経ない物上代位権が全面的に保護されるというのは過大な保護であるとも思われることから，②の見解を支持したい。

　(b)　更生担保権としての届出，証明，調査に関する実務上の問題点　　上記のほか，物上代位権の更生担保権としての届出，証明，調査に関する実務上の問題点は，上記の先取特権の場合と基本的に同様であると解される。

## 3　更生手続下における動産売買先取特権等の対象の取扱い

### (1)　はじめに

　更生手続における動産売買先取特権の取扱いにつき検討するべき第2の局面は，管財人が動産売買先取特権の対象物（代位物を含む）を処分することができるか，という点である。

　この問題は，更生担保権の成否とは似て非なる問題である。すなわち更生担保権は，更生会社の財産の上の担保権を基礎とするが，これとは異なる更生手続上の地位であり，更生手続に参加して更生計画に基づく配分を受ける地位である。動産売買先取特権についての更生担保権の成立を認めること

---

＊14　事業再生研究機構『更生計画の実務と理論』131頁（商事法務，2004年），宮脇幸彦ほか編『注解会社更生法』441頁（青林書院，1986年），安藤一郎「先取特権」金判719号139頁，上野正彦「商社の倒産」高木新二郎＝伊藤眞編集代表『倒産手続における新たな問題・特殊倒産手続』（講座倒産の法システム第4巻）360頁（日本評論社，2006年）。

は，更生手続に参加し更生計画に基づく配分を受領することを認めるという機能をもつのに対し，更生手続下で動産売買先取特権そのものを保護しようとすることは，管財人による対象財産の処分を制限して対象物を保存し，ひいては更生手続が廃止された場合等において，その後の破産手続等のもとでの動産売買先取特権の保護を図る機能がある。

**(2) 更生手続における動産売買先取特権の対象物の取扱い**

この点，先取特権は，動産の所有者（管財人）の処分行為を制限する効力を有しておらず，所有者（管財人）が処分することは原則として不法行為，不当利得を構成しないと解される[15][16][17]。

---

[15] 東京地判平成3・2・13判タ770号208頁，大阪地判昭和61・5・16判タ596号92頁，名古屋地判昭和61・11・17判タ627号210頁，東京地判平成11・2・26金判1076号33頁，竹下・前掲（[13]），長井・前掲（[13]），事業再生研究機構・前掲（[14]），道垣内弘人『担保物権法』〔第2版〕68頁（有斐閣，2005年），伊藤眞ほか『条解破産法』480頁（弘文堂，2010年）。

ただし，上記名古屋地裁判決は，以下のとおり，破産管財人の不法行為責任が成立し得る例外的な場合について言及している。「破産管財人が総債権者への公平，平等な満足に向けて破産手続きを遂行する中心的機関であり，破産者，債権者などの利害から離れた中立的な立場において権限を行使し，清算手続段階における公平な残余財産の分配をなすべき職務を負っていることに照らすと，事情によっては（例えば，支払停止直前の取込み的取引により商品の引渡しを受けていた場合など）債権者の利益保護のため当該債権者の先取特権を認めこれを引き渡したり，低価格で売り戻すなどして公平を図るべき場合があることは，これを否定することができない。したがって，このような場合に破産管財人において先取特権の存在を明確に認識しながら，破産手続上の格別の必要性もないのにことさら先取特権者を害する意図をもって当該目的動産を処分するなどした場合においては不法行為の成立の余地なしとしない」。

[16] ただし，伊藤眞「動産売買先取特権と破産管財人（下）」（金法1240号15頁以下）は，前掲（[15]）の下級審裁判例に疑問を呈し，破産管財人が旧破産法203条1項に基づいて目的物の換価を行ったときは，動産売買先取特権者は同法133条によって配当要求ができるのであるから，管財人が任意処分をしたときにも，これらの規定の趣旨を類推して動産売買先取特権者がその権利を証明したときには，管財人が優先弁済の責任を負うとする。そして，動産売買先取特権者が担保権証明文書を提出して管財人に対して優先弁済権を主張したにもかかわらず，管財人がこれを無視した場合には，動産売買先取特権者に対して少なくとも不当利得の成立可能性は肯定されるとする。さらに，立法論を含めて，動産売買先取特権に基づく物上代位の対象となる売買代金債権について，差押えを要件とせずに破産手続のなかで優先権を認める取扱いを提言するものとして，内山宙「東京地裁執行部における動産売買先取特権に基づく物上代位事件の取扱い」金法1632号18頁。

[17] そのほか破産管財人は，動産売買先取特権者に対して差押承諾をする義務を負わないことにつき，大阪高決平成元・9・29判タ711号232頁，金判832号18頁，伊藤・前掲（[16]）16頁。逆に，破産管財人ないし債務者の差押承諾義務を認めるものとして，東京高判平成元・4・17判タ693号269頁，東京高判昭和60・5・16金判724号16頁，田原睦夫「動産の先取特権の効力に関する一試論─動産売買先取特権を中心にして─」奥田昌道ほか編『現代私法学の課題と展望』85頁（有斐閣，1981年）。

また、平成15年法律第134号による改正後の民事執行法190条により、動産売買先取特権の実行のため、執行裁判所の許可を得て競売をすることが認められたが、これは動産売買先取特権の実行手続に関する改正であり、実体法上の効力には変更はないと思われる[*18,*19,*20]。

更生手続下において、動産売買先取特権が更生担保権として保護され得るということと対象物の処分の可否は、前記のとおり異なる問題であり、対象物の処分の可否の点については破産手続に関する先の取扱いに従うことが妥当であると解される。

### (3) 更生手続における物上代位権の対象債権の取扱い

次に、更生手続下において、動産売買先取特権の物上代位権が成立している場合、管財人がその代金債権を回収、処分することが許されるかについても議論が存する。

この点、学説上は、①管財人は代金債権の回収等をすることができるという見解[*21,*22]のほか、②土地改良法123条等の趣旨を勘案して、物上代位権

---

[*18] 法制審議会倒産法部会は「破産法等の見直しに関する中間試案」第3部第5の後注2において、「破産管財人が動産の先取特権……の目的動産を任意売却した場合について、動産の先取特権者が、破産手続において、破産管財人に対し、売却代金につき優先弁済を求めることができるものとする考え方の当否については、担保・執行法部会における動産の先取特権の行使方法の整備に関する検討状況を踏まえ、なお検討する」ものとされたが(「破産法等の見直しに関する中間試案と解説」別冊NBL74号36頁)、今般、この点に関しての改正が見送られたことについては、道垣内弘人ほか『新しい担保・執行制度』〔補訂版〕133頁(有斐閣、2004年)。

[*19] 大阪地方裁判所第6民事部・前掲(*2)44頁。

[*20] これに対し、破産法改正後の文献において、破産管財人は対象財産の任意売却をなし得るとしても、破産法184条4項を類推適用して破産管財人は売却代金を寄託するべきであるとし、動産売買先取特権の優先弁済権を保護するべきであるとする見解もある(徳田和幸「破産手続における動産売買先取特権の処遇」今中利昭先生古稀記念『最新倒産法・会社法をめぐる実務上の諸問題』150頁以下(民事法研究会、2005年))。破産管財人として従来のような態度をとっていては、善管注意義務違反等を理由に損害賠償を請求されることになりかねないので、十分な注意が必要であると指摘するものとして、宮崎裕二「商事留置権と動産売買先取特権」全国倒産処理弁護士ネットワーク編『論点解説新破産法(上)』79頁(金融財政事情研究会、2005年)、動産売買先取特権者が管財人等に対し、その権利行使が法律上も事実上も容易であることについて高度な疎明をした場合には、担保権者による民事執行という形で権利行使がなされなくとも管財人等がこれを尊重することは認められるであろうとするものとして、那須克巳「倒産手続における先取特権」金法1758号48頁。

[*21] 長井・前掲(*13)140頁、安藤・前掲(*14)140頁、角・前掲(*13)262頁。

[*22] ただし、更生手続開始前に仮差押え又は差押えがなされていた場合には、その効力が継続

者に供託請求を認める見解[*23]、③物上代位権につき、旧会社更生法47条2項（現行法43条2項参照）を類推して、更生裁判所は第三債務者に売主が更生担保権として届出をしたとの通知をすべきであるとする見解[*24]、④更生手続開始決定後においても物上代位のための差押えを認める見解[*25]がみられる。

しかるところ、管財人は動産売買先取特権の対象物を処分することが許されるのに、その代位物にすぎない転売代金債権の回収につき制約を課せられることは、妥当とは思われない。②ないし④の各見解は、現行法の条文に反するとの批判を免れまい。①の見解をもって妥当と解する。

## 4　動産売買先取特権等の対象の時価

動産売買先取特権ないしその物上代位権が更生担保権として認められる場合、その対象の評定方法が問題となる。

この点、会社更生法83条によれば、更生会社の財産は「時価」により評価するものとされている。そして、日本公認会計士協会『経営研究調査会研究報告第23号　財産の価額の評定等に関するガイドライン（中間報告）』により、例えばたな卸資産の評価は、「正味実現可能価額から販売努力に対する合理的見積利益を控除した価額」により評価するものとされている[*26]。また、廃止する事業部門にかかる棚卸資産は処分価額により評価すべきであるとされている。

---

しているので、管財人が自由に売却ないし回収することはできないが、裁判所の取消命令（旧会更67条6項、会更50条6項参照）により、これが可能になるとされる（長井・前掲（*13）140頁）。
[*23]　三ケ月章ほか『条解会社更生法（中）』538頁（弘文堂、1973年）。
[*24]　竹下・前掲（*13）185頁。
[*25]　山本・前掲（*13）106頁、同「会社更生手続と抵当権に基づく物上代位権」金判1060号52頁、玉城・前掲（*13）366頁。なお、この見解にかかる疑問点は、前掲（*13）のとおりである。
[*26]　日本公認会計士協会「財産の価額の評定等に関するガイドライン（中間報告）」経営研究調査会研究報告23号（平成19年5月16日改正）18頁、事業再生研究機構財産評定委員会編『新しい会社更生手続の「時価」マニュアル』167頁（商事法務、2003年）、日本公認会計士協会編『財産評定等ガイドラインＱ＆Ａ・事例分析』239頁（商事法務、2007年）、日本公認会計士協会ホームページ（URL：http://www.hp.jicpa.or.jp/specialized_field/main/3123.html）参照。

このような評価方法によれば，事業の再建のために枢要な在庫資産は，販売可能価格が一定水準を維持しており，更生会社が更生手続に入ったことによる減価もさほどではないものとして相応の評価が可能である場合があろう。

## 5 更生計画における取扱い──清算価値保障原則の考え方

最後に，更生手続下で動産売買先取特権ないし物上代位権が更生担保権として取り扱われる場合，清算価値保障原則をどのように理解するかの検討を要する。

すなわち，周知のとおり破産実務においては，先取特権の行使を可及的に制約するべく対象物を直ちに売却し，また転売代金債権を早期に回収することとされている。そのため，清算価値保障原則において保障されるべき清算配当率の内容として，このような破産管財実務を念頭に，動産売買先取特権及び物上代位権の対象が一般配当原資を構成する前提における清算配当率を想定することが一応考えられる。

しかしながら，このような見解に立つ場合，更生手続において動産売買先取特権及び物上代位権を更生担保権として認めつつ，なおかつ一般更生債権に対する弁済率として，前記のように「動産売買先取特権ないし物上代位権の対象が一般配当原資を構成するとの内容の清算配当率」の確保を要するとすると，更生計画において動産売買先取特権を更生担保権として保護するがゆえに清算価値保障原則を維持することが困難になるとの結果が生じてしまうこととなる。これは，動産売買先取特権及び物上代位権の対象財産を，更生担保権の弁済原資であるとともに一般更生債権の弁済原資を構成することを要求するに等しく論理矛盾を来たしているというべきである。

そこで清算価値保障原則は，更生担保権調査において確定した担保権の成立内容を前提に判断するべきであり，動産売買先取特権及び物上代位権が更生担保権として確定している場合には，これらは，清算配当率の算出においては一般配当原資から除外されると解するべきである。理論的にも，一般債権者は先取特権の対象資産から弁済を保障される立場にはなく，結果的に先取特権者が権利行使をしなかった場合に，その対象物が一般配当原資に加算

されるということにすぎない。したがって、動産売買先取特権ないし物上代位権の対象は、清算価値保障原則において確保するべき清算配当率の算出の前提となる一般配当原資には加算されないと解するべきである。

## 6　結　語

　以上、更生手続における動産売買先取特権の取扱いに関する実務上の問題点を指摘し、倒産実務交流会の研修会における参加者各位のご指摘を踏まえて、若干の検討を試みたが、残された課題も多い。諸兄のご批判を仰ぎたい。

━━ ■コメント ━━━━━━━━━━━━━━━━━━━━

## 更生手続における先取特権保護に関するコメント

神戸大学大学院法学研究科教授　中　西　　　正

### 1　本稿の要約

　池口＝木村論文は，動産売買の先取特権の会社更生手続上の地位を，破産手続，民事再生手続上のそれと比較しながら検討するもので（論文では「執行手続」と比較されているが，それは破産や民事再生では動産売買の先取特権は基本的には執行手続で行使されるからである），立論のポイントは，更生担保権と先取特権自体の峻別にある。

　会社更生手続開始前の原因に基づく債権が手続開始当時会社財産上に存する担保権によって担保されていれば，その債権は更生担保権の法的地位を取得する（会更2条10項参照）。このように，更生担保権の成否は手続開始の時点で決定されるので，その後に担保権自体が消滅しても，あるいは担保目的物が消滅しても，当該債権は更生担保権としての属性を失わない。この点で，別除権構成の下で担保権自体が行使されることになる，破産手続や民事再生手続とは異なっている。すなわち，破産手続や民事再生手続では，手続開始後動産売買先取特権の目的物が売却されると，先取特権ひいては別除権は消滅したことになるが，会社更生手続では，先取特権は消滅しても，更生担保権自体は依然として存続することになり，売主は更生担保権者として保護を受けることになる。これが，キー・ポイントであろう。

　そして，更生担保権という債権の属性の問題であることを梃子に，更生担保権者の権利行使に関し，①権利行使の機会を保障するため届出期間末日の通知をすべきである，②（手続開始時点での）目的物の特定も執行（破産や民事再生）の場合ほど厳密でなくてよい，③管財人が認め他の債権者から異議が出なければよいのであるから，権利の証明も執行（破産や民事再生）の場合ほ

ど厳密でなくてよい、④管財人は更生会社の資料などから把握した真実に反する認否を行ってはならない（会社更生法13条により準用される民事訴訟法2条の真実義務を根拠とされる）などの結論を導いている。

## 2　若干のコメント

(1)　担保権を倒産手続でも尊重するという別除権構成をとる民事再生や破産と異なり、会社更生では更生担保権と担保権の二本立てとなっているため、動産売買先取特権保護の態様も異なってくるという理論自体は、そのとおりであり、否定し難いと思われる。更生担保権である以上、会社更生規則42条により権利行使し得ることを通知せねばならないし、目的物特定の要求も更生担保権の確定に必要な限度になると思われるし、管財人が手続開始時における目的物の所在を調査することなく更生担保権として認めないという（いわば戦略的な）認否が許容されるか否かも問題となろう。更生担保権構成が動産売買先取特権の保護に与える影響は、強大であるように思われる。

(2)　しかし、動産売買先取特権の保護の厚さの問題（①ないし④などの結論の当否）は、更生担保権構成から直ちに解決すべきではなく、より実質的な検討が必要ではないかと思われる。以下では、この点につき若干の私見を述べておきたい。

公示されない担保権である先取特権は、倒産処理を非効率的にし、不合理な結果を生ぜしめるように思われる。このことは、優先的倒産債権や共益（財団）債権を基礎付ける一般の先取特権と、公示されない別除権を基礎付ける特別の先取特権の双方に妥当しようが、以下では後者につき検討する。

まず、動産売買先取特権は、優先弁済を受けるにもかかわらず公示されないため、債務者に支払不能など倒産手続開始原因が備わっていることを隠蔽し、信用供与者はこれを看過して与信を続けてしまう。そのため、倒産処理手続の開始は遅れ、ようやく開始された手続においては、債務者財産の多くが優先弁済に充てられてしまい、一般倒産債権者にはあまり残らないという結果が生ずる。債務者の財務状況は財務諸表などから判断するのが現在の与信実務ではあろうが、債務者財産の大部分が優先弁済の対象となっているという事実は、債務者の破綻した財務状況の徴表（間接事実）として、今日で

もなお意味をもっていると思われる。

次に，動産売買先取特権は，法律上当然に付与されるため，動産売買取引において担保信用と無担保信用の区別をなくしてしまう弊害も指摘しておきたい。

すなわち，担保権が倒産処理手続で優遇される根拠は，それにより，より信用度の低い債務者への信用供与が，より低いコスト（利息や手数料）での信用供与が，そしてより長期間の信用供与が可能になる点にあろう。したがって，ある債務者に動産を掛け売りした債権者には，無担保で行った者もあれば，有担保で行った者もあろうが，無担保で売った者はリスクに見合う額を代金に含めている場合もあろうし，有担保（所有権留保など）で売った者は，担保設定の費用を払いつつ，他方で低くなったリスクに見合った価格設定や与信期間の設定をしている場合もあろう。また，担保設定があるから掛け売りをした（ないなら現金取引を要求していた）場合もあろう。さらに，本来有担保で売りたかったが，商品に人気がないため，無担保でしかも有担保の場合と同等の価格でしか売れなかった場合もあろう。

動産売買の先取特権を尊重するということは，債権者と債務者が市場のメカニズムの中で築いた以上のような関係を，いったん倒産処理手続が開始されればご破算にするということである。あるいは，倒産処理手続の中では，このような関係の形成を認めないということである。しかし，この結果は不公平であり不合理であると思われる。社会的弱者の救済は重要であるが，動産売買先取特権の尊重により利益を受ける者は弱者ばかりではない。家電量販店の倒産の場合であれば，大手メーカーが動産売買先取特権を行使しよう。このような目的は，別の制度（会更47条2項，民再85条2項など）によるほうが，より少ない副作用で，実現可能となろう。また，動産の売主以外にも，同様の保護を受けるべき者もある。

以上より，現在の倒産処理実務で付与されている以上の地位を，動産売買の先取特権に与えることは妥当でないと考えるが，どのような解釈によりこれを実現するかは問題であろう。本論文のような見解が出されたことを契機に，真剣に検討すべきではないだろうか。

# 第2 | 銀行の取立手形と商事留置権

■論　文

## 銀行の手形取立金の実体的法律関係と倒産法理

弁護士　東　畠　敏　明

　本稿は平成23年10月29日に開催された倒産実務交流会での発表論考として提出（第1以下の論考）したものであるが，その後，本稿の論点である「会社から取立委任を受けた約束手形につき商事留置権を有する銀行が，同会社の再生手続開始後の取立に係る取立金を銀行取引約定に基づき同会社の債務の弁済に充当することの可否」について，同12月15日に最高裁判所第一小法廷でこれを肯定する判決（以下「本判例」という）がなされた。このため，前記発表論考に先立ち，以下の判例評釈（序論としての判例評釈）を加えることにした。

### 序論としての判例評釈

#### 1　本判例要旨
　本判例の要旨は以下のとおりである。
　(1)　**実体法についての理解（留置権の留置的効力と価値変換物・特定性を含め）について**
　留置権者は，留置権による競売が行われた場合には，その換価金を留置できるものと解される。この理は，商事留置権の目的物が取立てに係る約束手形であり，当該約束手形が取立てによって取立金に変じた場合であっても，取立金が銀行の計算上明らかになっている以上，異なるところはないという

### (2) 銀取の任意処分条項の位置づけ

銀行取引約定の任意処分条項(旧統一銀行取引約定4条3項・4項)は，別除権の行使に付随する合意として，民事再生法上も有効と解するのが相当である。

### (3) 留置権の再生法上の権利（優先弁済権の有無）の内容

取立委任を受けた約束手形につき商事留置権を有するものは，当該約束手形の取立てに係る取立金を留置することができ，再生手続開始後にこれを取り立てた場合であっても，民事再生法53条2項の定める別除権の行使として，その取立金を留置できる。

### (4) 結　論

会社から委任を受けた約束手形につき商事留置権を有する銀行は，同会社の再生手続開始後の取立てに係る取立金を，法定の手続によらず同会社の債務の弁済に充当し得る旨を定める銀行取引約定に基づき，同会社の債務の弁済に充当することができる。

## 2　評　釈

本判例に対する批判的評釈の論理は，山本和彦教授の「再生手続開始後における割引手形の取立金による充当弁済」(金法1929号11頁以下，以下「山本論文」という)とまったく同じであり（後述する非典型担保論に関する論述を除く），これを借用する方法で批判する。

### (1) 本判例要旨(1)について

本要旨の問題点については，山本論文13頁「手形取立金に対する留置権の成否—原判決の問題提起」以下で，①手形取立金に特定性がみ認められるか，②換価金に留置権が認められるか，と整理されている内容である。①について本判例は「約束手形が取立てによって取立金に変じた場合であっても，取立金が銀行の計算上明らかになっている以上，異なるところはないというべきである。」としているが，山本論文は，物権としての留置権が債務者の一般財産に混入してしまえば物権成立の余地がないとし，信託財産の分別管理方法（信託法34条1項2号ロ）としての「その計算を明らかにする方法」としており，個別事例の事実認定の問題は残るも異論がないと思われる（金

築裁判官補足意見も同様）。②について本判決は「留置権による競売（民事執行法195条）は，被担保債権の弁済を受けないままに目的物の留置をいつまでも継続しなければならない負担から留置権者を解放するために認められた手続であって」「競売が行われた場合には，その換価金を留置できる」として本判例要旨(1)の結論を導いた。山本論文による「目的物の換価金に留置権の効力が及ぶかが問題になるのは，通常は留置権者の申立による競売があった場合に限られる」との理解からすると，本判例は「競売の換価金に留置権を認める」とする現在の多数説に与したと思われるが，一般論として競売以外の価値変換物にも留置権が及ぶ趣旨ではなく，競売以外の事案では前記特定性を保ちながら，少なくとも，「取立委任に係る手形」として，その価値変換に権限（取立権・取立義務）がある場合の事案として認められることになる。山本論文13頁も「当事者間の合意によって留置権者に換価権が付与されている場合も，その実質は競売による換価金と異なるところはない」としており，異論がないと思われる。

### (2) 本判例要旨(2)について

本要旨の問題点は，旧統一銀行取引約定4条3項・4項の解釈とその第三者効の問題である。後記**第3の3**の「任意処分条項」で論者の見解を述べているが，本判例は上記3項と4項を一体として「担保及びその他占有している被上告人の動産，手形その他の有価証券について」の任意処分及び弁済充当約定（以下「任意処分条項」とする）と理解している。そしてこれを「別除権の行使に付随する合意として，民事再生法上も有効と解するのが相当である。」とした。この点，山本論文13頁は，同旨の別件の名古屋高裁金沢支部判決について「商事留置権はそもそも平時に優先弁済権はないとすれば，別除権としても優先弁済権がないことは当然である。そしてそれは当事者の合意によって左右できない事柄である。（取立権はともかく実体法上の商事留置権に）なぜに，弁済充当（優先弁済権の行使）まで別除権の行使として許されるのか理論的な説明は一切存しない。」とされているが，本判例にも同様の批判がなされるべきと考える。前記議論で明らかなとおり，任意処分条項は，優先権ある担保権が前提となり，担保権の第三者効に付随して任意処分が認められるもので，単独でその第三者効が認められるものではない。

したがって，実体法上，商事留置権に優先弁済権が認められない限り銀行取引約定の第三者効を議論する余地も，銀行取引約定を根拠に逆に商事留置権に優先弁済権を認めることもできない。商事留置権に優先権を認めるか否かは法解釈ではなく立法の問題である。本判例はこれらの点について明白でないとの批判が可能である。

### (3) 本判例要旨(3), (4)について

本判例は，端的にいえば，旧銀行取引約定による任意処分充当権をもつ銀行は再生手続開始時に商事留置権を有する手形について，優先弁済権のある別除権として扱うとの見解を明らかにした。当事者間の約定により優先権のない担保権に優先権を付与できることを認めたものといえる。そして，その別除権行使方法としての充当を認めた。この批判は前述のとおりである。

## 3 本稿との関係について

既述のとおり，商事留置手形について，旧銀行取引約定の任意処分条項から優先権を導き出すアプローチ（本判例はそのように読める）は，実体法の解釈を誤っており同意できない。結論において，旧銀行取引約定に担保性を認める考えには賛同できることから，準法定相殺に関する約定を前提する非典型担保の議論をし，銀行取引約定7条1項による法定相殺の意思表示は，相殺という法形式を借用した非典型担保の実行形態であり，銀行取引約定4条4項はその非典型担保権の任意処分条項と理解することで法理の一貫性を保つ理解に達し，倒産実務交流会での報告をし，以下の論稿を提出した。

## 第1 はじめに(1)

### 1 問題の所在

近時，民事再生法の手続開始前に顧客から取立依頼を受けている銀行が，その占有・保持している手形を顧客の倒産手続開始後に取り立て，その後，銀行が負担する取立金返還債務を貸金債権に「弁済に充当」[*1]（論者は，実質的には「準法定相殺」[*2]と考えている）することができるか否かについて高裁レベルで判断が分かれた[*3, *4]。このうち銀行勝訴事案（前記*3の東京高裁事

件）が最高裁に係属している（前記のとおり，平成23年12月15日に判決がなされた）。その判断が注目されている（実務的にも，再生債務者代理人弁護士，再生手続機関の管財人ら，さらには再生裁判所裁判官が，その判断を待っている）。

破産法においては，商事留置権が特別の先取特権として扱われる（破66条1項）ため，銀行の手形占有・保持の商事留置権＝先取特権を根拠に別除権が付与されることから（もちろん，留置権も先取特権も独自で任意の換価権を有しないが），この実行方法としての弁済に充当することを認めることに抵抗を感じることは少ない（後記＊6の平成10年最高裁判例参照。「特段の弊害があるとも考え

---

＊1　民法の「充当」は「弁済の充当」であり弁済は債務者が弁済（資金）を債権者に提供（資金移動）し，このとき数種の負債がある場合，その提供された弁済（資金）がどの負債の弁済対象として提供（債務の消滅の対象）されたかを特定する行為である。債務者の弁済行為（資金移動）を前提としない本項の「充当」は債権者のする相殺にほかならない。ちなみに，「充当」概念について，租税債権と還付金について資金移動のない清算に充当の概念が使用されている（国税通則法57条1項，地方税法17条の2）。これについて「還付金の場合は，相殺の意思表示を要せず，……民法の相殺と異なる。本法によって，認められた特別な充当制度である」と説明されている（伊藤進＝小川英明編『逐条民法　特別法講座(5)』292頁（ぎょうせい，1988年））。民事法関係でこの用語使用はないと思われる。銀行取引約定7条2項の充当が「相殺」であることについては，**第3の2**後半からの論述参照。

＊2　学界は，法定相殺（民505条1項）以外に，相殺契約（原則的に既存債権債務や発生が確実な債権債務を清算する目的の合意）と相殺予約（一定の事象の発生時に，将来発生分を含む債権債務を相殺をしようとする目的の合意）を認め，さらに相殺予約を①予約完結権行使型，②停止条件型，③期限の利益喪失の合意による法定相殺の要件緩和（自・受働債権の期限の到来）型に分類する。この③を「準法定相殺」と別称する（我妻栄『新訂債権総論』353頁以下（岩波書店，1964年），林良平「相殺の機能と効力」加藤一郎ほか編『担保法大系(5)』555頁以下（金融財政事情研究会，1984年））。なお，厳密には相殺契約にも単純相殺合意，予約型，停止条件型がある。

＊3　「弁済に充当」否定説＝東京高判平成21・9・9金法1879号29頁，「弁済に充当」肯定説＝名古屋高金沢支判平成22・12・15金法1914号28頁）。過去を含めこれらに関する裁判例，判例，論説の一覧表を本文末尾の**図表1**にした。

＊4　なお，この局面の議論について山本和彦教授が「再生手続開始後における割引手形の取立金による弁済充当」（金法1929号11頁以下）で相殺肯定説への反論として「他の倒産手続との差異が相当でないことや債務者による倒産手続の選択によって担保権者の地位が不安定になることが指摘されているが，これは倒産手続において一般的に存在する問題である。そもそも，担保権の取扱い自体が更生と再生とでは異なるが，その差異は債務者の手続選択によってもたらされる。手続ごとの不要の差異は一般になくしていく必要があるが，それはあくまで立法論の問題であろう」（12頁），上記金沢支部の判決に対しても「本判決は商事留置権の行使として弁済充当をみたものと思われるが，別除権とは手続開始前の担保権の効力をそのまま認めるものである。商事留置権はそもそも平時にも優先弁済権がないことは当然である。そして，それは当事者の合意によっても左右できない事柄である。本判決は（取立金はともかく）なぜ弁済充当（優先弁済権の行使）までが別除権の行使として許されるのか理論的説明は一切存しない。したがって，その結論には賛同できない」（13頁）とされているのにまったく同感である。

難い」としている）。この場合，廃止された統一銀行取引約定*5（以下「銀取」という）4条4項による留置手形の任意処分権により取立てをし，この取立金の返還債務と貸金債権とを相殺する方法で優先的回収を認めることとなる。これを容認する判例*6もあり大方の同意が得られている（この図式は，商事留置権⇒特別の先取特権としての優先弁済権⇒取立手形に関して，銀取4条4項による任意処分権・取立金保持が違法ではない⇒充当ないし準法定相殺，となる）。

　ところが民事再生法においては，意見が分かれる。同法では，商事留置権を別除権（先取特権）扱いとする規定がないため，手続開始後に銀行がした手形の取立金についての返還債務（受働債権）の弁済充当が同法85条1項の手続開始後の弁済禁止対象となるとし，銀行の優先回収を否定する考え方と，いま1つは，実体法上の同一の権利関係にあるものについては民事再生法においても破産法と同様の保護がされるべきであるとの考え（この図式は，商事留置権⇒留置的効力のみ⇒留置物の換価・取立権の根拠？⇒取立金保持の根拠？⇒弁済充当ないし準法定相殺？となる）である。上記高裁裁判例は，これらの考えに

*5　昭和38年8月「銀行取引約定雛型」（全銀協・法規部会），昭和52年4月「新雛型」を公表（これが，本稿における「銀取」である）。ただし，平成12年4月全銀協は「ひな型の廃止」を公表した（全国銀行協会連合会法規小委員会編『新銀行取引約定書ひな型の解説』19頁（金融財政事情研究会，1977年），加藤一郎＝鈴木禄弥編『注釈民法(17)債権(8)』215頁〔鈴木禄弥〕（有斐閣，1969年）等を参照）。

*6　最判平成10・7・14金法1527号6頁は「本件約定書4条4項……の定めは，抽象的，包括的であって，その文言に照らしても，取引先が破産宣告を受けて銀行の有する商事留置権が特別の先取特権とみなされた場合についてどのような効果をもたらす合意であるか必ずしも明確でない……銀行が……特別の先取特権を有する場合において，一律に右条項を根拠として，直ちに法律に定めた方法によらずに右目的を処分することができるということはできない」と本件事案（商事留置権が先取特権の扱いをされる場合）について銀行の銀取条項による任意処分権を否定したうえで，「銀行が右のような手形について，適法な占有権原を有し，かつ特別の先取特権に基づく優先弁済権を有する場合には，銀行が自ら取立てて弁済に充当し得るとの趣旨の約定をすることには合理性があり，本件約定書4条4項を右の趣旨の約定と解するとしても必ずしも約定当事者の意思に反するものとはいえないし，当該手形について〔改正前〕破産法93条1項後段に定める〔優先する〕特別の先取特権のない限り，銀行が右のような処分等をしても特段の弊害があるとも考え難い」としている。これは，銀取4条4項の商事留置権対象物として占有している物の中，手形を取立換金し，取立金を債務に充当する範囲では許容されると判断した。これについては，高橋宏志・倒産判例百選〔第4版〕（別冊ジュリ184号）52判例解説106頁「理論的にはやや不透明」との批判をしたうえで，留置手形に関して銀取「4条4項を破産法185条1項にいう任意の処分の方法と位置付けてよいことになる」と補足している。いずれにしても，銀取4条4項の占有物についての一般的な任意処分条項の有効性については認めてはいない。

より判断が分かれる結果となった。

この考えの違いは、銀行の留置物の換価権の根拠とその弁済充当（銀取9条）ないし準法定相殺条項（同7条1項）の第三者効の存否であろう。この銀行の権利の存否は銀取の解釈にかかっている。

したがって、この議論は、「手形商事留置権の倒産法上の扱い」という倒産法レベルの問題に限局されるとは思えない。実体的法律関係の解釈を抜きにして議論がなされてはならない。

## 2　銀取と倒産法理

一方、銀取には、任意処分条項（約定担保物について4条3項、手形等の占有物について4条4項、預金について払戻充当といわれる7条2項、差引計算後の残存手形について8条4項の各規定がある）が存在する。その存在目的は5条の期限の利益喪失約定と7条1項の差引計算約定（準法定相殺の条項）を利用して、任意処分後の金員を相殺に供することにある。これらの準法定相殺に関する条項は、第三者効を有する非典型担保ないしこれと同質の権利と位置付ける多数の実体法研究者がいる[*7,*8]。4条3項、4項を論じるとき、これらの約定を吟味しないで手形商事留置権の倒産法上の扱いの論議をしてよいのであろうか。前述のとおり、銀取では、準法定相殺を利用するために、その前捌きとして自己の支配する債務者固有の資産（預金や手形）を銀行自らが換金できる合意（任意処分約定）をし、その結果を得て相殺をする合意（差引約定）が存在する。最高裁が昭和45年判例によって、相殺における自・受働債権対立前の合意（銀取の準法定相殺約定）に意味を認め、相殺適状前になされた差押え等に関して、その後に生じた相殺適状（両債権の期日到来）によって相殺をした場合にも相殺の優先的な効果（相殺の対外的効力）を承認してから40年以上になる。まさに、この合意の意味ないし構造は、合意以後に発生する自己の債権の優先回収を図ろうとする合意であり、この合意の存在により合意以降に担保対象物（受働債権）について権利関係を発生させた第三者に対して優先権を主張できるという、非典型的な担保設定の一形態として差し支えないのではないだろうか。

倒産法学では、法定の別除権以外にこれと同様の扱いを許される非典型担

保権を認めている。銀取の担保約定はこの性質をもたないか。倒産法学は，実体法学で争いが少ないか，若しくは判例が認める非典型担保を，単純に受入れているやに思える。実体法学の非典型担保の概念やその枠組みの争いにとらわれず，倒産法学が独自に，法定の別除権と「非法定の別除権」（非典型担保を中心とする）の要件を検討する必要はないか。論者は，これらの議論なくして銀取に基づく手形商事留置権の倒産法上の扱いは論じられないと考えている。

なおも，銀取の担保約定（相殺予約）の「非典型担保」性について，実体

* 7　米倉明「相殺と差押」ジュリ460号95頁（1970年），塩崎勤「相殺予約の対外的効力について」金法1000号 5 頁（1987年），好美清光「銀行預金の差押と相殺（上）（下）」判タ255号 2 頁，256号10頁（1971年），四宮和夫「批判」法協89巻 1 号144頁（1972年），髙木多喜男「批判」判評260号（判時972号）161頁，平井宜雄『債権総論』〔第 2 版〕232頁（弘文堂，1994年），平野裕之「三者間にまたがる相殺予約に基づく相殺と第三者による差押え」銀法527号 6 頁（1996年）など。担保的機能の拡張としての位置づけではあるが第三者効を認める（実質的には，非典型担保説と同じと思われる＝筆者）ものとして，水田耕一「相殺予約に基づく相殺権の行使と相殺適状に関する考え方について」金法150号 1 頁（1957年），山本進一「債権の差押と相殺」民法の判例〔第 2 版〕134頁（1971年），柚木馨＝髙木多喜男『判例債権法総論 8 』〔補訂版〕512頁〔有斐閣，1971年〕，伊藤進「担保的相殺」手研194号73頁（1972年），前田達明『口述債権総論』〔第 3 版〕500頁（成文堂，1993年），潮見佳男『債権総論』128頁（信山社，1994年）。期限の利益喪失約款を（準）法定相殺の遡求的債権消滅効を第三者に対抗できるとする見解として，我妻栄『新訂債権総論』358頁（岩波書店，1964年），我妻栄ほか編『判例コンメンタールⅣ債権総論』368頁（日本評論社，1965年）。銀取の第三者効を認める学説として，平井一雄「金融商事判例研究」金判235号 5 頁（1970年），平井宜雄「相殺契約・相殺予約」椿寿夫ほか編『債権回収の法律相談』〔新版〕111頁（有斐閣，1985年），武久征治「債権譲渡と相殺」谷口知平ほか編『判例演習民法(3)債権総論』〔新版〕238頁（有斐閣，1982年），田上富信（石田喜久夫ほか編『債権総論』331頁（成文堂，1983年），栂善夫「差押と相殺」森泉章教授還暦記念論集『現代判例民法学の課題』599頁（法学書院，1988年），川井健『債権法Ⅱ債権総論（下）』465頁（日本評論社，1988年）など。担保権性を否定する（公示性欠如，合意内容・非担保債権・担保債権不明確不特定などが理由）学説として，林良平＝中務俊昌編『担保的機能から見た相殺と仮処分』67頁以下（有信堂，1961年），北川善太郎『債権総論』（民法講要Ⅲ）234頁（有斐閣，1993年），鳥谷部茂『非典型担保の法理』272頁以下（信山社，2009年）など。
* 8　その法理について，米倉明「差押と相殺」ジュリ460号93頁以下は，要約（論者）として①既存の法制度を転用し，担保目的財産を債務者の財産から控除しようとするものであり，他の非典型担保と同様である。相殺予約を債務者の財産控除を理由に非難（私的合意による執行免脱・優先権創出）することはできない。②対外効について公知性で十分で，銀行取引における相殺約定は慣習化し公知性に問題はない（もちろん，今日，物権法定主義に拘泥するに及ばない），相殺要件緩和を契約自由から認めることを根拠とするより，正面から独自の担保手段ととらえる，が詳しい。論者は，この米倉説とその法理に共感している。なおも，米倉教授は，この担保的性質を法理上否定する理由が見当たらないとするも「今後は，一方では立法整備（禁止するのも一策）を，他方ではそれ以前の合理的規制をはかるべきである。」(97頁) とする。この点でもまったく同感である。

法学に争いがある場合、実体法上の「非典型的担保」＝倒産法上の「非法定の別除権」の図式は、成り立たないのか。まさに、その受入れは、倒産法学の独自性にかかわる問題となる。法定の別除権以外に別除権と同視できる担保（権）の要件論を独自に定立する必要があるともいえる[*9]。

## 第2　はじめに(2)

### 1　銀取と相殺

ところで、相殺が法定相殺のみであれば、相殺当事者が相互に対等の立場にあると考えてもよい。しかし、一般的に、相殺当事者が相互に対等な立場にあるする考えは取引社会の実情にあわない。現実には、相殺制度を利用する当事者には「債権者側」当事者と「債務者側」当事者がある。対等な当事者間での相殺制度の存在理由は「公平・簡易決済」の法理である。強いていえば、この法理は、債務者側とされる者のための法理といってもよい[*10]。一方、相殺制度を利用して広く受働債権との相殺を認めようとする当事者、

---

[*9] この論点そのものが大問題で、もちろん、筆者の能力を超える。民事実体法と倒産法の二元論・峻別論として私法学会のシンポジウムで議論されている（『シンポジウム　倒産手続と民事実体法』（私法63号）4頁以下（有斐閣、2001年）、野村豊弘ほか『倒産手続と民事実体法』（NBL別冊60号）（商事法務、2000年））。これらの議論の目的は「契約自由と競争原理（個別執行原理）」の法理が働く平時と「公平・平等原理と集団処理（目的的処理）」の法理が働く倒産時又はその過程について、統一的な法理や理解を模索するものである。これらの議論では倒産法解釈の一般的な独自性は多少後退する。実体法上の「担保権」と倒産法上の「別除権」は異なる概念であるが、抽象的には、実体法上の担保権を基礎にし、倒産法上の集団的処理から外れ、独自の権利行使が認められる権利ということになるが、この要件の定立は、上記議論と直接結びつくものではないと考えている。なお、倒産法の制度・条文の中には、実体法と連続若しくは変容する意味での理解をする必要がある場合、倒産法独自の制度（目的的若しくは政策的判断の強いものでいわば倒産処理行政的側面をもつもので、実体法との連続性を真正面から認める必要性に乏しいもの、例えば、管財人の地位をめぐる議論、破産法53条1項の管財人の解除権、管財人の否認権、同法186条以下の任意売却を前提とする担保権消滅許可制度など多数）で独自の理解が要求される場合があるなど様々なパターンがあるように思える。このシンポジウムの山本和彦発言（私法63号45頁以下）は、実体法学に対して示唆に富む指摘と理解している。

[*10] 我妻栄「民法案内・民法の道しるべ98」法学セミナー155号（1969年2月号）31頁は「ここで一つの問題を指摘しておく。それは、相殺の主役が変わってくるということである。相殺をもって、債務者が反対債権で自分の債務を消滅させる制度として民法の立場でいえば、債務者が主役である」という。

つまり「債権者側」の当事者がいるのも現実である*11。この債権者側からすると相殺制度の保護対象とされる「期待利益の保護」法理*12だけでは不十分である*13。債権者側当事者は，「期待利益の保護」法理より，受働債権の担保性（優先回収権の確保）を進める当事者間の「担保的機能」*14の法理*15, *16をより確実なものにしようと考える*17。このため，「債権者側」としての銀行では，いわゆる相殺予約（本稿でいう「相殺予約」とは，銀行実務で定着している危機時期の徴表事実の発生により自働債権の期限が到来する「期限の利益喪失約定」と，債権債務の期限のいかんにかかわらず，銀行がいつでも相殺することに異議がないとする「差引計算約定」のことで，あわせて相殺適状を生じせしめる約定を示す。こ

---

*11 深川裕佳『相殺の担保的機能』71頁（信山社学術選書，2008年）は，端的に「相殺は他のどのような担保権と比べても，自働債権の債権者（相殺権者）にとって，最も簡便・迅速な債権回収手段である。相殺による自働債権（貸金）の回収は，担保権の実行にあたる行為が裁判上の手続も，私的な回収手続も必要とせず，相殺の意思表示だけで済むからである。」と表現している。

*12 「期待利益の保護」の法理（我妻栄・前掲（＊7）320頁）も後述の債権者側当事者に機能する「担保的機能」の法理と同じく相殺に優先的回収権（第三者効）を認めるための法理である。この法理は対等な相殺当事者双方に機能する法理でもある。倒産法理では「合理的相殺期待」等と表現されている。この「合理的相殺期待」は，危機時期との関係で債権者側の自働債権若しくは相殺対象債務（受働債権）の成立時期とは別に，実質的な合理的相殺期待の成立時期まで相殺禁止の適用を排除する機能をもつ法理である（破産法相殺禁止条項71条1項，72条2項の解釈に影響する。倒産法における先駆的業績として中西正「破産法における相殺権」法学（東北大学）66巻1号1頁以下がある）。

*13 受働債権の差押時に，自働債権の期日が未到来か双方未到来の問題であるが，自働債権の期日が先に到来する場合等については，無制限説判例（最判昭和45・6・24民集24巻6号587頁，準法定相殺について8：7，予約の第三者効について11：4での結論であった。林良平・民商67巻4号188頁参照）後も，制限説（期待利益説，自働債権先期日のみ保護説）を主張する学者が多く，学会は賛否両論である。

*14 林良平「相殺の機能と効力」加藤一郎ほか編・前掲（＊2）533頁以下は，相殺の担保的機能に関する先駆的論文であるが「受働債権に対する（この債務者以外の）他の債権者が，（相殺の相手方である）債権者の一般財産としてこの受働債権を引き当てていることとの間に衝突を来し，そこから優先性が認められる限りで，『担保』としての機能を果たしている」（533頁以下），「相殺権の付された債権を差し押さえれば，その相殺権付著の債権のままで，それによる差押の法的拘束を加えうるだけである。民法511条はそのことを示している。相殺と差押は，厳密にいえば衝突しないという構造を債権的世界は示している。しかし，相殺により控除されている受働債権という一般財産と差押債権者が相殺前ならもちえたそれを一般財産として期待できることとは，現実に衝突する。それでも，相殺の債権的世界の債務消滅という法理の装いをまとっている限り，両者は関係ない。『担保的機能』では競合はない。しかし，この実質的関係をみて，競合化するという法政策をとることは不可能ではない。そうすれば両者は競合し相殺は担保的『構成』にむかわなければならない。問題は法的価値判断にかかる。いまのところでは純粋な『担保』ではないわけである。」（535頁以下），「担保的機能を営むとして担保法の論理に服することはない。」（546頁）としている。

の約定により「準法定相殺」が可能となる)[18]をしてこの担保的機能を拡大する[19]。その最終目的は，契約自由の下で締結される銀行取引約定を最大限に利用し実質的な意味[20]での「非典型担保」の法理の適用（当事者間で認められる単純な「担保的機能」ではなく，公示ないし公知性（典型担保における対抗力）取得により第三者効[21]を認められる「非典型担保」へ，「機能」ではなく「担保権」へ[22]）にあるといえる[23]。その結果は，変動する債権債務[24]がその瞬時瞬時に担保としての設定が可能となることと[25]，担保権の実行方法としての相殺の意思表示により受働債権の優先回収を第三者に対抗できることである。民事実体法では「担保的機能」も「非典型担保」も，優先回収効について差異を認めがたい。しかし，倒産法の領域では「非典型担保」のタームを実体法で与えられた権利を別除権として認める傾向にあり，この峻別が倒産以降の債権回収の局面に影響する。まさに，銀行の商事留置手形事案についての，倒産法理に影響を与えると考える。

---

[15] 「担保的機能」法理の問題点は，①担保機能の公示性が認められない，②将来の相殺可能性まで許容することによる差押・債権譲受人との利益調整，などとされる（奥田昌道『債権総論』〔増補版〕578頁（悠々社，1992年））。

[16] 法定相殺の担保的機能の存否やその根拠については，相当な議論がある（深川裕佳・前掲（＊11）44頁以下参照）。

[17] 判例の推移，学会の議論については，伊藤進「差押と相殺」星野英一ほか編『民法講座⑷債権総論』373頁以下（有斐閣，1985年）が詳細である。

[18] この相殺予約の有効性（第三者効）については，無制限説判例（最判昭和45・6・24金法584号4頁）は「債務者の信用を悪化させる一定の客観的事情が発生した場合」との要件の下にこれを認めて以降，最判昭和45・8・20判時609号29頁，最判昭和45・11・6判時610号43頁，最判昭和51・11・25民集30巻10号939頁等で追認されている。

[19] 林良平「相殺の機能と効力」加藤一郎ほか編・前掲（＊2）546頁以下は，①「相殺権の拡大は，ひいては担保的機能の増大拡大を来すゆえ，その限りでは担保法の世界という物権的ないし財貨帰属の世界との調整，つまり利益衡量を要する。相殺権の拡大の是非，射程距離を検討せねばならない」とし，相殺の予約に含まれる3つの契約（準法定相殺，予約完結，条件付き）について②「一応一括して考察してみてもそこで契約の自由が全的に働くものではない。相殺が債務消滅原因として物権的＝財貨帰属的世界につながっているからである。そこで相殺の担保的機能に着目して，実質上，相殺の射程距離を伸長拡大する「予約」は①で述べたと同様の調整，利益衡量を要する面をもたざるをえない」としている。

[20] 担保設定合意の体裁をとらないものの，その合意が実質的に「非典型担保」であれば問題ないとする姿勢。

[21] 相殺の第三者効の法理的根拠について，相殺権そのもの，公平法理，簡易決済法理，担保的機能法理のいずれから求めるかの議論があるようである。その詳細は，石垣茂光「相殺における担保的機能論に関する一考察―相殺の第三者効を導く理由付けについて」獨協法学43号375頁以下参照。

債権者側当事者は有利な自己の立場（銀行では「優先的地位の利用」といわれる立場がある）を利用して，債務者の資産たる債権（預金債権，手形割引金や手形取立金の返還請求権等）を担保（将来取得されるものを含んで）にとることを目的として，相殺予約とその他の合意を銀行取引約定に盛り込んでいる[*26]。

銀取における銀行側の主たる目的は，それが担保権の実行であれ相殺であれ，優先的回収権の条項化にあるといっても過言ではない[*27.][*28]。銀行は，預金について，銀取5条の期限の利益喪失約定と銀取7条1項での差引計算

[*22] この担保的機能から非典型担保への思考を早い時期から明確にされたものとして「相殺の担保的機能」米倉明・民法の争点Ⅱ88頁以下がある。米倉教授は「法定相殺は別として，相殺予約は相殺を担保のために積極的に利用しようとして活用される一種の非典型担保（担保権）ととらえるべきか。相殺予約はやはり『相殺』（債務消滅原因の一つ）の『予約』として担保権ではなく，担保的機能を有するにとどまると解すべきか。「担保権と呼ぶにしても一般のそれとはかなり異なる内容のものだということになるかもしれない。しかし，それを担保権でないというかどうかは担保権の定義の問題である。今のところわたしとしては前者に傾く」，「担保権というとき公示性欠如が問題とされるけれども，とくに乙が銀行の場合には相殺予約の公知性が認められるので，問題はないというべきであり，そもそも，担保権さらには物権の承認について『公示』は必要かどうか（せいぜい『公示』あるのが望ましいにとどまるのではないか）も問題にされなくてはならない」と，相殺予約の非典型担保性についての指摘をした。もともと当事者間を支配する債権契約関係にかかわらず，相殺制度（債権の消滅を伴う制度）を利用する相殺予約を物権より強力な担保手段であるとする考えについて，深川裕佳・前掲（[*11]）46頁参照。
[*23] 塩崎勤「相殺予約の対外的効力」金法1000号は「相殺予約は形式上は既存の相殺という制度を転用して，相殺の機能を拡大・強化しようとするものであるが，反対債権の弁済に代えて受働債権を取り上げる（混同消滅）ものである点で，代物弁済予約にきわめて類似しているから，譲渡担保，所有権留保，代物弁済予約といった非典型担保の一種であると理解することのほうが，事の本質に迫っているようであるし，相殺特約をめぐる諸問題の解決に役立つように思われる」（12頁），「公示方法はとれないが，少なくとも予約の存する公知性，当事者の知・不知が問題となり」「単に将来発生するあらゆる債権について相殺予約をなすことは，法的不安定をもたらすから，予約時にある程度予測性のある債権でなければならない」（14頁）と，非典型担保との理解の下で第三者効（遡求効）に制限を加えようとしている。鳥谷部茂「相殺予約」椿寿夫編『予約法の総合的研究』（日本評論社，2004年）は，「相殺予約は法定相殺の要件を充たさない場合に，当事者の特約に基づいて相殺を可能にすることにより債権の回収を確保する担保手段として用いることから，約定非典型担保と位置づけることができる。ただし，非典型担保と位置づけたからといってその効力や第三者効を説明できるわけではない。問題はその内容であることはいうまでもない。」（501頁），「従来の判例・学説は，相殺予約に担保としての実体が十分に存在しないのに強い対外的効力を認めてきたと評価することができる。また理論的には，相殺というならばその具体的な担保としての基準，相殺が衡平保持を根拠とするならばその具体的な公平性確保の基準を深化させるような検討がなされなかったところに問題があると考える」（514頁）としている。
[*24] 銀取の相殺予約条項の担保としての内容は，被担保債権（自働債権）は附従性が緩和されている包括的根担保の対象で，担保対象物は集合物流動債権の性質をもつが，それぞれ，概ね法理的に克服されているようである（鳥谷部茂「相殺の第三者効は，現状のままでよいか」椿寿夫編『講座現代契約と現代債権の展望(2)』346頁（日本評論社，1991年）参照）。

の名のもとに充当権（これも，銀行がもつ任意処分権である）ないし相殺権を行使する（この2つの条項が，いわゆる「相殺予約」と考えられている[*29]。民法研究者の議論の対象となっている）。さらに，銀行は，銀行が占有ないし支配する債務者側の資産について，銀取4条3項・4項，7条2項，8条4項などで，留め置き権ないし払戻し権限と任意処分権（手形の場合は取立権を含む）を行使したうえ，相殺権を行使する（倒産時の商事留置手形の問題として倒産法研究者の議論の対象となっている）。

## 2　取立金の優先回収権の根拠

従来，銀取の各条項は，逐条単位で，それぞれ民法研究者，倒産法研究者，金融法研究者が検討の対象としている。しかし，これらの各条項の相互関係を検討する場合，それら各条項は，相殺予約（5条と7条1項の準法定相殺条項）に集約され一体となり銀行の優先回収権を確保するためのものであり，これは担保権（非典型担保）設定契約と考えられるのではないか。

そこで，銀取の相殺に関する約定の担保契約的性質（実体法的性質）を明らかにし，倒産法理の検討をし，前記高裁の2つの裁判例の事実関係である「銀取に基づく銀行の手形留置権」の倒産法上の扱いについて議論したいと考える。

---

[*25] 「将来債権」を目的とする相殺契約については，一般的（準法定相殺の被担保債権たる自働債権が将来債権を含み，担保債権たる受働債権は集合流動債権であり，単純ではない）に，将来の発生を条件に現実に発生した額に応じて相殺する合意として概ね認められている（於保不二雄『債権総論』〔新版〕415頁（有斐閣，1972年），前田達明・前掲（*7）499頁）。古い肯定判例として大判昭和17・7・31民集21巻824頁がある。

[*26] 債務者の資産たる債権の債務者が第三者（第三債務者）の場合はその債権を譲り受けるか質にとる方法で担保化できるが（我妻栄・前掲（*7）318頁参照），この方法は銀行実務では融資対象者の心理的反発が予想され困難であるため，債務者が，第三債務者と同じ立場にある自分（債権者）に対して有する債権資産を担保の対象とする場合，その資産（債権）を自己の債権（自働債権）の相殺対象（受働債権）とすることにより優先的回収権が確保できれば充分に目的を達することができる。このため，債権者側は，この担保方法に磨きをかけることになる。

[*27] 統一銀行取引約定のなかった時代にも同旨の約定書があったようで，手にした一部（金法163号35頁参照）約定書ではその1項が銀取4条2項（担保の共通化条項），その2項が銀取7条1項（差引計算条項）と同旨のものが作成されていたことは，この銀行の姿勢を窺わせる。当時の約定書の解釈と不備について指摘した裁判例がある（京都地判昭和32・12・11金法163号83頁）。

ここでの、議論は、従来倒産法学において議論の対象となっている法定担保権としての商事留置権の別除権としての取扱いではなく、約定（銀取）担保権（非典型担保）としての銀行の留置手形の優先回収権の別除権としての取扱いの可否である。本稿は、留置手形の商事留置権の扱いの有無にかかわらず、約定の非典型担保としての別除権を行使できるか否かを検討する過程で銀取の構造・性質を明らかにし、少なくとも本件論点（銀行の留置手形の取扱い）において、倒産法における別除権の扱いが破産と民事再生において異なるとすることに疑問を呈することを目的とする。また、少なくとも、民事再生における商事留置手形の取立・充当（相殺）肯定説は、この準法定相殺約定が背後にあるからこそ、優先回収権（留置的効力にとどまらず）が基礎付けられることを意識すべきと考える。さらに、それが別除権の基礎となる権利（非典型担保）であるからと理解している。

銀取各条項の内容の検討から開始する。

なお、銀取が廃止された後の各金融機関の取引約定についても、その内容に大差がなく以下の検討はそのまま通用すると考える。

---

*28 銀取について「業務約款」としての有効性を認めるも「銀行側は、もし欲しさえすれば、取引先にたいしかなり過酷に振舞いうるものである。かかる観点から、とくに、経済力が弱く約款に附従せざるをえない中小企業が取引先である場合には、本約定書の多くの条項につき、その文理どおりの効力を認めることは妥当ではないといえる。（中略）現行の国家法には銀行取引の私法的規制を目的とするものは、ほとんどなく、その結果、本約定書は、まったく一方的に銀行により作成されその内容は銀行の一方的な利益保護に偏しがちとなり、しかも、解釈によりこれを正すことにも限界がある。それゆえ、少なくとも基本的な事項については、国家法による客観的な強行法規的規制が定立されてしかるべきである」との指摘（鈴木禄弥ほか『注釈銀行取引約定書・当座勘定規定』4～5頁（有斐閣、1979年））がある。同旨は加藤一郎＝鈴木禄弥編『注釈民法(17)債権(8)』216頁以下〔鈴木禄弥〕（有斐閣、1969年）にも再び指摘されている。ひな型が廃止された現代においてもこの指摘は生きていると思っている。ただ、各銀行作成の個別の約定書解釈と金融萎縮への影響のバランスは考えなければならない。

*29 鳥谷部茂「相殺予約」椿寿夫編・前掲（*23）510頁は、相殺予約の銀行側の機能として「一定の場合に対当額で自動的に債権債務を消滅させることは、貸付実績を減少させるだけでなく、預金実績をも減少させるここことになる。これらの両特約では、特約時に相殺権限の発生させて効力を留保し、危険が発生したときに強い効力を与えられてきたので、『予約』としての『うま味』および『イニシアチブ』を十分に発揮してきたといえる」としている。

## 第3 銀取（相殺予約担保）の検討

### 1 失期条項（自働債権の期限到来の合意）

「銀取」第5条（期限の利益の喪失）
① 私について次の各号の事由が一つでも生じた場合には，貴行からの通知催告がなくても貴行に対する一切の債務について当然期限の利益を失い，直ちに債務を弁済します。
　1　支払の停止または破産，和議開始（民事再生法の施行で修正されている），会社更生手続開始，会社整理開始もしくは特別清算開始の申立があったとき。
　2　手形交換所の取引停止処分を受けたとき。
　3　私または保証人の預金その他に貴行に対する債権について仮差押，保全差押または差押の命令，通知が発送されたとき。
　4　住所変更の届出を怠るなど私の責めに帰すべき事由によって，貴行に私の所在が不明になったとき。
② 次の各場合には貴行の請求によって貴行の債務に対するいっさいの債務の期限を失い，直ちに債務を弁済します。
　1　私が債務の一部でも履行を遅滞したとき。
　2　担保の目的物について差押，または競売手続の開始があったとき。
　3　私が貴行との取引約定に違反したとき。
　4　保証人が前項または本項の各号の一にでも該当したとき。
　5　前各号のほか債権保全を必要とする相当の事由が生じたとき。

本条1項は当然失期条項，同2項は請求失期条項といわれる。本条は，相殺をする前提として，銀行側からは，自働債権の期限を到来させる機能をもつ。危機時期を徴表する事実の発生があれば銀行の債権の弁済期が未到来でも債権の回収を図ろうとする趣旨である。しかし，その主たる目的は，債務者側がもつ資産たる受働債権について，第三者からなされた差押え等に相殺をもって対抗し，自働債権の回収をはかる趣旨である。本条が，担保機能の拡大である相殺予約の一内容（自働債権の期限の到来）と認められる失期約定であることは争いがないようである[*30]（ただし，本条1項1号の各倒産手続がいやがらせで申立てがなされることも考慮して，支払不能の状況になかった場合は，本条1項

1号の適用がないとされている*31)。通説は，この条項の失期事由について，特定性に問題がある（「抽象的若しくは不明確な故に無効」の法理）ものの，基本的には本条の有効性を認めている*32。

本条は，優先回収を主たる目的とする銀取の踏み出しの第一歩である。

## 2　相殺条項

> 「銀取」第7条（差引計算*33）*34
> ①　期限の到来，期限の利益の喪失，買戻債務の発生，求償債務の発生その他の事由によって，貴行に対する債務を履行しなければならない場合には，その債務と私の預金その他の債権とをその債権の期限のいかんにかかわらず，いつでも貴行は相殺することができます。
> ②　前項の相殺ができる場合には，貴行は事前の通知および所定の手続を省略し，私にかわり諸預け金の払戻しを受け，債務の弁済に充当することができます。

本条1項は銀行の債務（受働債権）について「（受働）債権の期限のいかんにかかわらず，いつでも相殺」できると約定されている。これは，銀行が負担する預金等の負債（受働債権）について債権者側たる銀行が自己の負債の期限の利益を放棄，つまり，受働債権の期限を到来させて相殺適状を作り出す約定である。

前記の失期約定とともに双方の期限が到来することから，準法定相殺の要

---

*30　加藤一郎＝鈴木禄弥編・前掲（＊28）249頁〔鈴木禄弥〕。
*31　加藤一郎＝鈴木禄弥編・前掲（＊28）251頁〔鈴木禄弥〕。
*32　失期事由が「漠然として特定されていないとき」「期限の利益を失う債権が特定されず，その債権者に対するすべての債務について期限の利益を失う」趣旨のときは，約款の効力が認められないとされる（我妻栄・前掲（＊7）424頁）。旧銀取が廃止されて以降も，各行が独自に作成した銀行取引約定の失期約定の用語使用と構造に大きな変化はない（もちろん，倒産関連申立用語を倒産法の再編の関係で修正している）が，失期事由の具体化に努力しようとする金融機関が増加している。当然失期条項について「債務者が債務整理に関して裁判所の関与する手続を申立てたとき，あるいは，自ら事業の廃止を表明したときなど，支払を停止したとみとめられる事実が発生したときなど。」，請求失期条項について「（債務者の経営状況等についての書面報告を含む報告調査協力義務条項）に基づき銀行への報告違反，提出された書類について財務状況を示す書類に重大な虚偽の内容がある等の事情が生じたとき」などの内容が追加されている。

件が整うことになる。法定相殺とは異なり，本項は失期約定と相まって契約により相殺の担保的機能（とりあえず優先回収権を確保する意味）を拡大することになる。

本条2項は，本稿の目的である「商事留置手形」の倒産法での扱いと法理とは関係がない。が，関連問題としてその解釈を付加する。

本条2項の「貴行は事前の通知および所定の手続を省略し，私にかわり諸預け金の払戻しを受け」るとの前半部分の意味は問題である。本来の預金払戻しは預金者が払戻請求の書類手続を経ていったんその資金を手元にする（資金移動を伴う）ものである。これと異なりこの前半の約定は，債権者側の銀行が自己に支払義務がある預金を預金者の手続を経ずに自ら支払を行い（銀行は預金者から委任を受けた代理人とされている[35]），その資金を，債務者の弁済（弁済行為も債務者から委任を受けた事務行為とする。債務者のする資金移動はない）として自らこの清算金をプールすることを認める合意である。この条項については，民法108条（自己契約）違反の疑いが[36]あるも，かろうじて，契約自由の範囲として許容されている[37]。

そして本項前半部分は，それ自体で，所有権支配型（所有権留保，譲渡担保，仮登記担保，フルペイアウトのファイナンスリースなど）から債権価値支配型[38]へ

---

[33] 「差引計算」は，経理ないし簿記用語の辞典にも登載がない。もともとは，一般的な用語では「差引」＝「剰余と不足との関係で損益の計算する」こと（角川『国語辞典』）とされ，おそらく，自己の収支を（損益的に）清算することを示し，これが，他人との（貸借的）清算を示すことも含まれる意味で差引計算なる用語が使用されているものと思われる。となると，清算目的の計算という数学的処理を意味するにすぎず，法的な用語としては，定義・概念を規定して使用されているとは思えない。大平正『銀行取引約定書Q＆A』〔第2版〕189頁（BSIエデュケーション，2000年）は「法律用語ではなく銀行実務の慣用語」という。銀取のひな型廃止に伴い改めて新しい約定書の提案をした，秦光昭「本試案の作成経緯と考え方および問題点」銀法582号11頁は，この用語使用につき「相殺と払戻充当した従来の差引計算という言葉は，全く異質な一括した用語として必ずしも適当でないことから，払戻充当は，相殺と区別して独立の規定とした。」としている。
[34] 最近の一部の銀行の取引約定書ではこの条項のタイトルを「差引計算」から「銀行による相殺」，「相殺・払戻充当」等に変更している。
[35] 澤重信「銀行取引約定書(3)」手研488号51頁以下。
[36] 加藤一郎＝鈴木禄弥編・前掲（[28]）271頁〔鈴木禄弥〕参照。
[37] むしろ，相殺の意思表示を不要とする契約の無効性の問題と考える。
[38] 最判平成7・4・14民集49巻4号1063頁で「フルペイアウトのファイナンスリース」の担保性を認めた。

と拡大する近時の担保契約ないし非典型担保の１つと位置づけられる「代理受領」や「振込指定」*39と類似する。しかし，ここで疑問が生じる。「代理受領」「振込指定」は債務者の資産たる債権を回収し，債権者の支配下におき，これを相殺しようとするものである。本項は，債務者が銀行に対してもつ預金債権について，銀行が相殺の手続をせず，債務者を代理して預金等の解約をして自己への貸金との清算をしようとするものである。

　そして，２項後半によって「債務の弁済に充当することができ」る（「払戻充当」といわれる*40）としている。

　本来，複数ある債務の「充当」先の指定は，「債務の弁済」に伴い原則として債務者がするものである。債務者の弁済行為（資金移動）を前提としないで，債権者がその債務の消滅をするとしたら「担保権の実行」か民法上の「相殺」「混同」「免除」でなければならない。この場合，銀行の負担する債務を受働債権として，銀行が相殺の意思表示をする場合に，いかなる債務（受働債権）を消滅させるかを特定するための意思表示を付加するものである（民法512条のいわゆる相殺充当と表現されている⇒相殺対象債権債務が特定されていないときの民法488条から491条の「充当」規定の準用*41）*42。本項記載の「充当」は，債務者の資金移動を伴わない点で，民法の「充当」とは異なる。本項の「債務の弁済に充当することができ」るとは，資金移動がない場合の決済である相殺制度を前提とするもので「相殺をして充当することができる」との意味に理解するほかはない*43。

---

*39　内田貴『民法Ⅲ債権総論・担保物権』〔第３版〕558頁（東京大学出版会，2005年）。
*40　この用語は，銀行側の造語と思われる。全国銀行協会連合会法規小委員会編『新銀行取引約定書ひな型の解説』７頁（金融財務事情研究会，1977年）は「銀行が取引先に代わって預金の払戻をしてその借入金の弁済にあてる」こととしている。
*41　我妻栄・前掲（＊７）346頁参照。
*42　「事前の通知および所定の手続を省略し」，「債務の弁済に充当することができます。」と読むとする場合，相殺通知や充当通知がないわけであるから，債務者にとっていかなる債権債務が消滅したか不明のままである。この解釈が契約自由の下でも合理的として認められることはない（同旨・斉藤睦馬「対外効が認められる相殺予約の範囲」堀内仁先生傘寿記念『銀行取引約定書―その理論と実際』180頁（経済法令研究会，1985年），西原寛一「三菱判決の概要とその問題点」金法305号284頁，京都地判昭和32・12・11下民８巻12号2302頁，大阪高判昭和41・４・18判時463号54頁，東京地判昭和48・９・11金法706号28頁ほか）。銀行側も全国銀行協会連合会法規小委員会編・前掲（＊40）巻末関係資料８頁において，１項でも相殺通知は必要とし，２項でも払戻後に充当通知をすべきとしている。

ところが，この「充当」は「債権者が自由に債務者の資産たる預金債権を自由に処分（この中には，債務者のもつ預金の解約権，解約金受領権を代理行使し，銀行は相殺の意思表示もしないまま自由にできる）できかつそれを自行の債権の弁済（債務者の資金移動もないまま）にあてることができる」*44とし，しかも現実には銀行の「帳簿上の処理」*45だけで債権債務の清算が完了するものと理解されている。本来的には「払戻充当」をせず，相殺すれば済むものであるところを，銀行の事務手間を省略すること，充当対象の債権債務の選択についての余裕の時間を得られること等から考えだされたものであろう。払戻しが完了すれば，その段階で銀行側には払戻金支払義務たる受働債権が存在するわけであるから，相殺できるのは当然である*46。さらに，銀行側に原則的に充当に関する約定指定権を認める銀取9条（一般の担保実行を除く，弁済及び相殺を前提とする差引計算における約定充当権）があることからも，この「充当することができ」るにも「所定の手続を省略し」がかかる。要するに，相殺の意思表示を省略して自己の債権に充当できることである。銀行側の解釈では本項を払戻手続についての「委任」契約による事務処理で相殺通知は不要としている*47。もちろん，この理解でも，本項による払戻充当処理以前に差押え等の第三者の権利関与があった場合，その第三者に「払戻充当」規定をもって対抗できない*48ことになり，当然ながら，その後は，準法定相殺の一般論としての処理が予想される。

---

*43 論者は，前述のとおり銀行の換価権行使を「充当」という言葉で処理することに批判的こだわりがある。相殺の意思表示を不要とする特約を無効とする考えに対する潜脱行為と考えている。
*44 全国銀行協会連合会法規小委員会編・前掲（*40）104頁，108頁参照。
*45 加藤一郎＝鈴木禄弥編・前掲（*28）292頁〔鈴木禄弥〕。
*46 前述のとおり，銀行はこの条項によって相殺通知も充当通知も不要とは考えていないようである。一部の銀行の新しい銀行取引約定では，2項に「銀行は，債務者に対して充当した結果を書面により通知する」との条項を追加している。本条1項・2項における相殺通知・充当通知は，法律的にはいずれも相殺通知の意味を含むものである。
*47 全国銀行協会連合会法規小委員会編・前掲（*40）109頁，澤重信・前掲（*35）51頁以下。
*48 全国銀行協会連合会法規小委員会編・前掲（*40）109頁は，払戻充当による「処理は，法的には取引先の申立による預金などの通常の払戻に相当するものであるから，預金について差押などにより払戻の差止めを受けたり，取引先について法的整理が開始し，取引先自体が財産の管理・処分権を失っていたり，また取引先が死亡・禁治産・破産等の理由で代理権が消滅していれば（民法111条），この払戻弁済の手続をとることはできないことになる」としている。

この2項は，債務者のもつ預金資産を任意処分して，かつ相殺の意思表示を前提として債権を回収する特約の意味をもつ。まさに，預金資産の任意処分条項である。準法定相殺前の優先回収権行使の前捌きの役割を担う担保契約の一部と評価して差し支えないと考える。

私見によれば，2項は，債務者の資産所有権が一方的に処分されることや債務者の弁済充当指定権を無視され，かつ，いかなる債権債務が消滅したかが不明であることなどからして，あまりにも債務者の地位を不安定におくものであり，「契約自由」としての合理性がないと考えている[*49]。もっとも，私見を維持したとしても，相殺の手間をかけるか否かの違いにすぎず，積極的に否定するには逡巡するのも事実である。

## 3　任意処分条項

> 「銀取」第4条3項（約定担保）
> 　担保は，かならずしも法定の手続によらず一般に適当と認める方法，時期，価額等により貴行において取立または処分のうえその取得金から諸費用を差し引いた残額を法定の順序にかかわらず債務の弁済に充当できるものとし，なお残債務がある場合には直ちに弁済します。
> 「銀取」第4条4項（占有物）
> 　貴行に対する債務を履行しなかった場合には，貴行の占有している私の動産，手形その他の有価証券は，貴行において取立または処分することができるものとし，この場合もすべて前項に準じて取り扱うことに同意します。
> 「銀取」第7条2項（預金債権）→前述のとおり
> 「銀取」第8条4項（差引計算済み手形）
> 　前2条の差引計算の後なお直ちに履行しなければならない私の債務が存する場合，手形に私以外の債務者があるときは，貴行はその手形をとめおき，取立または処分のうえ債務の弁済に充当することができます。

物権法定主義の下でも，担保物権の実行方法を任意に決めることができる

---

[*49] 加藤一郎＝鈴木禄弥編・前掲（*28）270頁〔鈴木禄弥〕は「あらかじめ明定された特定の要件が具備された場合にのみ，銀行のあらかじめ特定された債権と取引先のあらかじめ特定された預金等についてのみ本項により払戻充当をなすことがゆるされる」と限定的に理解する。

として，任意処分合意の有効性はすでに克服されている[*50]。したがって，担保物の任意処分の各合意は，不明確・不特定，銀行の優越的地位利用等の問題がなければ，一般的に問題はない。

4条3項は，一般的に約定の担保物の任意処分条項である。

4条4項は，占有物の任意処分条項（商事留置権対象物も占有物であることにかわりがない）である。本項は前項との関係で約定担保を前提としない条項として，占有物の処分についての別途される当事者間の合意であり，基本的には本項単独で第三者効力が問題とされることはないのが原則である。さらに，本項単独で質入れ等の担保権設定契約と考えるのは当事者の合理的意思解釈から遊離している[*51]。占有物の中に，商事留置権の対象物たる法定担保物権対象物がある場合には，本条項の対象となり，留置的効力に合意の任意処分権限が付与されるといえる。前述のとおり，本項の「弁済に充当」も「相殺して充当」と理解すべきで，これら任意処分条項により処分換金された金員の返還請求権と貸金債権との相殺が可能か否かが問題となる[*52]。

4条4項の狙いは，債務者の危機時期に銀行が預かり占有する有価証券等に処分権が付与され，最終的に換金した金員を相殺することにある（特に，債務者破産時に個別の手形取立委任契約が終了することから，これを取り立て，取立金を受領し，受領金を留め置く権限が付与されることが意味をもつ）。これは，預金について銀行に処分権（払戻充当権）を与え，これにより債権の優先的回収を図ろうとするのと同様の構造である。つまり，銀行の支配（占有ないし預金払渡拒

---

[*50] 法理として承認されてきたが，破産法185条1項で，法文上もこれを承認した。
[*51] 取引4条4項を失期条件付き譲渡担保ないし質権設定合意とする考え（加藤一郎＝鈴木禄弥編・前掲（[*28]）247頁〔鈴木禄弥〕，伊藤進・判評957号178頁はあるが少数説である。判例（最判昭和63・10・18金判810号3頁）は，単なる債権契約であるが，相殺の可能性を認める。この判例以降，本条項の担保契約性や第三者効は相殺の可否論に移行した。この判例は，倒産法との関係で，相殺禁止の例外としての「前の原因」についても，本条項の合意は，直接具体的な原因関係でないとしてこれを否定した（三ケ月章ほか『条解会社更生法（中）』905頁（弘文堂，1973年），谷口安平『倒産処理法』〔第2版〕239頁（筑摩書房，1982年）同旨）。
[*52] 任意処分権により取立てにまわすと留置権が消滅するのか（破産手続開始により取立委任契約は終了し取立権限は管財人に移るのか，また，任意処分権を有する者が取立てにまわさないで期日徒過すると責任が問われる可能性もあるが），取立金のうえに留置的効力が及ぶのか，留置的効力が維持できないとするとその金員の返還義務（倒産手続開始後の取立てであれば，手続開始後に負担した債務となる）と貸金とは相殺できるのか（もともと留置的効力しかないものが相殺により優先回収することが許されるのか）等の問題が議論されなければならない。

否等凍結をするなどの事実上の支配）する債務者の権利（預金や留置手形など）について，銀行に換価権を付与し，相殺の対象とする構造を形成している。最高裁も一般的な議論も，本項を単独では担保設定ではないとする。銀行側研究者も担保設定でないことを強調するが，一方で準法定相殺が認められれば，優先回収が確保できることから，取引先に取立委任手形が担保として取り込まれる等の不安をもたせないよう配慮したものする解釈と思われる。しかし，本項が銀行の優先回収権を確保しようとする条項であることは明白であり，この条項単体を形式的に解釈することなく，準法定相殺の前提たる任意処分条項として，準法定相殺条項と一体となり担保を設定する契約の性質をもつものと考えるべきである。もちろん，一般的に，相殺予約の問題点として被担保債権（自働債権）については包括根担保，担保債権（受働債権）については集合流動債権の問題が存在する。

　8条4項は，4条4項の占有物のなかで差引計算済（相殺済）手形の任意処分について確認し，さらに，合理的な制限（差引計算以外で，回り手形を担保として銀行が取得した場合，残債務の期限が未到来のときは直ちに弁済しなければならない債務がないため等は，8条4項が働かず，手形を返還しなければならない）を加えたものとする考えがある[*53]が，準法定相殺の前の任意処分条項と構造が同様であるため，4条4項の適用を排除する趣旨ではないと考える。その意味で，4条4項の重複条項であり理由の如何を問わず占有があるかぎり，4条4項を適用してよいと考える[*54]。

---

[*53]　大西武士「相殺と手形の処理（8条関係）」前掲（[*42]）堀内仁先生傘寿記念252頁，淺木愼一「銀行顧客の破産と代金取立手形による貸付金債権保全の効果」青竹正一ほか編『現代企業と法』446頁（名古屋大学出版会，1991年）。

[*54]　加藤一郎＝鈴木禄弥編・前掲（[*28]）288頁〔鈴木禄弥〕は，「本項（旧3項）と商事留置権ないし本約定書4条4項との関係はよくわからない」とし，差引済手形について「果たしてその手形につき商事留置権ないし本約定書4条4項の取立処分権を行いうるかどうか疑問もなくはないが，これらの事情にかんがみて，本項でとくに差引計算ずみの手形の処置について明言し，債権回収の実を発揮しようと図ったのであろう」と解説している。

## 第4 銀取（相殺予約）の担保としての性質と第三者効

### 1 相殺における「第三者効（対外効）」について

一般に相殺の「第三者効」と使用される用語には、いくつかの場面があると考える。

まず、相殺の意思表示に至るまでの間の最高裁45年判例の事実関係を時系列に示すと、①準法定相殺合意、②自・受働債権の対立発生、③受働債権の差押え等、④相殺適状要件（主に期日到来）の完成、⑤相殺の意思表示となる。遡及効は⑤から④に生じる。この時点で両債権が対当額で消滅する。この消滅効を、遡及的消滅期日よりさらに以前に発生している③にその効果を主張できるとするのが基本的な「第三者効」の考えである。③に優先するには、③の前に何らかの優先権を与える根拠事実が発生しなければならないであろう。事後の事実を根拠に事前の事実に優先するとの法理はないであろう。

以下、第三者効について概説する。

（i）法定相殺　　相殺適状以前に出現した関係権利者に対する関係を「第三者効」という（相殺制度があるかぎり、遡って債権消滅という効果を第三者に主張できなければならない。一般的に遡及効が善意の第三者の権利を害することを否定する法理はあるが、本件はさらに遡及期間より前に出現した者に対する効果を認めようとする）。債権消滅という結果は、原則としてすべての者が甘受しなければならないとする考えである。

（ii）準法定相殺（失期約定と差引計算約定）　　失期約定は、本来的に契約当事者間を拘束するにすぎないものであるが、その結果、法定相殺の制度を利用して債権消滅という結果まで認めさせようとするものである。その合意たる失期約定などの「第三者効」を問題とし、相殺の可否を論じようとする場合もある。単純に「相殺の第三者効」「相殺特約の第三者効」若しくは「相殺予約の第三者効」と表現されることもある。この「第三者効」を認めるか否かについて「公示」ないし「公知性」の議論がなされる[*55]。

いわゆる、相殺に関する無制限説、制限説、期待利益説はこの場面での議

論である。

　(iii)　担保的機能　これも原則的に当事者間での機能である。しかし，「担保的」であるかぎり第三者に主張できなければ意味がない。この担保的機能を第三者に主張する場合，つまり「第三者効」の範囲が問題となる。(ii)の「第三者効」の論拠としても使用される。そして，自・受働債権対立時点(②)で「担保的機能」がある場合，それ以降の差押え等(③)に相殺効を主張できるとの事前の根拠を作り出す。

　(iv)　期待利益　相殺権行使の根拠や範囲を決める指標として相殺権行使の期待利益なる概念がある。

　この期待利益も債権者側がもつ当事者的な利益である（発生時期は②の時点か）。この事前に当事者がもつ利益を第三者に主張できる範囲についても「第三者効」が問題となる。保護されるべき相殺への期待利益が強いほど事後の第三者効が認められやすい。(ii)の「第三者効」の制限法理として使用されることもある。一般的に合理的期待の強い場合に公示を必要としない考えもあるが，この考えに立っても，一般的に準法定相殺（相殺予約）に関しては公示性を要求すると思われる[*56]。

　(iii)と(iv)は，(ⅰ)，(ⅱ)の「第三者効」を制限する意味で(ⅰ)，(ⅱ)と表裏の関係にあり，同質の使用方法ともいえる[*57]。(ⅰ)から(iv)は，債権消滅の結果についての「第三者効」発生の事前の根拠事実ないし法理とまとめても差し支えがない。以上は権利消滅という物権的結果について債権法の世界で解決しよう

---

[*55]　北居功「相殺の担保機能」野村豊弘ほか・前掲（＊9）211頁は，39年，45年の相殺の両判決が何故に「相殺予約を正面から扱わずにまず法定相殺の効力を判示するのであろうか。両判決が法定相殺の効力を確定したうえで相殺予約の効力を位置づけるのは，相殺予約の対外的効力を認める一つの論理と評価すべきものと思われる」，「両判決は法定相殺が認められる範囲を確定し，その範囲を法律に保証される相殺の対外的な効力の限界として，少なくともその範囲までは公示がなくとも契約の対外効を認めて問題ないと判断したものといえよう。したがって，両判決における法定相殺の効力論はそのまま相殺予約の対外効を基礎づける前提となっているものと解釈する余地があろう」とする。

[*56]　林良平「批評」民商67巻4号696頁。

[*57]　石垣茂光「相殺における担保的機能論に関する一考察」獨協法学43号435頁は，「相殺の期待利益とともに，担保的機能という言葉の用いられ方が論者によって異なる」「期待利益と担保的機能がいかなる関係にあるのかが不鮮明となり，さらに相殺のほかの機能である簡易決済機能・公平維持機能との関連も曖昧になってしまった」と概念の統一を指摘する。相殺関連の「第三者効」も同様と思われる。

(v) 相殺予約を非典型担保若しくはこれと同視する考え　典型担保権承認後の対抗要件に代わる公示ないし公知を指標とする「第三者効」の根拠ないし要件が議論の対象となっている。この場合，事前の根拠事実は①の合意であり，その対抗要件が合意内容の公示ないし公知性である。これがある場合，第三者効が認められる。準法定相殺を物権法の世界で解決しようとするものである。

(vi) 任意処分条項　当事者の合意が第三者に影響を及ぼす場合として，本件では任意処分条項の「第三者効」も議論の対象となっている。特に銀取4条4項の担保性の有無をスタートとしてさらにその「第三者効」が議論されることがある。

## 2　相殺予約の非典型担保性と第三者効

準法定相殺の担保的性格ついて，それが，担保的機能の拡大としての性質か，非典型担保として認知するかが問題となっている。シンプルに述べれば，前者は債権法の世界でのアプローチであり，後者は物権法でのそれである。債権法的アプローチでは，なぜに，第三者効が生じるのか，第三者効の根拠（概ね，②における担保的機能の拡大や期待利益の保護）が議論され，さらには，公示の必要性について議論される。物権法的アプローチでは，なぜに，物権（非典型担保）なのか，その対抗力としての公示はなにかの議論がされる。

債権法的アプローチをする場合，第三者効の根拠法理（当事者間における担保的機能や期待利益）は，なぜに第三者効を基礎付ける法理になるのか疑問である。担保的機能の拡大や期待利益の保護は直ちに第三者効の根拠になるとは思えない。一方，物権的法的アプローチでは，物権が独占的権利をもち担保物権には排他的効力もあり，第三者効は対抗力で決する法理を利用できる[59]。まさに，アプローチの方法で説得力に大きな差異ができる[60]。

---

[58]　石垣茂光「相殺契約に関する一考察（二）」獨協法学50号146頁は，相殺の対外的効果について「この問題は債権法的な世界で論ずるのか，あるいは担保として考えていくのかという問題」と指摘するが，同旨だと思われる。

しかし，いずれも準法定相殺の対外的効力の承認の議論につながる。つまり，準法定相殺は受働債権を差押え等した他の債権者に対しても有効に成立する（相殺の要件論内で制限する「自働債権の期日が先に到来する」場合にのみ，法定相殺が有効とする考えも，準法定相殺の失期約定が契約の自由の問題と否定していない）か否かの結論に向けた方法論にすぎないと考える。45年判例は，当時の多数学説に従い債権法的アプローチを試みたが，当時，相殺の非典型担保権性の議論が熟していなかったのであろう。

　実体法学において，準法定相殺について債権法的アプローチとして担保的機能の拡大としての第三者性を認めるとしても，倒産法学において，これを直ちに別除権とする考えはないと思われる。一方で，物権法的アプローチで，多くの学説がこれを非典型担保として認知した場合，別除権として承認することになると思われる。その場合，銀取4条4項の任意処分権について本件の商事留置権による回収の優先性を認めない学説にあっても，銀取4条3項の約定担保としての優先回収権と任意処分権とを認めざるを得ない結果となる。

　しかし，倒産法学において，この両アプローチの差は，ほぼないと考えられないか。

　論者の実体法上の見解を述べれば，それは，前記（＊8）の米倉学説に賛同するもので，本来深遠な議論があると思われるにしても，これを認めない学説との差は，非典型担保は物権行為が表向きの法形式と異なること，これを担保契約と認定する（所有権留保，譲渡担保，リース等しかりである）という極めて規範的な判断に係ること，対抗要件若しくはそれに対置する「公示性」も論者の社会認識に差が伴うこと，さらには「公示の有無」を「公知」として同様の結果を導くことにも抵抗があることなどであろう。しかし，物権行

---

＊59　最判昭和54・7・10民集33巻5号533頁の事案は，他人の銀行預金について転付命令を得た第三者が，その銀行に対する債務と相殺をした後に，銀行がさらに預金者に対する債権で相殺したもので，その相殺の優劣について，最高裁は転付債権者の相殺が優先するとの判断を示した。これは，債権法の世界で対抗関係になく，転付債権者の相殺により担保対象物たる預金債権（債務）が物件的に絶対的滅失をした事案で，銀行が準法定相殺による担保権を有していたが，物件滅失により担保権も消滅したものとの理解をすべきと考える。
＊60　鳥谷部茂「相殺予約」椿寿夫編・前掲（＊23）501頁は「単に非典型担保と位置づけたからといってその効力や第三者効を説明できるわけではない」という。

為の存否については，そもそも規範的判断で十分であり，法形式がなんであれ社会実体として担保権を保護（債権的アプローチをする考えもこの点では同様と思われる）しようとする限り，その社会実体を直視する必要があると考える。

本件で問題となっている準法定相殺の非典型担保権性については，前記（＊8）記載の米倉説に付加して，前記銀取各条項においては，前記のとおり明らかに担保目的で優先回収権の確保を目的とする合意であり，規範的判断において相殺の法形式を利用した物権行為（権利の設定・変更等を対象とする処分行為としての意思表示）としての担保設定合意と考えて不足はなく[*61]，学界で承認されている所有権支配型の非典型担保（所有権留保，譲渡担保，ファイナンスリース等）との差異を見出しがたい。なぜなら，準法定相殺も担保対象の受働債権を実質上支配下（預金を含め資産等の占有をしている状況にあることや，預金には譲渡禁止特約がついている）においている点では他の非典型担保と同様だからである。林良平教授は「優先弁済権能が担保物権の中心機能で，あらかじめ優先弁済権能に服せしめなくても結果的に優先的機能をもつ相殺は，法定担保物権の技法を使わない方法で債務者の責任財産について他の債権者の攫手力に服さない結果を得るという，実質的に担保物権に近い機能を営むものであるし，非典型担保も権利移転の方法でこの相殺の技法を発展させたものである」（要約は論者），としている[*62]。これは，法定担保の技法を使わないで債務者の責任財産を実質支配することにより優先回収権を確保する意味で，相殺若しくは相殺予約が非典型担保の基本構造をなしていると，逆に考えてもよいことを示唆している。

さらに，公示ないし公知については，社会的公示が認識される場合は公知

---

[*61] 村山洋介「合意相殺の類型化と第三者に対する効力―ドイツ法を手がかりに」法時72巻9号90頁は「相殺権に債権担保作用が内在するとしても，その実質は相殺相手方の資力や弁済意思に影響を受けずに招来される債権の価値的満足作用であり，あくまで，二当事者間におけるpsychedelic満足の確実性という作用にすぎない」，「相殺権創設契約を含めてこれらの契約を債権非典型担保契約という枠でとらえる限り，そこでは，その採用された法形式以上の効力をどこまで付与できるかが課題となる」，「しかし，わが国において，相殺権創設契約の第三者効を当該契約の非処分性を唯一の根拠に否定できるかどうかについては，なお，検討の余地がある。」としている。

[*62] 林良平「担保の機能」加藤一郎ほか編『担保法大系(1)』48頁（金融財政事情研究会，1984年）。

であり，社会的認識が先行する場合は単純な公知であるといえるもので，非典型担保の対第三者効は，基本的に公知性が典型担保の対抗要件の役割を果たすと考えるべきといえる[*63]。

この公知であるが，前記のとおり，銀取の長年の存在から考えて債務者側においても「銀行の支配下ないし占有にある債務者財産は，最終的に相殺される運命にある」との意識をもち，そんな条項は知らないといえないほどのレベルに達していると考える[*64, *65]。

## 3 銀取の非典型担保性

論者は，銀取の相殺予約（準法定相殺）条項（5条＋7条1項）に単独で非典型担保としての性質を認めるべきと考えているが，さらに，この非典型担保権設定契約性を補強する条項としての各任意処分条項の存在を指摘したい。

---

[*63] 清水誠「銀行相殺について—四度，相殺の担保的機能を論ず—」広中俊雄先生古稀祝賀論集『民事法秩序の生成と展開』583頁（創文社，1996年）は，「約定相殺について対内的効力と対外的効力とを分けて論ずる方法にも私は反対である。……対外的効力を認めることはそれに物的担保としての効力を認めることにほかならない。それには，担保設定の対抗要件以外のものを考える必要はないし，考えるのは有害である。約定相殺の公示や公知性という観念を導入しようとする提案はまったくはずれであると思う」と批判する。

[*64] 潮見佳男『債権総論Ⅱ』〔第3版〕397頁（信山社，2005年）は，「相殺予約の第三者に対する効力を肯定する（あるいは，否定）にあたっては，相殺予約の公知性・公示性そのものが不可欠であるわけではないし，逆に公知性・公示性が認められるからといって相殺予約の効力を第三者に無条件に及ぼしてよいものでもない。あくまでも，公知性・公示性は，自働債権・受働債権の関連性（論者によれば，さらに，これらの債権を発生させる原因となる取引関係の共通性・一体性），差押えの実効性確保の必要性と並び，第三者（差押債権者）の期待と利益を相殺権者（予約者）の相殺についての期待と利益と比較する中で，第三者に不利益をもたらす結果となってもよいことを正当化するための（有力ではあるが）一つの要因にすぎない」とする。確かに，物権法定主義に拘束されないで，非典型担保を論じる場合，いかなる角度からの利益衡量も可能であろう。しかし，権利の成立にはそれなりの限界と成立要件等の法理があるように思える。

[*65] ドイツ法での相殺解釈の比較論文として，村山洋介「相殺契約の第三者効について—ドイツ法を中心に」広島法学21号4頁は，「ドイツでは私人間において個別的に締結された相殺契約が問題とされていたのに対して，我が国で問題とされている相殺予約は，銀行等金融機関と取引先との間で締結される定型的な約款に基づくものである」，「銀行等金融機関による融資が預金債権の存在を前提として行われ，またそれに見合う信用状態を基礎にして行われているという実体が存在する。そのためドイツの場合と異なり当事者間とりわけ銀行等金融機関には貸付債権を預金債権で回収しようとする強い期待が働いていると同時にそのような回収の確保を前提として債権の対立関係が発生しているという特殊性がある。従って，主として弁済の省略を図る意図で締結されているドイツの場合とは当事者間の利益状況に明らかな相違がみられるのである」と指摘している。

この両方の条項が相まって非典型担保設定契約がなされていると考える。つまり，各任意処分条項は，担保権の実行を確保する条項として存在すると理解してはじめてその存在価値が認められるもので，各任意処分条項が単なる債権契約の範疇であればその第三者効すら根拠が希薄となり，さらに，危機時期に対外的効力がないとすれば概ね無意味な条項となるからである。

### 4　非典型担保における任意処分条項の第三者効

典型担保において，典型担保の第三者効と一体的に任意処分条項が許容されている法理から考えて，別途，任意処分条項自体の第三者効を論じることは，特別な理由がないかぎり法理の均衡を失する。したがって，銀取4条3項が適用される非典型担保にあっては，その任意処分条項の第三者効を論じる必要はない。準法定相殺が非典型担保とされる場合も同様である。

## 第5　法定別除権と非法定別除権（非典型担保）

倒産法において，別除権ないし更生担保権の対象の担保権は，法定されている。しかし，倒産法学では，実体法上の非典型担保権の別除権性を否定する趣旨ではないとして，非法定の別除権等を認める。その指標は，実体法上の非典型担保（判例が認めればなお）といって過言でない。別除権等が倒産法独自の概念であるにもかかわらず，非法定の別除権等は実体法学に委ねる姿勢の感が免れない。もちろん，議論は大きく「実体法学と倒産法学の交錯」の議論として，いわば，永遠のテーマとして輝いている問題で，実務家である論者の能力外の世界である[*66]。ただ，実体法学で「非典型担保」性について，賛否両論の場合，別除権としての非典型担保の外枠程度，例えば，非典型担保と優先回収権（第三者効）の認識が社会実体として存在し，一般債権者を害するおそれがない方法でその担保物を法律上若しくは事実上の支配をしているなどの基準が必要と思われる。その場合，実体法学において「非典型担保」の認知があればなおよいことになろう。

---

[*66]　前掲（*9）『シンポジウム　倒産手続と民事実体法』の各議論は，いまだに新鮮である。

銀取の準法定相殺約定は、前記昭和45年判例以降学説の争いを残しつつ、その第三者効を認められて長きにわたっている*67。これも、社会実体である。そして銀取規定の任意処分条項を前提とする準法定相殺約定は厳然と銀行に優先回収の効果を与え続けている。これを倒産法学が無視することは、社会実体とかけ離れる。

## 第6　銀行の留置手形の換価権

前記検討を経た場合、占有を基礎とする銀取4条4項の商事留置権の優先権論争は実質的には意味をもたない。前記高裁の2裁判例事案では、銀取4条3項で非典型担保としての任意処分権が付与されている以上、担保権の実行としての手形の換価権（取立てと取立金の受領・保持）は許容されており、さらに、担保の実行方法としての相殺により優先回収することになる。なお、商事留置手形について4条4項が併存して適用されることを否定するものではない。

## 第7　論者のおもい

市井の実務家としては、銀取を銀行に有利な解釈として展開することにいささかの抵抗がある。このことは、銀取が銀行の優越的地位（最高裁は、公序良俗に違反しないかぎり、無効ではないとする*68）を前提に調印されている事実を知るからである。債務者側の市民企業は、銀行提案書類について対等な当事

---

*67　学説判例の制限説、無制限説、期待利益説のいずれの立場でも準法定相殺条項の第三者効を原則的に認めたうえでの議論をしている。制限説では、自働債権先期日を相殺要件として維持している（第三者効制限法理は期日の先後で）、無制限説では債権消滅そのものに第三者効を認める立場（同じく制限法理は、権利濫用論）で、期待利益説では相殺の遡及効を認めて期待権を保護する（期待利益の法理内で、遡求効を制限）が、いずれも、準法定相殺の第三者効を否定しない。なお、無制限説では未到来の債権債務の期日の先後に関係なく相殺が可能であるため、差引計算条項は不要で、失期約定だけで担保として機能する。制限説では同じく自働債権が後に到来する事案に差引計算条項が機能する。期待利益説からは差引計算条項を期待利益を補強する関係に利用できる。

*68　最判昭和52・6・20金法827号23頁、民集31巻4号449頁。

者としての意見が通らないことを知っている。これを拒否ないし訂正する意見をもたない。そして，内容的にその契約の意味を十分知るか知らないかにかかわらず，拘束されるものと諦めているのが大方であろう。これも社会実体である。大手事業法人を構成員とする「企業の資金調達の円滑化に関する協議会」が平成11年3月に公表した「銀行取引約定書のあり方について」ではコメントとして，銀取4条3項については「銀行に有利すぎること，……また商事留置権は法律上認められていることから削除」をと，7条2項については「企業側が相殺する場合の手続の公平性を確保するため，民法の原則に」と，8条4項については「企業に返還しなければならない手形の二重使用を認めることになるから削除」をと要望している。これに添付されている資料「均衡取引約定書に対する企業意識の調査結果」として「約63％の企業が銀行取引約定書の内容は不合理であると指摘した」としている。

　これらの実体を踏まえ米倉説の説諭である「譲渡担保等の非典型担保が存するうえにさらに相殺担保ともいうべき担保手段を承認することは，さなきだに典型担保が侵蝕されているところにさらに一歩深めるものであり（しかし場合によっては経済的優位を利用しての圧迫による実現もありうる），積極的には是認しえないともいえる。しかし，現実には他方で非典型担保が認められており，相殺の場合のみを不可とする理由も見当たらない以上，これを承認せざるをえない（この点反対意見には賛成しない）。今後は，一方では立法整備（禁止するのも一策）を，他方ではそれ以前の合理的規制をはかるべきである。」（米倉明「差押と相殺」ジュリ460号97頁。前記（＊27）の鈴木禄弥教授も同旨を述べる）を再度思い起こす。

　筆者は，客観的姿勢で臨むべき解釈学と社会実体の矛盾を浮き彫りにすることにより，上記米倉説の説諭を再度訴えるものである[*69]。

---

*69　脱稿後，友人弁護士から本件の思考過程について質問があり「前記相反する高裁判決についての割り切れなさは，翻って銀取にあり，45年の相殺判例と以降の長期定着した銀取解釈は，担保的性格の確定なくして理解できないし，45年判例が変更されるか，銀取の約款規制が行われるかしないかぎり，この結論は変わらない」と回答した。さらに，39年の相殺判例前提であればどうかとの質問に対して「当該判例は，相殺要件内の議論で，準法定相殺の約定をしても相殺要件としての期日の先後に拘束されるため，おそらく，担保としての受働債権支配が希薄となるため，担保性が薄く，非典型担保とまで言えない」と回答している。

180　第3章　担保権　第2｜銀行の取立手形と商事留置権

**図表1　倒産手続と手形・小切手留置・取立の可否**

| | | 事案 | 第一審 | 控訴審 | 最高裁 |
|---|---|---|---|---|---|
| 破産事案 | ① | 信用組合事案(商事留置権不成立)<br>①銀取8条4項(旧銀取8条3項)の手形の留め置き権は法定の留置権若しくは約定担保権か。<br>②破産後、特別の先取特権となるか。 | 大阪地昭49・3・18<br>①、②とも否定<br>(判タ308・267)<br>鈴木禄弥・判タ490・32 | 不明(おそらく確定) | |
| | ② | 信用金庫事案(商事留置権不成立)<br>①管財人が信金所持手形の返還と取立済みの手形の返還義務不能による損害賠償若しくは不当利得を請求。<br>②信金は信取4条4項の取立・相殺の主張 | 名地昭54・2・27<br>①容認、②否定<br>(判時936・114)<br>鈴木禄弥・判タ490・32、伊藤進・判評255・37 | 確定 | |
| | ③ | 信用金庫事案(商事留置権不成立・*信金の商人性について、御室・堀内仁先生傘寿記念115)<br>①管財人は信金に取立金の不当利得返還を請求。<br>②信金からは、信取4条4項により担保権が成立している。 | 大阪地昭58・2・25<br>①認容、②否定<br>(民集42・8・611参照)(金判810・27) | 大阪高昭59・2・10<br>①認容、②否定(相殺期待もなし)<br>(判時1128・126)(金判802・17)(判タ533・241)(下民35・1〜4・37)(金法1064・63)<br>伊藤眞・判評316・54、倉田卓次・金法1089・11 | 昭63・10・18<br>①否定(銀行の相殺・期待権を認容)<br>②否定<br>(民集42・8・575)(判タ685・154)(判時1296・139)(金法1211・13)(金判802・3)<br>藤田友敬・法協107・7・91、田原睦夫・金法1221・22 |
| | ④ | 銀行事案(商事留置権成立)<br>①管財人が銀行の取立(商事留置権消滅説)を不法行為として請求<br>②銀行は銀取4条4項の取立・充当権主張 | 大阪地平6・2・24<br>①商事留置権存続<br>②取立充当権容認<br>(金判947・42)(金法1382・42)<br>瀬戸正義・金法1405・13 | 大阪高平6・9・16<br>①商事留置権消滅<br>②取立充当権否定<br>(判時1521・148)(金法1399・28)<br>石川明・判評449・49、松下淳一・私法判例リマークス1995下158、渡辺功・ジュリ1129・121 | 平10・7・14<br>①商事留置権存続<br>②銀取4条4項等で認容<br>(金判1527・6)(銀法551・80)<br>高橋宏志・倒産百選52、田中昌利・曹時53・6・304、谷口安平・銀法555・4、早川徹・私法判例リマークス1999下・92、牧山市治・金法1534・45、山本和彦・金法1535・6、新里慶一・中京法学33巻3・4合併、34巻3・4合併、35巻1・2合併 |
| | ⑤ | 銀行事案(商事留置権成立)<br>①管財人が銀行の取立(商事留置権消滅説)を不当利得として請求<br>②銀行は銀取4条3項・4項の取立・充当権主張 | 京都地平7・2・28<br>①商事留置権消滅<br>②取立充当権否定<br>(金判1020・44) | 大阪高平9・3・25<br>①商事留置権消滅<br>②銀取4条3項認容<br>(金判1020・36)(金法1486・90)<br>鈴木正裕・私法判例リマークス1998上・156 | 平10・7・14<br>①商事留置権存続・特別の先取特権両立<br>②銀取4条4項等で認容<br>(金判1057・28) |
| | ⑥ | 銀行事案(商事留置権成立)<br>①管財人が銀行の取立を不法行為として請求<br>②銀行は銀取4条4項の取立・充当権主張 | 東京地平20・7・29<br>商事留置権存続・特別の先取特権両立<br>②銀取4条4項等で認容<br>(金法1855・30) | 東京高平21・2・24<br>①商事留置権存続・特別の先取特権両立<br>②銀取4条4項等で認容<br>(金判1323・42)(金法1875・88)<br>浅井弘・銀法714・65 | 不明(おそらく確定) |

| | | | | | |
|---|---|---|---|---|---|
| 再生事案 | ⑦ | 商工組合中央金庫(旧商工組合中央金庫法23条で商法の準用あり)事案<br>①再生会社の保全処分後、会社が信組の取立を不当利得として請求<br>②信組は手形譲渡担保として相殺の主張 | 大分地平18・12・7<br><br>①商事留置権存続<br>②開始前満期分のみ相殺認容 | 福岡高平19・2・22(再生会社のみ控訴)<br>①②手形譲渡担保を認定し相殺充当認容(控訴人勝訴部分取消、請求棄却)<br>(判タ1247・323)(金法1593・71) | 上告 |
| | ⑧ | 銀行事案<br>①再生会社が銀行の取立を民事再生法85条1項違反とし、不当利得返還請求<br>②銀行は銀取4条4項の取立・充当権(商事留置権の優先弁済効の任意処分規定)の主張 | 東京地平21・1・20<br><br>①認容<br>②商事留置権の優先弁済権否定<br>(金判1325・37)(判時2040・76)<br>瀧澤孝臣・判タ1334・5、山本和彦・金法1864・6、岡正晶・金法1867・6、佐藤勤＝山本克己・金法1876・56 | 東京高平21・9・9<br><br>①認容<br>②商事留置権の優先弁済権否定<br>(金判1325・28)(金法1879・29)<br>村田渉・金法1896・20、座談会・1884・8 | 平23・12・15<br>①破棄自判決(請求棄却)<br>②商事留置権による取立金の留置と別除権行使としての弁済充当を肯定 |
| | ⑨ | 銀行事案<br>①再生会社が銀行の取立を民事再生法85条1項違反とし、不当利得返還請求<br>②銀行は銀取4条4項の取立・充当権(商事留置権の優先弁済効の任意処分規定)の主張 | 福井地平22・1・5<br><br>②を否定し、取立金について留置的効力を維持(価値変形物)し貸金の返還の引換給付として①を認容。<br>(金法1914・44) | 名古屋高金支平22・12・15<br><br>商事留置権について銀取4条4項の任意処分権行使は別除権行使と認める。<br>(金法1914・34)<br>岡正晶・金法1914・28、山本和彦・金法1929・11、菅原胞治・銀法732・48 | 確定 |
| 再生⇒破産 | ⑩ | 銀行事案<br>再生開始後、銀行に取立委任し銀行が取立を完了し、次に再生廃止・牽連破産となった。管財人が取立金を不当利得として請求した。<br>①破産前の取立金(手形換価金)に商事留置権が成立し、銀取4条4項の任意処分規定の適用があるか。<br>②再生後に取得した債務について相殺禁止は破産の「前に生じた原因」として認められるか。 | 東京地平23・8・8<br><br>①手形取立時点で商事留置権がない(10年判決と異なる)。<br>②債務負担時に相殺の合理的期待がない。<br><br>金法1930・117 | 控訴 | |
| 更生事案 | ⑪ | 銀行事案<br>更生開始事件で、開始前に更生会社から取立委任を受けた手形について、開始後に銀行が手形振出人に取立をしようとしたところ、振出人が更生会社に対する債権と相殺を主張し、これを拒否した事案。<br>①銀取4条3項4項は、相殺により優先権があるか。<br>②銀行の手形商事留置権に優先権があり、相殺より優先回収できるか。 | 佐賀地平11・1・28<br><br>①銀取の解釈以前に手形は銀行のものでなく、銀行の占有は相殺を妨げない。<br>②留置権に優先権はない。<br><br>(金法1593・74) | 福岡高平12・6・30<br><br>①開始後、銀取の取立ができない(占有物の換価としての4条4項適用)。<br>②開始後は、更生担保権者としての権利行使であり、優先弁済権がない。<br>(金法1593・71) | 不明 |

# 第3 | 将来債権譲渡担保

■論　文

## 将来債権譲渡担保と更生担保権評価

弁護士　籠　池　信　宏

### 事例設定

債権者Aは，債務者兼設定者Bに対する500百万円の貸付債権の担保として，将来債権を目的とする下記譲渡担保権の設定を受け，債権譲渡登記を備えた。

　　原債権者　　　　　　　　B
　　債務者　　　　　　　　　C
　　債権の種類　　　　　　　売掛債権
　　債権の発生年月日（始期）　平成20年1月1日
　　債権の発生年月日（終期）　平成25年9月30日

1) Bは，平成20年8月1日会社更生手続開始申立てを行い，同日，保全管理命令，弁済禁止保全処分，及び債権譲渡実行禁止保全処分を受けた。
2) 申立日現在のBのCに対する売掛債権残高は30百万円（月末締め，翌月末現金入金）。
3) 保全管理人Dは，保全期間中，売掛債権55百万円（7月分30百万円＋8月分25百万円）を回収し，事業資金に充てた。
4) 平成20年10月1日，更生手続開始決定がなされ，Dが管財人に選任された。
5) 開始決定日現在のBのCに対する売掛債権残高は25百万円。
6) BC間の継続的商品取引におけるBの利益率は，従前，概ね10％であり，月次売上高は30百万円，売掛債権月中平均残高は45百万円であった（申立直後の月次売上高は25百万円であるが，その後は30百万円に回復することが見込まれる）。
7) Aは，貸付債権500百万円全額につき更生担保権としての届出を行った。

## 1 将来債権譲渡担保の効力——開始決定後発生する債権に担保効が及ぶか
### (1) 会社更生手続における将来債権譲渡担保の効力

会社更生手続における将来債権譲渡担保の効力に関しては、これまで主として、更生手続開始決定（以下「開始決定」という）後に発生する債権に将来債権譲渡担保の効力が及ぶか否か、という論点を中心に議論がなされてきた[1]。

肯定説は、第三者対抗要件が具備されている場合には、譲渡担保権者は管財人に対しても譲渡担保権の効力を対抗することができ、開始決定後に発生した将来債権にも譲渡担保権の効力が及ぶとする[2]。

これに対し否定説としては、①法的主体の相違に着目し、債権譲渡担保契約の実体法上の効果は管財人に及ばないとする説[3]、②集合債権譲渡担保の固定化を根拠として、固定後に発生した将来債権には譲渡担保権の効力が及ばないとする説[4]、③集合債権譲渡担保契約において担保権者が期待しているのは担保権実行時点での債権の残高であり、開始決定以降の将来債権については合理的期待があるといえないとする説[5]、④開始決定時点の資

---

[1] 拙稿「非典型担保(2)譲渡担保、所有権留保」全国倒産処理弁護士ネットワーク編『倒産手続と担保権』180頁（金融財政事情研究会、2006年）及び同稿の引用文献参照。

[2] 西岡清一郎「会社更生法の運用の実情と今後の課題」事業再生と債権管理109号75頁、鹿子木康「東京地裁における会社更生事件の実情と課題」ＮＢＬ800号141頁、真鍋美穂子「更生手続と集合債権譲渡担保」東京地裁会社更生実務研究会『会社更生の実務（上）』266頁（金融財政事情研究会、2005年）。

[3] 事業再生研究機構編『更生計画の実務と理論』125頁（商事法務、2004年）。管財人等の事業活動により発生した将来債権は、債務者自身の事業活動により生じた債権ではないことから債権の発生原因を異にし、担保の効力が及ばないとする。

[4] 伊藤眞『債務者更生手続の研究』348頁（西神田編集室、1984年）、田原睦夫「倒産手続と非典型担保の処遇」福永有利ほか『倒産実体法』（別冊ＮＢＬ69号）81頁。将来債権譲渡担保について集合物担保構成を前提とし、保全決定又は更生手続開始決定による固定化後に発生する債権に対しては担保権の効力は及ばないとする。なお、近時、伊藤教授は、流動型将来債権譲渡担保（設定者に既発生の債権についての処分権が与えられ、担保目的たる債権が流動的に変化する類型）と、累積型将来債権譲渡担保（設定者に処分権が与えられず、担保目的たる将来債権が累積する形の類型）とを区分し、後者には肯定説があてはまるが、前者については、譲渡担保権の実行により、その時点での既発生債権が確定的に把握されれば、集合債権譲渡担保としての性質が失われ、以後に発生する債権には譲渡担保の効力が及ばないとする見解を説かれている（「倒産処理手続と担保権―集合債権譲渡担保権を中心として」ＮＢＬ872号64頁）。

[5] 事業再生研究機構財産評定委員会編『新しい会社更生手続の「時価」マニュアル』182頁（商事法務、2003年）。契約当事者の合理的意思に着目し、担保実行時点における債権残高についてのみ担保権の行使を認める。

産価値を利害関係人に適切に配分することによって会社の再建と関係人の利害調整を図るという会社更生法の目的を根拠として担保効を否定する説[*6]，⑤会社更生法2条10項を根拠として，会社更生手続において，更生担保権としての効力が認められるためには，開始決定時において担保権の目的物が現存していなければならないとする説[*7]，が主張されている。

### (2) 上記の論点についての私見

否定説①については，将来債権の処分の有効性を認める判例通説[*8]の解釈を前提とすれば，譲渡担保権者と管財人の関係は，将来債権を目的とした処分行為としての譲渡担保設定契約による権利変動を譲渡担保権者が，管財人に主張できるかどうかの対抗問題であると理解されること[*9]，また，更生手続開始決定によって更生会社の管理処分権限は管財人に専属するが，これによって譲渡担保の目的たる債権の帰属主体自体が変わるわけではないこと[*10]，が指摘され，これらの点からは，管財人の事業活動により発生する債権が当然に譲渡担保目的債権の範囲から外れるとする解釈は困難と思われる。

否定説②については，債権譲渡担保の実体法上の法的構成に関わる問題であるが，いわゆる集合債権譲渡担保に関しては，集合動産譲渡担保とは異なり，集合物担保構成（担保の目的を一定の「価値枠」として捉える構成）をとる見解は必ずしも一般的ではなく，むしろ複数の個別特定債権を担保の目的として捉える見解が有力である[*11]。未発生の将来債権の担保処分を肯定する前

---

[*6] 事業再生研究機構編・前掲（*3）125頁。会社更生法は，開始決定時点における個別資産が持つ交換価値や収益価値を利害関係人に適切に配分することを会社再建の手段としており，開始決定時点に存する個別資産を超えた将来にわたる企業価値そのものを配分することは前提としていないとする。

[*7] 蓑毛良和「会社更生手続・民事再生手続開始後に発生する将来債権の譲渡担保の効力」法律実務研究22号。将来債権譲渡担保権者は，対象債権が発生した時点で当該債権に対する譲渡担保権を取得するのであり，それまでは対象債権に対して何らかの物権的効力を取得するものではなく，いわば期待権を有するにすぎず，開始決定時に担保権が現存していない場合は，会社更生法2条10項を根拠として倒産実体法の観点から，担保権の効力が認められないとする。

[*8] 最判平成13・11・22民集55巻6号1056頁・金判1136号7頁，最判平成19・2・15民集61巻1号243頁・金判1266号22頁。

[*9] 坂井秀行＝粟田口太郎「証券化と倒産」高木新二郎＝伊藤眞編『講座 倒産の法システム第4巻』160頁（日本評論社，2006年）。

[*10] 真鍋・前掲（*2）266頁。

掲判例理論，及び，これを前提とする現行の債権譲渡登記制度を踏まえると，少なくとも債権譲渡登記を利用した将来債権譲渡担保に関して，集合物論を採用することは困難と思われる[*12]。この点は否定説③についても同様で，債権譲渡登記を利用した将来債権譲渡担保に関して，当事者の合理的意思を根拠として，担保効の及ぶ範囲を実行時の債権残高に限定することは困難であると思われる。

否定説④，⑤については，その論拠は基本的に正当であると考えるが，前掲判例理論を前提とすれば，将来債権に譲渡担保権の担保効自体が及ばないとするのは困難であり，論旨の点は，後述のとおり，更生担保権評価の場面において考察すべきものと考える。

### (3) 将来債権譲渡担保権の効力と更生担保権評価

上記のとおり，「将来発生すべき債権を目的とする譲渡担保契約が締結された場合には，債権譲渡の効果の発生を留保する特段の付款のない限り，譲渡担保の目的とされた債権は譲渡担保契約によって譲渡担保設定者から譲渡担保権者に確定的に譲渡されている」とする前掲判例理論を前提とする限り，開始決定後に発生する債権に将来債権譲渡担保の効力が及ぶか否かという点についてみれば，これを肯定せざるを得ないものと思われる。

しかしながら，将来債権譲渡担保の効力が将来債権に及んでいることを肯定したとしても，それが直ちに更生担保権評価につながるわけではない。例えば，債権者が債務者保有資産を担保取得していたとしても，当該担保目

---

[*11] 道垣内弘人『担保物権法』〔第3版〕346頁（有斐閣，2008年），河野玄逸「流動資産譲渡担保の管理・実行と法的留意点」金法1770号63頁。道垣内弘人教授は，債権については，有体物たる「物」概念を中核とする集合物概念にはなじまず，未発生の将来債権についても担保にとり，それについて現時点で対抗要件を具備することが認められる以上，あえて集合物論類似の考え方をとって，全体として一個の集合債権を観念する必要はないとされる。

[*12] 債権譲渡登記を利用した将来債権譲渡担保においては，目的債権が発生年月日（始期と終期）によって特定され，その間に発生する将来債権が一括して担保目的とされることが債権譲渡登記をもって明示される。かかる外形に着目すれば，当事者の意思解釈の面からは，当該期間内に発生する将来債権全部について担保効が及んでいると解さざるを得ず，担保目的の範囲を担保実行時の債権残高に限定する論拠は見出し難い。

また，前掲（*8）の最判平成19・2・15は，「譲渡担保の目的とされた債権は譲渡担保契約によって譲渡担保設定者から譲渡担保権者に確定的に譲渡されている」としており，かかる判例理論を前提とすると，将来債権譲渡担保権の効力は，担保権実行時の債権残高のみならず，その後に発生する債権にも及んでいると解さざるを得ない。

的資産が無価値であったり，現実には存在していなかったりすれば，更生担保権評価もゼロとせざるを得ない。

このように，Ⓐ将来債権譲渡担保権の効力が将来債権に及んでいるか否かということと，Ⓑ将来債権譲渡担保の更生担保権評価のあり方とは，厳密には切り離して考察しなければならない[*13]。前者は，担保権の有効性や管財人への対抗の可否，並びに，担保権の効力の及ぶ目的物の範囲という，「担保権」自体の効力，範囲に関わる問題であるのに対し，後者は，担保権の目的物たる将来債権の資産評価，並びに，当該評価を踏まえた倒産債権の処遇という，「被担保債権」の取扱いの問題であって，両者は，本来区別して議論すべきである。そして，倒産債権の処遇に直結するという意味では，更生担保権評価のあり方，すなわち将来債権の担保価値を更生担保権の評価に含めるか否かという点こそが，関係人の利害調整上の最重要事項であり，真の争点であると考えられる。

---

[*13] 「担保権」自体の有効性や会社更生手続及び更生計画上の処遇と，当該担保権の被担保債権たる「倒産債権」の会社更生手続及び更生計画上の処遇とは，本来，別個の問題として取り扱われなければならない。例えば，「担保権」自体の処遇については，更生計画上，「存続する担保権」として措置しなければ消滅するものとされる（会更204条・171条1項）のに対し，被担保債権たる「倒産債権」については，担保による保全・非保全の区別により，「更生担保権」又は「更生債権」として処遇され（会更2条10項），更生計画上，その順位に従い権利変更の対象とされる（会更170条1項）。更生計画では，「担保権」は更生担保権を新たな被担保債権とし，「存続する担保権」として定めることが多いが，それは必ずしも義務的ではなく担保権のみを消滅させることも可能である。また，根担保権の場合であれば，更生手続開始決定によって当然には元本確定しないため（会更104条7項参照），開始決定後の取引に基づいて生じた債権も当該担保権の被担保債権となり得るとともに，これは更生担保権ではなく，担保権付共益債権として取り扱われることとなる（兼子一監修『条解会社更生法（中）』511頁，527頁（弘文堂，1973年），中井康之「根抵当権(2)根抵当権の元本の確定をめぐる諸問題」全国倒産弁護士ネットワーク編・前掲（＊1）75頁）。

筆者は，後記のとおり，倒産債権が更生手続開始決定時に現に担保目的物である将来債権によってカバーされていない以上，更生担保権として処遇することはできないと考えるが，他方で，将来債権に対して「担保権」の効力自体は及んでいることから，仮に当該担保権が根担保権であれば，更生手続開始決定後に更生会社との取引に基づいて発生する共益債権を被担保債権とする担保権として存続させる取扱いは可能であり（この場合，当該被担保債権は，更生手続開始決定後に新たに発生する債権によってカバーされることとなる），将来債権譲渡担保権の保護としては，これで十分であると考える。

## 2　将来債権譲渡担保の更生担保権評価

　将来債権の更生担保権評価に関する見解は，①全体価値把握説，②費用控除後価値把握説，③開始時残高限定説，に大別することができる[*14]。

　全体価値把握説は，将来債権にも譲渡担保権の効力が及んでいる以上，開始決定時にすでに発生している債権に加えて，将来発生が見込まれる債権の価値（割引現在価値）をも，更生担保権の評価に含めるべきであるとする考え方である[*15]。

　全体価値把握説によれば，仮に割引率を6％とすれば，事例設定における担保価値は，25百万円（開始決定時残高）＋30百万円×12ヵ月×4.212（割引率6％期間5年の複利年金現価率）＝1541.32百万円と試算され，Aの債権はフルカバーとなる（Aの債権500百万円は全額更生担保権として認められる）。

　費用控除後価値把握説は，「更生手続開始時に存在した債権の価値に加え，更生会社において合理的事業活動を前提とした場合に将来発生するであろう債権の額からその債権を生み出すために必要とされる費用の額を差し引いたものに，債権の現在価値を算出するための割戻しを行い，当該更生担保権が把握している価値として評価すべきである」とする考え方である[*16]。

　費用控除後価値把握説によれば，筆者の理解するところでは，事例設定における担保価値は，25百万円（開始決定時残高）＋30百万円×12ヵ月×10％（平均的利益率）×4.212（割引率6％期間5年の複利年金現価率）＝176.632百万円と試算され，Aの債権のうち同額が更生担保権として処遇されるものと考えられる。

　開始時残高限定説は，更生手続開始時に現存する債権の残高のみによって

---

[*14]　このほか，将来債権の発生確率を考慮して評価すべきであるとする考え方（山本克己発言「証券化取引と倒産手続に関する諸論点」NBL828号23頁）も指摘されている。同見解は，基本的には将来債権譲渡担保権者が将来債権にかかる担保価値を捕捉していることを前提としつつ，将来債権の発生可能性（発生確率）をもって補正するものであることから，全体価値把握説の修正として位置付けられる。

[*15]　井上聡「将来債権を担保に取るとはどういうことか」NBL854号20頁，三村藤明＝粟田口太郎「将来債権譲渡担保・ABLの進展にとって極めて重要な判決」NBL854号59頁の見解を前提とするが，論者は，全体価値把握説によるものと解される。事業再生研究機構編・前掲（＊3）124頁の第1の考え方も基本的には全体価値把握説と同旨の見解とみられる。

[*16]　真鍋・前掲（＊2）272頁，鹿子木・前掲（＊2）142頁。ただし，具体的にどのような費用が控除対象とされるのかは必ずしも詳らかではない。

評価するとする考え方である[*17]。

開始時残高限定説によれば，事例設定における担保価値は，25百万円（開始決定時残高）に限定され，Aの債権のうち同額が更生担保権として処遇される[*18]。

## 3 全体価値把握説の検討

### (1) 全体価値把握説の論拠

全体価値把握説は，将来債権の処分の有効性を認める前掲判例理論を踏まえて，将来債権に譲渡担保権者の担保効が及んでいることを論拠とする。

確かに，判例理論を前提とすれば，倒産手続においても，将来債権に譲渡担保権者の担保効が及んでいることを前提にせざるを得ないと考えられるが，将来債権に対する担保効が及んでいるからといって，直ちに会社更生手続における更生担保権評価のあり方として，全体価値把握説が帰結されることにはならない。前記のとおり，将来債権に対して担保効が及んでいるか否かの議論と，将来債権担保にかかる更生担保権評価のあり方の議論は，切り離して考察すべきだからである。更生担保権評価は，担保目的物の資産評価によって規定されるのであり，たとえ担保設定が有効かつ対抗し得るものであったとしても，担保目的資産が無価値であれば，更生担保権もゼロ評価とせざるを得ない。

そこで，ひとまず以下においては，全体価値把握説による更生担保権評価のあり方が経済合理性を有するか否かという観点から検討を加えてみたい。

### (2) 開始時残高限定説との比較

全体価値把握説と開始時残高限定説との違いは，開始時残高限定説が将来債権譲渡担保権者の捕捉している担保価値を開始決定時という「一時点」に

---

[*17] 坂井＝粟田口・前掲（＊9）164頁。拙稿・前掲（＊1）181頁。
[*18] なお，前記いずれの説にも共通する論点として，①保全処分後の保全管理人が回収した債権額を更生担保権の評価に含めるか否か，②保全処分時から更生手続開始時までの残高減少分をいかにみるか（保全処分後において保全管理人に債権回収金の運用を認める代わりに，担保権者に不当な損害を及ぼすべきではないことから，更生担保権評価において残高減少分を持ち戻すべきであるとの指摘がなされている），等の諸問題があるが，本稿では採り上げない。以上の論点については，前掲の各文献を参照されたい。

おいて測定するのに対し，全体価値把握説は開始決定後に発生する債権の将来経済価値を含めて「累積的」に測定する点に見出すことができる。

　全体価値把握説に対する筆者の根本的な疑問は，会社更生法上の更生担保権評価において，全体価値把握説のように開始決定時点に実在しない将来経済価値を含めて「累積的」に測定することに，果たして経済合理性が認められるのか，という点である。

### (3) 開始決定後に発生する将来売掛債権の経済価値

　開始決定後に発生する将来売掛債権の経済価値は，設定者が売買目的物たる財貨の提供を行うことによってはじめて実現するものである。当該財貨は，開始決定時においては，債務者の貸借対照表上，商製品在庫として計上されており，その資産価値は，動産担保が設定されていれば動産担保権者の引当てとして，担保設定がなければ一般債権者の引当てとして，それぞれ捕捉されるべきものである。また，将来売掛債権によって回収されるべきコストには財貨の提供に要する労務費や経費も含まれるが，これらは開始決定後の将来債権者の役務提供によって生ずる経済価値であり，本来的に当該役務を提供した将来債権者の引当てとなるべき経済価値である。

　このように，開始決定後に発生する将来売掛債権の経済価値は，開始決定時の債務者の貸借対照表上，売掛債権以外の「別の資産[*19]として計上され，把握されていた経済価値の価値変形物」にすぎないか，あるいは，「開始決定後の将来債権者の資本投下によって新たに形成される経済価値」に由来するものであって，更生担保権の評価上，譲渡担保権者によって捕捉されている経済価値とはいえない。

　商製品在庫と将来売掛債権が同時に担保提供されている場合，仮に，開始決定時に現存する商製品在庫の担保価値を動産担保にかかる更生担保権として評価するとともに，将来売掛債権譲渡担保の担保価値をも更生担保権として評価するとすれば，それは開始決定時に存する商製品在庫の資産価値を二

---

[*19] 担保目的将来債権が売掛債権の場合は，事業サイクルにおいて売掛債権の川上に位置する商製品在庫がこれに該当する。担保目的将来債権が不動産賃料債権であれば，賃貸不動産がこれに該当することになる。このように，将来債権の主たる価値源泉は，事業サイクルの川上に位置し投下資本運用段階にある費用性資産の経済価値に求めることができる。

重に評価することにつながる。そのような同一経済価値の重複評価が合理性を欠くことは明らかであろう。

全体価値把握説のように開始決定後に発生する資産価値を「累積的」に測定して更生担保権の評価に含めるならば、前記のとおり、他の倒産債権者の引当てとして捕捉済みの既存の経済価値の重複評価、あるいは、将来債権者の引当てとなるべき将来経済価値の取込みにつながることが避けられない。

### (4) 全体価値把握説に対する評価

企業は、「現金資産→商製品在庫→売掛債権→現金資産」という事業サイクルを通じて、投資者（債権者及び株主）から拠出を受けた資金（投下資本元本）を回収するとともに、資本コスト（支払利息及び配当金等）に充てられるべき事業利益を獲得することを目的としている。当該事業サイクルは、継続企業を前提とし、売掛債権として回収された現金資産は、直ちに資本拠出者に対する払戻しに充てられるのではなく、資本コスト相当分を除いた回収資本は、基本的には事業サイクルへの再投下が予定されている。

ここで着目すべきは、事業サイクルが一回転することによって得られる増分価値は「事業利益」のみであって、事業サイクル上に存する投下資本の総額にはさしたる価値的変化はなく（増分価値に相当する事業利益のみが資本コストとして投資者に還元されると仮定すれば、事業サイクル上の投下資本額は変わらない）、同一の経済価値（投下資本元本）が資産形態を異にしながら資本循環しているにとどまるという点、そして、将来における「事業利益」の獲得と将来売掛債権の発生は、こうした回収資本の事業サイクルへの再投下を前提にしてはじめて成り立つという点である。

全体価値把握説は、更生手続開始決定後に発生する将来売掛債権の経済価値を「累積的」に測定する点に特徴があるが、これは事業サイクルに再投下された元々単一の経済価値（投下資本元本）を、資本回転率（回転数）の乗数分だけ「何重」にも重複して評価しているにすぎない[20]。

全体価値把握説では、将来売掛債権の資産価値全部を倒産債権の引当とみるのであるから、将来売掛債権から回収された資金はそのまま倒産債権の返済に充てられることが予定されており、事業サイクルへの再投下を前提にするものではない。したがって、投下資本の引揚げによって、事業サイクル

による資本循環は、その時点で断絶され、次なる将来売掛債権が発生する余地はない。それにもかかわらず、全体価値把握説は、将来売掛債権の発生を見込んで、回収を終えたはずの投下資本元本を「累積的」に測定し、これらの割引現在価値の総和を将来債権譲渡担保権が捕捉している担保価値とみているのである（その価値源泉は将来債権者の投下資本に求めざるを得ない）。

全体価値把握説のいう将来売掛債権が経済的実体のない机上の産物にすぎず、同説が理論的に矛盾を抱えていることは明らかといわなければならない。

## 4 費用控除後価値把握説の検討

### (1) 資産価値の重複評価の問題

費用控除後価値把握説は、前掲のとおり、「更生手続開始時に存在した債権の価値に加え、更生会社において合理的事業活動を前提とした場合に将来発生するであろう債権の額からその債権を生み出すために必要とされる費用の額を差し引いたものに、債権の現在価値を算出するための割戻しを行い、当該更生担保権が把握している価値として評価すべきである」とする。

費用控除後価値把握説において控除されるべき「費用」の内容や、現在価値に割り戻す際の「割引率」の算定方法は必ずしも詳らかではないが、この点はいずれにせよ、同説は、将来債権額から費用を控除した残余価値である

---

\*20 例えば、事業サイクルに10億円の資金が投下されたとして、当該投下資本は「現金→商製品在庫→売掛債権→現金→商製品在庫→売掛債権→…」という資本循環を通じて、事業利益を生み出す。そこでは、1サイクルが終了した時点で投下資本が引き揚げられるわけではなく、回収資本の再投下を予定しているのが通常であるから、事業サイクルには、常に10億円の投下資本元本に相当する資産価値が存在していることとなる。全体価値把握説は、結局、10億円の投下資本元本を、将来債権の発生期間にわたって、事業サイクルの回転数分だけ繰り返し評価しているにすぎない。こうした評価方法は、単一の投下資本元本（本例では10億円）を重複して測定するものであって、不合理であることが明らかであろう。

　もちろん、事業内容や将来債権の性質如何によって、投下資本回収のあり方や資本回転率に違いは生じるが、程度の差こそあれ、全体価値把握説の評価方法によれば資産価値の重複評価の弊（欠陥）は避けられない（設例としては、回転率が高いため矛盾が顕著に示される売掛債権をとり上げたが、後記のとおり、不動産賃料債権においても同様の重複評価は生じる）。

　後記のとおり、事業サイクル上の資産価値を正しく測定する（資産価値の重複評価を回避する）ためには、評価時点を一時点に固定し、同時点での事業価値を静態的に捉えることが必要である。この点において、更生担保権の評価方法としては、開始時残高限定説が妥当であると考えられる。

「事業利益」に収益還元法的手法を適用して算定された割引現在価値をもって，将来債権譲渡担保権の更生担保権評価を行うものと理解される。

費用控除後価値把握説によれば，費用の控除を前提とすることから，一見，全体価値把握説のような資産価値の重複評価を回避できるようにもみえる。しかし，費用控除後価値把握説によっても，資産価値の重複評価の問題は解消されていない[*21]。

収益還元法は，投資の「果実」に相当する純収益の割引現在価値の総和として，投資の「元本」の価額を求める手法である[*22]。

したがって，費用控除後価値把握説に基づいて，「事業利益」に収益還元法的手法を適用して算定された割引現在価値が意味するものは，当該事業利益を生み出す元となった投資元本たる「事業ないし事業供用資産」の時価[*23]にほかならない。こうした「事業ないし事業供用資産」の資産価値は，すでに財産評定における更生会社の開始決定時の貸借対照表上，当該資産に対応する倒産債権の引当てとして捕捉されている。よって，費用控除後価値把握説によっても，資産価値の重複評価の問題は解消されていない[*24]。

---

[*21] 重複評価の程度の点では両説に差はある。費用控除後価値把握説は，開始決定時に存する資産価値を「二重」に評価するにとどまるが，全体価値把握説は，同一資産価値を「何重」にも重複して評価するものといえる。程度の差こそあれ，いずれも資産評価のあり方として合理性を欠くことには変わりない。

[*22] 収益還元法は，資産評価の一手法であり，投資に対する期待収益率等を割引率（資本還元率）として用いることによって，投資によって生み出される果実たる「利益」から，元本に相当する「投資」額を求める手法（資本還元評価手法）である。収益還元法は，『将来「利益」の現在価値の総和＝「投資」価値』の経済法則を理論的前提とする資産評価手法であるともいえる。ＤＣＦ法も広義の収益還元法に属する。不動産鑑定評価基準では，「対象不動産が将来生み出すであろうと期待される純収益の現在価値の総和を求めることにより対象不動産の試算価格を求める手法」と定義される。

[*23] キャッシュフローアプローチ（割引現在価値法）による時価（収益価格）を意味する。

例えば，将来賃料債権に基づくネットキャッシュインフローの現価の総和は賃貸不動産の時価（収益価格）を意味する。

結局，費用控除後価値把握説は，事業利益を資本還元することによって，「事業ないし事業供用資産」の時価を算定しているにすぎず，これをもって，将来債権担保権者が把握している担保価値とみなす考え方であるということになる。

[*24] 費用控除後価値把握説の評価方法によれば，現在価値の総和において元本価値と等価であり，時間の経過に伴い元本価値が転化したにすぎない将来果実を，将来債権担保の担保価値として捕捉することから，結局，「元本」価値を二重に捕捉することになってしまう。

### (2) 将来債権譲渡担保権の効力の範囲

費用控除後価値把握説は，将来債権譲渡担保権者が将来の「事業利益」を担保価値として捕捉しているものと見立てた評価方法であるといえる。

しかし，「事業利益」は，将来売掛債権それ自体から生み出されるわけではない。「事業利益」は，開始決定後の更生会社の事業活動を通じて，「元本」に相当する「事業ないし事業供用資産」の運用対価として獲得される「果実」としての性格を有している。それは，開始決定時に「事業ないし事業供用資産」の資産価値として捕捉されていた経済価値が，開始決定後の事業サイクルを経て，その運用益として実現したものにほかならない。投資理論の観点からは，こうした「果実」たる「事業利益」は，「事業ないし事業供用資産」の資産価値（元本価値）の帰属者（例えば事業供用資産の担保権者など）に対して，資本コストとして分配されるべき経済価値であるといわなければならない。

この点，将来債権譲渡担保権の効力は，あくまで将来時点で発生する債権に対して及んでいるにすぎないのであって，開始決定時における「事業ないし事業供用資産」の経済価値に対してまで及んでいると解することはできない[25]。したがって，開始決定時に存する「事業ないし事業供用資産」の経済価値が実現したにすぎない「事業利益」についても，本来，元本使用の対価（資本コスト）として元本拠出者に帰属させるべきものであり，これを将来売掛債権譲渡担保権者に帰属させるべき合理性を見出すことは困難である。

### (3) 費用控除後価値把握説に対する評価

以上のように，費用控除後価値把握説も，更生会社の開始決定時の貸借対

---

[25] なお，賃料債権に対する「将来賃料債権担保」と「不動産担保」の優劣に関して，物上代位に関する最判平成10・1・30民集52巻1号1頁・金判1037号3頁を前提として，対抗要件具備の先後により優劣を決すべきであるとする見解が有力であるが（植垣勝裕＝小川秀樹編著『一問一答 動産・債権譲渡特例法』〔第3版〕55頁（商事法務，2007年），「座談会 動産・債権譲渡担保における公示制度の整備」ジュリ1283号32頁以下，坂井・三村法律事務所編『Q＆A動産・債権譲渡特例法解説』114頁，130頁（三省堂，2006年））。これは，あくまで賃料債権発生『後』における，当該賃料債権に対する「将来賃料債権担保」と「不動産担保に基づく物上代位権」の優劣に関する議論であり，かかる物上代位を前提とした議論は，賃料債権発生『前』の不動産本体の担保価値の帰属の優劣を決する規律とはならない。

更生担保権評価の場面においては，開始決定時の資産状態が基礎とされるべきところ，当該開始決定時には賃料債権は発生していないことから，物上代位を前提とするロジックは妥当せず，不動産にかかる担保価値は，すべて不動産担保権者によって把握されているものと解される。

照表に計上されない将来債権の担保価値（将来利益部分）を評価する点においては，全体価値把握説と変わりがなく，資産価値の重複評価の弊を回避することができない。

事業サイクルにおける価値連鎖上，「将来財」たる将来債権は，その価値源泉となる「現在財」の価値犠牲によって，はじめて実現する資産であり，両資産（経済価値）が同時に企業に帰属することはあり得ない。開始決定時に現存する「現在財」と，当該現在財が将来時点で費消（価値移転）されることによって実現する「将来財」たる将来債権を，ともに更生担保権評価に含めたのでは，資産価値の重複評価を生ずることは避けられない。

こうした更生担保権評価のあり方が経済合理性を有しないことは明らかであろう。

## 5　小　　括

次項以下で検討するとおり，会社更生手続は，開始決定時に更生会社に帰属するすべての資産価値をもって倒産債権者の引当てとし，その優先順位に応じて公平に分配することを目的とする（観念的清算）。そして，こうした観念的清算の理念のもと，倒産債権の範囲を開始決定時の資産時価総額をもって画することによって，企業の再建（フレッシュスタート）を実現ならしめるよう設計された手続であると理解される。このような会社更生手続の趣旨からすると，更生担保権の評価は，あくまで更生手続開始決定時に現存する資産価値をもって測定されるべきであり，開始決定時に現存しない経済価値は，倒産債権者に対する分配（評価）対象にすべきではないと考えられる。

このような観点から，全体価値把握説及び費用控除後価値把握説は，いずれも採用することができず，開始時残高限定説が妥当であると考える。

## 6　観念的清算の論拠と将来債権担保の処遇

### (1)　会社更生手続における財産評定の機能と基準時

会社更生手続は，破綻状態に陥った会社財産を現実に換価清算することに代えて，その資産を時価評価し，その経済価値に見合った権利を利害関係人に再配分することによって，企業の再建と利害関係人の権利調整を図ること

を目的とする（観念的清算）[*26]。そして，利害関係人に対する権利の再配分を行うにあたって，その基礎となるのが財産評定である。

会社更生法は，財産評定を「更生手続開始の時における時価」によるものと定める（会更83条2項）。その理論的根拠として，更生手続開始決定によって投資の継続性が失われ，更生会社に帰属するすべての財産的な利益は，「平時の会社」から，開始決定により新たに設立された「更生会社」に包括的に譲渡されたものとして捉えることができるとの指摘がなされている[*27]。

また，更生担保権と財産評定との関連については，「当該担保権の目的である財産の価額が更生手続開始の時における時価であるとした場合における当該担保権によって担保された範囲のもの」として（会更2条10項），基本的には担保目的物の財産評定金額と一致するものとされる[*28]。

このように，会社更生手続は，「更生手続開始の時」を財産評定の基準時とし（会更83条2項），開始決定時現在の貸借対照表価額（財産評定金額）を基礎として，倒産債権者（過去債権者）に対する権利の再配分を行うことを基本としている。

このような会社更生手続の考え方（観念的清算）に従えば，開始決定時に現存しない担保目的資産の価値（将来債権はその典型である）は，資産性がなく同時点の貸借対照表には計上されないゆえ[*29]，倒産債権者（過去債権者）に対する権利再配分の対象とはならず，更生担保権として評価することはできないことが帰結される。

---

[*26] 兼子一監修『条解会社更生法（下）』548頁（弘文堂，1974年）参照。ただし，本稿で用いる「観念的清算」は，旧法下の「継続企業価値」に基づく再配分を意味するものではなく，あくまで「時価」をベースとした企業価値の再配分を念頭においており，この点において旧法下の観念的清算とは内容を異にするものである。なお，「時価」の解釈についても諸論があるが，本稿では詳細には立ち入らない。

[*27] 会社更生手続の開始を投資の非継続をもたらす事由として捉え，企業結合会計上のパーチェス法的処理が妥当することを，資産の「時価」評価の根拠としている。松下淳一「更生手続における『時価』について」事業再生研究機構財産評定委員会編・前掲（＊5）226頁，岡正晶「会社更生手続における財産評定」門口正人ほか編『新・裁判実務大系(21)会社更生法・民事再生法』147頁（青林書院，2004年），中井康之「倒産手続における財産評定」今中利昭先生古稀記念『最新倒産法・会社法をめぐる実務上の諸問題』411頁（民事法研究会，2005年）。

[*28] 事業再生研究機構財産評定委員会編・前掲（＊5）84頁，岡・前掲（＊27）149頁。

[*29] 日本公認会計士協会編『財産評定等ガイドラインとQ＆A・事例分析』237頁（商事法務，2007年）。将来債権については，実在性の観点からゼロ評価とされる。

### (2) 投資の清算・再投資論

　このロジックは一見きわめて形式論的であり、将来債権担保権者にとっては酷なように映る。

　しかし、開始決定直後に更生会社の事業を全部譲渡する場合を想定すれば、かかる将来債権担保の処遇は、むしろ合理的かつ当然の帰結であることが理解されよう。

　このような事業譲渡のケースで、管財人は、事業承継の意向を有するスポンサー候補者に対して、現存する事業資産以外に、将来債権の評価を譲渡対象事業の評価に含めるべきことを要求できるであろうか。かかる要求がナンセンスであることは明白であろう。なぜなら、将来キャッシュフローの割引現在価値として測定したものが事業価値評価にほかならず（将来債権を評価額に加えたならば重複評価になる）、将来債権自体には譲渡対価の対象となるような資産性は認められないからである。

　この例によっても示されるとおり、将来債権には、資産としての実在性がなく、当然ながら開始決定時での換金可能性もない。将来債権担保は、更生担保権として処遇すべき経済価値の裏付けを欠いているのである。

　前記のとおり、更生手続開始決定がなされることによって、更生会社に対する投資の継続性は失われ、更生会社に対する投資者（債権者）は、同時点で更生会社に帰属する財産をもって、いったん投資の清算を行い、あらためて当該財産を更生会社に再投資（現物出資）したものと同視できる[*30]。

　こうした考え方によれば、倒産債権者が更生担保権者として権利の再分配に与るためには、換金可能性のある実物資産を責任財産として担保捕捉しておくことが要求されるものと解される。なぜなら、前記のロジックでは、倒産債権者に再分配されるべき権利は、倒産債権者が会社に再投資（現物出資）したとみなされる資産の時価によって画定されるからである。

---

[*30] このような考え方は、米国の判例法上の制度であるエクイティー・レシーヴァーシップに由来する。その手続の骨子は、「債務者会社が会社財産をその債務の引当てとして債権者にいわば代物弁済をして、債権者はそれをそのまま新会社に現物出資し、それと引換えに新会社の証券を受領する、というものである」とされる（山本和彦ほか『倒産法概説』29頁（弘文堂、2006年））。

この点，将来債権担保権者の場合は，開始決定時において，更生会社に再投資（現物出資）すべき実在性のある資産を責任財産として担保捕捉しているとはいえない。将来債権担保を更生担保権として処遇しえないとする所以である。

## 7 観念的清算と更生担保権評価

観念的清算は，文字どおり，開始決定時における会社財産の清算を擬制することであり，それは大局的には，開始決定時に会社に帰属するすべての資産価値（開始時貸借対照表上の資産総額として算定される）をもって倒産債権（過去債権）の引当てとみなし，倒産債権者（過去債権者）に対する弁済総額を画定する考え方であるといえる。そして，倒産債権（過去債権）は，担保による保全の有無によって区別され，保全部分は更生担保権として，非保全部分は更生債権として，それぞれ処遇され，その順位に応じた権利変更内容が更生計画に定められることによって，権利の再配分が実現される。

この観念的清算のロジックは，表裏の関係にある2つの要点を内包していると考えられる。第1の要点は，倒産債権の引当てとなるべき資産を，開始決定時に現に会社に帰属する資産に限定し，その開始決定時の資産価値をもって倒産債権の実価を測定することであり，第2の要点は，倒産債権者に対する弁済総額を開始決定時の資産価値をもって画することにより，計数上[31]，開始決定後の投資によって生じる資産価値が倒産債権者の引当てとされることを回避することである[32]。

### (1) 過去投資者の自己責任原則

第1の要点は，前項で述べた論拠（投資の清算・再投資論）に加えて，投資者の自己責任原則によっても，その合理性を根拠付けることが可能である。

すなわち，倒産債権の引当てとなるべき資産価値が不足しているという事

---

[31] 「計数上」とは，平たくは「貸借対照表上のトータル計算として」という趣旨で用いている。
[32] 第2の要点は，第1の要点が実現されることによって，自ずと達成されるものであり，その裏返しにすぎないともいえるが，将来経済価値の過去債権者からの計数隔離を実現することが，「再生」の基盤であるという「倒産法理念」の合目的性にウエイトを置く観点から，あえて区分して掲げた。

態は，資本投下後の投資対象資産の経済価値的毀損を意味するものであるが，本来，その投資失敗の結果責任は，開始決定後の将来の投資者（将来債権者）に転嫁することは許されず，過去の投資者（倒産債権者）がみずから負担しなければならない。

　倒産債権者が債務者に対して拠出した資金は，会計上の貸借均衡の原理からすると，債務者の貸借対照表上，何らかの資産を形成しているはずであり，当該資産に対する担保設定によって，事前に債権の保全を図ることが可能であるし[*33]，担保設定を受けずとも債務者事業が順調で投下資本に経済価値的毀損が生じなければ，一般財産を引当てとして債権回収を図ることが可能である。したがって，仮に，債権者において債権回収不能の事態を生じたならば，それは債権者が投資対象資産等に対する適切な担保徴求を怠ったか，債務者事業の失敗に伴い投資に内在するリスクが顕在化したものにすぎず，いずれにせよ，過去債権者が甘受すべき負担であることに疑いはない[*34]。

　過去の投資者（倒産債権者）が更生会社に拠出した資本の開始決定時における残存価値は，更生会社の開始決定時の貸借対照表に計上されている資産の

---

[*33] 債権者が投下した資金は，債務者の貸借対照表上，資金受入後にいったん現金資産として計上された後，在庫投資や設備投資に回され，何らかの投資運用資産として計上されることとなる。このように，債権者の投下資金は，資産形態を変化させながらも債務者に帰属する資産として現存しているのであるから，債権者としては，かかる実物資産（設定時に現存する資産）たる投資運用資産を担保として徴求することが可能であり，その機会があったといえる。債権者としては，投下資金の運用形態にあたる実物資産を担保徴求するよう努めるべきであり，そのようにして保全された債権は，会社更生手続上も，更生担保権として処遇される。

[*34] 将来債権担保に関していえば，運転資金供与目的の貸付であれば，将来売掛債権担保と在庫担保を併用することによって，投下資金の運用対象となる資産価値を把握することが可能である。賃貸用不動産の取得資金供与目的の貸付であれば，基本的には不動産担保を取得すべきである。キャッシュフロー捕捉の意味で将来賃料債権担保を併用することが考えられるが，単に将来賃料債権を担保取得したことのみをもって，保全十分と考えるのは安易にすぎるであろう。担保徴求にあたっては，債務者貸借対照表上の投資運用資産の経済価値を捕捉することを念頭に置くべきであり，キャッシュフローの捕捉に傾注するあまり将来債権担保の効力を過信し，その価値源泉となる投資運用資産の担保取得を疎かにするのは，適切な担保徴求のあり方とは思えない。

　全部価値把握説によれば，投下資本の回収段階（ビジネスサイクルの最川下）に位置する債権さえ将来分をまとめて担保取得しておけば，投資運用資産を担保取得せずとも，投下資本の回転（ビジネスサイクル）を通じ，事業に投下されたすべての経済価値を捕捉することが可能であるように解されるため，前記のような回収キャッシュフローの捕捉のみに偏重した担保徴求のあり方に繋がる要素を孕んでいるが，かかる考え方には賛同できない。

時価総額をもって測定される[*35]。前記のとおり，投下資本の毀損リスクは投資者が負担すべきであるところ，かかる自己責任原則は，過去の投資者（倒産債権者）の引当財産を，投下資本の運用形態である開始決定時に現存する資産に限定することによって体現される。開始決定時の貸借対照表上の資産こそが倒産債権者の引当財産のすべてであり，逆にいえば，当該開始決定時に現存する資産価値以外に倒産債権者の引当てを見出すことはできないのである。この意味において，開始決定時の時価資産総額をもって倒産債権者に対する弁済総額を画するのは至極合理的な取扱いであるといえよう[*36]。

一方，将来債権譲渡担保に関しては，その担保目的物である将来債権は，開始決定時に実在しているものではない。資産価値が現存しない以上，倒産債権者の引当てとして権利配分の対象となすことはできず，当該被担保債権は保全されているとはいえない。仮に開始決定時に実在しない資産価値を倒産債権者の引当てとして権利配分することになれば，結果として，開始決定時の資産時価を上回る保障を倒産債権者（将来債権譲渡担保権者）に付与する

---

いわゆるキャッシュフロー担保では，回収キャッシュフローの捕捉のみに偏重することなく，キャッシュフローの価値源泉となる投資運用資産を含む債務者の事業資産を一体として捉えることが重視され，これにより投資対象事業のビジネスサイクルに投下されているすべての資産価値（キャッシュフロー）を捕捉するように構築されるのが通常である。かかる方式で担保取得がなされているならば，投資運用資産を含む実物資産の担保価値によって被担保債権は現にカバーされていることになるから，開始時残高限定説においても，更生担保権として処遇されることとなる。

なお，ＳＰＶを用いた倒産隔離スキームによって，キャッシュフローを生み出す資産価値が一体として更生会社から分離されている場合（将来債権の経済価値が更生会社の財産から完全に分離独立しており，将来債権の譲渡がいわゆる真正譲渡として認識されるような場合）には，譲渡当事者間の給付が履行済みの状態であって，もはや更生会社に財産上の負担は残されていないのであるから，取戻権の構成によって，譲受人において更生手続外での権利行使が認められる。ただし，真正譲渡と担保目的譲渡の識別が困難なケースも実務上まま見受けられる。実質的な被担保債権の存在が認められる場合には，担保目的譲渡と認定される可能性が高い（藤原総一郎「法的倒産手続下における資産担保証券の取扱い」清水直編著『企業再建の真髄』377頁（商事法務，2005年）参照）。

[*35] 債務者ＢＳの貸方は資本（他人資本を含む）の調達源泉を意味し，投資者の債務者に対する資本拠出額を表示する。債務者ＢＳの借方は資本の運用形態を意味し，これを時価評価した場合には投資者が拠出した資本の残存価値を表示することとなる。別の見方をすれば，ＢＳ貸方は投資者に対する拠出資本の要返済額を表示し，ＢＳ借方は投資者に対する返済原資を表示する。このような見方をすれば，倒産債権の引当てとなるのは，開始決定時ＢＳに計上されている時価資産総額と考えるのが当然であり，開始決定時にＢＳ計上されていない資産価値（将来債権）が倒産債権者の引当てとなる余地のないことは自明であろう。

ことになる。このような取扱いは、必然的に、投資の失敗責任を将来投資者等に負担させる結果につながるが、かかる事態が、投資者の自己責任原則に反し、利害関係人間の公平を損なうものであることは明らかである。

結局、開始決定時に担保目的物が実在しない以上、その被担保債権は担保目的物の資産価値によって現にカバーされているとはいえないのであって、これを更生担保権として是認する余地はない。これは、実現の不確実性を伴う将来債権を担保として徴求した債権者が甘受すべき、当然のリスクとみるべきであろう。

### (2) 将来キャッシュフローの均衡

第1の要点の合理性は、将来キャッシュフローの側面からも裏付けることができる。

会計上、貸借対照表に計上される資産は、将来キャッシュフロー獲得能力を有する経済的便益を意味し、将来キャッシュフローの回収見込額(使用価値ないし正味売却価額)をもって測定される[*37]。したがって、開始決定時に現に更生会社に帰属する(開始時貸借対照表に計上される)資産の公正価値をもって倒産債権の実価を測定し、これを権利変更後の債権として残存させることによって、更生会社の事業から獲得される回収キャッシュフローと権利変更後の倒産債権に対する返済キャッシュフローは均衡を保つことができ、更生計画の実行可能性を資金面から裏付けることができる[*38]。

---

[*36] なお、過去の投資者には、倒産債権者のほか株主も含まれるが、株主は優先順位において債権者に劣後するから、通常、権利の分配に与ることはできない。

[*37] 近時の会計理論においては、従前の収益・費用というフロー項目を中心に会計のフレームワークを組み立てる考え方(収益費用アプローチ)から、資産・負債というストック項目を中心に会計のフレームワークを組み立てる考え方(資産負債アプローチ)への転換が図られている。本文中の定義は、資産負債アプローチに基づく資産の定義である。

資産負債アプローチのもとでは、将来キャッシュフローの観点から資産・負債といったストックの価値評価が厳密に検討され、将来キャッシュフロー獲得能力のない経済事象は資産性が否定される。

[*38] 会計理論上、BSに計上される資産・負債の評価は将来キャッシュフローをもって測定されることから、BSにおける資産と負債の均衡は、取りも直さず将来獲得キャッシュフローと返済キャッシュフローとの均衡を意味することとなる。

ところで、将来債権に関しては、その対価となる財貨・用益の提供がなされていない以上、会計的にはこれを資産計上する余地はない。これは取りも直さず、将来債権に返済キャッシュフローの経済的裏付けがないことを意味し、更生担保権として処遇することの困難性を示すものである。

仮に，開始時貸借対照表に計上されない将来債権を引当てとして，これに相当する倒産債権を残存させたならば，当該倒産債権の返済原資となるべきキャッシュフローは，計数的には捻出することができず[*39]，遂行可能性のある更生計画の策定は不可能であるといわざるを得ない[*40]。

そもそも，更生担保権が原則的に減免の対象とされないのは[*41]，更生担保権については，その担保目的物の資産価値から生み出される将来キャッシュフローによって，当該被担保債権を弁済することが経済的にみて可能であり，このような経済価値的保障関係が，開始決定時に実在する担保目的資産との紐付関係によって裏付けられているからである[*42]。

ここでの資産との紐付関係は，あくまで開始決定時において備わっている

---

[*39] 一見，開始決定後に発生する将来債権の回収キャッシュフローをもって返済可能なように見えるが，これは錯覚にすぎない。なぜなら，開始決定後に発生する将来債権の価値源泉は，主として開始決定時に現存する商製品在庫の資産価値に求められるところ，当該商製品在庫から生み出されるキャッシュフローは，当該商製品在庫を引当てとする倒産債権（例えば商製品在庫担保にかかる更生担保権）の返済キャッシュフローとしてすでに織り込まれているからである。

[*40] 開始時の時価ベース貸借対照表に計上されない将来債権に対応する倒産債権を更生担保権として処遇し収益弁済の対象とすれば，その返済キャッシュフローの源泉は，計数上，他の倒産債権者の引当財産であるはずの資産か，将来債権者の投下資本に求めるほかないが，それが不合理な（会社更生法の理念に反する）ことは明らかであろう。

[*41] 更生担保権の減免の定めをする更生計画案は，可決要件が加重されている（会更196条5項2号ロ）。

[*42] 更生担保権と更生債権の違いは，その弁済原資となる引当財産が，更生会社の資産の中の特定の担保資産（更生担保権の場合）であるか，更生会社の一般財産（更生債権の場合）であるかの違いによる。更生担保権の場合は，本文のように特定資産が引当てとなるため，当該資産から生み出される将来キャッシュフローによって収益弁済が可能であり（所論のとおり，更生担保権の目的資産の「時価」は，基本的に将来キャッシュフローの現価をもって測定されるから，当該資産を原資とする将来回収キャッシュフローと更生担保権の返済キャッシュフローとは見合う関係に立つ），かかる経済価値的保障関係に依拠した合理的回収期待が存する。このため，会社更生法は，更生担保権の減免要件を加重しているものと理解される。更生債権の場合は，更生会社の一般財産が引当てとなるため，更生担保権のような特定資産の将来キャッシュフロー獲得能力を背景とした個別具体的な回収期待は存せず，破産配当との比較を前提とした清算価値保障原則が妥当する。

なお，更生担保権の場合も清算価値保障原則が妥当するが，その場合のハードル価額は担保物の即時処分価額であり，当該価額を下回って更生担保権を減免することは許されない（事業再生研究機構編・前掲（＊3）113頁）。

ちなみに，将来債権は，開始決定時での資産としての実在性や換金可能性はなく，即時処分価額はゼロといわざるを得ない。したがって，開始時残高限定説によっても清算価値保障原則に反するとはいえない。

こと（現在性）が要求される。開始決定時の資産による倒産債権の「観念的清算」を前提とする以上，更生担保権についても，開始決定時における資産価値の裏付け，すなわち，開始決定時において被担保債権が現に担保資産によってカバーされていることこそが重要なのである。

　事業サイクル上の資産価値は，時の経過（更生会社の事業活動）によってその運用形態を変化させ，別の資産への価値移転を生じる。したがって，かかる流動性を備えた事業サイクル上の経済価値を正しく測定するためには，一定時点（開始決定時）の経済価値を静態的に捉えることが必要である。全体価値把握説や費用控除後価値把握説は，開始決定時の貸借対照表に計上されない将来債権に担保価値を見出す点で共通するが，これらの見解は，事業サイクルの川上に位置する資産の経済価値が，時の経過（資本循環）によって将来債権に転化していることを看過している。その結果，両説は，開始決定時に現存する資産価値が時の経過によって転化されたにすぎない経済価値を，将来債権の担保価値として再度捉え直すものであって，重複評価の弊を犯している。このような評価方法は，開始決定時の資産価値をベースとした権利再配分を前提とする観念的清算の考え方に照らして，合理性を有するものではない。

### (3) 将来投下資本に対する倒産債権者の追求の遮断

　次に，観念的清算の第2の要点であるが，これは合目的的観点からの論拠であり，事業再建を目的とする会社更生法の制度趣旨から導くことができる[*43]。

　再建型倒産手続としての会社更生法は，「事業の維持更生を図ること」を目的とするところ（同法1条），事業の維持更生（フレッシュスタート）を実現するためには，その基礎的条件として，過去債権（倒産債権）と将来債権の峻別，すなわち将来経済価値（将来資本）に対する倒産債権者の追求の遮断が不可欠である[*44]。

---

[*43] 会社更生法の目的（会更1条）である，①利害関係人の利害の適切な調整と，②株式会社の事業の維持更生，を踏まえたとき，第1の要点が，主として①に関わるものであるのに対し，第2の要点は，更生会社のフレッシュスタートを可能ならしめる前提条件として，②の側面から合目的的に観念的清算を捉えたものである。

債権者その他投資者は，債務者に対して拠出した資金を，その事業から生み出されるキャッシュフローによって債権の回収を図る。ところが，債務超過会社に資本拠出したのでは，その投下資本が過去債権者に対する返済に向けられ，自己の投下資本の回収が妨げられる可能性がある。このため必然的にこのような企業に資金供与することは敬遠される。かかる債務超過の状態では，将来債権者から十分な信用を得ることは困難であり，事業の維持更生（フレッシュスタート）を阻害する大きな要因となる。

仮に更生会社が，開始決定時の時価資産総額を超える倒産債権を残存させることを余儀なくされ，大幅な時価債務超過の貸借対照表を前提として事業継続した場合には，結果として，将来債権者の投下資本が倒産債権者の引当てに回ることとなり，前記のようなキャッシュフロー構造に陥ることが避けられない。このような財務構造では，将来債権者から満足な信用供与を受けることは期待できないであろうし，債務の返済キャッシュフローに窮する可能性も高く，更生会社が事業再建を果たすことは著しく困難である[*45]。

そこで，会社更生法は，開始決定時を基準として，過去債権と将来債権を峻別するとともに，開始決定時現在の時価ベース貸借対照表を作成し，これを基礎として開始決定時に実在する資産価値（時価資産総額）をもって過去債権（倒産債権）の引当てとなるべき価額（総弁済額）を画定することによって，計数上，将来債権者の投下資本が過去債権の弁済に充てられることがないよう設計したものと考えられる。

前記の意味において，開始決定時の資産価値による倒産債権の観念的清算は，計数上，将来経済価値（将来資本）に対する倒産債権者（過去債権者）の追求を遮断する機能を果たしており，かかる機能は，更生会社の事業の維持更生を図り，フレッシュスタートを可能ならしめる会社更生法の本質的要請で

---

[*44] ここでいう将来経済価値に対する追求の遮断は，あくまで計数上（貸借対照表におけるトータル計算上）の意味での遮断であり，倒産債権の弁済総額を開始決定時の時価資産総額をもって画することによって実現されるものである。

[*45] なお，時価債務超過ＢＳでの再建が困難であるというのは，キャッシュフローバランスの観点からの一般論である。実務上は，繰越控除が可能な範囲の欠損金を更生会社に残存させる等の取扱いがなされており（事業再生研究機構編・前掲（＊3）301頁），このような取扱いを否定する趣旨ではない。

あると考える。

　この点，将来債権譲渡担保の目的となる将来債権は，所論のとおり，開始決定時に実在するものではないことから，その担保価値を評価して倒産債権を更生担保権として処遇したならば，その弁済原資は，実質的な意味において将来経済価値に求めざるを得ないこととなる[*46]。

　このように，将来債権の担保価値を認める取扱い（全体価値把握説及び費用控除後価値把握説）は，倒産債権者の将来経済価値に対する追求を容認することを意味するものであるが，かかる取扱いは，過去債権（倒産債権）を観念的に清算することで過去債権と将来債権との峻別を図り，過去債権（倒産債権）の清算を更生会社のフレッシュスタートの基礎的前提とする会社更生法の趣旨とは，根本的に相容れない考え方である[*47, *48]。

---

[*46] 収益弁済を前提とする更生計画においては，その弁済原資は認可後の事業遂行によって得られる将来キャッシュフローに求められることになるが，当該キャッシュフローの価値源泉は開始決定時に実在する資産価値に由来するものであるから，実質的な意味において将来経済価値が収益弁済の原資となっているわけではない。これとは異なり，本文の例のように，開始決定時に実在しない将来債権の担保価値を評価して，その被担保債権を更生担保権として処遇したならば，その返済キャッシュフローの価値源泉は開始決定時の資産価値には求めることができないから，将来経済価値（将来債権者の投下資本及び運用益）に返済原資を求めざるを得ない。

[*47] 会社更生手続の性格については，本質的に清算的性格が重視されるべきであると解されている（兼子一監修・前掲（[*13]）546頁）。このように清算こそが事業再生の出発点であるという考え方からすれば，そもそも清算価値がゼロである将来債権に担保価値を見出そうとする考え方は，会社更生法の趣旨と真っ向から対立するものといわなければならない。

　また，文字どおり企業の将来キャッシュフローがすべて将来債権譲渡担保権者によって捕捉されてしまうと解されるならば，窮境企業の最後の切り札であるはずの会社更生法によっても企業の再建はおよそ不可能な事態に陥り，将来債権譲渡担保権の設定は，まさに企業の生殺与奪権を譲渡担保権者に付与するに等しくなるものといえよう。

[*48] 倒産手続を「投資の清算」と見立てた観念的清算の考え方は，①倒産債権者（過去債権者）の自己責任原則を踏まえた利害関係人間の公平な利害調整，及び，②債務者事業の更生を可能ならしめる基礎的条件としての将来経済価値への倒産債権者（過去債権者）の追求の遮断，を理論的背景にしているところ，これらの基本理念は，すべての窮境企業の再建手続に共通する考え方であるといえる。

　したがって，本稿の将来債権譲渡担保にかかる開始時残高限定説の考え方は，会社更生手続以外の，民事再生手続や私的整理手続においても等しく妥当するものといえ，こうした手続においても，開始時残高限定説の考え方をベースとした担保資産査定がなされるべきであると考える。

## 8 破産手続における将来債権担保の処遇との比較

　破産手続における将来債権担保の処遇を考察するに，破産手続では，将来債権が無価値と評価されることに異論はないであろう。破産手続の場合，設定者が事業を廃止することから，将来財が実現することはないからである。

　破産手続におけるこの帰結は，現在財を目的とする一般の担保権に比して，将来債権担保が孕んでいる担保権としての脆弱性を如実に示している。

　ところが，会社更生手続において，仮に全体価値把握説や費用控除後価値把握説を採用したとすれば，途端に，将来債権担保は担保権として非常に強力な地位を与えられることとなり，同一債務者が破産手続を選択するか会社更生手続を選択するかで，将来債権担保の処遇は180度異なることとなる。手続選択の違いをもって，この結論の差異を合理的に説明できるのだろうか。

　所論のとおり，破産手続も会社更生手続も，その本質が「投資の清算」であることに変わりはない。この点に着目すれば，開始決定時を基準時とする同一のバランスシート（財務内容）を前提としながら，単に手続選択の相違を根拠として，前記の処遇の違いを合理的に説明することは困難であることが理解される。

　確かに，会社更生手続が選択されるケースにおいては，更生会社の継続企業価値が清算価値を上回っているから（逆のケースでは更生計画の認可は見込めない），破産手続の場合と比べて当該差額分の経済価値増分が見込め，弁済原資の増幅が期待できる。しかしながら，この経済価値の増分は，資産評価条件の違いに基づく評価額の増価として説明されるものであって，清算的分配の原資となる対象財産の範囲そのものが拡大されることによって生ずるものではない[49]。いずれの手続でも清算的分配の原資となるのは，あくまで「開始決定時に会社に属する一切の財産」で変わりはなく，会社更生手続の場合にだけとくに「将来財」に相当する経済価値が新たに生ずるわけではない。

　全体価値把握説や費用控除後価値把握説が，倒産債権の分配対象にしようとしている「将来財」は，清算基準時たる開始決定時のバランスシートに計上されている「現在財」の価値犠牲（価値移転）によって生ずる代償物にすぎず，それは本来，当該現在財を責任財産として捕捉している倒産債権の分

配に充てられるべき「換価財産」としての性質を帯びた資産価値である。

会社更生手続を選択したとしても,「将来財」があたかも埋蔵金のごとく倒産債権の分配原資たりうる新たな資産価値として創出されるわけではなく,破産手続と比較して「将来財」に相当する絶対的な分配価値の増価は生じないのであるから,開始決定時に実在する「現在財」に加えて,「将来財」までをも清算的分配の原資と捉える取扱いは合理性を有しない。

このように,全体価値把握説や費用控除後価値把握説の説く「将来財」にかかる担保価値の創出は,破産手続と会社更生手続の手続選択の違いを根拠としては,合理的に説明することは困難である。

したがって,会社更生手続においても,破産手続の場合と同様に将来債権担保を処遇すべきであるものといえ,この前提に立つ開始時残高限定説の妥当性が導かれる。

## 9　将来財の特性と将来債権担保のリスク

これまでに論じてきたところからも理解されるとおり,将来財(将来債権)は,将来時点において発生する財貨であり,事業サイクルにおける資本循環上,現在財の価値犠牲があってはじめて実現するという性格を備えている。将来財(将来債権)の経済価値は,基本的には,現在財の経済価値が変形(価値移転)した結果として形成されるものであり,両者の間には経済価値的な代償関係を認めることができる。

---

*49　会社更生手続においては継続企業を前提とした資産評価が行われるのに対し,破産手続においては継続企業を前提とした資産評価を行うことはできない。両手続で資産評価額が相違する原因は,このような資産評価の前提となる基本的条件の違い(継続企業の前提の有無)に求めることができる。

両手続における資産評価の違いをごく単純化していえば,破産手続では清算処分価額(即時換金処分価額)をもって行われるのに対し,会社更生手続では時価(公正価値)をもって行われる。また,会社更生手続においては,のれんを資産計上することもできる。

他方で,破産手続も会社更生手続も,広義の「清算」手続として,清算開始時たる開始決定時の資産を分配対象とする点では変わりはなく,ただ会社更生手続の場合には,資産全体の継続企業価値が清算価値を上回るのが前提であるから,事業継続による資産の増分価値が見込めることによって,弁済原資の増幅が期待できる。

なお,いずれの手続でも,開始決定時の資産は同一内容であるから,当然ながら総資産の清算価値(清算処分価額)は変わらない。また,将来債権の清算価値はゼロであるから,清算価値保障原則の観点から将来債権担保に対して保障されるべき清算価値はゼロである。

経済価値的にみれば，将来財（将来債権）は，それが実現するまでは経済的実体（本源的価値）を有するものではなく，いわば将来財の価値源泉となる現在財の将来形を投影した「写像」にすぎないともいえる[*50]。現在財と将来財との根本的な相違は，実体経済価値（本源的価値）の有無という点に求めることが可能である[*51]。

現在財を担保取得すれば，担保権者は当該財貨に対する直接的価値支配権を取得し，処分換価権を行使することにより優先弁済を受けることができる。これに対して，将来財の場合は，将来財を担保取得したとしても，担保権者は実体経済価値に対する直接的価値支配権を取得できるわけではない。将来財の実現要因となる担保設定者の財貨又は用益の提供といった現在財の価値犠牲があってはじめて，将来債権担保権者は，実体経済価値に対する直接的価値支配権を取得するに至るのである。

このように，将来財には実体経済価値（本源的価値）が備わっていないゆえ，将来債権担保権者は，将来財（将来債権）が実現するまでは，設定者に帰属する特定の責任財産を引当てとして強制的満足を得られる法的地位にはない。この点が，現在財を目的とした一般の担保権とは決定的に異なる点で

---

[*50] 実物財貨たる「現在財」は，当該財貨が有する本源的価値に対する直接的支配権としての経済的実体を有しているのに対し，将来債権は，将来時点において経済価値が実現する将来財ゆえ，期待権としての経済価値はともかく，本源的価値に対する直接的支配権としての経済的実体を有しているとは認められない。

いわゆる証券化スキームにおいては，将来債権単体の経済価値を捉えて証券化しているわけではなく，将来債権の源泉となる事業供用資産（賃貸不動産等）を一体として捕捉し，当該事業用資産から生み出される将来キャッシュフローを背景として，当該事業供用資産全体の経済価値を証券化の基礎としているものと理解される。

一見，将来債権の経済価値のようにみられているのは，実は背後にある源泉資産（例えば賃貸不動産など）の本源的価値であることに留意すべきである。

なお，現時点における，将来財（将来債権）の財貨としての法的性質の検討は，甚だ不十分といわざるを得ない。このため，将来財（将来債権）が，あたかも現在財と同様の経済価値を有しているかのごとき取扱いがなされているが適切ではない。今後，現在財とは異質の将来財としての将来債権の本質を踏まえて，将来債権譲渡の法的構造を解明する必要があるように思われる。

[*51] 将来財は，経済的実体を有しないため，会計上は貸借対照表能力が認められない。なお，会計上は，将来債権譲渡取引は，将来債権の譲渡は「売買取引」ではなく「金融取引」として取り扱われ，投資家から受け入れた将来債権の対価は「借入れ」として処理される（久禮義継編著『流動化・証券化の会計と税務』〔第4版〕215頁（中央経済社，2008年））。このような処理に示されるように，会計理論上は，将来債権譲渡取引は一種の与信取引として捉えられている。

ある。

　はたして，このような特異性を備えた将来債権担保（将来財担保）を，倒産手続上，一般の担保権と同等に処遇することは，実体法的観点からも問題なしといえるのだろうか。

　担保権付倒産債権が，更生担保権として処遇され，更生債権に比べて優越的地位を与えられるのは，当該担保権が優先弁済的効力を基礎付けるべき特定の責任財産に対する直接的価値支配権を備えているからにほかならないが，かかる特定の責任財産に対する直接的価値支配権は，開始決定時に備わっていることが必要であると解される。

　会社更生手続は包括執行としての性格を有しているから，手続開始決定がなされれば，更生会社に帰属するすべての財産には差押類似効が生じ，倒産債権者への返済原資に充てられるべき責任財産としての性格を帯びるものと理解される。その時にこそ，特定財産に対する直接的価値支配権を具備しているのでなければ，他の投資者に優先弁済的効力を主張し得る根拠を見出すことはできないからである。

　しかるに，将来財担保権は，開始決定時において担保目的物が現存しないゆえ，特定の責任財産を引当てとして強制的満足を得られる法的地位にはなく，かかる意味で直接的価値支配権を備えているとは認められない。たとえ，開始決定後に「将来財」の経済価値が実現したとしても，それはもはや包括的差押類似効によって他の倒産債権者の責任財産として捕捉済みの経済価値の価値変形物（いわば換価財産）にすぎず，かような開始決定後に実現した「将来財」の担保価値を更生担保権として評価することはできないのである。

　もともと将来財は，その実現の成否が設定者による財貨又は用益の提供の如何によって左右され，将来における実現可能性が不確実であるというリスクを孕んでいる。

　将来債権担保権者は，特定の責任財産に対する直接的価値支配権を現に有しないにとどまらず，将来時点における担保価値の捕捉に関しても，担保設定者の財産的負担行為（将来財の実現のための価値犠牲となる財貨又は用益の提供）に依存していることから，確たる合理的期待を有しているとはいえないので

あって，その法的地位はきわめて脆弱なものといわざるを得ない。

前記のように，将来財の実現前に設定者に対して倒産手続が開始されたため，開始決定時の倒産債権を担保権によってカバーすることができないという不利益も，もともと実現の不確実性を孕んだ将来財担保権に内在するリスクとして合理的に説明することが可能である[*52]。

## 10 まとめ

全体価値把握説や費用控除後価値把握説に共通していえるのは，「将来財」(将来債権)にその価値源泉となる「現在財」の経済価値があたかも化体しているかのごとく捉えて，担保価値を見出そうとしている点であるが，「将来財」は，開始決定時に実在するものではなく，倒産債権の引当てとなるべき経済価値(本源的価値)を備えているものではない。

倒産処理法の根本理念である開始決定時の責任財産による倒産債権の「清算」を前提とすれば，将来債権担保には，開始決定時に現存する特定の責任財産に対する直接的価値支配権は認められないから，これによって倒産債権が保全されているとはいえない。

上記のとおり，実体法的観点からしても，将来債権担保を一般の担保権と同等に遇する全体価値把握説や費用控除後価値把握説の法的根拠には疑問があり[*53]，開始時残高限定説が妥当であると考えるものである。

---

[*52] このような設定者の倒産に伴うリスクは，最判平成11・1・29民集53巻1号151頁が判示する「債権が見込みどおり発生しなかった場合に譲受人に生じる不利益」に準じるものとして，将来債権担保権者は当然に甘受すべきである。

[*53] そもそも将来債権が発生するまでの間は，将来債権担保権者は，債権の経済価値に対する直接的支配権は取得しておらず，債権的権利を有するにすぎないのではないか。将来債権実現前の譲渡人と譲受人間の法律関係としては，将来債権譲渡契約に基づき，譲受人が譲渡人に対して将来債権の実現に向けた財貨・用益の提供を求めうる債権債務関係が残存している状態であると理解すべきではなかろうか。

　将来債権譲渡契約に関しては，譲渡人が将来債権の実現に必要な財貨・用益の提供を行わない場合，譲受人においてどのような法的措置を講じることができるか(譲渡人に対し財貨・用益の提供を強制することができるか。できるとすればその法的根拠はどこに求めることができるか)など，いまだ数多くの実体法上の論点が残されており，これらの解明が待たれる。

【追　記】
## 11　はじめに

　本稿の脱稿後，将来債権譲渡担保の倒産手続上の取扱いについては，優れた論稿が多数発表されている。紙幅の都合上，詳細な検討はかなわないが，これらの優れた論稿により新たに示唆を受けたところを踏まえつつ，現在の拙見を以下にまとめてみたい。

## 12　本稿の主眼──担保価値評価の視点による将来債権譲渡担保の効力の画定

　(1)　本稿は，将来債権譲渡担保の特徴について経済価値的観点からの分析を行い，主として経済合理性（担保目的物の評価）の観点から，倒産時の将来債権譲渡担保の効力の範囲を画定することを主眼としている。

　これは，第1に，価値支配権としての担保権の性質上，経済価値的観点から担保効の範囲を画定することが道理であるという理論面からの理由が挙げられるとともに，第2に，私的整理を含む再建型倒産手続においては，現実に将来債権譲渡担保が実行され，その効力の範囲が裁判手続上争われる事態は想定し難く，別除権協定や担保資産査定等の裁判外の合意交渉局面における担保権評価[*54]によって，事実上，実質的な処遇が決定されるという実務面からの理由が挙げられる。

　(2)　本稿の狙いの1つは，このような担保権評価をめぐる将来債権譲渡担保権者との交渉局面において，経済合理性に裏付けられた実務上の処理（評価）の指針を提供することにあった。かかるところ，近時，本稿で提言した開始時残高限定説に依拠して更生担保権の評価を行った更生手続の実例報告もなされており[*55]，開始時残高限定説の妥当性を実証する事例として指摘することができる。

---

[*54]　このような担保権評価にかかる合意交渉局面においては，実質的な経済合理性を重視した処理が図られるのが通例であろう。

[*55]　鐘ヶ江洋祐＝倉持大「更生手続における更生担保権をめぐる諸問題（ＡＢＬ融資及び更生担保権者委員会の実務対応）」ＮＢＬ956号84頁。なお，同事例では，更生担保権者委員会との協議を経た上で，開始時残高限定説に依拠した更生担保権評価の方針が採用されており，その先例的意義は大きい。

(3) また，本稿は，会社更生手続における更生担保権評価のあり方に焦点をあてて検討を加えるものであるが，本稿で提言した開始時残高限定説は，「投資の清算」手続たる倒産手続の本質に根差した考え方であり[*56]，倒産手続の選択（手続間の優先性）を通じて[*57]，私的整理を含むすべての倒産手続において採用されるべきであると考える[*58]。

## 13 集合債権譲渡担保類型と累積型債権譲渡担保類型の区別について

(1) 近時，将来債権譲渡担保設定契約の合理的意思解釈に基づいて，集合債権譲渡担保類型[*59]と累積型債権譲渡担保類型[*60]を区分し，前者の類型については，倒産手続開始の前後を問わず担保権実行による固定化後に発生した将来債権の担保効を否定し，後者の類型については，倒産手続開始後に発生した将来債権についても全面的に担保効を肯定する，という類型論が有力に主張されている[*61]。

(2) しかし，このような類型論の考え方は妥当ではないと考える。倒産手続開始後に発生する将来債権（以下「開始後発生債権」という）について担保効を否定すべき論拠は，担保設定契約にかかる設定当事者の意思（倒産債権者と倒産債務者間の実体上の権利義務関係）ではなく，投資の「清算」を本質とする倒産法の根本理念に求めるべきだからである。

「将来財」を担保目的とする将来債権譲渡担保の合意（投資の継続を前提

---

[*56] 前掲（*48）参照。
[*57] 倒産手続の選択は申立権者に委ねられているところ，倒産手続間の優劣としては，厳格な再建型手続である更生手続が最優先される（山本和彦ほか『倒産法概説』〔第2版〕36頁（弘文堂，2010年））。その結果，倒産申立権者には自らのイニシアチブにより究極的には更生手続を選択し得る地位が認められているため，更生手続以外の私的整理を含む倒産手続（とりわけ再生手続）においても，必然的に更生手続における取扱いを準則とせざるを得ない関係にあることが指摘できる。
[*58] 伊藤達哉「倒産手続における将来債権・集合動産譲渡担保権の取扱い」金法1862号8頁。
[*59] 売掛債権担保のように，担保目的たる売掛債権の発生・回収に伴う入れ替わり（流動性）を通じて一定の残高が維持されることが予定される担保類型をいう。
[*60] 不動産賃料債権担保のように，担保目的たる賃料債権が経時的に累積して発生する形態を前提として，そのキャッシュフローを担保捕捉することを予定する担保類型をいう。
[*61] 伊藤眞「倒産処理手続と担保権─集合債権譲渡担保を中心として」NBL872号60頁，伊藤眞「集合債権譲渡担保と事業再生型倒産処理手続再考─会社更生手続との関係を中心として」曹時61巻9号2757頁。

と，倒産法の目的（包括的執行に基づく投資の清算を前提）とは，根本的に相容れない関係にあることが理解されなければならない[*62]。倒産手続の本質が「清算」である以上，清算基準時である倒産手続開始時に現存しない資産（経済価値）を清算分配の対象とすることはできず，そのような発想は倒産法にはない。将来債権譲渡担保の効力（担保権評価）が倒産手続下において制約を受ける法的根拠は，理論的には，倒産時の公序（清算時責任財産の衡平分配）に基づく平時実体法秩序に対する倒産法的修正に求めるべきであると考える。

(3) 譲渡担保の類型のいかんにかかわらず，開始後発生債権は，その経済価値的源泉を，主として倒産手続開始時に現存する他の責任財産に依拠している[*63]。したがって，いずれの譲渡担保の類型でも，開始後発生債権について譲渡担保の担保効（担保価値評価）を認めてしまうと，倒産手続開始時に現存する資産価値を重複して評価してしまうという問題を孕んでいる点では変わりがない。

本稿において詳述したとおり，投資の「清算」を前提とする倒産手続においては，清算基準時たる倒産手続開始時点で倒産債務者に帰属する財産（経済価値）を静態的に捉えた上で，その責任財産（経済価値）を衡平に分配することが求められる。それ故，同一経済価値の重複評価に繋がる「全体価値把握説」や「費用控除後価値把握説」が経済合理性を欠くことが裏付けられるとともに，「開始時残高限定説」の妥当性が帰結されるのである。

(4) このように，将来債権譲渡担保権者による開始後発生債権の価値捕捉を否定する論拠は，それが倒産手続開始時の責任財産（経済価値）の重複評価に繋がるという問題を孕んでおり，投資の「清算」を本質とする倒産法の公序と相容れないことに求められるのであるから，担保設定当事者の意思のいかんによって，開始後発生債権に対する担保効の有無を決しようとする類型論は，妥当性を欠くものと思料する。

---

[*62] 後掲（[*71]）参照。
[*63] 将来売掛債権の価値源泉は，主として開始時の商製品在庫の資産価値に求めることができ，将来賃料債権の価値源泉は，主として開始時の賃貸不動産の資産価値に求めることができる。

## 14 倒産手続開始決定に基づく包括的差押効を論拠とした否定説
### (プライオリティの判定の基準時＝倒産手続開始時であること)

(1) 冒頭に記述したとおり，本稿は，担保価値評価の観点から将来債権譲渡担保の効力を画定しようとする点に主眼がある。倒産債務者と管財人を同視することを原則的規律とする通説的見解[*64]に従えば，倒産債務者と同視されるべき管財人のもとで発生する債権について担保効が及ぶことは否定し難い。このため，本稿では，開始後発生債権に譲渡担保の効力が及ぶことを肯定しつつ，会社更生法2条10項を根拠とする更生担保権評価の観点から，開始時残高限定説を採用することで，実質的に否定説を採用した場合と同様の結論を導くことを企図したものである。しかしながら，このような担保価値評価による説明は，多分に弥縫策的な色合いが強いことは否めず，倒産法の理論的解釈によって否定説の結論を導くことが望ましいのはいうまでもない。

この点，現在の筆者は，①投資の「清算」を本質とする倒産手続の目的，②包括執行たる倒産手続の手続開始決定によって生じる包括的差押えの効力，③倒産手続を主宰する管財人等の準執行機関性，これら3点を論拠として否定説の法解釈を導くことができるのではないかと考えている[*65]。以下，紙幅の許す限りで説明を試みたい。

(2) 倒産手続が包括執行としての性格を有し，倒産手続開始決定が包括的差押効[*66]を有することを踏まえれば，倒産手続開始時に現存する倒産債務者帰属財産は，その時点で，一定の倒産債権者への換価分配に充てられることを予定された拘束財産（差押財産）としての性格を帯びるものと理解され

---

[*64] 伊藤眞『破産法・民事再生法』〔第2版〕248頁（有斐閣，2009年）。
[*65] ①及び②は，本稿でも，開始時残高限定説の合理的根拠として指摘していた点であるが，あらためて否定説の法解釈上の論拠として掲げるものである。
[*66] 通説的見解が「管財人等の第三者性」として指摘する効果は，包括執行たる倒産手続の性質を前提とした「倒産手続開始決定の効果（包括的差押効）」として説明するのが適切であると考える（むしろ，通説的見解が管財人等の第三者性を問題とする局面において，「第三者」として位置づけるに相応しいのは「倒産債権者」であり，「管財人等」は「執行機関」と対比されるポジションにある）。そして，倒産手続開始決定による包括的差押効は，個別執行手続における差押えの効力と同様，手続開始時の対象財産をして，一定の倒産債権者（対象財産が担保目的であった場合は担保権者，担保目的外であった場合は一般債権者）のための責任財産としての拘束性を生ずるものと解される。

る*67。このような拘束効（差押効）が生じた財産を手続開始後に換価した結果*68，将来債権譲渡担保の目的たる将来債権が発生したとしても，それはもはや倒産手続開始決定の包括的差押効によって一定の倒産債権者の換価分配に供されるべきことが予定された拘束財産（差押財産）の価値変形物（換価財産）にすぎず，そのような拘束財産（差押財産）としての性質上，手続開始後の換価により将来債権譲渡担保権者への責任財産の帰属換えが是認される余地はないと解される。

例えば，個別執行手続における執行債務者が将来債権譲渡担保を設定している場合において，個別執行機関が差押財産の執行換価処分を行った結果，担保目的たる売掛債権が発生したとしても*69，かかる売掛債権が将来債権譲渡担保権者によって担保捕捉されると解することがナンセンスであることは自明であろう。何故なら，当該差押財産は，その差押時点において一定の執行債権者等の満足に充てられることが予定された拘束財産としての性質を帯び，その後の執行換価処分によって売掛債権に価値変形したとしても，差押時に生じた特定の執行債権者等の満足に充てられるべき財産としての拘束性は変わらないはずだからである。

このように，包括執行たる倒産手続の手続開始決定によって生じる包括的差押効や，個別執行手続との整合性を考慮すれば，倒産手続を主宰する準執行機関たる管財人等の管理処分行為（業務遂行行為）によって手続開始後に発生した将来債権には，もはや将来債権譲渡担保の効力は及ばないと解するの

---

*67 倒産手続開始時点で，担保目的であった財産（経済価値）は，特定の担保権者のための責任財産として，担保目的外であった財産（経済価値）は，一般債権者のための責任財産として，それぞれ換価分配の対象に充てられることが画定される。
*68 不動産賃料債権のように，換価処分行為を経ることなく経時的に将来債権が発生する場合もあるが，この場合の将来債権も倒産手続開始時の資産を価値源泉（元本）とする派生財産（果実）であるから，その経済価値は倒産手続開始時の元本帰属者に帰属させるべきである。
*69 個別執行手続における差押物売却の法的性質については，公法上の処分と私法上の売買としての性質を併有しているものとされ，執行機関を職務上の売買当事者として，その私法上の売買契約の効果が執行債務者に帰属するものと理解されている（中野貞一郎『民事執行法』〔増補新訂6版〕36頁（青林書院，2010年））。倒産手続における管財人等の管理処分行為の倒産債務者への効果帰属メカニズムも，個別執行の場合に準ずるものと思料されるから，倒産手続と個別執行手続とで異なる結論を導くことは不合理で，両手続をパラレルに考察することが必要である。

が合理的である。

(3) 将来債権譲渡担保設定契約は、「事業投資活動を維持することにより、担保設定期間中継続して担保目的たる将来債権を発生させること」を担保設定者に義務付けることを含意している。しかしながら、管財人等は、担保設定者が負担するこのような義務を承継したり、拘束を受ける法的地位にはない。

管財人等は、倒産債務者や倒産債権者から独立した公平中立な立場で、倒産手続開始時に現存する倒産債務者の財産を責任財産として、倒産実体法の定めるプライオリティルールに基づく衡平分配を行うことを職責とする「準執行機関」として位置づけられる[*70]。その限りにおいて管財人等を倒産債務者と同視する通説的見解は妥当ではない。

倒産手続が倒産債務者に帰属する総責任財産を目的とした投資の清算（包括執行）としての本質を備え、倒産債権者間のプライオリティに基づく衡平分配を企図した手続であるとの理解を前提とすれば、プライオリティの判定の基準時は、包括的差押効の生ずる倒産手続開始時とするのが合理的である。

したがって、倒産手続開始時において担保権者としてのプライオリティ（優先弁済権）を基礎づけるべき担保目的財産が現存しない以上、当該担保権者は、その倒産手続内においてプライオリティを主張し得ないのは当然というべきである。そして、管財人等は、包括執行手続を主宰する「準執行機関」として、このような倒産手続開始時の倒産債権者間のプライオリティに従って、衡平分配を実施すべき職責を担っていると解すべきである。

(4) 担保権は、特定の責任財産に対する直接的価値支配権たる性質（物権性）を本質とし、その直接的価値支配権のゆえに倒産手続におけるプライオリティ（優先弁済権）が保障されている。しかし、将来債権譲渡担保の場合、将来債権が発生するまでの間は、このような直接的価値支配権は生じておら

---

[*70] 前記のとおり、管財人等の地位は、個別執行手続における執行機関の地位とパラレルに考察すべきである。管財人等は、執行機関と同様、倒産手続開始時の権利義務関係を「所与（与件）」としつつも、これに「拘束」されることなく、プライオリティルールをはじめとする倒産実体法・倒産手続法を行為規範として、利害関係人間の利害調整を行うべき中立的・公益的立場にある。

ず，プライオリティ（優先弁済権）が保障されるべき法的根拠を欠く。

つまるところ，将来債権譲渡担保設定契約における前記の「担保目的たる将来債権を発生させること」を求める権利は，「倒産債権」として処遇されるべき債権的属性の権利にすぎず，準執行機関たる管財人等は，倒産実体法の定めるプライオリティルールに則り，そのような権利として処遇すれば足りると解される。

仮に，管財人等の管理処分行為（業務遂行行為）によって生じた開始後発生債権まで将来債権譲渡担保の目的物として捕捉されるならば，倒産手続開始時にいったん総債権者の引当財産として捕捉，画定された責任財産の負担において，特定の債権者（将来債権譲渡担保権者）を利することとなるが，このような結果は，利害関係人間のコスト負担の合理性を欠くとともに[*71]，倒産実体法の定めるプライオリティルールに基づく衡平分配の理念に反し，適正な倒産法的清算の実現を阻害するものといえる。

(5) 以上，紙幅の許す限りにおいて，否定説の論拠となる倒産法の解釈論を試みたが，拙見について大方の御批判を仰ぎたい。

□■

---

[*71] 小林信明「将来債権譲渡に関する法制」山本和彦＝事業再生研究機構編『債権法改正と事業再生』118頁（商事法務，2011年）は，「倒産債権者共同の引当財産である倒産財団を特定の権利者の利益のために費消してはならないことは，倒産法の大原則であり，これこそ倒産法の公序であるが，将来債権譲渡の倒産手続開始後の効力を認めることは，この公序に衝突することになる」と述べる。至極もっともな正論である。なお，論者は，債権譲渡人の処分の効力を管財人等に及ぼすことが妥当か否かという観点から考察し，管財人等が自らの倒産財団の管理処分権に基づき新たに締結した個別契約により発生した債権については，債権譲渡人（倒産債務者）の処分権が及ばないことを論拠として，その限りで将来債権譲渡担保の効力を否定する（同133頁）。

━━■コメント━━━━━━━━━━━━━━━━━━━━

# 将来債権譲渡担保と倒産手続

神戸大学大学院法学研究科教授　中　西　　正

## 1　はじめに

　ＡＢＬ（Asset Based Lending；動産債権担保融資）は，企業の事業価値を構成する在庫（原材料，商品）や機械設備，売掛債権等の資産を担保とする融資で，不動産担保や個人保証に過度に依存しない金融手法として，その普及・活用の促進策が推進されている。籠池論文のテーマは，ＡＢＬの１つと位置づけられる将来債権譲渡担保の倒産手続（会社更生手続）における取扱いである。

　ＡＢＬについては，担保権者が担保権の実行に着手した時，倒産処理手続が開始された時などに固定化されるとの見解（田原睦夫「倒産手続と非典型担保権の処遇」別冊NBL69号79頁）も有力であるが，最判平成19・2・15（民集61巻1号243頁）が出された後は，譲渡担保の効力が倒産手続開始後に発生する債権に対して及ぶことを否定するのは難しくなったとする見解が有力である（山本和彦「倒産手続における集合債権譲渡担保の扱い」NBL854号65頁は，「更生手続開始の効力によって手続開始後発生する債権に対する譲渡担保の効力を否定する解釈は，平成19年判決によって息の根を止められたと評価できる」とされる）。籠池論文は，手続開始後に生じた債権に譲渡担保の効力が及ぶことを前提に，会社更生手続において将来債権譲渡担保をどのように取り扱うかについて議論を展開している。

## 2　将来債権譲渡担保と倒産法との関係

　(1)　ＡＢＬが，経済社会で重要な役割を果たすことは，明らかであろう。担保となる資産をもたない債務者も，ＡＢＬの手法により，事業活動の成果として生み出される財産を担保とすることで，より少ないコストで事業資金

を調達することができる。これは，重要な機能であり，倒産手続でも尊重されるべきだと思われる。しかし，他方，将来債権譲渡担保は，これまでの倒産法の基本的な構造と，不調和である。以下，この点を簡単に説明したい。

　(2)　倒産法の歴史は，担保債権者と無担保債権者による債務者財産の分配をめぐる抗争の歴史でもある。わが国の旧破産法のモデルとなったドイツ破産法では，両者の線引きは以下のように行われた。第1に，破産原因（支払不能）発生後は既存の債権についての担保設定は認められない（破産手続開始の効力あるいは偏頗行為の危機否認により担保の効力は否定される）。したがって，理論上は，支払不能発生時点で担保権の対象にされていない債務者財産は，無担保債権者に分配されることになる。

　第2に，債務者財産のうち，不動産は担保債権者に，他の財産，とくに動産は無担保債権者に分配するという政策的配慮が，存在したと思われる。不動産については，特定の財産上に存在する公示（登記）された担保権のみを別除権とする一方，動産については，債権者が目的物を占有する質権のみを別除権として認め，債務者がもつ（占有する）動産全体を対象とする公示されない担保権（比喩的にいえば先取特権のような権利）はすべて通常の破産債権に格下げされた。手続開始時に債務者が占有していた動産は，原則として無担保債権者に分配されたわけである。債権などの財産権はまだそれほど多くはなかったようである。旧ドイツ破産法は，制定当初は極めて効果的に機能していたものと思われる。

　(3)　しかし，この線引きは崩れてしまう。まず，機械，商品，原材料など，事業を継続するうえで債務者が占有せねばならない動産を担保として資金を調達する需要が強いため，動産譲渡担保権が認められた。その後，債務者の動産の大部分，債権の大部分を対象とする譲渡担保や所有権留保も認められ，第2の線引きは崩される。

　次に，公示されない担保権などのため，債務者の財務状況の開示が不十分なため，債務者が支払不能に陥っても，それが表面化せず，さらに与信が続けられるため，支払不能が支払停止などの形で表面化する頃には，担保権の対象となっていない債務者財産は極めて僅かで，破産手続が開始されても約8割の事件で財団不足になるという事態が生じた（旧ドイツ破産法下では「破産

制度の破産」と呼ばれた）。理論的には，債務者の支払不能から破産手続開始までに減少した債務者財産は，否認や相殺禁止により回復されるはずであるが，これらの制度には相手方の主観的要件があり，債務者の支払不能が表面化しない限り機能を開始しないのである。こうして，第1の線引きも壊れてしまった。

(4) わが国の破産法においても，ABLにより大部分の動産，大部分の債権が無担保債権の引当財産とならなくなるなら，第2の線引きは完全に崩壊することになろう。

他方，わが国のABLの公示自体はかなり詳細で，公示されない担保権との批判は当たらないと思われる（ドイツ法の問題については，三上威彦『ドイツ倒産法改正の軌跡』（成文堂，1995年）23頁以下，木川裕一郎『ドイツ倒産法研究序説』（成文堂，1999年）109頁以下を参照）。しかし，今後ABLが多用されるようになれば，倒産処理手続が開始された時点で債務者財産の大部分がABLの対象となり，倒産財団が欠乏し（例．倒産処理手続の費用すら十分に償えない），十分な倒産財団を確保するためには，もっと早く手続を開始すべきであったと考えられる事例が，多発することは，想像に難くない。責任財産の大部分が担保権の対象となっているが，弁済期の到来した無担保債権のすべてを現在の収益（キャッシュ・フロー）により弁済できている債務者の場合，事業環境の変化で収益が減少すれば，早々に支払不能に陥る可能性もあり，そうであれば，支払不能発生時の債務者財産を拘束して見ても，倒産財団の欠乏は避けられないと思われるからである。つまり，第1の線引きの機能も，無意味になると思われる。

まとめていえば，責任財産の大部分を担保権の対象とし，無担保債権者に対する弁済原資の大部分は将来収益という形態で事業を行えば，流動性に問題が生じた（弁済期にある債務を支払えないあるいはその危険が生じた）時点で債務者の事業を止めても，無担保債権者に対する配当原資が不十分なだけでなく，手続遂行の費用も十分でない（倒産処理手続遂行の費用は無担保権者への配当原資から支払われる。破148条1項1号・2号・4号，民再119条1号・2号・3号・5号，会更127条1号・2号・3号・5号などを参照）という事態が，起こり得るわけである。

(5) 以上のように，ＡＢＬには，その経済的機能の重要さゆえ倒産処理手続で尊重されなければならない側面と，無担保債権者と担保権者の間の債務者財産分配基準を実現不可能にするため制約されねばならない側面がある。このようなＡＢＬを，倒産法がどのような形で受け容れるのかが，問題なのである。

## 3 倒産処理手続における将来債権譲渡担保の取扱い

(1) では，ＡＢＬは倒産処理手続でどのように取り扱われるべきであろう。

籠池論文は，ⓐ将来債権譲渡担保の効力が将来債権に及ぶことは認めつつも，ⓑ更生手続開始後に取得される債権を更生担保権評価の対象とすること（全体価値把握説・費用控除後価値把握説）は，無担保債権者に分配されるべき資産を担保権者に分配する点でも，手続開始後に更生会社になされた投資を，投資した者ではなく，過去債権者である担保権者に分配する点でも，不当であるとして，ⓒ更生担保権の評価は更生手続開始決定時に存在する債権の価値に基づいて行われるべきであるとする（開始時残高限定説）。

籠池論文に触発されて，私も，この問題につき，若干の感想を述べて見たい。

(2) まず，将来債権譲渡担保の効力が倒産処理手続開始後に発生する債権に及ぶというルール（前掲・最判平成19・2・15）についてであるが，平時実体法で将来債権の譲渡が有効である以上，倒産法においてもこのルールは尊重されねばならない。ただし，このような譲渡が倒産法の「公序」に反する場合は，この限りでない。以上がこの問題を考える際の，基本的な視点だと考える。

倒産実体法には，支払不能となった債務者の財産は拘束され，その価値は倒産処理手続において無担保債権者に分配されねばならないという「公序」があると思われる（破産法の場合でいえば，15条1項，71条1項2号・3号，72条1項2号・3号，162条1項1号ほか）。とするなら，債務者が支払不能となって以後は，ＡＢＬの担保目的物全体の価値は増加してはならない。したがって，このルールは，債務者が支払不能となって以後，ＡＢＬの担保価値が増加す

ることを可能ならしめる限度で、尊重されてはならない（平常時になされた将来債権譲渡であるから倒産法上も尊重されるという原則はその限りで適用されず、債権譲渡は効力を生じないと解さねばならない）。また、民事再生法や会社更生法では（支払不能に陥っていない債務者に対しても手続が開始される。民再21条1項、会更17条1項を参照）、手続開始の申立てが、「財産拘束」の点で支払不能と同視されねばならない（民再127条の3第1項1号ロ、会更86条の3第1項ロなどを参照。手続開始の申立てがあった時点では支払不能でない場合もある）。すなわち、倒産実体法は、倒産処理手続開始後だけでなく、債務者の支払不能発生後、あるいは手続開始申立後は、ＡＢＬの担保目的物全体の価値が増加した限度で、将来債権譲渡の効力を認めるべきではない。

　他方、このルールは、他の面では、とりわけＡＢＬの対象となる財産の入れ替わりを可能にする面では、倒産処理手続でも尊重されるべきである。この場面では「公序」に反する要素は存在しないだけでなく、その対象となる財産の入れ替わりが想定されているＡＢＬの場合、及ばないと解し、固定化を余儀なくさせると、債権者は担保権を実行せざるを得なくなる、債務者の事業継続が困難になるなどの事態が生じ、再生型の倒産処理の遂行に不都合が生じると思われるからである。

　問題は、以上を、解釈論としてどのように実現するかである。差し当たりは、偏頗行為否認（破162条1項1号）の適用（準用?）によるほかないと思われるが、最終的には立法を俟つほかないと思われる。

　(3)　しかし、支払不能となった時点で倒産処理手続を開始しても、無担保債権者への配当原資も、倒産処理手続遂行の費用も十分に確保できないのであれば（上述2(4)を参照）、債務者の支払不能発生後（あるいは手続開始申立後）はＡＢＬの担保目的物全体の価値の増加を認めないというルールを立てても、問題はほとんど解決されないと思われる。

　無担保債権者に対する配当の少なさも問題であろうが、倒産処理手続の費用を十分に確保できるか否かが最も重大な問題である。これは再生型倒産処理手続との関係で最も深刻であろう。費用が十分に確保できないのであれば、ＡＢＬなど債務者財産の大部分を対象とする担保権が存在する債務者に関しては再生型倒産処理手続が機能不全となり、収益力を回復する可能性の

ある債務者の事業までが清算に追い込まれ，社会的な損失は大きくなると思われるからである。

そこで，手続費用の一部を償うため，倒産法の費用分配のルールを変更し，ＡＢＬの担保権者などから，担保価値の一部を倒産財団に拠出してもらうことが，考えられる。拠出の方法としては，担保価値の一定割合を倒産財団へ移転することのほか，共益債権の弁済順位を担保債権のそれより上位にすること等も考えられよう。前者の場合，拠出が手続費用の一部の負担にとどまるように，つまり担保権者への配当の一部を取り上げて無担保債権者への配当に充てる「再分配」とならないよう，拠出の割合につき配慮がされねばならない。

ただ，手続費用を負担させるなら，少なからぬ事例で，ＡＢＬの担保権者の利益にならない倒産処理手続の費用を，ＡＢＬの担保権者に負担させることになり，ＡＢＬの担保権者にとっては，再生型倒産処理手続に協力するよりも，担保権を実行することが，合理的な（倒産による損失を少なくする）選択肢となってしまうと思われる。こうして，担保権を実行されるなら，再生型倒産処理手続は失敗に終わることになる。したがって，いかにしてＡＢＬの担保権者に再生型倒産処理手続を行うことについてインセンティブを付与するかも，費用分担とともに，極めて重要な問題であると思われる。

手続費用の分担やインセンティブの問題は，倒産処理法固有の問題として処理するよりも，平時実体法のレベルで，つまりＡＢＬの制度設計自体の問題として，処理されるべきである。

□■

# 第4章

# 保証人の求償権

# 第1 ｜ 開始時現存額主義

■論　文

## 開始時現存額主義の適用範囲を示した最高裁判決に関する一考

弁護士　印　藤　弘　二

はじめに

　破産債権者が複数口の債権の一部債権につき，当該複数口債権に係る他の全部義務者等（物上保証人を含む）から全額弁済を受けた場合，開始時現存額主義（破104条1項・2項）は，当該複数口債権の口ごとに適用されるのか（以下，便宜的に「口単位説」という），それとも，総債権額につき適用されるのか（以下，便宜的に「総債権説」という）。全額弁済を受けた当該債権につき，口単位説では破産債権者は権利行使ができず，総債権説ではなお権利行使ができることになる。

　この論点（以下，「本論点」ということがある）は，同一の事案につき大阪高判平成20・4・17（金法1841号45頁，以下「A事件」という）が総債権説を，大阪高判平成20・5・30（金判1298号28頁，以下「B事件」という）が口単位説をそれぞれ採用する判断を示したことから，にわかに脚光を浴び，両判決について多くの評釈が公表された[*1]。

　しかるところ，本年3月16日，両事件につき最高裁判決が出され，A事件の上告審判決（最判平成22・3・16（金判1339号31頁）。以下，「A判決」という）が，口単位説によるべきことを示して原判決を破棄し，後述するその余の争点につき審理させるため原審に差し戻した。

　他方，B事件の上告審判決（最判平成22・3・16（金判1339号40頁）。以下，「B判決」といい，A判決とB判決を総称して以下，「本件2判決」という）は，開始時現

存額主義の適用範囲の論点に関する上告受理申立てについては受理せず，破産債権者と破産者との間の弁済充当特約に基づく破産債権者からの充当指定権の行使の可否の論点のみ受理し，弁済を受けてから1年以上が経過した時期に同特約に基づく充当指定権を行使することは，法的安定性を著しく害するものとして許されないとの判断を示して，上告を棄却した。

ところで，後述するようにA判決の判示はきわめて簡潔で，本件2判決の原判決で言及された利益衡量や民法の一部弁済代位の規律（同法502条1項）との関係には触れていない。むしろA判決の田原睦夫裁判官の補足意見では，「議論が複雑化しているのは，弁済による代位と関連づけて論じられているところが大きい」として，開始時現存額主義の適用範囲を総債権とするか口単位とするかという本論点に関する限り，弁済による代位と関連付けることには消極的とみられる。

そこで，本稿では，本論点が利害関係者の利益調整にどのような帰結をもたらすのか，また，民法の一部弁済代位との関係はどのようなものかに焦点をあてた検討をしたい。また，口単位説の先に連なる問題である，代位権不行使特約と弁済充当特約の効果についても触れることにする。

## 1 本件2判決の事案の概要と結論

### (1) 事案の概要

---

*1　本件2判決の原判決の評釈として，①加々美博久「開始時現存額主義の適用範囲」金法1843号10頁，②石井教文「開始時現存額主義の適用範囲—異なる立場に立脚した二つの大阪高裁判決を契機として—」金法1846号21頁，③拙稿「破産債権者が物上保証人から複数口の債権の一部に全部弁済を受けた場合の取扱い—相反する大阪高裁の二判決の分岐点—」金法1847号4頁，④潮見佳男「複数債権のうちの一部債権の全額弁済と破産債権査定——一部債権の全額弁済と破産手続における『手続開始時現存額主義』」NBL891号12頁，⑤亀井洋一「判例批評」銀法695号42頁，⑥石毛和夫「数口債務と開始時現存額主義の適用」銀法695号64頁，⑦酒井廣幸「開始時現存額主義と物上保証人の複数債権一部全額弁済」金法1303号1頁，⑧杉本和士「判例批評」金判1305号21頁，⑨片岡雅「開始時現存額主義の適用範囲」金法1852号34頁，⑩畠山新「開始時現存額主義の適用範囲」金法1855号75頁，⑪角紀代恵「判例批評」判タ1284号138頁，⑫藤本利一「別除権行使による主たる債務の弁済と手続開始時現存額主義」阪大法学58巻6号155頁，⑬杉本純子「複数口債権の一部の全額弁済と開始時現存額主義の適用—民法上の一部代位から見る破産法上の開始時現存額主義—」同志社法学60巻7号1249頁，⑭瀬戸英雄＝山本和彦編『倒産判例インデックス』〔初版〕90頁（商事法務，2009年），⑮笠井正俊「判例批評」金法1876号52頁等がある。

論文／開始時現存額主義の適用範囲を示した最高裁判決に関する一考   229

## 【図1】本件2判決の事案
（金額は概数である）

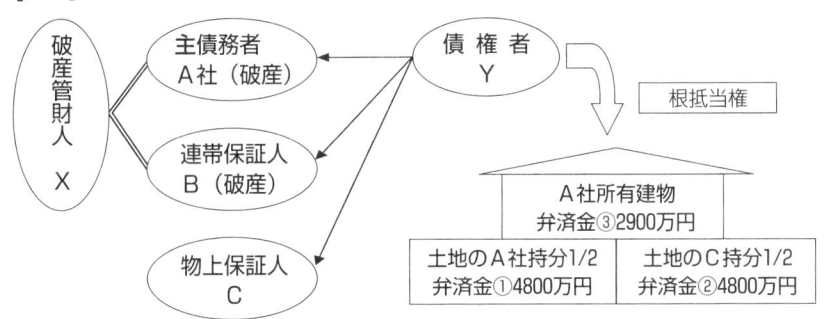

破産管財人 X
主債務者 A社（破産）
連帯保証人 B（破産）
物上保証人 C
債権者 Y
根抵当権

A社所有建物
弁済金③2900万円

土地のA社持分1/2
弁済金①4800万円

土地のC持分1/2
弁済金②4800万円

## 【表1】本件二判決の届出・充当・査定の明細

（単位：万円。なお，金額はいずれも概数であるため本表中では合計の一致しないところがある。）

| (1) 債権内訳 | (2) 届出債権額 | (3) 別除権充当額 ※A社財産の売却金 | (4) 別除権充当後の残額 | (5) 物上保証分充当額 ※Cの財産の売却金 | (6) 物上保証分充当後の残額 | (7) A事件 査定決定 1審査定 2審査定 | (8) A事件 管財人主張額 | (9) B事件 査定決定 | (10) B事件 1審査定 | (11) B事件 2審査定（確定） |
|---|---|---|---|---|---|---|---|---|---|---|
| 貸付① | 3,500 | 3,500 | 0 | | | 0 | 0 | 3,500 | 0 | 0 |
| 貸付② | 1,100 | 1,100 | 0 | | | 0 | 0 | 1,100 | 0 | 0 |
| 貸付③ | 3,000 | 2,300 | 600 | 600 | 0 | 600 | 0 | 3,000 | 3,000 | 0 |
| 貸付④ | 2,600 | 0 | 2,600 | 2,600 | 0 | 2,600 | 0 | 2,600 | 2,600 | 0 |
| 貸付⑤ | 2,200 | 0 | 2,200 | 1,600 | 700 | 2,200 | 2,200 | 2,200 | 2,200 | 2,200 |
| 開始前利息等 | 200 | 200 | 0 | | | 0 | 0 | 200 | 0 | 0 |
| 開始後損害金 | 額未定 | 500 | 0 | | | 0 | 0 | 0 | 0 | 0 |
| 合計 | 12,700 | 7,700 | 5,500 | 4,800 | 700 | 5,500 | 2,200 | 12,700 | 7,800 | 2,200 |

弁済金①③　　　　　弁済金②

　Yは，A社に対する債権を担保するためA社の財産と物上保証人Cの財産に根抵当権の設定を受け，さらに保証人Bの保証を受けて5口の貸付（貸付①～⑤）を実行したが，その後，A社とBに同時に破産手続が開始し，Xが両名の破産管財人に選任された（【図1】参照）。手続開始後，前記根抵当権の目的不動産は任意売却され，Yは前記5口の破産債権に関し，A社財産の売却金から貸付①，②につき全額弁済，貸付③につき一部弁済を受け，Cの財産の売却金からの弁済金は，法定充当すれば貸付③の残額と貸付④につき全

額弁済，貸付⑤につき一部弁済となるものであった（【表1】参照）。

Yは，A社の破産事件において，別除権行使後の不足額として貸付③の残額及び貸付④，⑤の各全額につき破産手続上の権利行使を主張し，Bの破産事件において，貸付①ないし⑤の各全額につき保証債権の権利行使を主張し，Xがいずれもこれを認めず，査定決定・査定異議の訴え・その控訴審を経て，本件2判決に至った。

(2) **本件2判決の原審の結論**

主債務者Aの破産事件に関する査定異議控訴事件であるA判決の原審判決は，総債権説を採用してYの破産債権を貸付③〜⑤の開始時現在額と査定し，保証人Bの破産事件に関する同控訴事件であるB判決の原審判決は，口単位説を採用してYの破産債権を貸付⑤の開始時現在額と査定した。

(3) **本件2判決の結論**

本件2判決のうちA判決は，開始時現存額主義の適用範囲の論点を正面から取り上げ，破産法104条1項及び2項は，「飽くまで弁済等に係る当該破産債権について，破産債権額と実体法上の債権額とのかい離を認めるものであって，同項にいう『その債権の全額』も，特に『破産債権者の有する総債権』などと規定されていない以上，弁済等に係る当該破産債権の全額を意味すると解するのが相当である」と判示して口単位説によるべきことを明らかにした。

他方，口単位説を採用した原審判決の上告審判決であるB判決は，開始時現存額主義の適用範囲に関する論点につき上告不受理とした。A判決の前記判示からは，主たる債務者の破産事件において物上保証人が弁済した場合（A事件）のみならず，保証人の破産事件において主たる債務者及び物上保証人が弁済した場合（B事件）にもその射程（口単位説）が及ぶことは明らかである。原判決を支持するにあたり，A事件に重ねてB判決でも同様の判断をあえて示すことはなかったということであろう。

## 2 考察

(1) **A判決の理由**

A判決は，まず，全部義務者の破産手続開始の決定後に他の全部義務者が

弁済等をすれば,「実体法上は,上記弁済等に係る破産債権は,上記弁済等がされた範囲で消滅する」とし,「しかし,破産法104条1項及び2項は,複数の全部義務者を設けることが責任財産を集積して当該債権の目的である給付の実現をより確実にするという機能を有することにかんがみ,この機能を破産手続において重視し」て開始時現存額主義を定めたものであると判示したうえで,「同条1項及び2項は,上記の趣旨に照らせば,飽くまで弁済等に係る当該破産債権について,破産債権額と実体法上の債権額とのかい離を認めるものであって,同項にいう『その債権の全額』も,特に『破産債権者の有する総債権』などと規定されていない以上,弁済等に係る当該破産債権の全額を意味すると解するのが相当である」との理由により,口単位説によると結論付けた。

判示は簡潔であるが,いわば開始時現存額主義は,全部義務者を設けた債権者の利益を考慮して実体法を修正するものであると位置付け,その適用範囲は謙抑的であるべきとのニュアンスを読み取ることができるように思われる。

A判決が,開始時現存額主義の適用範囲について前記のとおり一般論を示したことからすれば,具体的な利益衡量に言及はしていないものの,その適用が想定される様々な場面において,開始時現存額主義が利害関係人間の利益衝突にどのように作用するかは,やはり無視することはできず,判決の背後にもそのような考察があったものと想像される。そこで,まず,開始時現存額主義が問題となる主な場面での利益衝突の状況を概観することにする。

### (2) 利益衝突の状況

さて,開始時現存額主義が問題となる主な場面の利益衝突の状況は【表2】のように整理できよう。

複数口債権の一部の全額弁済の場合はもちろん,1口債権の一部弁済であっても,【表2】記載の③,④,⑤,⑥,⑦の場面では,開始時現存額主義の適用の有無によって他の破産債権者への配当に影響が出る。すなわち,開始時現存額主義は,原債権者(人的担保ないし物上保証によって弁済を受けた者)と弁済者の間の利益調整(両者間の利益調整だけを問題とすればよい場合を,以下,「コップの中の嵐」という)にとどまらず,原債権者と他の債権者の利益調整に

おいて，平時よりも前者の保護を強化する帰結を導くこととなる。

　まず，「コップの中の嵐」事案（①，②の場面）を見る。例えば，主債務者が破産し保証人が一部弁済する①の場面で，保証付債権5口を有する債権者が，保証人から4口の全部弁済を受けたとき，なお，5口全部の権利行使ができるとすれば，保証人は求償の機会をまったく絶たれる。保証人には不利益であるが，弁済者は，破産者と原債権者との債権関係に意識的・能動的に接近しているのが通常だから，一定の程度で原債権者に劣後することを予測すべきとの結論も受け入れられる余地があると思われる。②の場面（A事件の争点）でも同様であろう[*2]。

　他方，「原債権者VS他の破産債権者」の典型事例ではどうか。例えば，保証人が破産し主債務者が一部弁済する③の場面（B事件の争点）で，債権者が保証付債権5口を有し，開始後に主債務者から4口の全部弁済を受けたとき，なお5口全部の権利行使ができるというのは，破産債権全体に占める当該債権者のシェアがいわば水ぶくれ状態にあるようで，他の破産債権者との公平を損なうように思われる[*3]。

　前者の例ではいずれの結論もありえようが，後者の例では口単位に考えるべきではなかろうか。

　「コップの中の嵐」事案か否かで開始時現存額主義の適用範囲を異ならせることを提唱する見解があるが[*4]，主債務者破産，保証人破産，連帯債務者破産などを，すべて同一の条文で処理することが前提とされている中で，

---

[*2] 拙稿・前掲（＊1）5頁では，保証人・物上保証人のこの不利益は無視できないと考えていた。

[*3] 伊藤眞『破産法・民事再生法』〔第2版〕216頁（有斐閣，2009年）は，「現存額主義は，一個の債権に限って，全部義務者の責任の性質を重視して，実体法上の債権額と破産債権額が乖離することを認める原則であり，たとえ同一の根抵当権によって担保されているものであっても，債権が別個である以上，このような乖離を認める理由は存在しないから，現存額主義…（略）…は適用されず，また，その趣旨を拡張することは，他の破産債権者との平等を害するおそれもあるから，当該債権の破産債権としての行使を認めるべきではない」（注：下線は筆者）として，B判決の原判決における，根抵当権実行により主債務者が数口の債権の一部を全額弁済することについての規律を支持される。筆者は，下線部分が実質的理由として重要だと考える。なお，伊藤眞ほか『条解破産法』722頁，727頁（弘文堂，2010年）も，本件2判決の原判決に言及し，A判決の原判決に反対し，B判決の原判決を支持する。

[*4] 角・前掲（＊1）144頁，杉本純子・前掲（＊1）1274頁。

適用場面ごとに破産法104条1項，2項の「債権」の解釈を変更することには，やはり躊躇を覚える。個々の債権あるいは総債権のいずれか統一的な解釈をすべきと考えるが，前者，後者のいずれの場面にも統一的な解釈で臨むならば，口単位説をとらなければ妥当な結論を導きえないと考えられる[*5]。

もっとも，例えば，5000万円の1口債権につき他の全部義務者等から4000万円（もっと極端には4999万円）の弁済があった場合には，当然，開始時現存額主義が適用される以上，この場合と5口債権の4口全部弁済の設例との間に，実質的な相違はないとの反論が当然ありえよう。しかし，平時と比較して債権者平等を修正する開始時現存額主義の適用は，そもそも制限的に解釈することが望ましいとの価値判断に立って，たとえ両者間の「実質的」相違は大きくなくとも，1口の債権に全部弁済がされたか否かという明確な「形式的」相違があれば，その相違に着目して，その適用範囲を画すべきだと考える。

### (3) 民法の一部代位との関係

(a) **破産法104条と民法502条の関連性**　前述のとおり，B判決はもとより，開始時現存額主義を正面からとりあげたA判決も，本件2判決の原判決のいずれもが言及した民法の一部弁済代位の規律（民502条1項）と開始時現存額主義との関係には触れていない。はたして，本論点と民法の一部弁済代位とはどのような関係にあるのか。

さて，破産法104条の解釈について，しばしば同条と民法502条との関連が指摘されるが[*6]，破産法104条は，平時の弁済による代位（以下，「弁済者代位」という）の適用範囲の「一部」を規律しているが，その「全部」は規律

---

[*5]　杉本和士・前掲（*1）28頁，笠井・前掲（*1）55頁参照。

[*6]　①例えば，旧破産法下で，物上保証人からの一部弁済にも開始時現存額主義の適用があることを示した最判平成14・9・24（民集56巻7号1524頁，金判1161号3頁。この判例が，現破産法104条5項となった）は，その判示中で，債権の一部弁済をした物上保証人が，同債権を被担保債権とする抵当権の実行による競落代金の配当について債権者に劣後することを示した最判昭和60・5・23（民集39巻4号940頁，金判724号3頁）を引用し，「弁済による代位は代位弁済者が債務者に対して取得する求償権を確保するための制度であり，そのために債権者が不利益を被ることを予定するものではない」と述べ，弁済による代位制度の趣旨を理由の1つとして，前記結論を導いている。②潮見・前掲（*1）12頁は，破産法104条2項，5項の規定は，債権者の一部弁済がされた場合の代位に関する民法502条1項の規定を念頭においたものであるとされる。

していない。すなわち，民法の弁済者代位は，①原債権を被担保債権とする担保権実行（実務ではこれが最も重要である。以下，【規律領域①】という）のほか，②原債権によるその主たる債務者の一般財産に対する執行や，原債権の保証人や連帯債務者の一般財産に対する執行（これらを合わせて以下，【規律領域②】という），といった各場合に生じうる。一方，破産手続は債務者の一般財産に対する包括執行であり，破産法104条4項により【規律領域②】を規律するが，【規律領域①】については担保権を別除権として規律の外におき，民法の規定が直截に適用される。

さらに，破産法104条は，求償権者の権利行使につき，弁済者代位を超える規律をも含んでいる。すなわち，民法の弁済者代位は，弁済者の固有の求償権行使を規律するものではないが，破産法104条4項は，一部弁済者の固有の求償権行使（以下，【規律領域③】という）についても原債権者優先主義を貫いている。

加えて，破産法104条が求償権者の生じないケース，あるいは求償権者が生じる場合であっても他の債権者との利益調整のケース（以下，【規律領域④】という）まで規律していることは，すでに述べたとおりである。

以上のように，破産法104条の開始時現存額主義の規律は平時の弁済者代位のそれと適用範囲は一部重なり，一部相違する。その関係を図式化すると【図2】のようになろう。

(b) 本件2判決と最高裁平成17年判決の関係　本件2判決の原審では，民法の一部代位に関する最判平成17・1・27（民集59巻1号200頁，金判1215号27頁。以下，「平成17年判決」という）との関係が問題とされた。

しかし，平成17年判決は，「不動産を目的とする1個の抵当権が数個の債権を担保し，そのうちの1個の債権のみについての保証人が当該債権に係る残債務全額につき代位弁済した場合は，当該抵当権は債権者と保証人の準共有となり，当該抵当不動産の換価による売却代金が被担保債権のすべてを消滅させるに足りないときには，債権者と保証人は，両者間に前記売却代金からの弁済の受領についての特段の合意がない限り，前記売却金につき，債権者が有する残債権額と保証人が代位によって取得した債権額に応じて按分して弁済を受ける」と判示するものであり，本件2判決とは相当程度事案が相

【図2】 民法の弁済者代位と破産法104条の適用領域

民法の弁済者代位　　破産法104条

【規律領域①】
求償権者による，原債権を被担保債権とする担保権の行使

【規律領域②】
求償権者による，原債権代位に基づく主債務者又は他の全部義務者の一般財産への権利行使

【規律領域③】
求償権者の固有の求償権行使の制限

【規律領域④】
原債権者と求償権者以外の債権者との利益調整

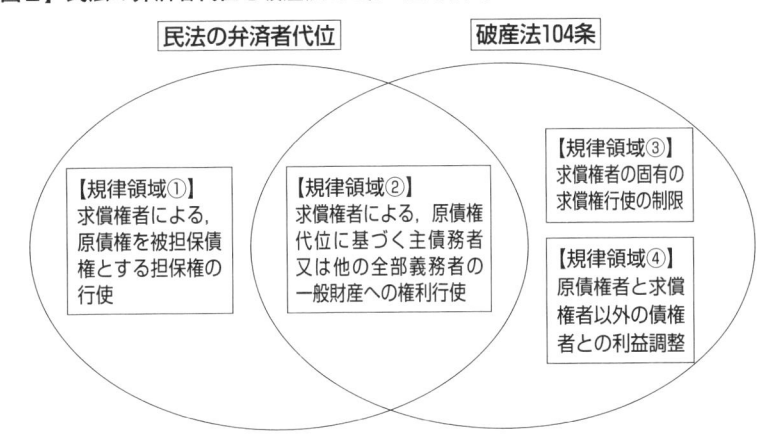

【表2】 全部義務者等の一部弁済の場合の利益衝突

| | ① | ② A事件 | ③ B事件 | ④ B事件 | ⑤ | ⑥ | ⑦ |
|---|---|---|---|---|---|---|---|
| 破産者 | 主債務者 | 主債務者 | 保証人 | 保証人 | 連帯保証人 | 連帯保証人 | 連帯債務者 |
| 一部弁済した全部義務者等 | 保証人 | 物上保証人 | 主債務者 | 物上保証人 | 他の連帯保証人 ※自己の負担部分を超える額を一部弁済の場合 | 他の連帯保証人 ※自己の負担部分以下の額を一部弁済の場合 | 他の連帯債務者 |
| 一部弁済者の民法上の求償権等の額 | 弁済額全額 民459① 民462 | 弁済額全額 民351 民372 | なし | 弁済額の一部 ※弁済額を保証人と物上保証人の数で除した額 民501五 | 弁済額の一部 ※弁済額のうち自己の負担部分を超える額 民465① 民442① | なし 民465① | 弁済額の一部 ※弁済額のうち他の連帯債務者の負担割合の額 民442① |
| 開始時現存額主義の適用いかんによる利益衝突の当事者 | 原債権者 VS 一部弁済者 | 原債権者 VS 一部弁済者 | 原債権者 VS 他の破産債権者 | 原債権者 VS 一部弁済者 &他の破産債権者 | 原債権者 VS 一部弁済者 &他の破産債権者 | 原債権者 VS 他の破産債権者 | 原債権者 VS 一部弁済者 &破産債権者 |

違する。そうであるにもかかわらず，はたして本件2判決の事案で，これを参照すべきものなのであろうか。

　前記のとおり，民法の弁済者代位と破産法104条との規律領域が重なるの

は【規律領域②】だけである。他方，平成17年判決は，破産法104条が規律しない【規律領域①】における判例であって【規律領域②】に関するものではない。同判決と本件2判決の間のこの規律領域の相違は無視できないと考える（なお【規律領域②】における民法の一部代位に関する公表判例として，参考になるものは見当たらない）。

　もっとも，破産法104条の適用場面でも，それが原債権者と求償権者との優劣だけが問題となる「コップの中の嵐」事案（【表2】の①，②の場面。A事件がこれにあたる）にとどまる限りは【規律領域①】との類似点を指摘することもできよう（ただし，平成17年判決は，複数口の債権の1口のみの保証人が当該債権を全額弁済した事案であり，本件2判決の問題である複数口の債権すべての全部義務者等が一部債権のみ全額弁済した事案ではない。その意味でも平成17年判決は，ここでの推論の基礎とするには慎重であるべきと考える）。しかし，原債権者と求償権者の2当事者間の関係のみに着目して開始時現存額主義の適用範囲の結論を導けば，他の規律領域，具体的には【規律領域④】における帰結の妥当性を看過しかねない。

　ところで先に【規律領域③】に目を向ければ，民法上は優劣のない原債権者の原債権行使と求償権者の固有の求償権行使について，破産法104条は原債権者を優先している。破産手続は原債権者と求償権者の2当事者間では，平時と比べ，前者を厚遇し後者に冷淡であるともいえる。その点のみ着目すれば，開始時現存額主義の適用範囲において，前者の保護に厚い総債権説に親和性があるように見えなくもない。

　では【規律領域④】についてはどうか。そもそも求償権者が生じない場合を含め，原債権者と求償権者以外の債権者との利益調整の問題は，民法の弁済者代位からは推論を導けない領域である。そこではむしろ破産法が依拠する価値判断そのものによって規律されなければならないと考える。そして，この問題に関しては，破産手続において債権者平等を修正し，平時と比較して原債権者を他の債権者より優遇する帰結をもたらす開始時現存額主義は，制限的に解釈することが債権者間の公平に適合するのではなかろうか。

　すなわち，全債権者間の公平は，破産手続全体を貫く基本理念であって，原債権者と全部義務者という2当事者間の優劣関係に優先すると考えること

から，民法の一部代位等に関する規律を考慮に入れてもなお，開始時現存額主義を制限的に解釈する口単位説が正当との結論に，変更を加える必要はないと判断するものである。

### (4) 口単位説の先に連なる問題

(a) 代位権不行使特約と弁済充当特約の関係　　A判決は開始時現存額主義の適用につき口単位説によるべきことを明らかにしたが，その原判決で債権者が主張した代位権不行使特約の効果と，弁済充当特約及びこれに基づく指定の効果につき，さらに審理を尽くさせるため原審に差し戻した[*7]。

開始時現存額主義が口単位で適用されるとしても，これら特約の効果が認められれば，債権者は，より有利な地位を得ることができる。以下，口単位説の先に連なるこれら特約の効果について触れる。

(b) 代位権不行使特約の効力　　代位権不行使特約とは，A判決の原審の事実摘示によれば，原債権者と求償権者との間で，求償権者が債務の一部を弁済して原債権者に代位する場合には，①原債権者の承認を受けた場合を除き，その代位により取得すべき一切の権利を行使せず（以下，「特約①」という），②原債権者の請求により，その権利又は順位を原債権者に無償で譲渡する（以下，「特約②」という）旨のものである。

B判決の原審では，当該特約は，複数債権のうちの一部債権に全部弁済があった場合にも適用されるとの原債権者の主張について，当該特約は，1個の債権の一部についてのみ弁済された場合を想定していると解されるとの理由から，B事件への適用を否定した（B事件で当該争点は独立の上告受理申立理由とはされなかったようである）。

一方，当該特約の解釈として原債権者の上記主張が採用された場合，また，今後，上記主張のように解釈されるよう当該特約が改定された場合には，それが，破産手続において効果を主張できるのかが問題となろう。

さて，特約①については，破産法104条1項，2項の効力は求償権者の代位権の行使の有無により左右されるものではないから，複数債権の全部義務者等がその一部の債権を全部弁済した場合，特約の効果として，全部弁済の

---

[*7]　その後，A判決の差戻審は和解で終了したようである。

あった当該債権の権利を原債権者が行使できるとの帰結は導けないと考える。

では，特約②はどうであろうか。この問題を考えるにあたり，仮に当該特約がなかった場合を想定しよう。その場合，求償権者は破産法104条4項により求償権の範囲内で原債権者が有した権利を行使できるところ，原債権者が求償権者から当該権利の譲渡を受ければ，原債権者の当該譲受にかかる権利行使を否定する理由はない。そうであるならば，原債権者と求償権者との間で，一部債権の全部弁済後，特約②に基づき前記譲渡があっても結論は異ならない。その意味において特約②は破産手続においても意味をもちうる。

ただし，【表2】記載④，⑤，⑦の場合など，求償権者が全部弁済を受けた債権額よりも当該全部弁済をした求償権者の求償権の額が少ないときは，原債権者と求償権者との合意によって，他の破産債権者に不利益を与えることはできないことから，特約②によっては，総債権につき開始時現存額主義を適用した場合と常に同一の効果を挙げることはできないと思われる。

また，特約②は，原債権者と求償権者との間の合意であり，たとえ破産手続開始前に破産者が当該合意に承認を与えていたとしても，原債権者の当該求償権者や破産管財人に対する一方的な意思表示のみでは直ちに原債権者への権利移転は発生せず，あくまで求償権者が破産法104条4項の権利を原債権者に譲渡することが必要であると考えられる。

(c)　弁済充当特約の効力　　次に，弁済充当特約の効力はどうか。ここで，弁済充当特約とは，全部義務者と債権者との間で，複数債権の全部を消滅させるに足りない弁済がされたときは，債権者が適当と認める順序方法により任意の時期にこれを各債務に充当することができ，その充当に対して全部義務者は異議を述べない旨の合意をいう。

その効力についてB判決は，当該事案につき，弁済を受けてから1年以上が経過した時期において初めて弁済充当特約に基づく充当指定権を行使することは，法的安定性を著しく害するものとして許されないと判示した。

換言すれば，B判決も，破産手続開始後の全部義務者等からの弁済につき，弁済充当特約に基づき充当指定権の行使一般を否定しているわけではない（田原睦夫裁判官の補足意見で，その点が明言されている）。そうであれば，充当

指定権を相当な時期に行使する限り，弁済金の充当先を複数債権に散らせて，全額弁済された債権を発生させないことにより，総債権説によるのと同一の結果を得ることが認められるのであろうか。

田原補足意見は，破産管財人の別除権の目的財産受戻しの場面では，破産債権者は弁済充当特約の効力を主張できないとされる。これを本件事案にあてはめれば，A社破産管財人Xが，A社財産の売却により債権者Yに対して行った弁済は法定充当によって処理するというものである。しかし，破産していない物上保証人Cの財産の売却金からの弁済については，弁済充当特約に基づく充当指定権行使は否定されない。つまり，田原補足意見によっても，保証人Bの破産事件についてみると，全部義務者の弁済は，それが破産管財人からの弁済でない限り，やはり，弁済金の充当先の債権を散らせて総債権説によるのと同一の帰結を許容することとなる。さらには，主たる債務者であるA社が仮に破産していなかったならば，A社財産の売却金からの弁済についても，総債権説によるのと同一の帰結を許容することになる。

しかして，この帰結は不可避なのであろうか。私見では，債権者間の公平の観点から，破産手続（本件における，主たる債務者A社の破産事件と保証人Bの破産事件）において破産債権者は，破産手続開始後の他の全部義務者からの弁済（A社の破産事件における物上保証人Cからの弁済，保証人Bの破産事件における主たる債務者A及び物上保証人Cからの弁済）につき弁済充当特約による充当指定権の行使を主張することはできず，当該破産手続との関係では当該弁済には法定充当がされたものとして取り扱うことも可能であると考える[*8]。B判決は充当指定権の行使時期によって結論を導いたが，それ以外の理由によって破産手続における充当指定権の一般的な有効性を制限する余地を，およそ否定したものとまではいえないと考えられる。

## おわりに

A判決により開始時現存額主義の適用範囲は実務的に一応の決着をみたが，同時に本件2判決の事案は，破産手続における代位権不行使特約や弁済

---

[*8] 藤本・前掲（*1）173頁は，その可能性を示唆する。

充当特約の取扱いについて新たな問題を提起した。

　これらの問題について，金融機関の利益には適切な配慮を行いつつも，信用収縮の究極の場面である破産手続における債権者間の公平の要請との関係において，調和のとれた議論が進むことを期待したい。

## ■コメント

# 手続開始時現存額主義の意義と弁済充当の合意

大阪大学大学院高等司法研究科教授 藤 本 利 一

　印藤弘二弁護士は，最判平成22・3・16（金判1339号31頁，以下「A判決」という）及び最判平成22・3・16（金判1339号40頁，以下「B判決」という）を参照しつつ，複数口債権の一部債権の全額弁済に対する現存額主義の適用の有無を論じた。以下では，この論考につき若干の検討を行う（なお，拙稿「判批」阪大法学58巻6号155頁（2009年）参照）。

## 1　手続開始時現存額主義の意義について

　伊藤眞教授によれば，現存額主義の意義は，第1に，破産手続開始時の現存額全額が破産債権になる点であり，第2に，いったん現存額の届出をすれば，その後に一部弁済があっても，破産債権額に影響が生じないことにある（破産法（以下，「法」という）104条2項）とされる（伊藤眞『破産法・民事再生法』〔第2版〕215〜216頁（有斐閣，2009年））。破産手続開始後の弁済による減額を手続に反映させない日本法においては，破産債権額と弁済により減少した実体法上の債権額との「食い違い」をどのように正当化するかが問題となる（伊藤眞「現存額主義再考―物上保証人による弁済への適用可能性―」河野正憲＝中島弘雅編『倒産法大系』46頁，51〜52頁（弘文堂，2001年））。

　伊藤教授によれば，このような「食い違い」は，「人的担保機能を重視して，原破産債権者の利益を求償権者のそれより優先させ，あえて実体権との乖離を許容して，原破産債権者が宣告（編注：当時）時における破産債権全額を行使することを認めたもの」と解される。ここでのポイントは，「一般債権者の利益を害しない限度で」，求償権者の利益よりも，原債権者の利益を優先させることにある。この説によれば，原債権者と求償権者の相互関係に

加え，他の一般破産債権者の利益が考慮されることになる。

　印藤論文は，詳細な場合分けを行い，原債権者と求償権者のみの利益衡量にとどまらない状況（【図表2】事例③〜⑦）を析出し，破産債権者一般の利益に着目した点で評価されるべきである。この点は，伊藤教授の指摘とも関連し，現存額主義の適用が制限される可能性が導かれる。

　しかし，保証人破産（法105条参照）において，主債務者が手続開始後に一部弁済をしても，保証人に対する債権が減額されず，法104条2項と同様の処理がなされるのであれば（伊藤眞ほか『条解破産法』729頁（弘文堂，2010年），大阪高判平成20・5・30（金法1839号41頁），とくに山本和彦ほか『倒産法概説』〔第2版〕172〜173頁〔沖野眞己〕（弘文堂，2010年）参照），別の立論を考える必要があるかもしれない。この場合，主債務者には求償権がないことから，債権を減額しないと他の一般債権者の利益を害してしまわないかについて，真摯に考えるべきである。

　いわゆる「食い違い」が生じるのは，破産手続開始後の一部弁済についてである。逆にいえば，手続開始前の一部弁済については，実体法上の債権額とずれは生じない。すなわち，日本法は，手続開始までは実体法に忠実であり，開始後にその規律から乖離する。これは破産手続における実体法の修正ともいえ，現存額主義はこの点を正当化する原則ということになる。手続開始後になされた一部弁済によって，原債権を減額したり，新たな破産債権者（求償権者）に配当資格を付与するのは，破産手続を遅延させ，破産管財人の負担となる。こうした遅延などから生じるコストは，他の一般破産債権者に対する損失ともなろう。それゆえ，簡易迅速な手続処理，破産管財人の負担軽減といった手続的利益ないし価値を，開始時の現存額に限定することにより実現することにこそ，現存額主義の基礎はあるようにも思われ（本倒産実務交流会での中井康之弁護士の発言），また，破産財団の価値もこのような処理によりその毀損を免れるともいえる。したがって，保証人破産の場合にも，手続開始後の一部弁済による減額を認めないとする立場をとるのであれば，それは，手続上の利益を優先しているということになると思われる（この場合，現存額主義の及ぶ範囲の限定解釈に言及するものとして，山本ほか・前掲173頁〔沖野眞己〕参照）。

## 2 充当の合意について

　弁済充当についての民法の態度は，任意規定とされており，そうであれば，債権者は，債務者ないし保証人との間で事前に充当の合意を締結し，適時にまた個々の債権が消滅しないように，適切に充当を行うであろう。その意味で，判例法理が，「Ｂ判決」の原審の方向で固まったとしても，実務上，人的担保をとった債権者が，開始後の一部弁済の有無にかかわらず，複数口の債権全額を届け出ることが許される可能性は高いと思われる。

　田原睦夫最高裁判事は，その補足意見で，不動産競売手続の配当手続において，事前の弁済充当合意の効力を認めないとする判例（最判昭和62・12・18（民集41巻8号1592頁））を引用しつつ，破産手続開始決定後も，弁済充当合意の効力が存続し，破産債権者において自由な弁済充当指定ができれば，他の一般破産債権者との関係できわめて不均衡な結果が生じうると指摘する。その一方で，この理は，破産債権者と破産者との間の当該合意の効力に影響するが，破産債権者が保証人等との間でした充当合意に基づく充当指定の権限行使を妨げるものではない，とされる。

　印藤論文においては，任意の充当合意に基づく指定充当権の効力を破産配当において一律に否定し，法定充当によって処理することが可能性として示唆されている。その理由としては，債権者間の公平に資するということが挙げられている。基本的に賛成したい。

　印藤論文におけるその理論の特徴は，債権者間の公平という破産手続が重きをおく価値ないし原理にその正当化根拠を求めているところにある。契約の自由という重要な法原理には，例えば，効率的な処理を行うべきという手続的な価値など，それに対抗しうる様々な法原理があるはずである。そのため，契約の自由を基本的に尊重するとしても，そうした諸々の価値との抵触を慎重に検討していくことが求められるように思われる（後掲稲田論文・藤本論文参照）。

# 第2 │ 弁済による代位

■論　文

## 弁済による代位と民事再生—大阪高裁平成22年5月21日判決の事案から—
## (附)最高裁平成23年11月24日判決について

弁護士　野　村　剛　司

### 1　はじめに

　本件は，請負契約の注文者の前渡金返還請求権を保証した金融機関が，請負人の民事再生手続開始後，管財人（本件は，開始決定と同時に管理命令が発令された事案）が民事再生法49条1項に基づき解除を選択したことによる注文者の前渡金返還請求権につき保証履行した後，弁済による代位により，原債権である前渡金返還請求権の共益債権性を主張した訴訟である。

　筆者は，本件の一方当事者（再生事件の管財人代理）であるが，保証人である金融機関の求償権が再生債権である以上，弁済による代位によって取得した原債権（前渡金返還請求権）が共益債権であったとしても，再生債権の範囲を超えて行使することはできないと考えている（民501条柱書）。この点については，多くの判例評釈や論文によりご批判をいただいているところであるが[1]，

---

[1]　発表順に，高橋眞「判批」金法1885号10頁，黒田直行「判批」ＪＡ金融法務463号56頁，高木多喜男「判批」金法1890号20頁，伊藤眞「財団債権（共益債権）の地位再考」金法1897号12頁，髙部眞規子「判批」金法1897号26頁，宮下央「判批」銀法722号16頁，上原敏夫「判批」判時2078号173頁，松下淳一「共益債権を被担保債権とする保証の履行と弁済による代位の効果」金法1912号20頁，杉本純子「判批」『速報判例解説(9)（法学セミナー増刊）』199頁（日本評論社，2011年），長谷部由起子「弁済による代位（民法501条）と倒産手続」学習院大法学会雑誌46巻2号223頁，杉本和士「判批」金判1361号54頁，田頭章一「判批」金法1929号52頁，村田利喜弥「判批」ＮＢＬ961号19頁，加藤哲夫「判批」判時2120号（判評632号）167頁等。

今般，平成22年10月開催の倒産実務交流会で発表の機会を得たので，筆者の見解を述べたい。なお，紙面の関係上，すべての論点には触れられないことをお断りしておく。

## 2 事案の概要

### (1) 事実関係

事実関係の詳細については，第一審の大阪地判平成21・9・4（判時2056号103頁）を参照されたいが，2点付記しておくと，1点目として，保証人である金融機関が前渡金返還請求権の保証を行った平成19年12月26日の直後の平成20年1月7日に請負人は私的整理に入っている（この私的整理が成立せず，同年6月5日，再生手続開始申立てに至った）。また2点目として，保証人である金融機関は，保証履行後に，念のためとして再生債権の届出も行っている。

### (2) なぜ本件が問題となったのか

同種事案がありそうな中で，なぜ本件が問題となったのかについて触れておきたい。通常，金融機関が前渡金返還請求権の保証を行う場合，請負人から注文者の前渡金と同額の預金を積ませるといった方法で信用補完し，リスク回避を行っている。すなわち，請負人が破綻した場合に，注文者に対し保証履行したとしても，同額の預金を積ませていることから，求償権（又は原債権）との相殺により回収を図っている（このように信用補完を行っているから，問題とならなかったのである）。

ところが，本件は，前述したとおり，私的整理に入る直前の契約で，金融機関が預金を積ませるといった信用補完ができないままとなったため，問題が顕在化したものである。

### (3) 第一審判決

第一審判決は，原債権は共益債権であるが，求償権は，再生債権として，再生手続開始後は，原則として再生計画の定めるところによらなければ弁済等が許されない（民再85条1項）という行使についての手続法上の制約が存するのであるから，原債権を求償権と独立して行使することができない以上，再生債権と同様の制約に服することになるとして，訴えを却下した。原告（保証人である金融機関）が控訴した。

### (4) 第二審判決

 これに対し，第二審判決である大阪高判平成22・5・21（判時2096号73頁）は，民法501条の代位の趣旨につき，民法は手続法ではなく実体法であることに鑑みれば，同条柱書の「自己の権利に基づいて求償をすることができる範囲内」とは，求償権が存する場合にその求償をできる上限の額の範囲内，すなわち実体法上の制約の範囲内を意味していると解すべきであり，同条柱書の解釈として，債務者が原債権を行使する代位弁済者に対し，求償権の行使に手続法上の制約が存することをもって対抗できると解するのは相当でなく，民事再生法の観点からの検討においても同様であるとして，原判決を取り消し，第一審に差し戻した。

### (5) 現　状

 再生事件の管財人は，上告及び上告受理申立てを行っている（なお，銀行法務21・727号掲載時点であり，最高裁の判断については後述6参照）。

## 3　本件の争点

### (1) 前　提

 (a)　**求償権は再生債権**　　保証人の求償権が再生債権であることには争いがない（再生手続開始前の保証契約に基づき生じた将来の事後求償権）。

 (b)　**原債権は場面により異なる**　　原債権については，場面により性質が異なる。このうち，本件のように，管財人が民事再生法49条1項に基づき解除を選択した場合の注文者の前渡金返還請求権については，共益債権と解されている（同条5項，破54条2項）[*2]。

 この点，他の場面を確認しておくことが大切である。まず，注文者が請負人の債務不履行に基づき解除をした場合の前渡金返還請求権は，再生債権である。さらにいえば，請負人が倒産手続に入らなかった場合（事実上の倒産の場合），注文者の請負人に対する債権は一般の債権である（何ら優先権はない）。また，注文者が請負代金の全額を前払いしていた場合には，一方既履行とし

---

[*2]　破産の事案で，最判昭和62・11・26（民集41巻8号1585頁）は，財団債権とするが，異論もあるところである。筆者も注文者の前渡金返還請求権は破産債権であると考えているが，本件ではこの点は差し控える。

て民事再生法49条1項の適用はなく，注文者の債権は再生債権となる。これらの場面の取扱いは争いがないところである。

このように，請負人の破綻の各場面の中でも，求償権と原債権がいずれも再生債権（一般の債権）であれば，保証人は再生債権者（一般の債権者）でしかない。請負人に再生手続開始決定があり，管財人（本件の場合）が民事再生法49条1項に基づき解除を選択した場合の，それも，出来高精算を行い，前渡金のほうが多い場合の出来高超過部分の返還請求権が共益債権となるのであり，原債権については共益債権が前提ではなく，きわめて例外的（それもかなり偶然的）な場合に共益債権として取り扱われるものであることに注意が必要である。

(2) **本件のメインの争点**

(a) 民法501条柱書の解釈　本件のメインの争点は，民法501条柱書の「自己の権利に基づいて求償をすることができる範囲内において」の解釈である。

民法501条柱書は，「前2条の規定により債権者に代位した者は，自己の権利に基づいて求償をすることができる範囲内において，債権の効力及び担保としてその債権者が有していた一切の権利を行使することができる」と定める。この弁済による代位の制度は，代位弁済者の債務者に対する求償権を確保することを目的として，弁済によって消滅するはずの原債権及びその担保権を代位弁済者に移転させ，代位弁済者がその求償権を有する限度で移転した原債権及び担保権を行使することを認める制度である。このように，「求償権を確保する目的」のために原債権を行使できるものであり，「原債権が求償権の制約を受ける範囲」が問題となるのである。

(b) 弁済による代位の制度の本質　この点，弁済による代位の制度の本質を確認する必要があるが，最判昭和59・5・29（民集38巻7号885頁）及び最判昭和61・2・20（民集40巻1号43頁）（以下，「最高裁昭和61年判決」という）が先例としてある。

最高裁昭和61年判決は，「弁済による代位の制度は，代位弁済者の債務者に対する求償権を確保することを目的として，弁済によつて消滅するはずの債権者の債務者に対する債権（以下「原債権」という。）及びその担保権を代位

弁済者に移転させ，代位弁済者がその求償権を有する限度で右の原債権及びその担保権を行使することを認めるものである。それゆえ，代位弁済者が代位取得した原債権と求償権とは，元本額，弁済期，利息・遅延損害金の有無・割合を異にすることにより総債権額が各別に変動し，債権としての性質に差違があることにより別個に消滅時効にかかるなど，別異の債権ではあるが，代位弁済者に移転した原債権及びその担保権は，求償権を確保することを目的として存在する附従的な性質を有し，求償権が消滅したときはこれによって当然に消滅し，その行使は求償権の存する限度によって制約されるなど，求償権の存在，その債権額と離れ，これと独立してその行使が認められるものではない。したがって，代位弁済者が原債権及び担保権を行使して訴訟においてその給付又は確認を請求する場合には，それによって確保されるべき求償権の成立，債権の内容を主張立証しなければならず，代位行使を受けた相手方は原債権及び求償権の双方についての抗弁をもって対抗することができ，また，裁判所が代位弁済者の原債権及び担保権についての請求を認容する場合には，求償権による右のような制約は実体法上の制約であるから，求償権の債権額が常に原債権を上回るものと認められる特段の事情のない限り，判決主文において代位弁済者が債務者に対して有する求償権の限度で給付を命じ又は確認しなければならないものと解するのが相当である」と判断している。

　(c)　「実体法上の制約」の意味　　ここで最高裁昭和61年判決が「求償権による右のような制約は実体法上の制約である」と明言しているのは，代位弁済者の債務者に対する給付請求等の限度を画する求償権を判決主文において表示することが必要であることの理由とされるものである。すなわち，このことは，民法501条柱書の「自己の権利に基づいて求償をすることができる範囲内において」という求償権による原債権の制約の法律上の性質が「実体法上」のものであるという意味である。この点，求償権の制約根拠について，「実体法上」のものである，あるいは「実体法上」のものに限るという意味ではないことに注意が必要である[*3]。

---

[*3]　この点，第二審判決，大方の判例評釈，論文等でも誤解していると思われる。

最高裁昭和61年判決の調査官解説[*4]においても、「原債権及びその担保権の行使についての右のような制約は、実体法上の制約であって、執行手続の段階で初めて考慮されるべき性質の制約ではないから、原債権及びその担保権を訴訟物とする判決手続においては、実体法上の要件事実として審理確定されるべきもので、特別な事情がない限り、原告の請求を認容する判決においてはその主文に右確定にかかる求償権の額を表示しなければならない」とされているように、求償権による制約は、判決段階、すなわち、もともとの原債権の実体法上の効力に影響する制約であって、執行段階の制約ではないということである。

(d) 第二審判決の問題点　ところが、第二審判決では、最高裁昭和61年判決を引用しつつ、求償権が存する場合にその求償をできる上限の額の範囲内、すなわち実体法上の制約の範囲内を意味していると解すべきとし、求償権の行使に手続法上の制約が存することをもって対抗できると解するのは相当でない、としている。ここでいう「実体法上の制約」と「手続法上の制約」は、前述した最高裁昭和61年判決における「実体法上の制約」とはまったく意味が異なることに注意が必要である。再度確認しておくが、最高裁昭和61年判決における「実体法上の制約」は、求償権による原債権の制約自体の法律上の性質を指しており、求償権に存する制約が「実体法上」のものか、「手続法上」のものかとは無関係である。

仮に、第二審判決における求償権に対する「実体法上の制約」と「手続法上の制約」の区別に意味があるとしても、民事再生法は、単に手続法ではなく、実体法とされる民法の特則となる倒産実体法があり、求償権が倒産実体法上、再生債権となることによる制約は、当然に「実体法上の制約」である[*5]。この点でも、第二審判決には問題がある。

---

[*4] 伊藤・前掲（*1）23頁脚注26でも引用されている塚原朋一調査官の解説（塚原朋一「判解」最高裁判所判例解説民事篇昭和61年度31頁（法曹会））参照。伊藤・前掲（*1）23頁では、「手続的制約」との用語を用い論じているが、この調査官解説を根拠とするのは正当ではない。

[*5] 杉本純子・前掲（*1）4頁においても、手続法上の制約と解した点に疑問を呈している。

## 4 その他の問題点

### (1) 原債権が租税債権の場合

本件に類似する事案として，関税等の租税債権の納付を保証していた金融機関が，再生（破産）手続開始後に手続開始前の租税債権を代位弁済した事案があり，東京高判平成17・6・30（金判1220号2頁）等の一連の判決（高裁レベルまで）により，一般優先債権（破産では財団債権）としての代位を否定している[*6]。

### (2) 原債権が労働債権の場合

労働債権については，独立行政法人労働者健康福祉機構の立替払制度による立替払いが行われた場合の実務上の取扱いにつき，疑問を呈する学説もある[*7]。ただ，立替払制度の場合，租税債権の保証の事案や本件のような私債権の保証の事案と違い，手続開始前の保証行為はなく，事案を異にすることに注意すべきである[*8]。

### (3) 担保権に類する制度か

(a) 担保権ではない　この点，原債権の共益債権性を担保である，あるいは担保権に類するものであるとして，民事再生法177条2項の類推適用が主張されているが，正当ではない。

担保物権の場合，あらかじめ当事者間に担保設定行為があり，対抗要件を具備した場合に，その担保物件の交換価値に対する優先弁済効が認められ，民事再生においても別除権として処遇される（民再53条）。ここで担保権者が把握しているのは，当該担保物件の交換価値部分であり，これが被担保債権額を満たさない場合には，その余は一般の債権でしかない。同法49条1項に基づく解除が選択された場合に前渡金返還請求権が共益債権となるとしても，何ら担保権設定行為はなく，対抗要件を具備するということもなく，共益債権という同法上の性質は担保ではない。担保物権は，倒産時だけでな

---

[*6]　杉本純子「優先権の代位と倒産手続」同志社法学59巻1号173頁に詳しい。
[*7]　山本和彦「労働債権の立替払いと財団債権」判タ1314号5頁。
[*8]　この点，財団債権とするものとして，横浜地川崎支判平成22・4・23（金判1342号14頁）がある。立替払制度とは無関係に，第三者が，破産手続開始申立後，開始決定前に立替払いした事案につき，大阪高判平成21・10・16（金判1897号75頁）がある（最高裁の判断については，最判平成23・11・22（金法1935号52頁）。後述6参照）。

く，平時においても同様の効力があるが（通常は，平時における効力が倒産時にも同様の効力があると説明されるが），平時においては，前述したとおり，一般の債権でしかない。このように担保物権ではないのであって，担保権にも類似するものではなく，もちろん同法177条2項の類推適用の前提すらないのである。

(b) 原債権に担保権が設定されている場合との比較　民法501条柱書において，原債権に担保権が設定されている場合には，弁済による代位により，この担保権を行使できることとされている。この点は，民法における弁済による代位の制度により認められたものであり，再生手続上も別除権付再生債権として取り扱われることになる。そして，別除権については，再生手続外で担保権の実行ができ，担保権によりカバーされていない部分（不足額）は再生債権として権利変更の対象となる。

前項で検討したとおり，原債権の共益債権性は，担保権や担保権類似のものではない。

(4) **当事者間の公平の観点から**
(a) 双方未履行双務契約の規律の意義からの検討　本件では，管財人が民事再生法49条1項に基づく解除を選択したことによる注文者の前渡金返還請求権が同条5項，破産法54条2項により共益債権となったとされる。

この点，注文者の前渡金返還請求権が本来的には再生債権であることは，前述した他の場面を考慮すれば明らかなところであり，これを相手方との公平の見地から共益債権に格上げしたものである[9]。すなわち，こうした例外的な場面において，他の再生債権者の犠牲のもと，契約の相手方に対して再生手続上の優先的な地位を与えたものである。このような優先順位の定めは，各種配慮に基づき立法されており，その立法趣旨に基づき解釈すべきであって，この場面でその利益を享受するのは，契約の相手方だけで十分である。

本件では，注文者が保証人から保証履行を受けることにより，その満足を受けたわけであるから，格上げすべき当事者（相手方である注文者）が不在と

---

[9] 多数説であり，第一審判決，第二審判決においても採用されている。

なる。この状況は，相手方（注文者）との公平の見地から共益債権に格上げした立法趣旨の前提がなくなったわけである。共益債権化されるということは，そのことだけで他の再生債権から別除されるような性質ではなく，民事再生法が定める優先順位の立法趣旨に従い判断されるべきということである。そこで，原則的な場面に戻り，保証人が他の再生債権者と同列の再生債権者となることは，もともと想定されていた平時における一般の債権者としての地位のままであるということであって，同列となる他の再生債権者との当事者間の公平の見地からも妥当である。

　(b)　保証人の地位の検討　　注文者の前渡金返還請求権につき金融機関が保証を行う際，請負人に対する貸倒れのリスクを考慮し，保証料率を決め，さらに，債務者である請負人から相当額の預金を積ませる等の信用補完を行う。この場合，保証人となる金融機関は，債務者である請負人が破綻した場合のリスクを考慮しているのであって，倒産手続に入り双方未履行双務契約の規律により解除が選択されるという限定された場面を想定しているわけではない。すなわち，金融機関の求償権も注文者の原債権も，いずれも一般の債権であることが念頭にあり，信用供与した者，すなわちリスクをとった者なのである。

　このような保証人（金融機関）が，請負人が倒産手続に入り，双方未履行双務契約の規律により解除が選択されるという限定された場面において，他の一般の債権者に優先する地位が与えられるという結果は，「望外」の利益といわざるをえないのである。

　(c)　当事者間の公平をどの段階で考慮すべきか　　第二審判決においても，注文者が前渡金返還請求権を共益債権として権利行使した場合に管財人はその弁済をせざるをえない立場にあり，保証人の請求権を再生債権とした場合に，財団が増加し，他の再生債権者が予想外に多額の弁済を受けることが可能となり，保証人は損失を被ると指摘されているように，他の再生債権者にとっては「棚ぼた」にすぎないとの批判がある。

　この点，この批判は，あまりにも限局的な一場面（再生手続開始後の管財人による民事再生法49条1項に基づく解除の選択により生じうる結果）を切り取った場合の利害得失を述べるものにすぎない。

倒産手続における債権者間の公平な分配の観点は，再生債務者に対する再生手続開始時や再生債務者の支払不能時における各債権者のおかれた立場を前提としているのであって，再生手続開始後の事情（管財人による民事再生法49条1項に基づく解除の選択）により左右されるものではない。本稿において何度も確認しているところであるが，保証人のおかれた立場は，平時においては信用供与をした一般の債権者にすぎず（リスクをとった者であり，他の一般の債権者と何ら変わりがない。だからこそ，信用補完をしようとするのである），再生手続においても，再生手続開始時における再生債権者にすぎない（この点は，争いようのないところであろう）。

前述のとおり，注文者の前渡金返還請求権が共益債権とされるのは，相手方（注文者）との公平の見地から再生債権を共益債権に格上げしたものであって，こうした場面では他の再生債権者の犠牲のもと，注文者を優遇したものであり，注文者が保証履行により満足を得れば，他の再生債権者を犠牲にしてまで優遇すべき前提がなくなるのである。

したがって，保証人である金融機関は，もともとの再生債権者の地位のままであるだけであり，平時における担保権者が倒産時にも優先権を有している場面とまったく異なり，何ら優先権を有しているものではない[*10]。

### (5) 債権譲渡との比較

第二審判決において，債権譲渡の場合に譲受人が共益債権性を主張できないのは不当である旨の指摘があるが，弁済による代位と債権譲渡は，民法上まったくの別の制度であることを看過しており，問題である。確かに，両者は，第三者への債権の移転という点では共通性があるが，弁済による代位の制度は，原債権と求償権の2つの債権があるところ，前述したとおり，原債権が求償権による制約を受けるが，債権譲渡においては1つの債権がそのまま移転するのみで，こうした制約はない。また，弁済による代位は，代位弁済前に本件のような保証契約等が存在しており，委託を受けた保証人は保証料を得て信用供与し，リスクをとっている者であるが，債権譲渡は，譲渡禁止特約等のない譲渡可能な債権につき，対象債権の属性を考慮のうえ，対価

---

[*10] 杉本純子・前掲（[*1]）4頁においても，第二審判決に対する批判が述べられている。

を決定して譲り受けるものであって，まったく場面が異なるのである。その債権が共益債権であり，譲渡可能であるならば，譲受人は，その属性を考慮のうえ，対価を支払って譲り受けることが可能である（この点は争いのないところであろう）。

この点，アメリカ連邦倒産法においては，509条により代位弁済を行った共同債務者は，その弁済の限度で原債権に代位し，原債権の性質についても，原則的にすべて主張することができるが，507条(d)項において，例外的に，優先権代位の禁止を規定し，求償権者は原債権が有する優先権を代位しない（原債権には代位するが，優先権は主張できない）としている。ところが，優先権のある債権の譲渡による譲受人には，こうした禁止規定はなく，明確に代位と譲渡の場面を区別している[*11]。この点は，十分に参考になるところである。

したがって，債権譲渡との比較の観点で判断することは問題である[*12]。

## 5　最後に

冒頭に述べたとおり，筆者は一方当事者であり，第一審判決で勝訴した際は当然の判断であると考えていたが，第二審判決で敗訴した（上告及び上告受理申立中）。ただ，第二審判決は，弁済による代位の意義につき，最高裁昭和61年判決を引用しつつも，その正確な理解ができておらず，議論が混乱している。また，第一審判決に批判的な見解は，倒産法的観点（共益債権性，財団債権性）からのアプローチを先行させているが，まず検討すべきは，平時における各当事者がおかれた立場であり，この点は，倒産法的観点で債権者間の公平の観点や担保権の問題を検討する場合にも重要であると考えている。最高裁の判断を待ちたい。

## 6　最判平成23・11・24について
### (1)　敗　訴

---

[*11]　杉本・前掲（*6）211頁以下において，代位と譲渡の区別につき詳論している。
[*12]　伊藤・前掲（*1）12頁において代位弁済と債権譲渡を同列に扱うかの前提を提示している点，同21頁において債権譲渡の場面と同視している点は問題である。

前項までが，銀行法務21・727号（平成23年3月号）に掲載していただいたところであったが，その後，最判平成23・11・24（金法1935号50頁）により敗訴した（上告棄却）。

それまでの間の経過としては，同種の別件であるが，大阪地判平成23・3・25（金判1366号54頁）で勝訴し，控訴審の大阪高判平成23・10・18（金判1379号22頁）でも控訴棄却で，維持された（相手方の銀行が上告中）。しかし，この控訴審の判決直前に，先行していた労働債権の私人による立替払いの事案（一般の破産債権であるとして破産管財人が勝訴していた大阪高判平成21・10・16（金法1897号75頁）。第一審の大阪地判平成21・3・12では財団債権であるとして破産管財人敗訴）につき，最高裁で口頭弁論期日が平成23年10月25日と指定された。その後，判決言渡期日が同年11月22日と指定され，破産管財人逆転敗訴が予想されたが，一般の先取特権という実体法上の優先権のある場合とまったくない場合（本件）の違いにつき判断されるものと考えていたところ，本件につき，同月17日付けで，上告棄却及び上告受理決定，同月24日に判決言渡期日が指定された。そして，労働債権の事案につき，最判平成23・11・22（金法1935号52頁），本件につき，最判平成23・11・24と相次いで判断がなされた。

**(2) 最判平成23・11・22（労働債権の事案）**

弁済による代位の制度趣旨につき，「原債権を求償権を確保するための一種の担保として機能させること」とし，「求償権を実体法上行使し得る限り，これを確保するために原債権を行使することができ，求償権の行使が倒産手続による制約を受けるとしても，当該手続における原債権の行使自体が制約されていない以上，原債権の行使が求償権と同様の制約を受けるものではないと解するのが相当である。そうであれば，弁済による代位により財団債権を取得した者は，同人が破産者に対して取得した求償権が破産債権にすぎない場合であっても，破産手続によらないで上記財団債権を行使することができるというべきである。」と判断した。田原睦夫裁判官の補足意見には，「原債権は求償権確保のための譲渡担保に類するものである」との指摘がある。

**(3) 最判平成23・11・24（本件）**

弁済による代位の制度趣旨を同様に「一種の担保」とし，「弁済による代

位により民事再生法上の共益債権を取得した者は，同人が再生債務者に対して取得した求償権が再生債権にすぎない場合であっても，再生手続によらないで上記共益債権を行使することができる」と判断した。金築誠志裁判官の補足意見には，「担保的機能を目的とするものであ」り，「民事再生法177条2項を本件の場合に類推適用」することは，「特に無理な類推解釈ではないように思う。」との指摘がある。

**(4) 最高裁の判断の検討**

**(a) 弁済による代位が問題となる場面**　倒産処理手続で，弁済による代位が問題となる場面としては，①連帯保証人が全額弁済した場合，②保証人が租税債権を代位弁済した場合，③労働債権を立替払いした場合(⒤労働者健康福祉機構の立替払制度による立替払いの場合と⑪私人による立替払いの場合)，④本件のように保証人が私債権を代位弁済した場合がある。

このうち，①は，求償権も原債権（貸金債権）も倒産債権であり，問題は生じない。問題は，②③④で，原債権が破産であれば財団債権，優先的破産債権，民事再生であれば共益債権，一般優先債権となる場合である。

**(b) 原債権が租税債権の場合**　この点は前述したとおり，高裁レベルの判断として，代位が否定されてきた。一般の優先権のある租税債権の場合にも今回の2つの最高裁の判断が適用されるかが問題であるが，労働債権の事案の最判平成23・11・22の田原補足意見には，「なお，租税債権のごとく，弁済による代位自体がその債権の性質上生じない場合は別である。」とあり，租税債権の場合は別との認識であろう。

**(c) 原債権が労働債権の場合**　今回の最判平成23・11・22の事案は，破産手続開始後に財団債権となった労働債権を私人が立替払いしたというものではなく，破産手続開始前に立替払いしていたもので，立替払いの時点では，労働債権が破産手続上財団債権となるか未定の状況であった（労働債権は，一般の先取特権があり，破産手続上，優先的破産債権となり，一部が財団債権に格上げされているが，開始決定の時期との関係で変動する性質の債権である）。破産手続開始前の私人による立替払いと破産手続開始後の労働者健康福祉機構の立替払制度による立替払いの場合はまったく違い，前者の場合は，当然に一般の破産債権であると理解していたが，今回の最高裁の判断によれば，原債権であ

る給料債権は、立替払いされて消滅しているが、破産手続開始決定があれば、財団債権となり得る債権であり、財団債権としてカウントしておくべき、となる。この点、破産手続開始前に破産者がその私人から借り受け、給料債権を弁済していた場合であれば、いったんは破産者の責任財産に混入しており、その私人の貸付債権は当然に一般の破産債権となる（この事案でも、貸付か立替払いかの事実認定が問題となっていた）。この違いが妥当であるのか、疑問である。

　(d)　原債権が私債権の場合　　今回の最判平成23・11・24の請負契約の前渡金返還請求権のように、平時には何ら優先性がないにもかかわらず、倒産手続において格上げされている場合に、前述の労働債権（一般の先取特権）と同様の考慮では理由が不足しているにもかかわらず、同様の判断がなされた。

　この判断の背景には、「他の再生債権者は、もともと原債権者による上記共益債権の行使を甘受せざるを得ない立場にあったものであるから、不当に不利益を被るということはできない。」との利益衡量がある。

　この結論を導くためには、倒産債権に＋αをする必要があり、それは、担保権しかない。結局、今回の2つの最高裁判決は、判決による担保権の創設であったと理解することになるのであろう。

　この点には、前述したとおり、大いに疑問がある。担保物権は、例えば(根)抵当権では、担保物件の交換価値から優先回収し、優先回収はその範囲に止まるわけであるが（不足額は一般の倒産債権としての取扱い）、今回の立論では、倒産手続における優先的取扱い（共益債権や財団債権）により、その全額の優先回収が実現することになる（担保的機能が重視される相殺は、債権債務の対立により対当額の範囲で100パーセント回収ができることと比較すれば、いったん弁済をし、後日優先回収するという意味では、若干劣るかもしれないが、他の約定担保権と比較しても、大いなる担保となるであろう）。

　第二審における「実体法上の制約」、「手続法上の制約」の立論は、金築補足意見においても疑問が呈されているが、最高裁昭和61年判決における「実体法上の制約」とは意味が異なること、すなわち、求償権による原債権の制約自体の法律上の性質（それが民法501条柱書の意味するところ）よりも、「一種の

担保として機能させる」との実質判断が上回ってしまったように思われる。

(5) **最後に**

今後，多くの判例評釈が出るであろうが[*13]，判決文だけからではなく，弁済による代位の制度の本質や「実体法上の制約」の意味をよく検討してほしい。

□■

---

[*13] 富永浩明「判批」ＮＢＬ967号4頁，遠藤元一「判批」事業再生と債権管理135号11頁，阿多博文＝丹羽浩介「判批」銀法740号8頁，粟田口太郎「弁済による代位により取得された原債権の倒産法上の取扱い」『倒産法改正展望』353頁（商事法務，2012年），髙橋眞「倒産手続と弁済者代位」法学雑誌58巻3・4号443頁，髙部眞規子「判批」金法1947号41頁。

── ■コメント ══════════════════════

## 財団（共益）債権性・優先的倒産債権性の承継可能性

神戸大学大学院法学研究科教授　中　西　　正

### 1　はじめに

　野村論文のテーマは，弁済による代位において，原債権の財団（共益）債権性，優先的倒産債権性という属性は，代位弁済をした求償権者に承継されるか否か，である。

　弁済による代位においては，原債権は求償権の存在・額などから離れて独立的に行使することはできず，原債権の行使は求償権に関する制約を対抗されるというのが，判例のルールである。そして，原債権が優先的な債権で，求償権が倒産債権の場合，倒産法が倒産債権の行使に課した制約が，原債権の行使に対抗される「制約」に該当するか否かについて，見解が対立している（民法501条の「自己の権利に基づいて求償をすることができる範囲内において」の解釈の問題とされる）。

　該当すると解するなら，代位弁済した求償権者は，弁済による代位により取得した原債権を行使する際，求償権が倒産債権であることに基づく倒産法上の制約を対抗され，原債権の財団（共益）債権性，優先的倒産債権性を享受できなくなる。該当すると解さないなら，結論は反対になるわけである（以下，前者を「肯定説」，後者を「否定説」と呼ぶ。また，財団（共益）債権，優先的倒産債権を，まとめて，「優先的な債権」という）。

　野村論文は肯定説を詳細に展開しているので，本稿では，否定説の論拠を紹介したうえで，若干の検討を行うことにしたい。

　また，以下では，BがAに対して債権を有し，CがBのAに対する債権（優先的な債権になるとする）を保証し，Aに対して破産手続が開始された後で，CがBに保証債務を弁済したという設例のもとで，論述を行う。

## 2　否定説の論拠

否定説の論拠は，以下のとおりである（紙幅の制約上，一部の紹介にとどめたい）。

(1)　肯定説は，原債権を優先的な債権とした趣旨は，ＣがＢに弁済することにより実現されるので，Ｃが求償権につき満足を得るため，取得した原債権を行使する際，優先性を主張させる根拠はないと，主張する。しかし，これはおかしい。原債権を優先的な債権とした趣旨を実現しようとするなら，ＢがＡより弁済を受けるだけでなく，Ｂが原債権を第三者に譲渡したり，保証人その他の第三者より弁済を受けたりする途も開いておかねばならないからである。とりわけ，租税債権や労働債権については，譲渡等が認められていないので，第三者による弁済が重要である。そのためには，Ｃが原債権の優先性を主張することを認めなければならない（伊藤眞「財団債権（共益債権）の地位再考」金法1897号21頁以下）。

(2)　原債権の行使は求償権に関する制約を対抗されるという判例のルールは，実体法上の制約については，代位した求償権者，債務者，物上保証人，他の（連帯）保証人などの利益を公平に調整するものとなる。これに対し，倒産法が倒産債権の行使につき課した制約については，ある倒産債権者（代位した求償権者）と他の倒産債権者の利益を調整することになる。つまり，倒産債権者間の平等ないし衡平の問題を扱うことになる。このように，調整する利益・問題が異なる以上，実体法上の制約に妥当することだけを理由に，この判例のルールが倒産債権行使に課された倒産法上の制約についても妥当すると解することは，正当でない。別個の検討が，必要なのである。

そこで，利益状況を検討すると，倒産手続開始の時点で，倒産債権者全体に対する配当原資の中から，優先的な債権である原債権に分配される価値が確定する。そして，この価値は，他の倒産債権者を排して，もっぱら原債権の債権者（Ｂ）に帰属しているとみることが許されよう。それゆえ，否定説に立って，この価値の帰属をＢからＣに移しても，他の倒産債権者の利益は害されない。他方，肯定説に立つなら，Ｃの代位弁済により，他の倒産債権者は，正当な理由もなく，本来帰属しないはずの価値を分配されることになり，「棚ぼた」的な利益を収めることになる。したがって，原債権を代位取

得した求償権者と他の倒産債権者の間の衡平を実現するのは，否定説である（伊藤・前掲24頁以下）。

(3) 設例を少し変え，Bが有する原債権は優先的な債権ではなく，これに別除権として扱われる担保権が設定されており，Cが代位弁済し，Bの原債権が担保権とともにCに移転してきたとする。この場合，Cの求償権は倒産債権であり，その行使において倒産法上の制約を受けるにもかかわらず，Cは，原債権に設定された担保権を実行するに際し，この制約を対抗されない。この場合と，Bの有する原債権が優先的な債権で担保権の設定を受けていない場合とで，結論を異ならせる合理的理由は存在するのであろうか。いずれの場合も，Aの財産上の一定の価値が，排他的・専属的にBに帰属しており，それがCに移転してきたのである。原債権を代位取得した求償権者と他の倒産債権者の間の衡平の問題である以上，2つの場合が結論を異にするのはおかしい（松下淳一「共益債権を被担保債権とする保証の履行と弁済による代位の効果」金法1912号26頁以下）。

## 3 検 討

(1) 原債権の行使は求償権に関する制約を対抗されるという判例のルールは，実体法上の制約に関してと，倒産債権行使に課された倒産法上の制約に関してでは，果たす機能が異なる。したがって，このルールが前者に妥当することから，直ちに，このルールが後者にも妥当することを導くのは，不可能であろう。後者は，倒産債権者間の平等・衡平の問題として，検討されるべきである。以下，破産につき検討するが，その議論は基本的に民事再生などにも妥当しよう。

(2) そこで，まず，否定説の論拠（前記1(2)(3)）の基礎である，優先的な債権に分配される価値は，排他的・専属的に当該優先的な債権者に帰属しているという考え方につき，検討したい。この考え方は，これまで一般的に受け容れられ，これを前提とする限り，否定説の正当性は揺るがないと思われるが，別の考え方が成り立つのではないかと思われるからである。

破産法では，債務者財産の分配は以下のように行われる。まず，取戻権，別除権，相殺権の対象とされる財産は，それぞれの権利者に分配される。こ

れらの権利の対象は，排他的・専属的に当該権利者に帰属しているからである。他方，債務者財産からこれらの権利の対象を除いた残余が，財団債権・破産債権全体に割り当てられる。わが国の破産法の母法であったドイツ破産法の立法者は，この残余全体が債権者全体に排他的・共同的に帰属していると説明している。そして，このようにして形成された破産財団より，財団債権，優先的破産債権，一般の破産債権，劣後的破産債権の順に配当がなされる。

ところで，破産法には，債権者全体に割り当てられた債務者財産，つまり破産財団は，形式的平等に従って分配されねばならないという強い要請が，存在する。以下，この点につき，簡単に説明したい。

支払不能（債務者が支払能力を欠くため債務の内弁済期にあるものにつき一般的かつ継続的に弁済することができない状態）は債務者と債権者の利益を調整する概念である。債務者が債務超過になっても，履行期に債務を弁済できている状態であれば，破産手続を開始する必要はないが，財務状況がさらに悪化して，履行期に弁済することが不可能になれば，破産手続を開始せねばならない。これが，債務者と債権者の利益の合理的な調整である。支払不能を破産原因とする制度は，以上のような趣旨に基づくと思われる。

そして，このような利益の調整は債権者平等の原則が妥当していなければ，つまり債権者間の弁済順位が同じでなければ実現しない。仮に債権の弁済順位を３つに分ける（第１順位，第２順位，第３順位を設ける）ルールがあるとして，その下で，「弁済期にある債務を一般的かつ継続的に弁済することができなくなった」時点で破産手続を開始して債務者の事業を止めた場合，第３順位の債権者との関係では，もっと早く事業を止めて債務者財産を清算すべきであったことになるし，第１順位の債権者との関係では，まだ債務者の事業を止める必要はなかったことになる。つまり，いずれの場合も，支払不能を破産原因とした趣旨は実現されないわけである。弁済順位はこのような事態を容認しているという反論もあろうが，それは，ごく少数の優先すべき債権を第１順位とし，やはりごく少数の配当を受けないこともやむを得ないと考えられる債権を第３順位とし，大部分の債権を第２順位とするような順位構成を前提としていると，思われる。全債権者（債権額）を３等分して，

それぞれ第1順位，第2順位，第3順位に振り分け，支払不能発生時に破産手続を開始するなら，弁済順位の存在は，支払不能を破産原因とした趣旨の実現を妨げることが，鮮明になろう。

債権者間の公正・衡平を図るなら，債権の属性，債権者の属性，債権者が債務者の倒産に寄与した程度，債権者が債務者の倒産により被害を被った程度等の要素により，債権者間には少なからぬ弁済順位を設けねばならないと思われる。しかし，支払不能を破産原因とする破産制度は債権者間の形式的・画一的平等を強く要請し，これが十分に遵守されなければ，破産制度は成り立たない（詳しくは，中西正「債権の優先順位」ジュリ1273号72頁以下を参照）。弁済順位は，債権者間の形式的・画一的平等の要請を損なわない限度で，その存在を認められるにすぎない。手続開始前の原因に基づく債権については，財団債権，優先的破産債権，一般の破産債権，劣後的破産債権の4つの弁済順位が設けられているが，大部分の債権は一般の破産債権とされ，前二者は破産制度を機能不全にしない範囲に限定されるわけである。

以上のように，破産手続において債権者間の弁済順位に関し形式的・画一的平等の要請が強く妥当し，優先的な債権はこれを損なわない限度で認められるとするなら，優先的な債権に配当される価値は当該債権に排他的・専属的に帰属しているのではなく，債権者が変わったため優先的に取り扱う要請が低くなり，形式的・画一的平等という原則的要請が優越するに至った場合には，当該債権に配当されるべき価値を，債権者間の形式的・画一的平等原則に従って分配し直す場合もありうると思われる。とりわけ，優先的な債権とされた根拠が，債権の属性だけでなく，債権者の属性にもよる場合，債権者の入れ替わりにより，このような再分配を行うことは，ありえないことではないと思われる（山本和彦「労働債権の立替払いと財団債権」判タ1314号7頁以下も参照）。

（3）問題は，再分配すべき（肯定説をとる）場合とは，どのような場合かである（否定説の論拠（前記1(1)）と関わる）。

(a) Bが原債権を譲渡した場合に，当該債権の優先的な属性が消滅するとするなら，否定説が主張するように，Bは原債権を額面で譲渡することができず，原債権を優先的にした趣旨は実現されない。したがって，このような

場合に再分配はすべきでない，つまり否定説が妥当すると，解すべきであろうか（有力な反対説がある。山本・前掲7頁以下）。

　(b)　では，設例のように，保証人CがBに弁済して原債権を代位取得した場合はどうであろう。優先的な債権とされた根拠が，債権自体ではなく，債権者（B）の属性にある一方で，Cは，Aのデフォルトのリスクを，対価をとって引き受けている場合には，他の倒産債権者との関係でCを優遇する必要性は，Bの場合と比べて低下し，債権者平等原則の要請のほうが強くなるので，再分配を行うべきであるという肯定説の立論には，きわめて説得力がある。Cは優先的な債権となる債権を保証したのだという反論もあろうが，Aがデフォルトをしても，倒産手続が開始されるとは限らないのであるから，この批判はあたらない。もっとも，優先的地位の承継を否定する結論により生じる弊害は無視できない（髙部眞規子「民事再生法上の共益債権を弁済により代位した者が民事再生手続によることなくこれを行使することの可否」金法1897号36～37頁を参照）。また，否定説がいうように，租税債権，労働債権の場合，譲渡ができないのであれば，保証人Cに優先的地位の承継を認めることになろうか。

　(c)　以上のようにみるなら，この問題は，場合分けしつつ，きめ細かな解釈を行わねばならないように思われる（髙部・前掲34頁参照）。

　(4)　以上に加え，プライオリティ・ルールの変更を解釈で行うことの是非も，重要な問題である。プライオリティ・ルールは，当事者の利害が激しく対立する場面を規律するので，これに関する規定は強行法規であり，当事者の意思により変更することは許されず（ただし債権者の意思に基づく劣後的債権への変更は権利の放棄と同視できるので許されよう），そのような規定の解釈も厳格に行われるべきであると，思われる。このような観点からは，解釈により新たな優先的な債権を創ったり，解釈により優先的な債権を通常の債権に格下げしたりすることは，原則として許されないものと思われる。利害の対立が激しい問題に関するだけに，このようにしなければ，解釈問題が多発し，倒産処理が非効率的になるからである。

　(5)　以上のように考えるなら，この問題は，一般論としては否定説に立ちつつ，債権者の変更により優先順位を変更する必要が生じている場合には，

個別立法で対処するアプローチが妥当であろう。野村論文が参照する連邦倒産法507条(d)も，同様のアプローチを取るものと思われる。

　最判平成23年11月22日（金法1935号52頁）及び最判平成23年11月24日（金法1935号50頁）は，この問題を否定説により解決した。正当な判決であるとは思われるが，この問題がこれによりすべて解決したと考えるべきではない。優先的な債権の属性の承継可能性を否定すべき場面があるのか否か，あるならば，個別立法により対処すべきか否かの検討を，続けなければならないと考える。

# 第3 │ 事後求償権による相殺

> **設 例**
>
> 　Y銀行がA社の依頼を受けて，A社のために，A社の取引先であり，かつ，Y銀行に預金をしているX社のA社に対する買掛金債務を保証した（なお，A社は，Y銀行に対し，一定の保証料を支払っている）。
> 　その後，X社が債務超過に陥り，裁判所より破産手続開始決定を受けるに至ったため，Y銀行は，X社の破産手続開始決定後に，A社に対して保証債務を全部履行した。これにより，Y銀行は，X社に対する求償権を取得したため，これを自働債権とし，X社のY銀行に対する預金債権を受働債権として，破産法上の相殺権を行使した（なお，Y銀行は，X社の預金払戻請求に対し，将来の相殺に備え，預金の払戻しを留保していた）。

## はじめに

　本設例におけるY銀行は，A社との間で保証契約を締結した時点で，仮にX社が倒産し，A社に対する保証履行を迫られるという事態が生じたとしても，X社の預金残高をもってX社に対する求償債権の満足に充てることができるという期待を抱いていたものと考えられる。

　ところが，Y銀行は，X社の委託なしにX社のA社に対する買掛金債務を保証したものであるので，X社ないしはX社の破産管財人は，破産手続開始時において，Y銀行・A社間の保証契約の存在を知るよしもない。したがって，X社の破産管財人は，X社のY銀行に対する預金が，将来発生するY銀行のX社に対する求償債権と相殺される可能性のあることなど，まったく予期し得ないであろう。

　筆者らは，日常業務において倒産事件の処理に数多く携わっているが，本設例のように，破産管財人にとって，まったく予期し得ないような相殺権の行使を認めることに違和感を禁じ得ない。本稿は，倒産実務に携わる筆者らが違和感を覚える「破産手続開始後の保証履行により発生した無受託保証人の事後求償権を自働債権とする相殺権行使」の問題を中心に，保証人の事後

求償権を自働債権とする相殺権の行使が破産法上どのように扱われるかについて考察を試みるものである。

なお、【1】「破産手続における事後求償権の属性の観点からの考察」部分については増市が、【2】「相殺権行使の可否の観点からの考察」部分については坂川が執筆を担当した。

## ■論文 1

# 保証人の事後求償権と相殺
── 【1】 破産手続における事後求償権の属性の観点からの考察

弁護士　増　市　　徹

## 1　破産手続における求償権の取扱いについての一般的な考え方

　一般に、債権者・主たる債務者・保証人の三者がいて、保証人が保証債務を履行しない間に主たる債務者が破産手続開始決定を受け、同開始決定後に保証人が保証債務を履行して債権者が完全な満足を得た場合に、保証人が主たる債務者の破産手続において、自らの事後求償権をどのように行使できるかについては、おおよそ以下のとおりに解するのが一般的な考え方であるように思われる。

　①　破産法103条4項は、「破産債権が破産手続開始の時において条件付債権又は将来の請求権であるときでも、当該破産債権者は、その破産債権をもって破産手続に参加することができる」と規定する。主債務者に対する破産手続が開始した時点において、保証債務をいまだ履行していない保証人は、前記の条項にいう「将来の請求権」を有する者にあたるから、将来の請求権たる事後求償権をもって、破産手続に参加することができる。

　②　破産法104条3項本文は、「破産者に対して将来行うことがある求償権を有する者は、その全額について破産手続に参加することができる」として、前記の103条4項に規定する「将来の請求権を有する者」のうち、「求償

権を有する者」について再度同旨の規定を確認的に置く。

そのうえで，104条3項但書は，「ただし，債権者が破産手続開始の時において有する債権について破産手続に参加したときは，この限りでない」と同一破産債権の二重計上を防止するための特別規定を置いている。これに従い，保証人は前記①に基づき，将来の求償権を破産債権として届け出た場合であっても，債権者が主たる債務者（＝破産者）に対して破産手続開始時において有する債権を破産債権として届け出ている限りは，自らの有する将来の求償権を破産手続において行使することができない。

③　前記②の場合において，保証人が破産手続において，自らの有する求償権を行使することができるようになるのは，その後，保証人が債権者に対して保証債務の弁済等を行い，債権者の有する債権の全額が消滅した場合である（破104条4項）。この場合，保証人の有していた「将来の求償権」は「求償権」となり，保証人は以後，求償権を有する破産債権者として破産手続に参加することとなる。

④　なお，破産法104条4項は，前記の場合について，「求償権を有する者は，その求償権の範囲内において，債権者が有した権利を破産債権者として行使することができる」として，代位取得した原債権の行使についてのみ定め，求償権の行使については規定していないが，これが求償権の破産債権としての行使を禁ずるものではないのは当然である。

以上の考え方は，債務者の委託によるか否かを問わず，広く保証一般に通用するものとして唱えられているものと理解され，これによれば，債務者の委託によらない保証人が債務者の破産開始後に保証債務を弁済した場合に，求償権を自働債権として，自らが破産者に対して負担する債務と相殺することは（相殺禁止規定の適用がある場合を除いて）当然に許容されるとの結論になる。

本稿では，以下，平成7年及び平成10年の2つの最高裁判決を手がかりとして，前記とは異なる考え方を提示してみたい。

## 2　平成7年及び平成10年最高裁判決

最高裁は，保証人の有する求償権及び弁済代位により取得する原債権に関

し、最判昭和59・5・29（民集38巻7号885頁・金判698号3頁）を嚆矢とする一連の判例で詳細な理論を展開し、大方の学説の支持を得るに至っている。その中にあって、やや特異ともいえる地位を占めるのが、最判平成7・1・20（民集49巻1号1頁・金判968号3頁）及び最判平成10・4・14（民集52巻3号813頁・金判1046号27頁）であり、両判決に対しては、賛同の声よりも、むしろ批判あるいは戸惑いの反応が多く寄せられているように思える（両判決の評釈については、八木良一「判批」最高裁判所判例解説民事篇平成7年度1頁及び山下郁夫「判批」最高裁判所判例解説民事篇平成10年度434頁並びにこれらに引用されている文献）。

そして、この両判決により、破産手続開始後の弁済により保証人が債務者（破産者）に対し有するに至った求償権が破産手続の中でどのように扱われるべきかについて、最高裁が前記の一般的な考え方とは異なった立場に立つものであることが明らかになると考えるのである。

両判決とも和議の事案であるが、そこでの判断内容は、破産、会社更生等、他の倒産手続にも及ぶものである（平成10年判決につき、山本和彦「和議手続中の連帯債務者に対して他の連帯債務者が有する求償権に基づく相殺」金法1556号70頁）。

また、平成7年判決は連帯保証人間の求償を、平成10年判決は連帯債務者間の求償をそれぞれ扱うが、判示内容はいずれも保証人の債務者に対する求償権についても妥当とするものである。なお、事案の内容を大幅に簡略化し、判示内容も本稿に関連する部分に絞って紹介する。

**(1) 平成7年判決**

**(a) 事案の概要** 債権者Aから債務者Bが金員を借り入れ、X・Yがこれを連帯保証した。その後、Yに対し和議開始決定があり、和議債権元本の6割を分割支払、残余免除等の内容の和議条件で和議認可決定が確定した。Xは、前記の和議開始前から認可決定確定後の時期に至るまでの間にわたってAに対し、連帯保証債務の履行として、合計4597万円を弁済した後、Yに対し、民法465条1項、442条ないし444条に基づき、前記弁済合計額の2分の1相当額及び遅延損害金の支払を求めた。

**(b) 判　旨**

① 「連帯保証人の一人について和議開始決定があり、和議認可決定が確定した場合において、右和議開始決定の時点で、他の連帯保証人が和議債務

者に対して求償権を有していたときは，右求償権が和議債権となり，その内容は和議認可決定によって和議条件どおりに変更される」

② 「和議開始決定の後に弁済したことにより，和議債務者に対して求償権を有するに至った連帯保証人は，債権者が債権全部の弁済を受けたときに限り，右弁済による代位によって取得する債権者の和議債権（和議条件により変更されたもの）の限度で，右求償権を行使し得るにすぎないと解すべきである」

③ （前記のとおり，代位取得した債権の限度に縮減される理由として）「和議制度の趣旨にかんがみても，和議債務者に対し，和議条件により変更された和議債権以上の権利行使を認めるのは，不合理だからである」

(c) 検　　討　　前記①と②を対比すると，和議開始決定時にすでに現実化している求償権が和議債権であるとされている（①）のに対し，開始決定後の弁済により取得された求償権は，和議債権であるとは述べられていない（②）。八木・前掲「判批」12頁においても，②の求償権を和議債権とすることは「大いに疑問」であると述べられている（なお，八木良一「判批」最高裁判所判例解説民事篇平成7年度370頁以下も参照）。前項記載の一般的理解によれば，①・②とも区別なく，和議債権と認められるにもかかわらず，である。さらに，前記の一般的理解によれば，和議開始決定後の弁済に基づく求償権も①の場合と同様，求償権自体が和議債権として和議条件にしたがって変更されることとなるはずであるのに，前記②では，それとは異なり，代位取得された原債権（和議条件により変更されたもの）の限度で求償権を行使し得るというとも思える説明がなされている。求償権の行使とはいうものの，その内実は原債権を行使するのと変わらぬ結果となっているのである。

(2) **平成10年判決**

(a) 事案の概要　　和議開始決定を受けたXが，和議手続終了後，Yに対し有する債権を訴求した。これに対しYは，X・Y両名が連帯債務者となっていた債務についてYが弁済を行ったことにより，Xに対して有するに至った求償権を自働債権とする相殺の抗弁を主張した。Yが連帯債務を弁済した時期は，Xの和議申立前から和議終了後までにわたっていた。

(b) 判　　旨　　（YがXの和議開始後に連帯債務を弁済したことに基づく求償権に

よる相殺部分について、平成7年判決の前記②の判示部分を引用したうえ)「右の理は、連帯債務者間の求償関係についても変わるところはないから、連帯債務者の一人について和議認可決定が確定した場合において、和議開始決定後の弁済により右連帯債務者に対して求償権を取得した他の連帯債務者は、債権者が全額の弁済を受けたときに限り、右弁済によって取得する債権者の和議債権(和議条件により変更されたもの)の限度で右求償権を行使することができると解される」

「そして、右にいう求償権の行使には、和議債務者に対する履行の請求のみならず、求償権を自働債権として和議債務者の債権と相殺することも含まれるというべきであり、右の限度で相殺を認めることは、和議開始決定後に取得した和議債権による相殺を禁じた和議法5条、破産法104条3号の規定に反するものではない」

(c) 検　　討　本判決は、平成7年判決の理を相殺の場面にもそのまま適用して、和議条件により変更された原債権の限度でしか相殺を認めず、その結果、債権全額をもってする本来的な相殺権の行使は全面的に否定されることになった。本判決の後の最判平成11・3・9 (民集53巻3号420頁・金判1070号11頁)が、求償権とは別の債権を自働債権とする相殺について、「和議債権と和議債務者の和議債権者に対する債権とが和議認可決定確定前に相殺適状にあった場合には、和議債権者は、和議認可決定の確定により和議債権が和議条件に従って変更された後においても、右変更前の和議債権を自働債権として和議債務者の債権と相殺することができる」と判示しているのと対照すると、最高裁が倒産手続開始後の弁済に基づく求償権というものを他の倒産債権とは異なる特殊なものと見ていることが明らかにうかがえる。

(3) **「倒産手続開始後の弁済により取得した求償権は原債権の限度でのみ行使が可能」**

以上のとおり、両判決は、倒産手続開始後の弁済により取得された求償権は、原債権の限度でのみ行使が可能であるとする。その根拠について判決は、「和議制度の趣旨」を挙げるのみであるが、八木・前掲「判批」371頁では、手続開始後の弁済に基づく求償権が弁済時までの利息・損害金をも含んだ額が元本となるため、これを破産債権として扱うことは、開始時現存額主

義に反する結果となることが挙げられている。

そして、同判批では、手続開始後に弁済をした保証人の有する求償権については、事実上、第一次的な権利行使の機会がないか、あるいは、少なくとも求償権の行使が事実上制約されているとされるが（八木・前掲「判批」371頁）、これに加えて、判文を読む限り、両判決はこうした求償権が倒産債権ではないことをかなり鮮明に述べていると考えられる（なお、両判決に賛同する論稿として、沖野眞巳「主債務者破産後の物上保証人による一部弁済と破産債権の行使―議論の整理のために」曹時54巻9号1頁（2002年）がある）。

## 3　委託なき保証人の有する事後求償権の性質

以上の最高裁の考え方は、債務者からの委託を受けずになされた保証に基づく求償権については、非常によく適合するものと考えられる。

①　委託なき保証人の有する求償権は、これが破産手続開始後の弁済に基づき生じたものである場合には、その権利の性質からみて、本来的に破産債権にはあたらないとみることができる。

破産債権とは、破産者に対し破産手続開始前の原因に基づいて生じた財産上の請求権であって、財団債権に該当しないものをいい（破2条5項）、「破産手続開始前の原因」あり、というためには、主たる発生原因が備わっていればよいとされる（一部具備説）。

保証人の求償権発生の主たる原因について、通説（我妻栄『新訂債権総論』（民法講義Ⅳ）487頁（岩波書店、1964年）、於保不二雄『債権総論』〔新版〕250頁（有斐閣、1972年）等）・判例（大判昭和6・10・3（民集10巻10号851頁）等）は、主債務者・保証人間の内部関係に基づくものと解する立場に立っている。したがって、委託に基づく保証の場合は、主債務者と保証人との委託契約が主たる発生原因であり、債権者・保証人間の保証契約が発生根拠となるものではない。

委託なき保証人の場合、前記の委託契約は存在せず、これになぞらえられるべきものは、事務管理行為（又は不当利得発生原因行為）とされる保証人の弁済行為そのものである。その弁済行為が破産手続開始決定後になされた場合には、これにより生じる求償権が「破産手続開始前の原因」に基づくものと

はいえないことになる。

②　このような権利の性質からすると，前記の最高裁判決の判示内容は，委託を受けない保証人の求償権については，きわめてよく適合する。破産開始後の弁済に基づく求償権が本来的に破産債権に該当しないとなれば，それが財団債権となるのか，あるいは手続外債権となるのかとの疑問が生じるが，いずれにしても（そしてまた，後述のとおり，この求償権に破産法がとくに破産手続への参加資格を認めたとしても，その有無にかかわらず），それは，「原債権の限度」という制約のもとにのみ行使が認められるのである（したがって，原債権が破産開始後の弁済により取得されたものであるため，相殺禁止規定により相殺に供し得ない場合は，求償権の行使もできない）。以上の考え方には，十分な合理性が認められるであろう。

③　なお，最高裁の理論は，委託の有無による区別をすることなく，保証人の事後求償権一般に通じるものとして展開されている。しかし，委託を受けた保証人についても，破産開始後の弁済に基づく求償権を相殺に供し得ないとすることは，その求償権が破産開始前に締結された委託契約を主たる発生原因とする本来的な意味での破産債権である以上，妥当性を欠くものとも思われる。

結論に妥当性をもたせるためには，委託を受けた保証人は，この者にのみ実体法上認められている事前求償権を行使することにより，前記の相殺が可能となる，と考えるべきであろうか（事前求償権は，破産開始の時点で現在の債権として存在するため，八木・前掲「判批」371頁が指摘する開始時現存額主義との間の齟齬も生じない。なお，事前求償権には民法461条による主債務者の権利が抗弁権として付着しているが，保証人が弁済をするとこの抗弁権は消滅する。そして抗弁権付着段階で受働債権が差し押さえられた後に，保証人が弁済をして抗弁権を消滅させ，当該事前求償権を自働債権として相殺に供することは許容される（京都地判昭和52・6・15（判タ362号274頁）。この理をそのまま破産の場合にもあてはめるわけである）。

## 4　破産法の規定との関係

平成7年判決及び平成10年判決に対しては，当然ながら，前記1で述べた，求償権を一般的に破産債権と解する立場から，相当の批判が加えられ

た。しかし，前記1に記載された諸点については，本稿で述べた考え方からも説明が可能であると思われる。

以下，前記1に記載の順に従って，簡単にコメントを加える。

① 破産法103条4項が，「破産債権が破産手続開始の時において条件付債権又は将来の請求権であるときでも，当該破産債権者は，その破産債権をもって破産手続に参加することができる」と規定する点については，本条項は法文からしても明らかに「破産債権である条件付債権又は将来の請求権」に関する定めであり，ある特定の将来の請求権が破産債権であるかどうかについては何も語るところがないのであるから，本条項が本稿のテーマに関し，何らかの手がかりを与えるものではないと考えられる。

② 破産法104条3項本文が，「破産者に対して将来行うことがある求償権を有する者は，その全額について破産手続に参加することができる」とする点については，前記のとおり，本来的には破産債権とはいえない委託なき保証人の将来の求償権等についても，（主たる債権者が債権届出をしない場合など）将来的な求償権の行使の保全を図る必要のあることをって，破産法がとくに破産債権として破産手続に参加する資格を認めたのが本項の趣旨であって，かつ，そこにいう「破産手続に参加」とは，破産手続開始後の弁済に基づく求償権の場合には，前記のとおり「原債権の限度」という制約がついた参加であると読むことが可能である。

③ 破産法104条4項が，「求償権を有する者は，その求償権の範囲内において，債権者が有した権利を破産債権者として行使することができる」とし，求償権の行使については規定せず，原債権の行使についてのみ規定していることは，求償権の行使が原債権の限度で行使し得るにとどまる（その結果，実質的には行使できるのは原債権のみであるも同然ということになる）という本稿の立場を支持する規定内容だといえる。文章的にも，本規定は，平成7年判決の前記②の判文と相似しており，本条項は前記一般的な考え方からは，むしろ説明がつかないのではなかろうか。

■論文 2

## 保証人の事後求償権と相殺
―【2】 相殺権行使の可否の観点からの考察

弁護士　坂　川　雄　一

### 1　破産法上の相殺権について

　相殺には，相手方の有する自己への債権を優先的に自己の相手方に対する債権の満足に充てるという担保に類する機能があり，相対立する債権債務を有する当事者は，相互に自己の相手方に対する債権が相手方の有する自己への債権によって担保されているとの期待を有する。かかる担保としての相殺に対する期待を破産手続においても保護すべく，破産法では，相対立する債権債務を有する当事者の一方につき破産手続が開始された場合には，自働債権が破産債権であっても，破産債権の個別的行使の禁止（破100条1項）の例外として，破産手続外で相殺をなしうるものとされている（破67条1項）。

　そして，破産手続が清算型倒産処理手続であることに鑑み，破産法は，担保としての相殺に対する期待をより厚く保護する規定も置いている（破67条2項・68条・69条・70条）。破産財団に対して債務を負担する者が破産手続開始時において未だ現実化していない将来の請求権を有するにすぎない場合であっても，最後配当の除斥期間内に将来の請求権が現実化する限りにおいて相殺権の行使を認めることを前提に，その債権額の限度で弁済額の寄託請求ができるとした規定もその1つである。

　ただ他方で，破産法は，破産手続開始時における破産債権者の相殺に対する期待が合理的とはいえない場合に相殺を禁止している。すなわち，債権債務の対立状態が破産債権者間の公平・平等を害するような形で作り出された場合，相殺に対する合理的期待を見出せないことから，破産法は，このような場合の相殺を禁止する規定を置いている（破71条・72条）。破産財団に対して債務を負担する者が破産手続開始後に他人の破産債権を取得した場合に相

殺を禁止する規定もその1つである。

このように，破産法上の相殺権は，担保としての相殺に対する合理的期待を適切に保護することを目的とする制度である。そこで，以下では，保証人が破産手続開始後に保証履行したことによって取得した事後求償権と破産財団所属債権との相殺の可否について，相殺に対する合理的期待の有無を念頭に置きつつ検討を進めることにする。

## 2 受託保証人の事後求償権による相殺について
### (1) 受託保証人の相殺に対する期待の合理性

保証人が主債務者の委託を受けて債務保証をした場合における受託保証人と主債務者との間の法律関係は委任関係であり，受託保証人による債権者への弁済は委任事務の処理にあたると捉えるのが一般的である[*1]。

こうした理解を前提とすると，受託保証人と主債務者との間に一定の法律関係を生じさせる原因は，受託保証人・主債務者間の保証委託契約に求めることができ，受託保証人及び主債務者は，保証委託契約の締結により，相互に委任事務処理費用の償還請求権としての性質を有する事後求償権が将来発生することを予期すべき法的地位に立つといえる。したがって，仮に主債務者の破産手続開始時において受託保証人が債権者に対して保証履行をしておらず，主債務者に対する事後求償権が発生していなかったとしても，主債務者に対して債務を負担している受託保証人は，主債務者の破産手続開始時において，主債務者の自己に対する債権をもって将来発生する事後求償権の満足に充てることを期待し，他方で，受託保証人に対して債権を有している主債務者も，破産手続開始時において，いずれその有する債権が将来発生する事後求償権の満足に充てられることを予期しうる立場にあったといえよう。

### (2) 受託保証人の事後求償権を自働債権とする相殺権行使は可能

このような客観的状況に鑑みれば，主債務者の破産手続開始時において事後求償権が発生していなかったとしても，破産財団に対して債務を負担する

---

[*1] 我妻栄『新訂債権総論』（民法講義Ⅳ）488頁（岩波書店，1964年），西村信雄編『注釈民法⑾』272頁（有斐閣，1965年）参照。

受託保証人には、将来発生する事後求償権と破産財団所属債権との相殺についての合理的期待が存するものといって差し支えない。したがって、破産手続開始後に発生した受託保証人の事後求償権を自働債権とする相殺権の行使は、破産手続上保護されて然るべきである。

そして、保証人が主債務者の委託を受けて債務保証をした場合には、既述のとおり、保証委託契約によってすでに受託保証人と主債務者との間に一定の法律関係（委任関係）が生じている以上、受託保証人が主債務者の破産手続開始後に保証履行して事後求償権を取得したとしても、破産法72条1項1号に定める破産手続開始後の破産債権の取得にはあたらず、「将来の請求権」が現実化した場合として、有効に相殺することができると解すべきである[*2,*3]。

## 3 無受託保証人の事後求償権による相殺

### (1) 無受託保証人の相殺に対する期待の非合理性

保証人が主債務者の委託なしに債務保証をした場合における無受託保証人と主債務者と間の法律関係は事務管理（若しくは準事務管理）の関係であり、無受託保証人による債権者への弁済自体が事務管理にあたると捉えるのが一般的である[*4]。

---

[*2] 竹下守夫ほか編『大コンメンタール破産法』313頁（青林書院、2007年）、伊藤眞『破産法・民事再生法』〔第2版〕377頁（有斐閣、2009年）、山本和彦ほか『倒産法概説』〔第2版〕257頁（弘文堂、2010年）参照。
　　なお、破産法の注釈書では、法定の停止条件が付された債権を意味すると一般的に解されている「将来の請求権」の具体例として、ほぼ例外なく、現実化していない保証人の求償権が挙げられている（斎藤秀夫ほか編『注解破産法上巻』〔第3版〕141頁（青林書院、1998年）、竹下ほか編・上記438頁、伊藤眞ほか『条解破産法』717頁（弘文堂、2010年）参照）。

[*3] 個別執行の場面における保証人の事後求償権と被差押債権との相殺については、差押えの時点ですでに事後求償権が発生していることが必要であり、差押後になされた弁済により発生した事後求償権による相殺は効力を有しないと解されている（東京地判昭和58・9・26金判684号18頁、潮見佳男『債権総論Ⅱ』〔第2版〕434頁（信山社、2001年）参照）。
　　しかしながら、破産法上の相殺権は、破産手続が清算型倒産処理手続であることに鑑み、民法上の相殺の要件が拡張されていることからすると、個別執行の場面における上記解釈が包括執行手続である破産手続の場面でそのまま通用することにはならないように思われる。

[*4] 我妻・前掲（＊1）488頁、西村編・前掲（＊1）272頁参照。なお、栗田隆「主債務者の破産と保証人の求償権」関西大学法学論集60巻3号45頁は、保証契約が締結されないと主債務者に不利益が生ずるといえるような事情が存しない限り、債権者と無受託保証人との間での保証契約の締結は主債務者のための事務管理にあたらないとする。

こうした理解を前提とすれば，無受託保証人と主債務者との間に一定の法律関係を生じさせる原因は，無受託保証人による保証履行に求められるのであって，主債務者は，無受託保証人による保証履行及びその通知がない限り，事務管理費用の償還請求権としての性質を有する事後求償権の発生を認識し得ない。したがって，主債務者の破産手続開始時において無受託保証人が債権者に対して保証履行をしておらず，主債務者に対する事後求償権が発生していない場合には，主債務者に対して債務を負担している無受託保証人は，主債務者の破産手続開始時において，主債務者の自己に対する債権をもって将来発生する事後求償権の満足に充てることを期待しうる立場にある一方で，無受託保証人に対して債権を有している主債務者は，破産手続開始時において，いずれその有する債権が将来発生する事後求償権の満足に充てられることをまったく予期しうる立場にはない。

　このような客観的状況に鑑みれば，主債務者の破産手続開始時において事後求償権が発生していない限り，破産財団に対して債務を負担する無受託保証人には，事後求償権と破産財団所属債権との相殺についての合理的期待が存するとは到底認められないというべきである。

### (2) 破産法72条1項1号類推適用による相殺禁止

　そして，破産財団に対して債務を負担する無受託保証人が破産手続開始後に保証履行して事後求償権を取得した場合は，破産法72条1項1号の類推適用により，相殺が禁止されるものと解すべきである[*5]。

　そもそも破産法72条1項1号は，破産財団に対して債務を負担する者が破産手続開始後に「他人の破産債権」を取得した場合の相殺を禁止する規定であるが，破産財団に対して債務を負担する者が破産手続開始後に新たに発生

---

[*5] 平成20年以前に出版された破産法の注釈書では，主債務者の委託の有無で区別することなく，保証人が破産手続開始後に事後求償権を取得した場合に，「将来の請求権」が現実化したものとして有効に相殺することができるとする旨の記述が圧倒的に多いが，これらの記述は，いずれも受託保証人のみを念頭に置いており，無受託保証人についてはまったく念頭に置いていないものというべきであろう。
　なお，大阪地判平成20・10・31判時2060号114頁及び大阪高判平成21・5・27金法1878号46頁は，破産法72条1項1号の類推適用を否定しているが，佐々木修「委託なき保証による事後求償権と破産手続開始後の相殺の可否」銀法723号26頁は，本稿と同様，破産法72条1項1号の類推適用を肯定する見解に立つ。

した「他人の破産債権」にあたらない破産債権を取得した場合でも、破産法72条1項1号の類推適用があると解する見解が有力である[*6]。そして、現に純然たる第三者が破産手続開始後に破産債権を弁済することによって取得した求償権（＝事務管理費用償還請求権）については、同規定の類推適用により相殺を禁止すべきであるとする見解が多い[*7]。

　保証人が主債務者の委託なしに債務保証をした場合も、既述のとおり、無受託保証人による保証履行がない限り、無受託保証人と主債務者との間に何らの法律関係も発生しないのであって、こうした客観的状況は、純然たる第三者による代位弁済の場合と何ら異なるところはない。それ故に、破産財団に対して債務を負担する無受託保証人が破産手続開始後に保証履行して事後求償権を取得した場合についても、同様に破産法72条1項1号の類推適用があると解されるのである。

(3) **破産法70条との関係**

　なお、破産手続開始時において未だ現実化していない無受託保証人の事後求償権であっても、破産法上の「将来の請求権」にあたることに変わりはないため、破産法70条前段の適用が問題となるが、破産法72条1項1号により相殺が禁止される以上、破産法70条に基づく寄託請求は無効と解すべきであろう。

### 4　本設例における結論

　以上の検討によれば、無受託保証人であるＹ銀行は、破産手続開始後に保証履行してＸに対する事後求償権を取得した以上、この事後求償権とＸ社のＹ銀行に対する預金債権との相殺は、破産法72条1項1号の類推適用により禁止されることになるといわざるを得ないであろう。

■■

---

[*6]　伊藤ほか・前掲（*2）531頁参照。
[*7]　名古屋高判昭和57・12・22判時1073号91頁、竹下ほか・前掲（*2）312頁、山本ほか・前掲（*2）257頁、伊藤ほか・前掲（*2）377頁参照。

### 最 後 に

　これまでは，主債務者の委託なしに保証人が債務保証するという取引形態が一般の取引社会において現れることが極めて稀であったため，破産法の分野において，無受託保証人の事後求償権というものを念頭に置いた検討が十分になされてこなかったように思われる。ところが，近時は，ファクタリング事業の一種として，本設例にあるような売掛金債権の保証を事業として営む金融機関も現れてきており，こうしたビジネスが今後広がりを見せることも十分予想されるところである。

　大阪地判平成20・10・31（判時2060号114頁参照）及びその控訴審である大阪高判平成21・5・27（金法1878号46頁参照）を契機として，倒産手続における無受託保証人の事後求償権の扱い（特に，相殺権との関係）について取り上げた論稿も見受けられるようになったが，今後さらに議論を深めていく必要があるであろう。

【追補——最二小平成24・5・28判決について——】

　(1)　本論稿の脱稿直前であった平成24年5月28日，無受託保証人が破産手続開始後に保証履行したことによって取得した事後求償権を自働債権としてする相殺権行使の可否が争点となった事件の上告審で，最高裁第二小法廷は，原判決（大阪高判平成21・5・27金法1878号46頁）及び一審判決（大阪地判平成20・10・31判時2060号114頁）の判断を覆す判決（以下「本最判」という）を言い渡した。

　本最判では，まず無受託保証人が破産手続開始後に保証履行したことによって取得した事後求償権は，「保証契約が主たる債務者の破産手続開始前に締結されていれば，当該求償権の発生の基礎となる保証関係はその破産手続開始前に発生しているということができる」ことを理由に，『破産手続開始前の原因に基づいて生じた財産上の請求権』（破産法2条5項）に当たることを明らかにした。

　その上で，本最判は，無受託保証人が破産手続開始後に保証履行したことによって取得した事後求償権を自働債権としてする相殺権行使が，破産法72

条1項1号の類推適用により禁止される旨判示した。その理由としては，①上記求償権を自働債権としてする相殺を認めるのは，破産者の意思や法定の原因とは無関係に破産手続において優先的に取り扱われる債権が作出されることを認めるのに等しいこと，②無受託保証人が上記求償権を自働債権としてする相殺は，破産手続開始後に，破産者の意思に基づくことなく破産手続上破産債権を行使する者が入れ替わった結果相殺適状が生ずる点において，破産者に対して債務を負担する者が，破産手続開始後に他人の債権を譲り受けて相殺適状を作出した同債権を自働債権としてする相殺に類似し，破産債権者の公平・平等な扱いを基本原則とする破産手続上許容し難いことが挙げられている。

(2) 本最判は，アプローチの仕方にやや違いはあるものの，基本的な考え方は論文2に沿ったものと評価することができるであろう。

また，本最判は，「他人の破産債権」の取得に当たらないことに加え，「破産手続開始後」の破産債権の取得に当たらないことを前提としながらも，破産法72条1項1号の類推適用を認めている。従来の学説や下級審裁判例では，純然たる第三者が破産手続開始後に他人の破産債権を弁済することにより新たに取得した求償権を自働債権とする場合など，破産手続開始後新たに取得した自己の破産債権を自働債権としてする相殺権行使について，「他人の破産債権」の取得には当たらないものの，破産法72条1項1号の類推適用により相殺権行使が禁止されるとしたものもあるが（論文2の脚注＊7参照），本最判は，さらに一歩踏み込んだ判断をしたものということができよう。

(3) 本最判に対しては，今後様々な論評がなされることが予想されるが，筆者としては，本最判を通じて，倒産手続上相殺権行使の可否が問題となる他の様々な場面についてもさらに議論が深まっていくことを期待したい。

# 委託を受けない保証人の求償権と破産財団に対する債務との相殺の可否

神戸大学大学院法学研究科教授　中　西　　　正

## 1　はじめに

　Y銀行（以下，「Y」という）は，Aの依頼を受けて，Aの取引先であり同時にYに預金をしているX社に対する売掛金債権を保証したが，その後，X社は破産手続開始決定を受けたため，YはAに対して保証債務を履行し，これにより生じたX社に対する求償権とX社のYに対する預金債権を相殺したが，この相殺権行使が破産手続において有効とされるか否かが，ここでの問題である。

　問題の解決への道筋は，本件求償権が手続開始の時点ですでに停止条件付きで成立していたと解するか，手続開始後，YがAに保証債務を履行した時点で成立したと解するかで，異なってくるであろう。

## 2　本件求償権を将来の請求権と解した場合

　X社のYに対する預金債権は手続開始前に成立し，YがAとの間で本件売掛金債権につき，本件保証契約を締結した時点でYのXに対する求償権が停止条件付きで成立した（将来の請求権となる）と解するのであれば，手続開始後に条件が成就したので，破産財団（X社）に対して債務を負う者（Y）が，破産手続開始後に破産債権を取得したことになり，破産法72条1項1号の類推適用による相殺禁止に触れることになる（山本和彦ほか『倒産法概説』232頁（弘文堂，2006年）参照。「他人の破産債権」を取得したのではないので「適用」はできない）。

　しかし，破産手続開始の時点で破産財団に債務を負う者が停止条件付破産債権（将来の請求権）を有していた場合，手続開始後に停止条件が成就し相殺

適状となれば相殺が許されるという破産法70条のルールが適用され、同法72条1項1号の相殺禁止は類推適用されなくなるのではないかという問題が生じる。ここでは、合理的相殺期待の存否が検討されねばならない。

なぜなら、破産法67条2項や70条（手続開始の時点で停止条件付きの破産債権又は破産財団に対する債務が対立している場合に、手続開始後に条件が成就し相殺適状となれば、破産手続上、有効に相殺をなし得るというルール）は、合理的な相殺期待を保護する趣旨だからである（山本ほか・前掲227頁を参照）。

したがって、本件停止条件付求償権と預金債務の対立についても合理的相殺期待が認められるか否かが問題となり、合理的相殺期待が認められる場合に限り、破産法70条により、同条72条1項1号は適用されず、Yは相殺を認められることになろう。坂川論文は、この問題を議論するものだと位置付けられよう。

この問題は多数の文献において肯定されていると理解されているが、それは委託を受けた保証人が念頭に置かれているのであって、委託を受けない保証人については現時点では十分な検討はなされていないと思われる。そして、私は、この問題は否定される（「合理的相殺期待はない」と解される）べきだと考える。ごく簡単にその理由を述べれば、以下のようになろう。

相殺権の担保的機能は、倒産法で保護されている。つまり、相殺権は、担保権（別除権）と同等の取扱いを受ける。これは債権者平等原則の例外である以上、その正当化根拠が明らかにされねばならない。そして、担保権である以上、相殺権の保護の根拠は担保権（別除権）のそれと同様に解されるべきである。すなわち、より低いコスト（利率など）での信用供与、より信用度の低い債務者に対する信用供与、より期間の長い信用供与を可能にする機能が相殺権（を前提とした信用供与）にはあり、これを保護せねばならないから、倒産法上、相殺権も保護されるのだと解されるべきである。

このように考えるなら、相殺適状の要件が充足されている場合だけでなく、相殺に供される債権・債務の双方が弁済期にあるという要件が具備されない場合でも、相殺権を保護せねばならない。

例えば、甲銀行（以下、「甲」という）が乙に相殺権を前提に信用を供与する場合、信用供与する以上、甲の乙に対する債権（以下、「甲・乙債権」という）

には期限又は停止条件が付いているはずである（甲が丙の乙に対する債権を乙の委託により保証する場合，甲から乙に与信があるとみることができるが，この場合の甲・乙債権（求償権）は停止条件付きとなる）。また，その際に担保となる乙の甲に対する債権（以下，「乙・甲債権」という）も期限未到来か停止条件付きである場合が多いであろう（定期預金の場合は期限未到来であり，乙の債務者である丙が債務の支払を甲の乙の口座に振り込むことを甲・乙・丙間で約した場合は乙・甲債権は停止条件付きである）。履行期が到来しているなら担保として不確実だからである。

そして，相殺権を前提とした与信の場合，甲が乙に信用を供与するとき，つまり双方の債権・債務が期限又は停止条件付きの段階で，後に生じるかもしれない倒産処理手続における相殺権行使を保障せねばならないわけである。

倒産手続で合理的相殺期待を保護する趣旨を以上のように考えるなら，合理的相殺期待とは，現実には甲・乙債権，乙・甲債権に停止条件が付いている場合に問題となろうが（期限付きの場合は問題なく認められよう），甲・乙債権が甲の乙に対する信用供与の結果生じた場合，乙・甲債権が信用供与の担保となり得る程度に条件成就の蓋然性を備えている場合であると，解すべきである。

以上のように考えた場合，本件では，そもそもＹはＸ社に信用を供与していない点が問題であると思われる。すなわち，Ｙは，ＡがもつＸ社に対する債権が不履行となるリスクを，Ａとの契約により引き受けたのであり，Ｘ社との契約により引き受けたのではないので，合理的な相殺期待の大前提を欠くものと思われる。

例えば，Ｘ社が，Ａからの信用供与（掛売り）を続けてもらいたいと考え，Ｘ社の債務不履行のリスクをＡからＹに移転させるべく，委託によりＹにＡ・Ｘ社債権につき保証人となってもらったとする。この場合，Ｘ社の預金債権を相殺という担保に供するならば，より低いコストでの信用供与などＹからＸ社に対する有利な与信が実現される可能性があるので（Ｘ社・Ｙ間の保証委託契約はＹからＸ社への信用供与である），保証委託契約の時点で合理的相殺期待を認める十分な根拠がある。

しかし，Ｘ社の債務不履行のリスクをＡからＹに移転させるため，Ｙ・Ａ

間の契約でYがA・X社債権の保証人となった場合，X社の預金債権を相殺という担保に供することを認めても，AやYによるX社に対する有利な信用供与が客観的に保障されるわけではない。むしろ，第三者であるA・Y間の合意により，X社の預金債権という，本来破産債権者の共同担保を構成すべき財産を逸出させ，Y，最終的にはAに優先的に分配されることを促進する機能をもつだけである。このような場面では合理的な相殺期待の前提が欠け，債権者平等原則の例外を正当化する根拠が存在しないと思われる。

## 3　本件求償権を事務管理に基づく費用償還請求権と解した場合

　委託を受けない保証人の弁済は事務管理（民697条以下）であると解するなら，破産手続開始後の弁済に基づく求償権は，破産法148条1項5号の財団債権となるであろう。ただし，その額は，消滅させた破産債権の実価にとどまると解されよう。また，相殺も実価の限度でなし得ることになる。増市論文は，これに関連する問題を検討する。きわめて貴重な問題提起であるが，紙幅も尽きたようであるので，以上でコメントを終えることにする。

　なお，この問題については，中西正「いわゆる『合理的相殺期待』概念の検討」事業再生と債権管理136号49頁も参照されたい。

# 第5章

# 相　　殺

## ■論　文

# 証券投資信託における受益者の破産・民事再生と相殺——名古屋高裁平成24年1月31日判決の検討——

神戸大学大学院法学研究科教授　中　西　　　正

## 1　はじめに

　証券投資信託における受益者に対して破産手続や民事再生手続が開始された場合に，受益者が販売会社に対して有する一部解約金支払請求権と販売会社が受益者に対して有する貸金債権とを相殺できるか否かは重要な問題である[1]。この問題を設例により説明すれば，以下のようになろう。

### 設　例

　ある証券投資信託（以下，「本件投資信託」という）が存在し，Aが受益者の1人，B銀行が販売会社（指定証券会社・登録金融機関）の1つ，Cが委託者（投資信託委託会社），Dが受託者（信託会社又は信託業務を営む金融機関）であった。そして，Aの受益権は，投資信託振替制度のもと，B銀行が備え置いた振替口座簿に記録され，B銀行はAに対し，貸金返還請求権（期限付金銭債権）を有していた。
　ここでは，B銀行は，Aに対し，本件受益権を販売した時点で，A・B銀行間の契約（投資信託総合取引規定による契約）に基づき，B銀行がCから一部解約金の交付を受けることを停止条件とする一部解約金返還債務を負っていると解することができよう（最判平成18・12・14民集60巻10号3914頁，金判1262号23頁

---

[1]　下級審裁判例として，大阪地判平成21・10・22金判1382号54頁，大阪高判平成22・4・9金判1382号48頁，名古屋地判平成22・10・29金法1915号114頁，名古屋高判平成24・1・31金判1388号42頁，大阪地判平成23・10・7金判1383号14頁（要旨のみ）等を挙げることができる。また，この問題を検討した最近の論文に，坂本寛「証券投資信託において受益者に破産手続ないし民事再生手続が開始された場合の債権回収を巡る諸問題」判タ1359号22頁以下がある。

① Aの支払停止の後に本件投資信託が一部解約され，AのB銀行に対する一部解約金支払請求権とB銀行のAに対する貸金債権（期限の利益を喪失したものとする）の対立が相殺適状となり，B銀行が相殺権を行使した後，Aに対して破産手続（民事再生手続）が開始された。この場合，B銀行の相殺権行使は認められるだろうか。

② Aに対して破産手続（民事再生手続）が開始され，本件投資信託が一部解約され，AのB銀行に対する一部解約金支払請求権とB銀行のAに対する貸金債権（期限の利益を喪失したものとする。なお破103条3項も参照）の対立が相殺適状となったため，B銀行は相殺権を行使した。これは認められるだろうか。

近時，名古屋高裁はこの問題（①の問題）につき，きわめて注目すべき判断を示した（名古屋高判平成24・1・31（前掲＊1）。以下「名古屋高裁判決」という）。本稿は，本件名古屋高裁判決を通して①・②の問題を検討することを目的とする。

## 2　名古屋高裁平成24年1月31日判決

(1)　本件事案は，Aに対して民事再生手続が開始された【設例】①の場合である。B銀行のAに対する債権は連帯保証債権であるが，貸金債権を保証したものであるので，貸金債権と同視できる。

本件では，B銀行は，Aの支払停止後，これを知りつつ債権者代位権を行使して（民423条）AのCに対する本件投資信託の一部解約実行請求権を行使した＊3。これに基づいて，CはDに対して本件投資信託の一部解約をし，一部解約金を，DはCに交付し，CはB銀行に交付し，B銀行はAの指定預金口座に入金した。これにより，AのBに対する一部解約金支払請求権（以

---

＊2　加藤正男・最高裁判所判例解説民事篇平成18年度（下）1323頁を参照。

＊3　本件投資信託の一部解約実行請求権はB銀行が債権者代位権に基づき行使している。本判決は，一部解約実行請求権は形成権であるが，形成権も債権者代位の対象となり（最判平成11・9・9民集53巻7号1173頁，金判1078号3頁），一身専属的な権利でもない以上，本件一部解約実行請求権の代位行使は有効であると判示している。これは妥当な判断であろう。

下、「A・B債権」という）の停止条件は成就した。他方、B銀行のAに対する債権（以下、「B・A債権」という）は、これより前に期限の利益を喪失していた。B銀行は、B・A債権とA・B債権が相殺適状となったので、Aに対し、相殺の意思表示をした。その後、Aは民事再生手続開始決定を受けたわけである。

(2) 本件では、A・B債権については、支払停止から再生手続開始決定までの間に停止条件が成就して、相殺適状となり、相殺権が行使されているので、民事再生法（以下、「民再法」という）93条1項が適用される。そして、本判決は、次のように、同項3号の適用が問題になると判断した。

民再法93条1項3号は、「（再生債権者が）支払の停止があった後に再生債務者に対して債務を負担した場合であって、その負担の当時、支払の停止があったことを知っていたとき」に相殺を禁止している。そこで、再生債権者が再生債務者に対して負担する債務が停止条件付の場合、「再生債権者が再生債務者に対して債務を負担した」とはいつかが問題となるが、当該債務の停止条件が成就したときと解すべきである。そして、本件では、A・B債権の停止条件はAの支払停止後に成就している。したがって、同項3号の適用が問題になる。

(3) そこで、本件に民再法93条2項2号の適用があるか否かが問題となる。具体的には、B銀行がA・B銀行間の契約に基づき停止条件付一部解約金返還債務を負担したことが同法93条2項2号の「前に生じた原因」に該当するか否かが問題となる（B銀行がこれをAの支払停止を知る前に負担したことは明らかである）。本判決はこの点につき、次のように判断した。

本件投資信託は、Aが、B銀行を介して、Cに対して一部解約実行請求権を行使すると、CがDとの間の信託契約を一部解約し、こうして発生した一部解約金をDがCに交付し、CがB銀行に交付し、B銀行がAの指定預金口座に入金する仕組みになっている。したがって、B銀行が、Cから一部解約金の交付を受けることにより、Aに対して現実に負担した一部解約金返還債務は、A・B銀行間の契約（投資信託総合取引規定による契約。C・D間の投資信託約款による信託契約、C・B銀行間の募集販売契約などを前提とするのは当然である）を原因としていると見ることができ、これが民再法93条2項2号の「前に生じ

た原因」に該当すると解される。
　また，Aの受益権の換価方法として，一部解約のほかに買取請求や譲渡，償還金の受領等の方法があり，その場合にはB銀行は一部解約金返還債務を負担しないから合理的相殺期待がないというAの主張については，換価方法として一般的なのは一部解約であり，その場合にはB銀行が一部解約金返還債務を負担することになるとして，これを斥けた。Aは受益権の管理を別の証券会社・登録金融機関に変えることができる点も，Bの合理的相殺期待を認めることを妨げないとした。
　(4)　以上より，B銀行がした相殺は，Aに対する民事再生手続において有効であると判示した。

## 3　検　　討
### (1)　**合理的相殺期待**[*4]
　(a)　いま，BとAの間に債権・債務の対立が生じたが，相殺適状には至っていないとする（民505条1項参照）。その後，Aに対して破産手続が開始され，手続が終結する前にこの債権・債務の対立が相殺適状となったときに，Bの相殺権行使が許される場合，Bは，債権・債務の対立が生じた時点で，合理的相殺期待（相殺の合理的期待）をもっていたということにする。
　破産法では，67条2項と70条が合理的相殺期待につき規律している。すなわち，BとAの間に，期限付又は停止条件付債権・債務が対立し，破産手続開始後に，その対立が，期限が到来し，あるいは条件が成就する等して相殺適状になったときは，Bは相殺権を行使できると規定しているのである。
　(b)　そこで，合理的相殺期待とは何かが問題となるが，次のように解すべきだと思われる。
　合理的相殺期待は，その定義からも明らかなように，優先弁済の保障という点で別除権に等しい地位を付与されている。このことは，B・A債権を被担保債権としてA・B債権上に質権が設定されている場合と比較すれば容易

---

[*4]　詳細は，中西正「いわゆる『合理的相殺期待』概念の検討」事業再生と債権管理136号46頁以下を参照。

に理解されよう。すなわち，①質権も合理的相殺期待も，有効に成立すればAに破産手続が開始されても消滅しない（破産債権者平等原則に服さない）。②破産手続開始後，質権の場合，B・A債権が債務不履行となり，A・B債権の履行期が到来すればその実行が可能となり，合理的相殺期待の場合，B・A債権の履行期とA・B債権の履行期が到来すれば相殺適状となる。③その後，質権を実行した場合も相殺権を行使した場合も，B・A債権がA・B債権より優先的満足を得る。

したがって，合理的相殺期待が破産手続で尊重される根拠は，別除権（担保権）のそれと等しいと考えるべきである。とするなら，それは，合理的相殺期待には，別除権（担保権）と同様，より低い費用（例，利率，手数料）による信用供与，より長期間の信用供与，より信用度の低い債務者に対する信用供与などを実現する機能があり，このように重要な経済社会における機能を維持するため，破産手続においても尊重されるのだと理解すべきである。

(c) 以上のように考えれば，合理的相殺期待成立の要件，破産法でいえば67条2項，70条に規定された期限付又は停止条件付債権・債務の意義は，以下のように解されるべきである。

(イ) B・A債権は，BからAに対する信用供与に基づく債権でなければならず，具体的には，期限付債権あるいは停止条件付債権となろう（破67条2項前段・70条を参照）[*5]。

(ロ) 次に，A・B債権は期限付でも停止条件付でもよいが（破67条2項後段を参照），市場において担保権の目的となり得る財産的価値を有していなければならないと解される。このような場合に，相殺を担保と見たAに有利な信用供与が実現される定型的可能性が，認められるからである。そして，期限付債権も停止条件付債権も一定の財産的価値を有しているのが通常である点に鑑みれば，破産債権者の負う債務が期限付の場合，あるいは停止条件付の場合，破産手続開始後に期限が到来し，あるいは停止条件が成就すれば，特段の事情のない限り，当該破産債権者は相殺を認められるとする判例のル

---

[*5] BからAに信用供与があった場合，B・A債権は通常は期限付であるが，Aからの委託によりBが保証人となった場合の停止条件付事後求償権のように，停止条件付となるときもある。詳細は，中西・前掲（*4）49頁以下を参照。

ール（最判平成17・1・17民集59巻1号1頁，金判1220号46頁）が，ここに妥当するものと思われる。

　A・B債権が停止条件付で条件成就の蓋然性が低い場合に，合理的相殺期待が認められるかという問題は[*6]，このような観点から検討されるべきである。すなわちこれは，停止条件付A・B債権が存在し，条件成就の蓋然性は著しく低いと評価されていたが，破産手続開始後，経験則に著しく反して条件が成就した場合に，このA・B債権は，相殺権者であるBに供されるべきか，破産債権者の配当に供されるべきかという問題である。そして，合理的相殺期待保護の趣旨からは，停止条件付A・B債権に市場における担保としての価値があり，Bからの，相殺を担保と見た信用供与を実現する定型的な可能性があった場合には，合理的相殺期待を付与すべきである，破産法でいえば67条2項後段の停止条件付債務が存在すると見るべきであると思われる。そうでない場合には，判例のルールの「特段の事情」があるとして，あるいはそもそも停止条件付債務が存在しないとして，合理的相殺期待を否定すべきである。

### (2) 適用される条文

(a)　停止条件付A・B債権と，同じく停止条件付B・A債権が対立して合理的相殺期待が成立し，Aが支払を停止し，A・B債権の停止条件が成就し，B・A債権の停止条件が成就して相殺適状となり，Bが相殺権を行使した後，Aに対して破産手続が開始されたとする（以下，【事例】という）。

　【事例】では，A・B債権につき，破産法71条1項各号のどれが適用されるのだろう。これは，同項各号の「破産債権者が債務を負担したとき」とはいつなのかという問題であり，名古屋高裁判決が指摘するように，ⓐ期限付・停止条件付債務が成立した時点であるとする見解と，ⓑ期限の到来・停止条件の成就により債務が無期限・無条件になった時点であるとする見解が対立している。判例はⓑ説をとり，名古屋高裁判決も同様であると思われるので，以下ではⓑ説のみを解説したい。

(b)　破産法71条1項2号・3号・4号は，同条2項2号を適用除外規定と

---

[*6]　伊藤眞ほか『条解破産法』523頁（弘文堂，2010年）ほか。

している。これを同条1項3号を例に説明するなら，以下のようになろう。

Aに対して債権を有するBが，Aに対して負担する債務に関し，まず「前に生じた原因」が発生し，Aが支払を停止して，Bがこれを知った後で，BがAに対して「債務を負担した」場合には，破産法71条1項3号の適用が問題となるが，同条2項2号によりその適用は排除される。

この構造を【事例】に適用すれば，停止条件付A・B債権が成立したことが「前に生じた原因」に該当し，その後，停止条件が成就し，A・B債権が無期限・無条件となったことが「破産債権者が債務を負担したとき」に該当することは明らかであろう。すなわち「破産債権者が債務を負担したとき」とは，当該債務が無期限・無条件となったことを意味するのである。

そこで，破産法71条1項1号の「破産債権者が債務を負担したとき」も同様に無期限・無条件となったときと解することになる。さもなければ，支払停止から破産手続開始までの間に停止条件付A・B債権が成立し，破産手続開始後に無期限・無条件となった場合に適用すべき相殺禁止規定がなくなるからである。そして，合理的相殺期待を保護するため，破産法67条2項後段が71条1項1号の適用除外規定となる（A・B債権の停止条件がAの破産手続開始後に成就し，A・B債権が無期限・無条件となったときは，71条1項1号の適用が問題となるが，A・B債権が手続開始時にすでに停止条件付債権として存在していたなら，67条2項後段により，71条1項1号は適用されない）。

（c）以上と同様の説明が，破産法72条1項2号・3号・4号と同条2項2号の関係，71条1項1号と67条2項前段・70条の関係にも妥当しよう。すなわち，【事例】に即していえば，停止条件付B・A債権が成立したことが72条2項2号の「前に生じた原因」に該当し，Aの支払停止後に停止条件が成就し，B・A債権が無期限・無条件となったことが72条1項2号・3号・4号の「破産者に対して債務を負担する者が破産債権を取得したとき」に該当する。72条1項1号と67条2項後段・70条についても同様である（B・A債権の停止条件がAの破産手続開始後に成就し，B・A債権が無期限・無条件となったときは72条1項1号の適用が問題となるが，B・A債権が手続開始時にすでに停止条件付債権として存在していたなら，70条により71条1項1号は適用されない）。

（d）ⓑ説は，以上のように理解すべきであろう。

(3) 「前に生じた原因」（破71条・72条2項2号）の意義

(a) ある相殺期待が成立し，破産手続開始の効力を受けてもその相殺期待は失権せず，その後，その相殺期待に基づいて相殺適状が生ずれば相殺権行使が認められる場合に，その相殺期待を合理的相殺期待という。そして，破産法71条・72条1項1号の相殺禁止は破産手続開始決定の効力であるが，同項2号ないし4号の相殺禁止は，破産手続開始決定の効力（同項1号の相殺禁止）を危機時期まで遡及させたものであり，両者はその実質を等しくすると思われる。とするなら，同法71条・72条1項の相殺禁止から保護される相殺期待と，同項2号・3号・4号の相殺禁止から保護される相殺期待は同一のはずであり，それは合理的相殺期待であるといわざるを得ない。

(b) ところで，破産法には，合理的相殺期待を直接保護する規定は存在しない。そうではなく，A・B債権とB・A債権が対立する場合，A・B債権とB・A債権のそれぞれにつき，破産法71条1項の相殺禁止，同法72条1項の相殺禁止の適用を検討した結果，いずれも適用されずにBの相殺権行使が認められた場合に，A・B債権とB・A債権の対立が合理的相殺期待を基礎付けていたと，なるのである。前記【事例】によりこれを説明すれば，以下のようになろう。

まず，A・B債権は，Aの支払停止後に停止条件が成就して無期限・無条件となっているので，破産法71条1項3号の適用が問題となるが，BがAの支払停止を知る前に停止条件付A・B債権が成立しているので，同条2項2号により同条1項3号は適用されない。他方，B・A債権は，Aの支払停止後に停止条件が成就して無期限・無条件となっているので，同法72条1項3号の適用が問題となるが，BがAの支払停止を知る前に停止条件付A・B債権が成立しているので，同条2項2号により同条1項3号は適用されない。以上のように，破産法71条と72条の双方を検討した結果，いずれも適用されず，Bの相殺は認められ，その結果，合理的相殺期待が存在していたことも明らかとなる。

(c) しかし，Bがもつ相殺期待を保護するか否か，つまりA・B債権とB・A債権のそれぞれにつき相殺禁止規定が適用されるか否かの判断を指導するのは，合理的相殺期待の理論であることは，これまでの検討より明らか

であると考える。

 とするなら，合理的相殺期待の成立要件は，A・B債権に関するものとB・A債権に関するものに分解し，各々の債権につき相殺禁止規定を適用するか否かの要件に，組み込まなければならない。

 (d) このように考えるなら，破産法72条2項2号の「前に生じた原因」，67条2項後段，70条の期限付・停止条件付債権はいずれも信用供与に基づいて生じた期限付債権又は停止条件付債権であり，71条2項2号の「前に生じた原因」，67条2項前段の期限付・停止条件付債務はいずれも，期限付・停止条件付債務で，市場において担保権の目的となり得る財産的価値を有しているものである（前掲最判平成17・1・17のルールが妥当する）と解すべきである（前記3(1)(c)(イ)(ロ)を参照）。両者を合わせれば，合理的相殺期待の要件になるわけである。

 通説は，破産法71条2項2号の「前に生じた原因」を，債務の負担ひいては相殺期待を直接かつ具体的に基礎付けるものだと説明する[*7]。しかし，等しく合理的相殺期待を保護する規定である以上，「前に生じた原因」は同法67条2項と同じ意味であると解すべきである（ちなみに，合理的相殺期待の根拠条文は，沿革上も構造上も67条2項，70条だというべきである）。

### (4) 民事再生法の場合

 (a) 以上の検討結果は，民再法にも妥当するであろうか。

 (b) 合理的相殺期待の保護の要請は，論理的には，破産法・民再法の規定に先行するものであること，破産法71条・72条の規定と民再法93条・93条の2の規定は基本的に同一であることに鑑みれば，以上で検討した破産法71条・72条に関する解釈は民再法93条・93条の2にも妥当すると解される。それゆえ，民再法93条・93条の2第2項2号の「前に生じた原因」は，破産法71条・72条2項2号のそれと同義であると解されよう。

 (c) しかし，民再法には破産法67条2項，70条に相当する規定がないため，手続開始後に無期限・無条件となった場合についても同様であるかは問

---

[*7] 伊藤眞『破産法・民事再生法』〔第2版〕374頁（有斐閣，2009年），山本和彦ほか『倒産法概説』〔第2版〕255頁（弘文堂，2010年），伊藤ほか・前掲（＊6）528頁ほか。

題である。民再法92条1項前段は，再生手続開始の時点で，再生債権者と再生債務者の間に債権・債務の対立が存在し，同法94条1項の債権届出期間満了までに，この債権・債務の対立が相殺適状に至れば，再生債権者は当該期間満了までの間に相殺権を行使し得ると規定する。そこで，「債権・債務の対立」が何を意味するのかが問題となるのである。

A・B債権（Aが再生債務者）が期限付である場合には，民再法92条1項後段により相殺が認められる。B・A債権が期限付，停止条件付である場合に，同法94条1項の債権届出期間満了までにB・A債権とA・B債権が相殺適状に至れば，当該期間内に相殺できることにも異論はないようである。

問題は，A・B債権が停止条件付の場合である。そして，反対の見解も有力であるが，合理的相殺期待の保護は，Aに対して開始されたのが破産手続か民事再生手続か，相殺適状の発生が危機時期か手続開始後か等により左右されるべきではない点を考慮すれば，この場合にも同様に相殺が認められると解すべきである[*8]。民事再生の場合，相殺権の範囲を抑制し，早期に確定するという要請はあるが，相殺適状の発生と相殺権行使を民再法94条1項の債権届出期間満了までとすれば，この要請は充たされると思われる。

したがって，手続開始後に相殺適状となった場合にも，破産法に関して検討したところが民再法についても妥当し，民再法92条1項の「再生債権者が再生手続開始当時再生債務者に対して債務を負担する場合」とは，合理的相殺期待が成立している場合であると解すべきである。

### (5) 名古屋高裁判決の検討

(a) 以上の検討を踏まえて，名古屋高裁判決を検討したい。

(b) まず，合理的相殺期待の存否を検討したい。B・A債権は貸金債権の連帯保証債権であるので，合理的相殺期待の要件を充たそう（前記**3**(1)(c)(イ)の要件)。

次に停止条件付A・B債権であるが，前述**3**(4)(b)のように，民再法93条2項2号の「前に生じた原因」は破産法71条2項2号の「前に生じた原因」と

---

[*8] 詳細は，全国倒産処理弁護士ネットワーク編『新注釈民事再生法（上）』〔第2版〕500頁以下（金融財政事情研究会，2010年）と，そこに引用された各文献を参照。

同義であり，それゆえ破産法67条2項後段の停止条件付債務と同義であると解するなら，再生債権者の負う債務が停止条件付の場合，再生手続開始後債権届出期間満了までに停止条件が成就すれば，特段の事情のない限り，当該再生債権者は相殺を認められるというルール（前掲最判平成17・1・17）が，この場面に妥当するものと思われる。したがって，A・B債権も合理的相殺期待の要件（前記3(1)(c)(ロ)の要件）を充たすと思われる。

　訴訟では，停止条件成就の蓋然性が問題とされた。確かに，Aの受益権の換価方法には一部解約のほか，買取請求や譲渡，償還金の受領などがあり，Aは受益権の管理を別の証券会社・登録金融機関に変えることもでき，これらの場合にはA・B債権の停止条件は成就しない。しかし，一部解約が換価方法として一般的である以上，A・B債権は市場において担保権の目的となり得る財産価値を有しているということができる。一部解約金返還請求権が差押えの対象として認められていることは（前掲最判平成18・12・14参照），以上のことを裏付けていると思われる。

　以上のように考えれば，本件で，B・A債権の対立とA・B債権の対立は合理的相殺期待を基礎付けている。これはAの支払停止前に生じているので破産手続・民事再生手続上保護されることになろう[*9]。

　(c)　そこで，条文の適用が問題となる。まず，B・A債権はAの支払停止後に期限が到来し，無期限・無条件となっているので，民再法93条の2第1項3号の適用が問題となる。しかし，B銀行は，Aの支払停止前に，合理的相殺期待の要件を充たす期限付B・A債権を取得しているので，同条2項2号により，同条1項3号は適用されない。

　次に，A・B債権は，Aの支払停止後に条件が成就し，無期限・無条件となっているので，民再法93条1項3号の適用が問題となる。しかし，B銀行は，Aの支払停止前に，合理的相殺期待の要件を充たす停止条件付債務（A・B債権）を負担しているので，同条2項2号により同条1項3号は適用されない。

　したがって，B銀行の本件相殺は民事再生手続上尊重されることになる。

---

＊9　中西・前掲（＊4）57頁を参照。

(d) 以上のように考えれば，B銀行の相殺を認めた名古屋高裁判決は正当であると思われる。

## 4 残された問題

(1) 最後に，前記【設例】②の問題を検討したい。この問題は，民再法92条1項前段を，前述のように，合理的相殺期待が成立していた場合と解すなら，破産手続でも民事再生手続でも生じ得よう。

(2) 大阪地判平成21・10・22（前掲＊1），大阪高判平成22・4・9（前掲＊1）は，Aに破産手続が開始された場合についてこの問題を肯定している。しかし，以下の理由から，破産の場合も，民事再生の場合も，この問題は否定されるべきであると考える。

(3) 前記【設例】に追加して，Aは，Cに対して解約金支払請求権（以下，「A・C債権」という）を有しており，Eは，Aに対して金銭債権を有しており，弁済期が到来してもAが支払わないので，Eは権利執行を申し立て，裁判所はA・C債権を差し押さえたとする。この場合，民事執行規則（以下，「民執規」という）150条の2以下の振替社債等に関する強制執行が行われるなら，差押命令により，①AはA・C債権の取立てその他の処分を禁止され，②CはAに弁済することが禁じられ，③Aは譲渡記録等の電子記録の請求が禁止され，④B銀行（振替口座簿を備え置いている）は電子記録を禁止される（民執規150条の10第1項）。そして，差押命令は，A，B銀行，Cに送達される（同条3項）。したがって，A・C債権が差し押さえられれば，AがB銀行を介して一部解約実行請求権を行使し，Cが一部解約金をB銀行に交付し，B銀行がこれをAの指定預金口座に入金することが有効になされることはあり得ない。つまり，A・B債権の停止条件は不成就となり，B銀行の相殺期待も消滅することになる。

(4) 破産手続では，破産管財人に差押債権者と同等の第三者性が認められると解される[*10]。とすると，破産管財人はEと同等の地位に置かれることになる。したがって，Aに破産手続が開始され，一部解約がなされ，B銀行

---

*10 伊藤・前掲（＊7）247頁以下ほか。

に一部解約金が交付された場合,そこに合理的相殺期待は存在しないので,停止条件付債務の条件が成就したのではなく,新たに預金返還債務が負担されたと見てA・B債権につき破産法71条1項1号を適用すべきである。

　民事再生手続においても,再生債務者には第三者性が認められると解されるので[*11],同様に解すべきであろう。

□■

---

*11　伊藤・前掲（*7）673頁ほか。

*　なお,本稿が公表された後,以下のような判例評釈が公刊されている。野村剛司「判批」新・判例解説 Watch（Web版）倒産法 No.13事件,三井住友信託銀行法務部「投資信託に基づく債権回収」銀法743号4頁,木村真也「判批」事業再生と債権管理136号74頁,高山崇彦＝辻岡将基「判批」金法1944号6頁,安東克正「判批」金法1944号13頁。

# 第6章

# 契約関係の処理

# 第1　契約全般

## I　商取引債権

■論文

## 再建型倒産手続における商取引債権保護

弁護士　上　田　裕　康
日本大学法学部准教授　杉　本　純　子

はじめに

　事業再生における最も重要な課題は，従前の事業価値をいかに毀損することなく，維持していくかであろう。事業再生のためには，消費者のニーズに合わせて十分な商品を揃える必要があり，そのためには従前から商品を仕入れていた仕入先との取引を継続しなければならない。

　ところが，会社更生手続や民事再生手続においては，原則として一般の倒産債権は債権者平等のもとで更生計画又は再生計画（以下，双方を合わせる場合には「再建計画」という）に基づいて弁済される。したがって，手続開始に伴って金融債権も商取引債権[*1]も弁済が禁止されてしまう。しかし，この原則を貫いてしまうと，商取引債権者は債務者との取引継続を拒否したり，売掛債権の弁済禁止に伴う商取引債権者の経営悪化により債務者への商品供給が止まったりするおそれがある。そうすれば，債務者は従前の仕入れが不可

---

[*1]　本稿において対象とする商取引債権としては，まず，商人間の売買に基づく取引債権が挙げられる。商人間の売買とは，「原材料が製品化され，それが小売業者またはユーザーである商人の手に渡るまでの間，加工を加える製造業者または加工を加えず転売する卸売業者等の間で連鎖的に行われる売買である」（江頭憲治郎『商取引法』〔第6版〕1頁（弘文堂，2010年））。加えて，事業者間の売買に基づく取引債権，サービス等の提供に基づく取引債権等も本稿における商取引債権に含めることとする。

能となり，事業価値は著しく毀損してしまう。このような事態を回避すべく，法的倒産手続による事業再生においても，債務者が事業を継続するために商取引債権を保護し，優先的に取り扱う必要性は非常に高い。

　昨今，再建型倒産手続開始後に商取引債権を優先的に取り扱う方法の1つとして挙げられるのが，少額債権の弁済規定の活用である。なかでも，商取引債権を「早期に弁済しなければ更生会社の事業の継続に著しい支障を来す」少額債権（会更47条5項後段）として，あるいは「早期に弁済しなければ再生債務者の事業の継続に著しい支障を来す」少額債権（民再85条5項後段）にあたるとして，裁判所から弁済許可を得て優先的に弁済する方法が注目されている。特に，商取引債権の保護は，会社更生手続で活用されることが多く，最近では日本航空やウィルコム，林原等の更生手続において商取引債権を100％保護した事例がある[*2]。しかし，会社更生法（以下，「会更法」という）47条5項後段・民事再生法（以下，「民再法」という）85条5項後段の規定には，いかなる債権が「早期に弁済しなければ（再生債務者の／更生会社の）事業の継続に著しい支障を来す」少額債権であるのかについての判断基準が定められていない。そのため，商取引債権保護に関する現在の実務的運用には，手続によって，あるいは裁判所によって，差異があるようである。

　本来，商取引債権は，原則として再建計画に基づいて弁済を受けるべき債権である。それを例外的に，その他の一般の倒産債権に優先して弁済するためには，優先的に取り扱う債権とみなすためのある程度の基準や要素が必要ではないだろうか。本稿では，会更法47条5項後段・民再法85条5項後段に関する現在の見解と実務的運用をみたうえで，再建型倒産手続における商取引債権保護の課題について検討することとする。また，比較法としてアメリカにおける商取引債権保護についても簡単に紹介する。

## 1　会更法47条5項後段・民再法85条5項後段の見解

　会更法47条5項後段ないし民再法85条5項後段は，平成14年の会社更生法

---

[*2] 腰塚和男ほか「事業再生ADRから会社更生への手続移行に際しての問題点と課題(1)～(3)」NBL953号11頁，同954号52頁，同955号68頁（2011年）。

改正に伴って新たに追加された条文である。それまで，債務者の事業継続のために商取引債権を弁済する必要性がある場合には，同項前段に規定される「手続の円滑な進行を図るためにする」少額債権の弁済規定を類推適用して弁済を認めていたところ，後段の新設により，このような運用に明文の根拠が与えられた。ところが，以下に述べるように，この規定は解釈に委ねられている点が多く，明確な基準が存在していない。

(1) 「事業の継続に著しい支障を来す」とは

いかなる場合を「事業の継続に著しい支障を来す」と解するのかについては，解釈に委ねられている。具体的には，債権者平等を原則とする倒産手続の公正さを確保する見地から，要件の解釈は厳格になされるべきとする見解がある[3]。この見解によれば，重要な取引先から倒産債権を支払わなければ取引を継続しないといわれた場合，そのような弁済に応じなければ事業を継続できないということは，再建に不可欠な取引先の協力が得られず再建の見込みがない場合であるから，決議に付するに足りる再建計画案の作成の見込みがないというべきであり，手続の廃止事由にあたるものと解するほかない，とされる[4]。一方で，要件については比較的緩やかに解し，「少額債権を弁済しなければ，事業継続に著しい支障を生じるけれども，これを弁済することによりかかる支障が除去でき，債務者の継続企業価値が維持できるか，もしくは，毀損の程度を縮小することができ，その維持できた事業価値が少額債権の弁済による負担額より大きく，弁済を受けなかった債権者も結果として恩恵を受けうるという経済合理性[5]」が認められるならば，この規定による弁済を許可すべきとする見解もある。

(2) 「少額債権」とは

「少額」とはいかなる範囲をいうのかについても解釈に委ねられている。会更法47条5項前段・民再法85条5項前段に規定される「手続の円滑な進行のため」の少額債権と「事業の継続に著しい支障を来す」少額債権とでは，

---

[3] 園尾隆司＝小林秀之編『条解民事再生法』〔第2版〕363頁〔山本弘＝山田明美〕（弘文堂，2007年）。

[4] 園尾＝小林編・前掲（[3]）363頁。

[5] 山本和彦ほか編『Q＆A民事再生法』〔第2版〕192頁〔中井康之〕（有斐閣，2006年）。

等しく「少額」という文言を使っているが，両者はその制度趣旨から異なった観点から判断されるべきであり，後者の「少額」の範囲は個々の事案に応じて広範に解してもよいとされている[*6]。実際に「少額」を決する際の金額は裁判所の判断になるが，具体的には，負債総額と少額債権の弁済総額及びその割合，債権者総数と少額弁済を受ける債権者の数及びその割合，債権者の属性，債権の内容，種類，他の債権の絶対額の比較，資金繰りの状況，弁済の必要性の程度等を総合的に考慮して決められている[*7]。

この規定は，事業継続に必要不可欠な債権を弁済することによって債務者の継続企業価値が高まり，結果的に当該債権を弁済しなかった場合より他の債権者への弁済率も高まるという考えを基本としている[*8]。このような趣旨からすれば，特定の債権者への弁済によって継続企業価値の増加につながるのであれば，必ずしも本来的に「少額」である必要はないと解される[*9]。しかし，特定の債権者にのみ優先的に弁済することは，やはり債権者平等の原則に反することには違いないので，「少額」という客観的な要素を加えて歯止めをかけたのである[*10]。ただ，当該弁済によって継続企業価値が増すかどうかを客観的に判断するのは困難である[*11]。

## 2 実務的運用

以上のように条文の解釈に様々な見解が存在しているため，会更法47条5項後段・民再法85条5項後段に関する実務的運用も裁判所によって異なって

---

[*6] 伊藤眞ほか編『新会社更生法の基本構造と平成16年改正』ジュリ増刊47頁以下参照，西岡清一郎ほか編『会社更生の実務（上）』178頁〔鹿子木康〕（金融財政事情研究会，2005年）。
[*7] 園尾＝小林編・前掲（＊3）364頁，山本ほか・前掲（＊5）192頁，上野正彦「更生計画によらない弁済の制度」金法1675号50頁。実務的には，総負債額との対比よりも，債務者の事業の毎月の仕入金額，売上げ，仕入れとの対比の要素のほうが考慮事由として大きいともいわれている（伊藤ほか・前掲（＊6）48頁〔田原発言〕）。
[*8] 事業再生迅速化研究会第3PT「商取引債権の保護と事業再生の迅速化」NBL923号14頁（2010年）。
[*9] 伊藤ほか・前掲（＊6）48頁〔伊藤発言〕。
[*10] 伊藤ほか・前掲（＊6）48頁〔山本発言〕，同49頁〔深山発言〕参照。
[*11] 客観的な基準を立てるのが困難であることを手続的に補完するため，会社更生規則51条2項1号では，少額弁済をしたときに，管財人は，その点について記載した報告書を更生計画案と同時に提出するよう規定している。

いるようである。以下では，更生事件・再生事件を多く扱う大阪地裁と東京地裁の実務的運用の差異について述べる。

### (1) 大阪地裁の場合

　大阪地裁における実務的運用について公表されている事例はないようであるが，未公表の事例としては，以下のような事例が挙げられる。

　家電小売業を営む再生会社が，下請配送工事業者，店舗内装業者等約320名の別除権を有していない一般の仕入債務について，当該債権者が再生債務者の事業の継続に必要不可欠な債権者であること，再生債務者に対する依存度が高い中小業者が中心であること等を理由に，1社につき上限350万円として，約3億円の弁済を行ったという事例である。本件では，すでに仕入先メーカーとの和解によって従来の取引条件で商品の仕入れが継続できていたため，当該債権の弁済を実施しても，資金繰りに対する影響は軽微であることが判明していた。

　大阪地裁では，この事例のように1社あたり300万円程度まで優先的に弁済することを許可する事案が存在し，100万円を超える事案は相当数にのぼるとされている[*12]。ただ，やはりその他の一般の倒産債権との平等を考慮すると，明確な基準がないために本項後段を根拠に商取引債権の優先弁済を求めることは難しいと考えられているようである。

### (2) 東京地裁の場合

　東京地裁では，現在更生事件において会更法47条5項後段による商取引債権保護が活用されており，日本航空やウィルコム，林原等の更生事件では商取引債権が100％保護されている。特に，日本航空の更生事件では，商取引債権が約2453億円優先弁済されている[*13]。これは，結果的には負債総額の約9.2％にすぎない金額ではあったが，「少額」とはいえない多額の商取引債

---

[*12] 全国倒産処理弁護士ネットワーク編『新注釈民事再生法（上）』403頁〔森恵一〕（金融財政事情研究会，2006年），門口正人ほか編『新・裁判実務大系(21)会社更生法・民事再生法』307頁〔林圭介〕（青林書院，2004年）。

[*13] 腰塚和男ほか「事業再生ＡＤＲから会社更生への手続移行に際しての問題点と課題(2)」ＮＢＬ954号54頁（2011年）。

権保護が実現している\*14。すでに，それまでにもリース事業を営む更生会社において，負債総額約900億円のうち，商取引債権総額約10億円（最大の商取引債権は約2億円超，仕入債権者81社のうち78社に弁済）を少額債権として弁済した事例も公表されていた\*15。

本件からわかるように，東京地裁民事第8部においては，近時かなり多額の商取引債権を会更法47条5項後段の少額債権として認めていることが窺える。一方，再生事件における実務的運用として現在のところ公表されている事案は見当たらないが，東京地裁民事第20部は，民再法85条5項後段に基づく少額債権の弁済許可に対して慎重な姿勢をとっているようである\*16。

### 3 アメリカにおける商取引債権保護

以上では，わが国における商取引債権保護についてみてきたが，ここで比較法として，アメリカにおける商取引債権保護について簡単にふれておきたい\*17。

アメリカでは，すでに古くから商取引債権を保護し，優先的に取り扱う運用が存在し，それをめぐって裁判上でも活発に争われてきた。当初，アメリカにおいて特定の債権をその他の債権よりも優先的に取り扱うためには，公共性が大変重要とされていたため，鉄道再建手続においてのみ商取引債権を優先的に取り扱う6ヵ月ルールが条文で認められていた（連邦倒産法1171条(b)）。このときの優先的取扱いとは，再建計画外での優先弁済を意味するの

---

\*14 山本和彦「日本における事前調整型会社更生手続の幕開きへ」事業再生と債権管理128号6頁（2010年）。

\*15 鹿子木康＝山口和宏「東京地裁における商事事件の概況」商事法務1796号21頁（2007年），徳岡治「最近における東京地裁民事第8部（商事部）の事件の概況」民事法情報252号33頁（2007年），永沢徹＝堀江良太「臨床会社更生（第29回）A社の会社更生事例―仕入債権者の保護に着目して―」事業再生と債権管理120号104頁（2008年）。

\*16 全国倒産処理弁護士ネットワーク／シンポジウム報告「民事再生手続による小規模企業再生への課題―地方における小規模企業の再生―」事業再生と債権管理123号20頁〔佐村発言〕（2009年）参照。

\*17 詳細については，杉本純子「事業再生とプライオリティ修正の試み―critical vendor ordersにみる商取引債権優先化プロセスの透明性―」同志社法学第60巻4号151頁（2008年），杉本純子「商取引債権保護に関する改正提言試論―アメリカにおける商取引債権保護からの示唆―」東京弁護士会倒産法部編『倒産法改正展望』172頁（商事法務，2012年）を参照されたい。

ではなく，あくまで再建計画においてその他の一般債権よりも優先的に取り扱うというものであった。その後，同じく鉄道再建手続においてのみ適用されていた衡平法上の「弁済必要性の原理」に基づき，再建計画外で商取引債権を優先弁済できる実務が運用され始めると，徐々に破産裁判所や実務家がこの運用を"critical vendor orders"として，一般の再建事件においても用いるようになってくる。その結果，2000年前後までは，容易に多額の商取引債権が優先弁済されていた。わが国の会更法47条5項後段・民再法85条5項後段には「少額の」という文言が定められているが，アメリカのcritical vendor ordersは条文に定められていないため，かなり多額の商取引債権が事業継続に必要不可欠であるという理由だけで，優先的に弁済されていた。

ところが，このような実務に破産裁判所等も懸念を示すようになり，2000年以降，裁判所は必要不可欠な商取引債権者であると認めるための要件を各自定め，債務者にそれらの証明を課すようになる。それゆえ，債務者は，「当該債権者と取引継続できないことが，当該債権の額に不釣合いな損失を招く危険性が高いこと」[18]あるいは「優先弁済する取引相手と取引を継続することで，優先弁済を受けないその他の債権者にも少なくとも必要不可欠な商取引債権者への弁済許可命令が出されなかった場合と同等の配当を与えることができるほどの利益が得られること」[19]等を示さなければならなくなった。やはり，商取引債権は原則として再建計画に基づいて弁済されるべき一般の倒産債権であるため，倒産法に規定されている債権の優先順位を修正するような優先的取扱いは限定的にのみ認めようとしたのである。

こうして商取引債権保護に関する裁判所の姿勢が変化する中，2005年にアメリカ連邦倒産法が改正され，商取引債権の取扱いに大きな影響を与える2点の改正がなされた。まず，これまでアメリカでは商取引債権が債務者の事業継続に必要不可欠であるかを裁判所の裁量で判断して優先的取扱いを許可してきたところ，本改正において，倒産手続の申立日直前20日間に納入された物品に対する代金請求権を一律管財費用債権（共益債権）とする条文が新

---

[18] In re CoServ, L. L. C. d/b/a CoServ Communications, 273 B. R. 493 (Bankr. N. D. Tex. 2002).

[19] In the matter of Kmart Corporation, 359 F. 2d 866 (7th Cir. 2004).

設された（連邦倒産法503条(b)(9)）。したがって，手続申立日直前20日間までに物品が債務者に納入されてさえいれば，当該商取引債権は共益債権として優先的に弁済されることとなった。もう1点は，商取引債権者が行使できる物品の返還請求権の期間が拡張された点である（同法546条(c)）。旧法では，倒産手続申立日直前10日間までに債務者が受領した物品について売主は返還請求権を行使できるとされていたが，改正により「10日間」が「45日間」までとされた。商取引債権者が行使できる物品の返還請求権の範囲が拡張されたことにより，結果的に商取引債権が優先的に取り扱われる範囲も拡張されたことになる。

　これらの改正を受け，2005年当時，アメリカでは，もはや従前の critical vendor orders に基づく優先弁済はできなくなるではないかとの指摘もあったが，現在も critical vendor orders に基づく優先弁済は引き続き許可されている。ただ，現在 critical vendor orders に基づいて優先弁済される商取引債権は，紹介した503条(b)(9)ないし546条(c)によっても保護されない債務者の事業継続に必要不可欠な商取引債権となっており，やはり優先的取扱いを受ける商取引債権の範囲がある程度条文で明示されたことは実務的に大きな影響を与えているようである。

　債務者の事業継続に必要不可欠であると認めるための要件の定立，明文に基づく優先弁済といったアメリカにおける商取引債権保護をめぐる変遷は，わが国においても参考になろう。

## 4　検　　討

　最後に，わが国の商取引債権保護の課題について若干の検討を行いたい。これまでみてきたように，再建型倒産手続における債務者の事業継続に必要な商取引債権の取扱いについては，会更法47条5項後段・民再法85条5項後段という明文が存在しながらも，条文解釈の不明確さゆえに実務的運用に差異が生じている。それはやはり，「早期に弁済しなければ（再生債務者の／更生会社の）事業の継続に著しい支障を来す少額債権」という文言が具体性に欠け，いかなる債権を「早期に弁済しなければ事業継続に著しい支障を来す」というのか，いかなる債権額を「少額」というのかの判断が難しいことが原

因であろう。ただ，逆に当該条項の運用が解釈に委ねられている部分が大きいからこそ，同項を用いて商取引債権を100％保護できているのも事実である。

　迅速な事業再生を実現させるために商取引債権の保護が重要であることに異論はない。しかし，現行法の下では，商取引債権を100％保護する場合でも，少額債権の弁済規定によるしかないため，商取引債権すべてを「早期に弁済しなければ事業継続に著しい支障を来す」少額債権に該当するとして全額優先弁済することになってしまっているのが現状である。例外的に特定の倒産債権を優先的に取り扱うべき規定が，全倒産債権の大半に適用される場合があるために，そもそもの少額債権規定の趣旨と矛盾が生ぜざるを得なくなっているのである。したがって，わが国における商取引債権保護には，保護すべき商取引債権に一定の基準等を設けるなど法的措置の整備が必要ではないかと考える[20]。

　ただ，負債総額や債権者数等は各事件によって異なるため，保護すべき商取引債権に共通基準を設けることが大変難しいことは否めない。特に，現在商取引債権保護を100％保護する際の正当化根拠にもされている「弁済率の向上」を手続開始時点で数値的に厳密に示すのは事実上不可能である。さらに，あまりに厳格な基準を設けてしまうと，今度はかえって本条項の利用が困難になってしまう。しかし，結果的にその他の債権者への弁済率が向上するにせよ，やはり再建型倒産手続における一般の倒産債権は再建計画に基づいて公正かつ衡平に弁済を受けることを原則としているのであり，債権者平等原則を修正する以上は，その修正がその他の倒産債権者にとっても許容できるものとならなければならない。そのためにも，これまで事業再生のために英知と情熱を傾けて実務の運用を築き上げてきた裁判所や実務家たちの努力や功績，アメリカの状況等に示唆を得ながら，わが国における商取引債権保護の運用が，より迅速な事業再生を促す利用しやすい透明性のある制度となるよう，新たな立法措置の検討が求められる。さらに，立法において商取

---

[20] 杉本純子「倒産手続におけるプライオリティ体系修正の試み」倒産法改正研究会編『提言　倒産法改正』2頁（金融財政事情研究会，2012年），杉本・前掲（*17）『倒産法の改正展望』186頁参照。

引債権保護の基準をすべて明確にすることは困難であると考えられることから，商取引債権保護の準則に関する実務家等のさらなる活発な議論とその集約にも期待したい。

□■

## ■コメント

# 再建型倒産処理手続における
# 商取引債権優先的取扱いの根拠

神戸大学大学院法学研究科教授　中西　正

## 1　はじめに

　民事再生法（以下，「民再法」という）85条5項後段，会社更生法（以下，「会更法」という）47条5項後段は，少額の再生債権（更生債権）を早期に弁済しなければ，再生債務者（更生会社）の事業の継続に著しい支障を来すときは，裁判所は，再生計画認可の決定が確定する前でも（更生計画認可の決定をする前でも），再生債務者等（管財人）の申立てにより，その弁済を許可することができる旨を規定する。これらは，再生債権者（更生債権者）間の平等原則の例外で，少額債権を弁済することにより得られる利益が，少額債権の弁済に要する原資の額を超えること（いわば経済的合理性）をその正当化根拠とする規定であると，理解されている。とするなら，規定も明確であるし，その趣旨も明確であるのだから，その解釈・運用にはとくに問題はない，と私は考えていた。

　ところが，実際はそうではないようである。上田＝杉本論文によれば，東京地裁民事第8部を除けば，これらの規定に基づく少額の取引債権の優遇を多用する実務はないとのことである。本倒産実務交流会での討論においても，これらの規定に基づき少額の取引債権を優遇した事例は少数で，民再法85条5項前段，会更法47条5項前段に基づいて同様の趣旨を実現する事例が最も多く，その他は家電量販店の倒産で，大手メーカーとの取引を継続するために，動産売買の先取特権を根拠に滞納している売掛金債権を支払った事例があったのみである。

　上田＝杉本論文は，このように活用されていない原因を，民再法85条5項後段，会更法47条5項後段の文言が具体性に欠け，いかなる場合が「少額の

再生債権(更生債権)を早期に弁済しなければ再生債務者(更生会社)の事業の継続に著しい支障を来すとき」に該当するのか,いかなる債権額を「少額」とすべきかの判断が難しい点に求めている。また,本倒産実務交流会では,取引債権者と金融債権者を区別し,さらに取引債権者の間でも,事業継続に不可欠な債権者とそうでない債権者を区別し,事業継続に不可欠な取引債権者だけを保護することについて,その正当化根拠(このような差を設けても「衡平を害しない」と見る根拠。民再法155条1項但書,会更法168条1項但書を参照)が明らかでないので,このような取扱いをすることにためらいを感じる者もいるとの指摘も,なされていた。

この指摘は正当であると思われる。民再法85条5項後段,会更法47条5項後段が特定の債権を優遇する根拠が明確にならない限り,これらの規定を利用した実務が確立するのは,難しいかもしれない。少額債権を弁済することにより得られる利益が,少額債権の弁済に要する原資の額を超えるからだという説明だけでは,不十分だと思われるのである。では,これらの規定の根拠は,どのように解されるべきであろう。

## 2 商取引債権優先的取扱いの根拠

20年近く前のことであるが,私は,その沿革を研究したうえで,破産法上,財団債権が優遇される根拠につき,以下のような見解を発表した(拙稿「財団債権の根拠」法と政治(関西学院大学)40巻4号289頁)。破産手続遂行の費用に該当する財団債権(現破148条1項1号・2号)が,破産債権に優先して弁済される根拠は,そうしなければ破産手続を遂行することができないし(例えば,管財人の報酬を按分弁済するなら管財人に就任する者はいなくなる),破産債権者は手続遂行の利益を受けるのだから,費用にあたる額を配当原資から差し引かれることは当然であるとみることができる点に求めることができる。

そして,私は,この理論は,再建型倒産処理手続の共益債権にも適用可能でないか,と考えている。例えば,民再法120条1項は,再生債務者が,再生手続開始の申立後,再生手続開始前に,資金の借入れ,原材料の購入,再生債務者の事業の継続に欠くことのできない行為をする場合には,裁判所は,その行為によって生ずべき相手方の請求権を共益債権とする旨の許可を

することができる旨を規定する。このような請求権が共益債権となる根拠は，前記のような与信取引に基づいて生ずる請求権を再生債権に優先して支払わなければ，相手方は信用を供与してくれず，民事再生手続を成功させることができないし，再生債権者は再生手続成功の利益を受けるのだから，このような費用を配当原資から差し引かれることを受忍するのは当然であり，さらに，裁判所による許可（監督）があるので請求権も適切な範囲に抑えられるとみることができる点に，根拠を求めることができるのではないだろうか。会更法128条１項・２項にも同趣旨の規律があるが，これも同様に説明できるのではないだろうか。さらに，プレＤＩＰファイナンスの優先的取扱いも同様に正当化され，理論上，適切な範囲に抑える仕組みがあれば，債権者全員の同意はなくてもよいのではないか。以上のように考えるわけである。

　それでは，同じ論法で，民再法85条５項後段，会更法47条５項後段を説明できるだろうか。それにより優先されるべき債権と額についての明確な基準を導くことができるだろうか。これが問題である。優先しなければ手続が成功しない点，優先される範囲を裁判所が画する点は，民再法120条１項と同じであるから，問題ないようにも思われる。他方，ニューマネーなど新しい価値が再生債務者や更生会社に入ってくるわけではない点は，問題であろう。再生（更生）手続開始後も当該取引先との取引を継続できることが，ニューマネーの獲得などと同視できる場合に限定されるとして，より具体的な基準を導くのであろうか。

　以上のように難しい問題であるが，上田＝杉本論文（そこに引用された杉本論文）は問題解決の突破口を開いた点で高く評価されるべきである。

# II 倒産前に締結された契約条項の拘束力

■論　文

## 契約自由の原則と倒産法における限界

弁護士　稲　田　正　毅

## 1　はじめに

　本稿は，契約自由の原則が倒産手続においてどこまで妥当するのか，ということをテーマにしている。

　平常時において，一方当事者にとって不利益な契約条項の効力が問題になる場合には，契約当事者がどのような場面を想定しそのリスク分配を行ったかという合理的意思を探求し，当事者のリスク分配に従った契約条項の効力を認めることとなる。これは，一方当事者に不利な契約条項であっても，みずからが利害得失を判断しリスク分配した以上，その結果は当然に甘受すべきこととされることによる[*1]。

　これに対し，倒産場面においては，違った観点からの検討が必要である。そもそも，平常時に契約を締結する際において，契約当事者が合意形成の判断基準とするのは，もっぱらそれぞれが有する自己の利害であり，倒産場面を前提とした倒産債権者の利害を考慮して合意を形成しようという動機には欠けている。そのため，形成された合意内容においては，倒産債権者の利益を著しく害するような契約条項が締結されていることがある。このような過程で形成された契約条項においては，倒産債権者の利害得失が適切に判断さ

---

[*1]　なお，消費者と事業者間の契約など当事者間の対等性が不均衡な場合には，不当条項規制等によって，実体法上の解決がなされる。

れ，適切なリスク分配がされることはない。そうであるにもかかわらず，倒産手続においても「契約自由の原則」を金科玉条のごとく維持すべきなのかについては，大きな疑問があるといわざるをえない。

そこで，このような問題意識を前提に，本稿においては，平常時に契約当事者の自由意思で合意された契約条項が，倒産手続においてもその効力が当然に維持されるのか，また，その効力が維持されない場合の根拠（法理論），その際の判断要素は何かについて，判例分析をしつつ，見出すこととしたい[2]。

## 2 裁判例の検討

### (1) 倒産解除特約事例

(a) **最判昭和57・3・30民集36巻3号484頁** 所有権留保特約付きにて，売主より買主が機械を購入したが，当該売買契約には倒産解除特約条項があった。その後，買主は会社更生を申し立てたため，売主が当該解除特約に基づき売買契約を解除し，機械の返還を求めた事案である。

本判例は，会社更生法上は更生担保権として扱われる所有権留保売買契約における倒産解除特約が，「債権者，株主その他の利害関係人の利害を調整しつつ窮境にある株式会社の事業の維持更生を図ろうとする会社更生手続の趣旨，目的を害するものである」と判示した。

倒産解除特約の効果を認めると，更生担保権たる所有権留保権について，会社更生法による拘束を合意によって回避することとなるため，担保権を更生担保権として拘束する法の趣旨に違反するというものであると評価される。

(b) **東京地決昭和55・12・25金判619号39頁** 機器部品の継続的売買契約において，倒産解除特約と解除後の全在庫の所有権の復帰が合意されている。その後，買主は会社更生を申し立てたため，売主が当該解除特約に基づ

---

[2] なお，倒産場面における利益調整を図る観点から，平常時と同様に，契約当事者の合理的意思を探求する解釈論で倒産独自の利益調整を図ることも多い。違約金条項が破産管財人による破産法53条解除の場合を予定したものではないとして，違約金条項の適用を排除した判決例として，東京地判平成21・1・16金法1892号55頁など。

き売買契約を解除し，保全管理人を相手に，全在庫についての保全処分を申し立てた事案である。

本判決例は，保全管理人は民法545条１項但書の「第三者」に該当するため，解除前の第三者である保全管理人に，在庫の所有権の主張ができないと判示した後，傍論として，継続的売買契約における倒産解除特約が，「会社更生手続開始後も公示手段の具備が認められない本件約定に効力を認めるならば，他の更生債権者等との権衡を著しく失するうえ，申請外会社の事業の維持更生に必要な財産を会社外に流出させ」会社更生法の目的を害すると判示する。

本判決例においては，利益衡量の対象利益として，倒産債権者の利益を重視したうえ，当該契約条項が会社更生法の目的を害することを判示するものと評価できる。

(c) 最判平成20・12・16民集62巻10号2561頁　　いわゆるフルペイアウト方式のファイナンス・リース契約において，「ユーザーについて整理，和議，破産，会社更生などの申立てがあったときは，リース業者は催告をしないで契約を解除することができる」旨の特約が定められていたところ，民事再生を申し立てた債務者に対して，リース業者が当該特約による契約の解除を主張しリース物の返還を求めた事案である。

本判例では，民事再生法上，別除権として扱われるリース契約において，倒産解除特約は，「担保としての意義を有するにとどまるリース物件を，一債権者と債務者との間の事前の合意により，民事再生手続開始前に債務者の責任財産から逸出させ，民事再生手続の中で債務者の事業等におけるリース物件の必要性に応じた対応をする機会を失わせることを認めることにほかならないから，民事再生手続の趣旨，目的に反する」として，無効とした。

民事再生手続においては，別除権とはいえ担保目的物は責任財産に含まれるのであるから，担保権消滅許可制度などによる再生債務者側に認められている法的対抗手段を一方的に奪う内容の合意は，再生債務者の利益のみならず倒産債権者の利益をも害するものとしてこれを無効と判断したものと評価できよう。

(d) 東京地判平成21・１・16金法1892号55頁　　ビルの賃借人であった破

産会社の破産管財人が賃貸人に対して，賃貸借契約終了に伴う敷金の返還を求めたところ，賃貸人が賃貸借契約における倒産解除特約に基づく解除を行い，賃貸人が当該特約による解除と別途定めた違約金条項による敷金充当を主張した事案である[*3]。

本判決例では，賃貸借契約における倒産解除特約は，「民法621条が削除された趣旨（賃借人の破産は，賃貸借契約の終了事由とならないものとすべきこと）及び破産法53条1項により破産管財人に未履行双務契約の履行・解除の選択権が与えられている趣旨に反するものとして無効」であると判示した。

賃貸借契約の倒産解除特約が，民法621条が削除された趣旨及び破産法53条の趣旨という破産法等の条項の趣旨に違反するものとして，その無効を判断したものである。

(2) **停止条件付集合債権譲渡契約と否認**（最判平成16・7・16民集58巻5号1744頁）

破産会社が特定の債権者に対して負担する一切の債務の担保として，破産会社の第三債務者らに対する現在及び将来の売掛債権等を当該債権者に包括的に譲渡し，その債権の譲渡の効力発生の時期は，破産会社において，手形又は小切手の不渡処分を受けたとき等の一定の事由が生じた時とする旨の契約を締結していたところ，契約締結後1年あまり経過後に，破産会社について手形不渡りが生じ，その後，破産手続の開始がなされた。他方，手形不渡り直後に，債権者は譲渡通知を行っている。このような事案において，破産管財人が債権譲渡について，否認権を行使した事案である。なお，旧破産法72条1号（故意否認），同条2号（危機否認），同法74条（対抗要件否認）の適否が問題となった。

本判例は，旧破産法72条2号の趣旨を，「債務者に支払停止等があった時以降の時期を債務者の財産的な危機時期とし，危機時期の到来後に行われた債務者による上記担保の供与等の行為をすべて否認の対象とすることにより，債権者間の平等及び破産財団の充実を図ろうとするもの」とし，債務者

---

[*3] なお，当該事件は，賃貸借契約の解除について破産管財人による黙示の破産法53条解除を認めたうえで，当該違約金条項は同法53条による解除を予定した条項ではないとして，契約解釈論により，賃貸人による違約金控除の主張を排斥している。

の支払停止等を停止条件とする債権譲渡契約は,「危機時期に至るまで債務者の責任財産に属していた債権を債務者の危機時期が到来するや直ちに当該債権者に帰属させることによって,これを責任財産から逸出させることをあらかじめ意図し,これを目的として,当該契約を締結しているものである」から,「(編注:旧) 破産法72条2号の規定の趣旨に反し,その実効性を失わせるものであって,その契約内容を実質的にみれば,上記契約に係る債権譲渡は,債務者に支払停止等の危機時期が到来した後に行われた債権譲渡と同視すべきものであり,上記規定に基づく否認権行使の対象となる」と判示した。

本判例では,契約の内容・目的を詳細に認定し,その内容・目的が,旧破産法72条2号(危機否認)を設けた趣旨に,どのように反するのかを具体的に検討し,当該契約は否認権の実効性を失わせるものであるからその効力を否定したものである。

(3) **弁済充当合意の有効性**(最判平成22・3・16金判1339号40頁〈田原睦夫裁判官補足意見〉)

いわゆる全部義務者について破産手続が開始された後に,破産債権者が有する複数口の債権のうちの一部債権につき,他の全部義務者から全額弁済を受けた場合において,開始時現存額主義(破104条)は,総債権額について適用するのか,それとも複数債権の口ごとに適用するのかが問題となった事案であり,当該事案においては,破産者と債権者間に,「借入債務の弁済として数個の給付をする場合又は債務が他にもある場合において,債務の全部を消滅させるに足りない弁済がされたときには,債権者が適当と認める順序方法により任意の時期にこれを各債務に充当することができ,その充当に対しては,債務者は異議を述べない」旨の弁済充当特約が付されていたところ,債権者は弁済を受けてから1年以上経過した後に初めて充当指定権を行使したという事案である[*4]。

多数意見は,開始時現存額主義は複数債権の口ごとに適用するとの判断を

---

[*4] 本判例の評釈については,印藤弘二「開始時現存額主義の適用範囲を示した最高裁判決に関する一考」(銀法719号32頁)を参照。

前提に，弁済を受けてから1年以上経過した後に初めて，弁済充当特約に基づく充当指定権を行使することは許されないと判示し，弁済充当特約の有効性そのものについては何ら見解を述べていない。

田原睦夫裁判官の補足意見は，弁済充当合意は，法定の換価手続における配当手続においては，その効力を主張しえないものであるから，破産管財人によって別除権の目的財産の受戻しがなされて，その際に別除権者に弁済がなされる場合も，同手続は，一般執行手続たる破産手続の一環として行われるものである以上，やはり同様に，弁済充当合意の効力を主張することはできないものというべきであるとし，かつ，弁済充当合意の効力を認めた場合には，他の一般破産債権者との関係できわめて不均衡な結果が生じるとして，その効力を主張できないとする。

田原睦夫裁判官補足意見は，弁済充当合意の効力を否定するについての考慮すべき利益として，他の一般破産債権者という倒産法における利益を重視するものである。開始時現存額主義を複数債権の口ごとに適用するという新たな判例法理の実効性を確保するためには当然の帰結であると評価できよう。

(4) **商事留置手形の取立充当契約**
 (a) 最判平成10・7・14民集52巻5号1261頁　銀行が破産会社から手形割引の依頼を受けて預かっていた手形について，破産会社が破産宣告（当時）を受けた後に，破産管財人からその返還を求められたが，銀行はこれを拒絶したうえ，手形を支払期日に取り立てて，銀行の債権の弁済に充当したため，破産管財人が銀行の行為が不法行為であるとして損害賠償請求をした事案である。銀行取引約定において，「債務を履行しなかった場合に，銀行は占有する手形を取立てまたは処分することができ，その取得金を法定の順序にかかわらず債務の弁済に充当できる」旨の約定がある。

本判例は，契約解釈論として破産場面でも当該契約条項（取立充当特約）の適用があると認定したうえで，本事案の事実関係のもとでは，当該契約条項の適用を認めたとしても弊害はないとして契約条項が有効であると判断した。

破産法上，商事留置権は特別の先取特権として優先弁済権が付与されてい

るところ，本事案の事実関係のもとでは，優先する他の先取特権者がいないこと，すなわち，破産法におけるプライオリティルールを害しないから，取立充当特約が有効であるとするものであると評価できる。仮に商事留置権者に優先する他の先取特権が存在するような場合には，取立充当特約は破産法において定める債権の優先順位秩序を害するものとして効力を有しないものとされるものと思われる。

(b) 東京高判平成21・9・9金判1325号28頁　前記最判平成10・7・14民集52巻5号1261頁と同様の事案で，債務者が再生債務者であり，銀行の充当は許されず不当利得としてその返還を求めた事案である。

本判決例では，破産の場合と異なり，民事再生手続においては商事留置権に優先弁済権は付与されていないため，取立充当特約の効力を認めることとなれば，再生債権への弁済禁止（民再85条1項）という民事再生法の根本原則に反することとなり，取立充当特約に基づく充当は効力を有しないと判示している。

本判決例においては，取立充当特約を認めることに弊害がないとする銀行側の主張に具体的かつ詳細に反駁しているが，取立充当特約の適用を否定する論理は民事再生法におけるプライオリティルールを害し，前記の「再生債権への弁済禁止という民事再生法の根本原則に反すること」にあると評価できる[5]。

### (5) 賃貸借契約解除場面の違約金条項

(a) 東京地判平成20・8・18金法1855号48頁　破産管財人が建物賃貸借契約を破産法53条1項に基づき解除したうえ，差入保証金の返還を求めた事案である。当該賃貸借契約は，①賃料月額2100万円，②保証金2億円，③賃貸借期間10年，④中途解約の場合には保証金は違約金として没収する（違約金条項）との定めがあった。

---

[5] 民事再生における商事留置手形と取立充当契約については，大きな議論が生じているところである。詳しくは伊藤眞ほか「〈座談会〉商事留置手形の取立充当契約と民事再生法との関係」金法1884号8頁，村田渉「民事再生手続における取立委任手形の商事留置権の取扱い」金法1896号20頁などを参照されたい。なお，岡正晶「商事留置手形の取立て・充当契約と民事再生法53条の別除権の行使―東京地判平21・1・20の問題点―」金法1867号6頁は，倒産法における公序を害するかの観点から本問題を検討し，公序を害しないとして有効であるとする。

本判決例においては、違約金条項の効力について、もっぱら平常時における契約者の意思とその契約内容の合理性を問題とし、「本件違約金条項が当事者間の自由な意思に基づいて合意され、その内容に不合理な点がない以上、破産管財人においても、これに拘束されることはやむを得ないと解すべきであるから、本件違約金条項が破産法53条1項に基づく破産管財人の解除権を不当に制約し、違法無効であるとはいえない」とする。

しかしながら、本判決例は、倒産場面において考慮すべき諸要素の検討が欠落した判決であるといわざるをえない。少なくとも破産法53条の趣旨を害しないか、相当な範囲を超えた損害賠償請求権を認めそれを優先的に回収させることが他の一般債権者との公平性を害しないか、などの観点からの検討が必要であろう。

(b) 名古屋高判平成12・4・27判タ1071号256頁　破産管財人が建物賃貸借契約につき旧民法621条に基づいて解約申入れを行ったうえ、敷金等の返還を求めた事案である。当該賃貸借契約は、①賃料月額150万円、②敷金2500万円、建設協力金5000万円、③賃貸借期間15年、④中途解約の場合には敷金と建設協力金残額の合計額について違約金が発生し、これら返還債務と相殺する特約があった。

本判決例においては、違約金条項の効力について、旧民法621条の強行法規性を否定したうえ、かつ、平常時における契約者の意思とその契約内容の合理性を問題として、その効力を認めている。この点は、他の一般債権者との公平性などの倒産場面において考慮すべき要素の検討が欠落しているのではないかと思われる。

しかしながら、本判決例では、敷金との相殺の可否の判断において、他の一般債権者の利益を害しないか、破産管財人による解除権の行使を制約しないか、また相当な損害の範囲を超えていないかなどの要素を詳細に検討したうえで、相殺の主張を権利濫用によって制限することにより、倒産場面での倒産債権者と契約当事者の利益調整をしている（賃料14ヵ月分に限定）。この点は、倒産場面での倒産債権者の利益との調整を図るという観点を取り入れた判断であると評価されよう。

(c) 大阪地判平成21・1・29判時2037号74頁　再生債務者が定期建物賃

貸借契約を民事再生法49条1項に基づき解除した事案であり，賃貸人による違約金等の再生債権の届出に対して，再生裁判所がこれらを認めない査定決定をしたことに対する査定決定に対する異議請求がされた事件である。当該賃貸借契約は，①賃料月額約1900万円，②敷金約2億2800万円，③賃貸借期間5年の定期賃貸借，④中途解約の場合には残期間の賃料を違約金として支払うとの定め（違約金条項）及び契約終了後明渡しまでの遅延損害金は賃料の2倍額とするとの定め（損害金特約）があった。

査定裁判所は，再生債務者等が民事再生法49条1項に基づき契約を解除する場合には，当該契約中の違約金ないし損害金に関する条項は適用されず，この場合に契約の相手方が行使しうる損害賠償請求権（民再49条5項，破54条1項）は，契約の相手方が現に被った損害の限度にとどまるところ，賃貸人が現に被った損害の存否自体不明であるとして，これを認めなかったものである。

本判決例においては，違約金条項及び損害金条項の効力について，再生債務者等を拘束することを前提に，民事再生法49条の趣旨を害するか否か，債権者平等を害するかという点を検討し，これを害しないとして，その全面的適用を認め，また敷金については当然に充当した。

しかしながら，損害金条項に基づく損害金は共益債権になりうるものであり，別途の検討が必要であろうと思われる。また，敷金へ当然充当できるか否かという点も，敷金の当然充当を認めると再生債権にすぎないはずの損害賠償請求権を実質的に共益債権として扱う結果（倒産財団の減少）となり，債権の優先順位の変更を認める効果があるものであるから，他の一般債権者との均衡を害するか否かという観点からの検討が必要であろうと思われる。

## 3 倒産法における公序原理
### (1) 判例にみる契約条項の有効性判断のアプローチ手法

これら裁判例の多く[*6]において，契約条項の有効性を判断するについて

---

[*6] すでに指摘のとおり，一部の下級審裁判例では，もっぱら平常時における利益衡量がなされており，倒産法における公序原理の観点からの検討が不十分な裁判例がある。

は，問題となる契約が存在していることを前提に，当該契約条項が倒産手続全体の趣旨・目的，具体的な倒産法上の制度の趣旨・目的，債権の優先順位（プライオリティルール），倒産手続における公平性や債権者の一般的利益の観点（これら倒産法における法秩序を考慮する観点を，「倒産法における公序原理」と定義付けたい）から，契約条項の効力を制限すべきか否かを個別具体的に検討するというアプローチを採用している[*7]。

このようなアプローチは，平常時における契約自由の原則と倒産法における法秩序とのバランスを図って，事案に即した柔軟でかつ妥当な解決を可能とするものであり，きわめて適切なアプローチであるといえよう。

(2) **倒産法における公序原理の内容**

このように，契約条項の倒産法における効力を検討するについては，個々の契約条項及び利益状況に応じて，「倒産法における公序原理」の観点からの判断を行うべきであるとの命題を導いたが，公序判断を行う場合の衡量の要素には次のようなものが挙げられるのではないかと考える。

① 契約締結時において，倒産債権者の利益をも加味して，適切にリスク分配されたか否か
② 契約条項（権利）の目的・種類・性質・内容
③ 契約条項の効力を認めることによって害される倒産手続上の制度の趣旨・目的

---

[*7] 倒産場面における契約条項の効力が問題となる場合において，倒産管財人の地位の議論に関連して，従前の債務者の契約上の地位を承継するか否かという観点から，その有効性を判断しようというアプローチがある。このアプローチは，一般に倒産管財人が，倒産債務者の一般承継人としての地位を有するという面と，倒産債権者の利益代表としての地位を有するという面の相反する地位を併有するとされていることに起因して，その第三者性を強調する考え方である。

現在の債権法改正の議論において，将来債権譲渡の効力に関し，民法（債権法）改正検討委員会が公表した『債権法改正の基本方針』（別冊ＮＢＬ126号）220頁においても，その考え方を示唆している（民法（債権法）改正検討委員会編『詳解　債権法改正の基本方針Ⅲ―契約および債権一般(2)―』272頁，279頁（商事法務，2009年）参照）。なお，この「債権法改正の基本方針」の考えに対する分析・批判は，赫高規「将来債権譲渡の効力～管財人の第三者性の議論との関係も踏まえて」関西法律特許事務所開設四五周年記念論文集『民事特別法の諸問題第五巻（上巻）』334頁以下（関西法律特許事務所，2010年）に詳しく分析されている。

他方，判例は，本文で述べたように「地位の承継」という観点からのアプローチを採用していない。

④ 契約条項の効力を認めることによって得られる利益の内容と程度
⑤ 契約条項の効力を認めることによって害される利益(総債権者の利益)の内容と程度

そして，このような諸要素を衡量の結果，倒産法におけるプライオリティルールを覆す契約条項や，倒産法上の諸制度(否認制度，担保消滅許可制度，双方未履行双務契約における倒産管財人の履行選択・解除権，相殺禁止など)を無意味化(潜脱，没却)させる契約条項はもちろんのこと，こうした強行法的規定に反するものではない場合であっても，倒産債権者の利益を著しく害する結果となる条項については，倒産法における公序を害するものとして，その効力を否定あるいは制限すべきであると考える。

冒頭で述べたように，平常時における合意形成の過程において，倒産債権者の利害得失が適切に判断され，適切なリスク分配がされることは少なく，むしろ倒産債権者の犠牲のもとに契約当事者の利益を図る条項例が散見される。したがって，平常時とは異なり契約当事者のみならず倒産債権者という第三の利益を保護すべきことが倒産場面においては制度的に要請される以上，合意形成時点において適切なリスク分配がなされなかった倒産債権者の利益を倒産場面において保護することは，何ら契約当事者の契約自由の原則を不当に制限するものではないといえよう。

## 4　追　　記

平成23年12月15日，最高裁判所第一小法廷にて，民事再生手続における商事留置手形の取立充当契約に関する東京高判平成21・9・9金判1325号28頁の上告審判決がなされた(最判平成23・12・15金法1937号4頁)。

本判例では，民事再生法上，商事留置権には優先的弁済権が付与されていないものの，取立委任を受けた約束手形につき商事留置権を有する銀行は，再生債務者の再生手続開始後の取立てに係る取立金を，法定の手続によらず債務の弁済に充当し得る旨を定める銀行取引約定に基づき，再生債務者の債務の弁済に充当することができるとした。

これは，①手形の取立金についても商事留置権の効力が及ぶのであるから，再生債務者において当該取立金を弁済原資や事業資金として予定すべき

ではないこと，②商事留置権たる別除権の行使によっても担保されない部分についてのみ手続参加できるという民事再生法の規定（民再88条・94条2項）からすれば商事留置権の価値相当額は別除権者が保持すべき利益であるというのが法の趣旨であること，③かかる結論が，民事再生法における法秩序（別除権の目的である財産の受戻しの制限，担保権の消滅及び弁済禁止の原則に関する民事再生法の各規定の趣旨や民事再生法の目的）に反するものではないことを理由とする。一見すると，民事再生法上，優先弁済権が付与されていない商事留置権について優先的弁済権を付与しプライオリティルールを変更するがごとき結論である。しかしながら，別除権たる商事留置権の対象物が手形の場合には，その価値相当額が手形券面額として明確であるという特殊性があり，手形（及びその取立金）に対する商事留置権について担保消滅請求制度等を利用した場合においても，その評価額（手形券面額）相当額は別除権者が利益を保持すべきことから，実質的に優先弁済権を付与する結果となったとしても，民事再生法におけるプライオリティルールを害するものとまではいえないと判断したものであり，まさに本論文で指摘した「倒産法における公序原理」の観点からのアプローチを採用しているものである。

■コメント

# アメリカ連邦倒産法における *ipso facto* 条項をめぐる展開素描――管財人による転貸借事例を手がかりに

大阪大学大学院高等司法研究科教授　藤　本　利　一

## 1　本稿の目的と射程

　本稿の目的は，アメリカ法の経験をもとに，稲田論文で考究された問題点について，一定の理論的貢献を試みることにある。かの地においても，*ipso facto* 条項（倒産条項）をめぐる裁判例はきわめて多様性に富み，その数も少なくないようである[*1]。そのため，限られた紙面ですべてを網羅的に取りあげ分析することは困難である。本稿では，賃貸借契約，とりわけ賃借人倒産事例に限定して，その裁判例の史的展開の概要を紹介し，そこから稲田論文で提起された問題へのコメントを導きたい。

## 2　1978年連邦倒産法制定前の状況

　契約法の目的の1つは，契約当事者の正当な期待を保護することであるが，倒産法の目的は，契約法の目的に優先することがある[*2]。一般に，商取引に従事する者は，相手方の倒産リスクを認識している。相手方が倒産した場合，契約当事者は当該契約の履行を望まないことが多いであろう。それゆえ，相手方が倒産手続を申し立てた場合，契約が解除されるとする条項や

---

[*1]　この点，Marshall Tracht 教授から，リーマンショック以降の経済不況にあえぐニューヨークにおいて，倒産手続の価値を損ない，実質的に倒産手続を回避するような *ipso facto* 条項が新たにかつ数多く生み出されていることをご教示いただいた（E-mail from Marshall Tracht, Professor, Director, Graduate Real Estate Programs, New York Law School, to Toshikazu Fujimoto, Professor, Osaka University School of Law, (June, 17, 2010)）。

[*2]　CHARLES J. TABB, THE LAW OF BANKRUPTCY 2nd, at 853 (2010).

解除権を付与する条項を契約の中に規定することが行われてきた[*3]。いわゆる ipso facto 条項ないし倒産条項と呼ばれるものである[*4]。

　1978年連邦倒産法（以下，「法」という）が制定される前には，倒産手続の規律に影響を与えるような契約ないし合意，例えば，相手方当事者の倒産手続開始申立てによって，当該契約がデフォルトとなり終了する旨の契約条項を事前に挿入することを規制する明文規定は，倒産法に存在しなかったとされる[*5]。その結果，こうした条項が契約の中に規定されるようになり，さらに，倒産手続を申し立てる以前の支払不能等を要件とする条項にまで発展していった[*6]。倒産手続においてかかる条項のもつ意味は，当該契約について，管財人は契約の引受け，すなわち履行を選択することができないということにある。

　多くの事案で，裁判所はこうした条項を有効としたが，まれに，衡平法上の権限を用いて，その有効性を制限することがあった[*7]。著名な判例である *Queens Boulevard Wine and Liquor Corp. v. Blum*, 503 F.2d 202 (2d Cir. 1974). をここで引用する。

　事案の概要はこうである。Queens Boulevard Wine and Liquor Corp.（以下，「Queens」という）は，1970年4月28日，Carol Management Company（以下，「Carol」という）との間で，商業用店舗の賃貸借契約（7年間）を締結し，ニューヨーク州の Forest Hills で酒屋を経営していた。このとき，ニューヨーク州の定型フォームが用いられた。その契約条項16条(b)及びそれを追加修正した63条が倒産条項であり，それは，賃借人に倒産手続が開始された場合，賃貸人は，合理的な期間内に，当該契約を終了させることができる，と

---

[*3] Id.
[*4] ipso facto 条項又は倒産条項とは，契約書の約款等において，債務者が倒産手続を申し立てた場合，契約の当然終了や，相手方への解除権発生を定める条項のことをいう（高木新二郎『アメリカ連邦倒産法』116頁（商事法務研究会，1996年），福岡真之介『アメリカ連邦倒産法概説』99頁（商事法務，2008年））。こうした条項は，明文で効力を否定された現在も，多くの契約事例集等に印字されているといわれる（Douglas G. Baird, Elements of Bankruptcy, at 129 (5th, 2010)）。
[*5] TABB, *supra* note 2 at 853-854.
[*6] Id. at 854.
[*7] Id.

いうものであった。1972年3月22日、Queensが3月1日に支払うべき賃料を弁済しなかったため、賃貸人であるCarolはその支払を求めて訴えを提起した。同日、Queensは、1898年法（1938年改正）第XI章手続（整理手続）を申し立てた。この手続係属中に、Queensは、より高い賃料で賃貸借を継続することをCarolに通知した。しかし、4月21日付の書面で、Carolは、当該賃貸借契約の終了を通知した。管財人は、Queensに当該物件の占有を認め、使用対価を支払うよう求めたが、Carolは契約終了による立ち退きを求め、Queensは不動産の占有を求めて争った。なお、Carolは賃料としてではなかったが、この対価を受け取っていたという事実があった。

この判決の中で、裁判所は、従来の判例は、伝統的に、賃貸借契約の失権条項について否定的であったと述べた。同法70条(b)の適用を回避するため、2つの方法を用いて、失権条項を制限的に解釈してきたとする。1つは、賃貸人が当該賃貸借契約を承認したと思われる行為をしたとき、解除権を放棄したとみなし、又はその権限の行使を禁じる、というものである[*8]。今1つは、賃貸人が、失権条項に基づいて契約を終了させることが、禁反言にあたり、契約終了は、賃借人にとってきわめて不公平な処遇であり、かつ、1898年法（1938年改正）第X章手続（会社更生手続）の目的を害するがゆえに無効、というものであった[*9]。

本件において、裁判所は、第XI章手続の目的に鑑み、賃貸人の利益だけではなく、賃借人及びその債権者の利益をも踏まえて判断するべきであるとした。そして、裁判所は、Carolがより高い賃料を得ることになり、かつそれには優先権が付与されていること、また、Queensはその場所で営業を継続することに価値があること、また債権者を害するものではないこと、などを理由に、1898年法（1938年改正）70条(b)によらず、当該契約条項を制限し、無効とした。本件では、賃貸人が賃借人の倒産後も一定の金銭を受け取ってい

---

[*8] Speare v. Consolidated Assets Corp., 360 F.2d 882, 887 (2 Cir. 1966); Davidson v. Shivitz, 354 F.2d 946, 948 (2 Cir. 1966); Matter of Frazin & Oppenheim, 183 Fed. 28 (2 Cir. 1910).

[*9] Weaver v. Hutson, 459 F.2d 741 (4 Cir.), cert. denied, 409 U.S. 957, 34 L. Ed. 2d 227, 93 S. Ct. 288 (1972); In re Fleetwood Motel Corp., 335 F.2d 857 (3 Cir. 1964) 6. Cf. In re Yale Express System, Inc., 362 F.2d 111, 117 (2 Cir. 1966); In re Penn Central Transportation Co., 347 F. Supp. 1351, 1353 (E. D. Pa. 1972).

たことから，本件契約の継続を承認したとも判断できたのであるが，管財人はこの点を否定したため，解除権の放棄という構成を取れなかったように思われる。なお，これは，事例判断であると付言されている。

## 3　1978年連邦倒産法制定による規制

こうした判例などを受け，法は，倒産事件における *ipso facto* 条項の有効性を否定することとなった。Charles J. Tabb 教授によれば，これはきわめて重要な変更であったと評価されている[*10]。改正の趣旨はこうであった。*ipso facto* 条項を有効とする従前の実務は，財団財産から，価値のある契約を奪うものであり，当該契約が履行されれば，債務者の再建が容易になったし，債権者に対する配当価値も大きくなったはずであるというものである[*11]。

しかし，アメリカ合衆国連邦議会は，相手方当事者の固有の利益によっては，*ipso facto* 条項の有効性は正当化されないとしつつ，一方で，*ipso facto* 条項の無効化によって，裁判所は，相手方の権利に慎重に配慮する必要があると指摘している[*12]。このことから，倒産解除条項をめぐる問題が単純な二分論で処理できるものではないことがうかがえる。

現行法の規律を確認しておく。まず，*ipso facto* 条項において，以下の「事実」の発生を原因として，当該契約が解除されたり，変更がなされると定めていることのみをもって，当該契約が解除されたり，変更を受けることはない（法365条(e)(1)）。また，*ipso facto* 条項において，以下の「事実」が債務不履行にあたるとされる場合でも，管財人は未履行契約の選択権を行使する前提として，当該債務不履行を治癒する必要（同条(b)(1)）はない（同条(b)(2)）。

ここで両規定にいう「事実」とは，手続終結前のいずれかの時点における債務者の支払不能又はそれに相当する財務状況（同条(b)(2)(A)・(e)(1)(A)），倒産手続の開始（同条(b)(2)(B)・(e)(1)(B)），そして，管財人等の選任若しくは管財人等による占有取得（同条(b)(2)(C)・(e)(1)(C)）である。

---

[*10]　*Id.*
[*11]　H. R. No. 595, 95th Cong. 1st Sess. 347-348 (1977).
[*12]　*Id.* at 348.

## 4 賃貸借契約における賃借人の地位の譲渡と連邦倒産法

　日本法とは異なるアメリカ法に特徴的な事例を取り上げ，倒産条項の問題を検討する。アメリカの契約法において，契約当事者は，当該契約上の地位を第三者に譲渡することにつき，禁止したり，制限したりすることができる[13]。そうすることで，契約当事者は，取引の相手方を固定することができる[14]。

　一方，管財人等は，賃借人が倒産した場合，当該賃貸借契約においてかかる譲渡禁止特約（anti-assignment clauses）が付されていたとしても，一定の場合を除き，当該契約上の地位を第三者に譲渡することができる。アメリカ法において，倒産手続において，債務者の未履行契約等は，契約上の規定にかかわらず，財団財産の一部となる。すなわち，それは財団に帰属する財産権の一種と考えられており，また，契約の処分については管財人の重要な権限であるとされている。こうした倒産法における処遇の利点につき，簡単な事例を挙げて説明する。

【例1】[15]

　債務者Aは，商業ビルの一部を3年契約で賃借している。賃料は年1万ドル。その建物内でホームセンターを営んでいた。2年後，Aは倒産。Aが倒産手続開始申立てをしたとき，類似の施設の賃料が年14,000ドルに上がっていた。管財人は，理論上，賃借人たる契約上の地位を第三者に譲渡して，差額4,000ドル（＝14,000ドル－10,000ドル）を得ることができるはずである。しかし，当該賃貸借契約が，賃貸人の同意なく，転貸することを禁じており，かつ，その転貸禁止特約が倒産手続においても有効であるとすると，管財人は転貸することができず，4,000ドルの利益を得ることもできない。一方，賃貸人は，当該店舗につき，その時点のより高額な市場レートで契約の更新をすることができる。

　連邦倒産法は，こうした譲渡禁止特約を認めない。法365条(f)(1)によれ

---

[13]　TABB, *supra* note 2, at 864. なお譲渡が禁止される例として，譲渡により契約内容に重大な変更が生じる場合，不法行為債権を譲渡する場合（公序違反），将来の賃金債権を譲渡する場合（州法違反）等が挙げられる。
[14]　*Id.* at 864-865.
[15]　Tabb教授による仮想事例である（*Id.* at 865）。

ば，契約条項等によって，契約上の地位を移転することを禁じていても，管財人は契約上の地位の移転をすることができる。【例1】で，管財人は，店舗部分を転貸し，差額4000ドルを取得する[*16]。こうした取扱いに対して，譲渡禁止特約の内容を同条(f)(1)に抵触しないように工夫し，その有効性を倒産手続において貫徹しようと試みた事例が見られる。

【例2】[*17]

賃貸人は，賃借人に対し，価値上昇分の75％を支払うことを転貸の条件として課していた。これを【例1】にあてはめれば，賃貸人は，転貸料の価値上昇分4000ドルのうち3000ドルを受け取ることになる。しかし，裁判所は，このような条項を法365条(f)(1)に反するとして無効とし，地位の譲渡により得られる利益を保持することを財団に認めた。

【例3】

【例2】の賃貸借契約において，賃貸用スペースはホームセンターにしか使わないという条件を付していたとする。管財人が，当該使用条件に反する利用（スポーツ用品店）を考えている第三者に，店舗を転貸しようとしたとき，賃貸人が，契約条項に違反すると異議を述べたとする。

倒産手続における契約上の地位の譲渡は，管財人が当該契約を引き受けるか（法365条(f)(2)(A)），又は，譲受人（転借人）が契約上の義務の履行につき適切な保証をした場合（同条(f)(2)(B)）に認められる。管財人による契約の引受けに際しては，通常，すべての契約条項を引き受けなければならず（cum onere），転借人は，使用条項に反しないことを保証しなければならない。契約条項のうち，管財人が無視してもよいと連邦倒産法が認めるのは，*ipso facto*条項（法365条(b)(2)・(e)(1)）と，譲渡禁止特約（同条(f)(1)）であり，したがって，使用条件に関する契約条項はいずれにも該当せず，尊重されなければならない。

しかしながら，賃貸人の主張が認められるなら，実質上，転貸できないこととなり，それゆえ，財団は利益を得ることができなくなる。この点，裁判

---

[*16] *Id.*
[*17] In re Standor Jewelers West, Inc., 129 B. R. 200 (B. A. P. 9th Cir. 1991).

所は，使用条件条項の利用による譲渡禁止の実現を，賃貸人に常に認めていたわけではない[18]。裁判所は，賃貸人に対し，使用条件に反する譲渡を認めた場合に生じる「重要かつ現実的な損害」を証明することを求めたのである。その場合，例えば，管財人がスポーツ用品店に転貸したい場合，賃貸人に生じる損害は何かということが問題として残る。

Tabb 教授によれば，裁判所が注意するべきは，使用制限条項を完全に無視してしまわないようにすることであるとされる[19]。賃貸人が，施設の利用をホームセンターに限定したことには，事業上の理由があるかも知れないからであり，連邦議会も，1978年法立法時，相手方は，「自己の契約取引から完全な利益」を得るべきである，と述べていた[20]。すなわち，裁判所に課せられる困難な課題は，譲渡禁止特約に対する連邦倒産法による規律の潜脱を認めず，一方で，相手方から契約上の正当な利益を奪ってはならない，ということである。こうした枠組みのもと，Tabb 教授は，【例3】において，管財人は，使用条件条項に従わなければならず（法365条(b)(3)(C)），したがって，当該転貸は許されないであろうと評価されている[21]。

## 5　若干の整理

アメリカ法においては，わが法とは異なり，*ipso facto* 条項のような倒産条項を規制する明文の規定を有している。興味深いことは，このような制限規定を有する以前は，*ipso facto* 条項を有効として処理する実務が一般的であったことであり，それにもかかわらず，当該条項を無効とする判例が存在したことであろう。この問題について，単純な二分法が妥当しないものであることが容易に理解される。実際，1978年法制定時における連邦議会の意見においても，契約の相手方当事者の利益に配慮することが指摘されていた。それゆえ，現行法の下でも，*ipso facto* 条項の有効性について，個別具体的に考えていく必要性があると思われる。

---

[18]　In re U. L. Radio Corp., 19 B. R. 537 (Bankr., S. D. N. Y. 1982).
[19]　TABB, *supra* note 2, at 866.
[20]　H. R. No. 595, 95th Cong. 1st Sess. 348 (1977).
[21]　Id.

本稿では，倒産した賃借人側による転貸借の事例を一例として紹介した。通常，賃貸借契約を締結する段階において，譲渡禁止特約を付する例が見られるが，このような特約は，倒産手続において効力を有しないと判断する裁判例があった[22]。しかし，こうした規律を回避するため，様々な特約条項が検討されてきたようであるが，倒産手続においてもその有効性が肯定され得るものとして，使用目的制限条項がある。Tabb 教授が述べるように，賃貸借契約の目的物の目的外使用は，賃貸人の利益を損なう可能性があるということであろう。

結局，アメリカ法において考えられてきたことは，倒産手続の価値を損なう条項は多種多様に「発明」されることを前提にして，倒産法の目的と，債務者，その債権者，相手方当事者の利益状況を分析して事案に応じてバランスを取ることであるように思われ，その結果，一貫した理論的な分析は難しいということである[23]。

アメリカ法の経験からいえることは，稲田論文に指摘されるように，「契約自由の原則を金科玉条のごとく維持」すべきではないということであろう。Tabb 教授の言うように，契約法上認められる契約当事者の正当な期待利益は，倒産法の目的のもと修正されることもあり得る。*Queens Boulevard Wine and Liquor Corp. v. Blum*, 503 F.2d 202（2d Cir. 1974）．で行われたように，契約当事者である賃貸人と賃借人，さらに賃借人の債権者らの利益状況を分析し，倒産条項の有効性を判断することが望ましいと思われる。

問題は，こうした利益衡量を正当化する理論枠組みを提示することである。倒産条項を規制する条文を明文化することも考えられるが，稲田論文のように，「公序規定」をおくという選択肢もあり得る。それは「倒産法における公序原理」という名の下に統合され，倒産法の保持する価値，すなわち，債権者のプライオリティルールや否認権制度等を無意味化するものは認

---

[22] 倒産手続のもと，管財人等により，財産権たる「賃貸借契約」が譲渡されるアメリカ法のスキームの意義や背景については，双務契約処理の構造とともに，別途検討が必要である。

[23] Steven L. Schwarcz 教授による法と経済学を応用した理論分析が存在するが（Schwarcz, *Rethinking Freedom of Contract: A Bankruptcy Paradigm*, 77 Tex. L. Rev. 515(1999).)，本稿では対象外とした。

めないという形で具現化される。たいへん興味深い議論であり，今後の倒産立法の際に検討されるべき事柄の1つになると考える。

　なお，本稿では付随的な問題にとどまるが，アメリカ法において，倒産した賃借人の管財人等が，賃貸人の同意なく目的物を転貸し，利益を財団等に帰属させるという規律は興味深い。この点は目的物が知的財産権の場合などに置き換えて考えてみることも有用である。その場合には，当該契約を引き受けることができるという管財人等の権限と，当該契約上の地位を移転することができるというその権限との整合性が問われなければならない[*24]。

□■

---

[*24] Douglas G. Baird教授によれば，法令が債務者以外の者との取引を禁止している場合に，引受けや譲渡を相手方の同意にかからしめる法365条(c)と，本稿で言及した同条(f)の関係が問題になるとされている (Baird, *supra* note 4, at 133-134.)。

# 第2 | 賃貸借契約

## I 賃借人の倒産

### ■論文 1

### 賃借人破産における破産法53条1項による解除の規律

弁護士　井　上　計　雄

#### 設　例

賃借人Aは，賃貸人Yからショッピングセンター内の店舗を期間10年とする建物賃貸借契約により賃借し，呉服販売を行っていた。賃借後，5年が経過した段階でAに対し破産手続開始決定がなされ，Aの破産管財人Xは直ちに破産法53条1項に基づき，この賃貸借契約を解除した。賃貸借契約に次の条項が定められていた場合，これらの効力はどうなるか。
① 「賃借人が契約期間満了前に本契約を解約しようとするときは，6ヵ月前までに賃貸人に予告しなければならない。賃借人が6ヵ月分の賃料を支払ったときは，即時に解約できる」
② 「賃借人が契約期間満了前に本契約を解約したときは，敷金の50パーセント相当額の違約金を支払う」
③ 「本契約が終了したときは，賃借人は本契約終了から明渡しまで賃料の3倍に相当する損害金を支払う」

### 1　設例に対する問題意識

賃借人が破産した場合，敷金返還請求権は破産財団に帰属する。営業用店舗の場合は高額な敷金が差し入れられていることも多く，この敷金返還金は

他の債権者に対する重要な弁済（配当）財源となる。ところが，賃貸借契約においては，もっぱら賃貸人のリスク・ヘッジのために種々の特約が設けられ，この特約の効力がそのまま賃借人の破産管財人にも及ぶとすると，これらがたとえ破産債権であったとしても，敷金から控除されることで財団債権と同様の回収がなされることになり，敷金返還金は減少し，破産財団の維持増殖は図られない。破産手続は総債権者の公平な救済を図ることを趣旨とする法的清算手続であることからすれば，平時と異なり，契約自由の原則も制限を受けると考えるべきではないだろうか。

現行破産法では，旧民法621条が削除され，賃貸借契約についても双方未履行の双務契約として破産法53条により規律されることとなったため，同条1項により，破産管財人が契約解除をした場合に，いかなる処理がなされるべきかが重要な問題となる。

## 2　いわゆる「倒産解除特約」について

倒産時における原契約の効力に関しては，いわゆる「倒産解除特約」（倒産手続開始申立てを解除権発生原因とする特約）が論じられる。管財人は倒産者自身の地位を承継する[*1]ということを前提とすれば，こうした条項も管財人を拘束するということになるはずであるが，一般に倒産解除特約の効力については，学説や裁判例[*2]ではこれを否定するものも多い。

効力を否定する学説は，「倒産を見越して相手方に一方的に有利に定められた約定は倒産手続との関係においては効力を有しないと解すべきであ

---

[*1]　伊藤眞『破産法』〔第4版補訂版〕236頁（有斐閣，2006年）は，破産管財人の法的地位について，①破産者自身と同視されるが，②差押債権者と同様の地位，③法律により認められた特別の地位があるとする。

[*2]　会社更生事件における所有権留保売買について最判昭和57・3・30（民集36巻3号484頁・金判645号12頁），民事再生事件におけるフルペイアウト・リースについて東京高判平成19・3・14（判タ1246号337頁）がある。ただ，これらについては更生や再生という特殊性に鑑みて限定的に解釈すべきとする見解もある。園尾隆司ほか編『新・裁判実務大系(28)新版破産法』210頁〔富永浩明〕（青林書院，2007年）は，「更生と異なり清算手続である破産の場合は，契約自由の原則に鑑みて無効とするのは困難である」とする。

る」\*³とするのが一般的であるが，破産法53条1項（民再49条1項，会更61条1項）の法意を重視し，こうした特約の効力を否定する見解（伊藤・前掲（\*1）260頁）\*⁴もある。

不動産賃貸借の場合，借地借家法の保護を受ける場合はこれによる制限もあり，特約の効力を肯定すると破産管財人による破産法53条解除の場面が問題とならず，本稿の主題から逸れるので，ここでは詳論しない。

## 3 破産法53条1項の趣旨

前記2で指摘したとおり，伊藤説は破産法53条の法意を重視する。そこで，この条項の趣旨について整理しておく。

学説は，次の3つに大別できる\*⁵。

① 当事者の公平（衡平）を制度趣旨と解する（通説\*⁶）

双務契約上の当事者の債務は，互いに対価関係（互いに他を担保視し合う関係）に立つ。本条がなければ，相手方は自己の請求権は配当弁済に甘んじ，破産者の請求権については完全な履行を強いられる結果となり，当事者間の公平（衡平）を欠く。そこで，破産制度の便宜から，破産管財人に履行か解除かの選択権を認めることにより，破産財団の利益を守ると同時に，履行が選択された場合は相手方の破産債権を財団債権に格上げし，解除が選択された場合は双方の債務を消滅させ，かつ，双方に完全な原状回復をもたらすこととして対価関係を保護した。相手方の損害賠償請求権は破産手続開始後の原因によるものなので，本来，劣後的破産債権にとどまるが，公平を考えて一般破産債権に昇格させた。

② 契約関係の清算ないし有利な履行の確保の必要を制度趣旨と解する

---

\*3 兼子一監修『条解会社更生法（中）』307頁（弘文堂，1973年），谷口安平『倒産処理法』182頁（筑摩書房，1976年）。ほかに，中野貞一郎＝道下徹編『基本法コンメンタール破産法』86頁〔宮川知法〕（日本評論社，1989年）など。

\*4 今中利昭ほか『実務倒産法講義（下）』〔改訂増補版〕632頁（民事法研究会，2006年）は，これを多数の見解とする。

\*5 山本和彦ほか『倒産法概説』187頁（弘文堂，2006年）。なお，学説の整理については，竹下守夫ほか編『大コンメンタール破産法』204頁（青林書院，2007年）も詳しい。

\*6 兼子・前掲（\*3）292頁，中田淳一『破産法・和議法』101頁（有斐閣，1959年），谷口・前掲（\*3）174頁。

相手方は同時履行の抗弁権又は不安の抗弁権を有し，これは破産によって消滅しないため，管財人からの請求は同時履行抗弁で拒絶され，相手方からの履行請求は破産債権として制約されるという「両すくみ」状態となる。このような状態を解消して清算遂行及び財団増殖を図るため，管財人に選択権が認められる。履行選択の場合は相手方保護のために，破産債権を財団債権に変えて同時履行関係を維持できるようにする。

③　契約の選別による破産財団の拡充ないし手続の便宜を制度趣旨と解する（伊藤説）

本条がなければ，管財人は従来の契約関係をそのまま引き受けなければならず，相手方の従前の担保的利益（同時履行及び不安の抗弁権）を奪うことは公平の見地から許されない。履行を選択した場合の相手方の債権は，本来，財団債権であり，当然の扱いを確認したものである。解除の場合の損害賠償請求権は財団債権とすることもできるが，管財人が解除権を行使しやすくするために破産債権に降格したものである。

本条の真の意義は，管財人に解除権という従来の契約関係からは導かれない特別の地位を与えた点にあり，これによって従来の契約関係は管財人に有利に変更され，破産制度の便宜が図られるが，相手方の原状回復請求権はそうした管財人の行為により生じるものであるので，公平の見地から財団債権として保護している。

判例（最判昭和62・11・26（民集41巻8号1585頁・金判789号3頁））は次のようにいう。

「双務契約における双方の債務が，法律上及び経済上相互に関連性をもち，原則として互いに担保視しあっているものであることにかんがみ，双方未履行の双務契約の当事者の一方が破産した場合に，法60条と相まって，破産管財人に右契約の解除をするか又は相手方の債務の履行を請求するかの選択権を認めることにより破産財団の利益を守ると同時に，破産管財人のした選択に対応した相手方の保護を図る趣旨の双務契約に関する通則である」

破産法53条1項の解除権について，民法上の解除原因の存否や契約当事者間の合意内容如何にかかわらず行使しうるものであることから，破産法上，破産管財人に与えられた特別の権能であるとする点は共通している。通説も

「破産財団に有利な双務契約についてのみ効力を承認し、不利なものについては契約の拘束から免れさせる」と説き（谷口・前掲（＊3）174頁），伊藤説も同旨としてこれを引用する（伊藤・前掲（＊1）255頁）。伊藤説が，本条の特色は法定の解除権付与にあり，破産管財人が財団に有利に契約を変更できることを認める，とする点はきわめて明快であるといえよう。ただ，基本的な本条の趣旨は対価関係の尊重にあると考えられる。

## 4　破産法53条1項による解除と原契約における条項の効力

賃借人が破産し，その破産管財人が破産法53条による解除をした場合，原契約における特約の効力に破産管財人はどこまで拘束されるだろうか。

### (1)　予告期間条項について

設例での①における条項は，契約によって解除権を留保したものであるが，破産管財人が契約解除をするのは破産法53条に基づくものであって約定留保解除権の行使ではない，としてこの条項は適用されないとされており[7]，適用を肯定する学説は見当たらない。

ただ，「賃借人又はその破産管財人が契約を解除する場合には，6ヵ月前の予告を要する」と定められていた場合を想定すれば，こうした特約は，破産法53条により，破産管財人に特別の解除権を付与した法の趣旨を潜脱するものであり，破産手続上，その効力は認められないというべきである。「即時解除の場合には6ヵ月分の賃料相当損害金の支払を要する」旨を定める部分についても，結局，6ヵ月間の解約予告期間を実質的に強いるものであり，やはり同条に反すると考えるべきである。

### (2)　違約金条項について

設例の②は，「違約金条項」といわれるものであり，「賃借人が契約期間満了前に解約する場合は，敷金の全部（ないしは一部）を違約金として没収する」というような定めの場合もある（規定の仕方により，「敷金放棄条項」，「敷金没収条項」などともいわれる）。

---

[7]　園尾ほか・前掲（＊2）220頁も適用を否定し，予告期間分の賃料相当損害金は破産債権としても行使できないとする。

このような条項に関する裁判例としては，名古屋高判平成12・4・27（判時1748号134頁）が指摘される。

この事案は，賃借人が建設資金を提供して賃貸人に建物を建設してもらい，これを借り受ける賃貸借契約を締結したというものであり，建設資金の一部を敷金とし，残りを建設協力金として180ヵ月の均等割りで分割弁済することを約し，賃借人から解約申入れがなされた場合は，敷金及び未返還建設協力金の合計相当額を違約金として定め，敷金返還債務と建設協力金返還債務とを消滅させる旨の相殺契約の定めがなされたというものである。期間途中で破産宣告（当時）を受けた賃借人の破産管財人が，旧破産法59条に基づき賃貸借契約を解約し，敷金及び未返還建設協力金の返還を求めた。

原審は，旧民法621条後段は任意規定であるから，違約金と敷金・建設協力金との相殺充当の特約は有効であるとして請求を棄却したが，控訴審は，破産者とその相手方との破産前の合意について，当然に破産管財人にその効力を主張できるものではないが，同条は合理的な内容の違約金に関する特約の効力まで認めない趣旨ではないとして，合理的期待の範囲を限定したうえで，これを超える相殺は，破産債権者全体の公平を害することになり，権利の濫用として許されないとして，一部認容した。

本判決については，事案に鑑みて妥当な解決を図ったものとして評価されるものの，当時は賃借人破産の場合は旧民法621条が破産法の特則とされ，損害賠償請求が認められていなかったため，旧破産法59条，60条と同じ構造に持ち込むため，旧民法621条後段を任意規定として特約の効力を認め，そうすると原審の結論が導かれるべきところ，それでは破産手続を害することが明らかであることから，権利濫用という一般法理を持ち出すことによって妥当性を図ったものと考えられる。

旧民法621条が削除された現行法の下においては，単純に破産法53条による解除を認め，損害賠償については同法54条により，相当因果関係の範囲内での調整をすることが可能であると考えられるので，現行法下ではもはや先例としての価値は乏しいといえるのではないだろうか。

一般に，違約金条項は，契約に反し中途解除されたことに対する違約罰として，また期間満了まで得られるはずであった「得べかりし利益」（賃料収

入）の賠償として，解除によって被る損害についての賠償額の予定としての性格を有すると考えられる。しかし，破産法53条の解除権は破産法が破産管財人に付与した特別の権能であり，その法定解除権の行使が契約違反として違約罰を課せられるいわれはない。

また，不動産賃貸借においては解除によって物件の利用価値がそのまま賃貸人に返還されることになるのであるから，対価関係の均衡を考えれば得べかりし利益すべてが損害として発生するということにもならない。何よりも，このような条項をそのまま有効とすると，賃貸人が被る現実の損害を超える利益の取得を無制限に認めることになり，それは破産法の趣旨に反し公平を害するといわざるをえない。

したがって，こうした条項は破産手続との関係においては効力を有しない，と解すべきである。破産法53条の法意を重視すれば，法定解除権の行使によって相手方が被る損害の賠償は同法54条によって規律されることになり，合意の効力がそのまま認められるものではないということもできよう[*8]。

## 5 破産法54条1項の法意

### (1) 破産法54条1項における損害賠償請求権の性質

破産法54条1項は，同法53条1項による契約解除がなされた場合，相手方は損害賠償請求権を破産債権として行使できることを定める。

この損害賠償請求権は，破産管財人に認められた特別の権能（破53条1項）の行使に基づく特別の請求権と解されている[*9]。すなわち，ここでいう損害賠償請求権は原契約から発生するのではなく，破産法53条による解除によって相手方が現に被った損害に対し，公平の観点から，法が特別に損害賠償請求権を認めたものであり，その限度において破産債権としての行使で受忍すべきことを定めたものである。

破産法54条のこうした法意に鑑みれば，法が認めた特別の権利の内容を当

---

[*8] 大阪地決平成19・8・14（判例集未登載）は，再生事件においてであるが，民事再生法49条の趣旨から，契約における違約金条項は適用されないとした。
[*9] 兼子・前掲（*3）324頁。

事者が合意により定めることができるとするのは背理であり、合意を許さない強行法規性を有すると解すべきである。

(2) **損害賠償の範囲について**

損害賠償の範囲については、履行利益を含むか否かという点で議論される[10]。信頼利益のみでなく履行利益の喪失による損害賠償も含むとする説は、破産法53条による解除から生じる損害は、破産者の責めに帰すべき事由による履行不能に基づくとみられることを理由とする[11]。他方、信頼利益に限るとする説は、破産手続の開始それ自体は帰責事由ある債務不履行には該当しないことを理由とする。

破産手続開始それ自体は帰責事由ある債務不履行には該当しない[12]ものであり、破産法53条の解除権行使は法定の権利行使であって何ら帰責性はなく、「破産者の責めに帰すべき事由による履行不能に基づく」と考えるべきではない。

履行利益の賠償まで含むとしても、「具体的には、履行に代わる損害賠償（填補賠償）の額から、相手方が債務を免れまたは給付したものの返還を請求することによって得る利益を差し引いた残額である（我妻栄『債権各論（上巻）』201頁参照）」[13]とされるから、不動産賃貸借の場合、賃貸物が返還されると以後の物件利用価値は賃貸人に帰属するのでこれを差し引けば損害は残らない。すなわち、期間満了までの得べかりし賃料が損害となるものではない。

そもそも、信頼利益・履行利益という概念区別自体には批判が多く[14]、両概念に法技術的意味を認めるべきではないとされる[15]。ここで検討すべきは、破産法53条による解除によって、賃貸人に現に生じた損害として、どの範囲までを賠償するのが公平に適うかという観点によるものであり、民法416条の一般原則により、相当因果関係によって画されることになる。

(3) **「現に被った損害」として観念できる額について**

---

[10] 竹下ほか編・前掲（*5）222頁。
[11] 兼子・前掲（*3）325頁。
[12] 谷口・前掲（*3）182頁。
[13] 兼子・前掲（*3）325頁。
[14] 潮見佳男『債権総論Ⅰ』〔第2版〕316～327頁（信山社、2003年）。
[15] 平井宜雄『債権総論』〔第2版〕71頁（弘文堂、1994年）。

この場合，突然の即時解除によって，後継テナントを探さざるをえなくなった賃貸人の損害として，客観的合理的期間の賃料相当額は現に被った損害として観念することは可能であると思われる。

　民法617条1項は，期間の定めのない賃貸借に関する解約申出と契約終了時期について定めているが，契約期間途中であっても，破産管財人は破産法53条1項により即時解除できるのであるから，その利益状況は期間の定めのない場合と同じと考えられる。

　民法617条1項は，建物の賃貸借については解約申出から「3ヵ月」の経過によって契約が終了することを定めており，解約申出があった場合，賃貸人としてはその時から次の賃借人を探し始めることができ，新規賃借人を見出すについては通常は3ヵ月あれば十分であろうと判断しているものと考えられる。

　したがって，破産管財人の解除から原則3ヵ月の範囲については，相当因果関係の範囲内として，その賃料相当額について損害賠償として破産債権を行使できると解するのが相当である。もちろん，その期間内に新賃借人と契約ができた場合には，その時点で損害の発生がなくなることになるし，これを超える場合で相当性が認められるならば，そこまでの損害賠償は可能といえる。

## 6　倍額損害金条項

　設例の③における条項は，破産法53条による解除がなされた後の処理について定めたものであり，「賃借人が明渡しを遅滞したときは」というように，遅滞を要件とする場合が一般的かもしれない。解除後の破産管財人の占有は，それ自体不法占拠を構成するため，それに対応する賃料相当損害金は財団債権となる（破148条1項4号）ことについて疑義はない。しかし，それが「倍」や「3倍」となる点で問題となる。

　このような条項については，解除後の占有に対する損害賠償額の予定であって，破産法53条の解除権行使を直接制限するものではないとして，破産管財人を拘束するとする考え方もある。

　しかし，同じ占有であるのに，これに対する対価が，解除前と解除後で異

なる合理的理由はなく，解除後の占有に対する損害金として通常の賃料相当額を超える部分は違約罰としての意味しかない。こうした違約罰を定めた原契約の条項の効力をそのまま認めることは，敷金からの控除により財団を減少させ，賃貸人には物件の利用価値以上の利益を取得させることになり，一般債権者の犠牲において賃貸人を利するもので公平を害する。この場合，破産財団増殖のために破産管財人に特別の権能を付与した破産法53条1項の趣旨に反すると考えられるのではないだろうか[*16]。通常の賃料相当損害金を財団債権として認めることで相手方の損害は塡補されるのであり，それ以上に倍額を認める理由もない。

　むろん，破産管財人が解除後明渡しに要する相当期間（事案によって異なる）を経過したのに，怠慢によってこれをしないような場合には違約罰を課す理由はあり，遅滞を要件とする条項が適用されると考えることができるが，解除時から直ちに倍額の損害金が発生するとする条項は，破産法の趣旨に反し破産法53条の解除権を事実上制限するものであり，その効力は否定されるべきである。

　なお，条項の適用を肯定した場合には，通常損害金部分とそれを超える損害金部分は1個の債権なのか2個なのか[*17]，また，財団債権か破産債権か[*18]という議論が生じる。

## 7　破産法54条1項に基づく損害賠償請求権と敷金返還請求権との関係

　破産法54条1項は損害賠償請求権を破産債権としたが，不動産賃貸借契約においては敷金契約が附随しており，敷金からの当然控除を認めると財団債

---

[*16] 前掲（[*8]）の大阪地裁決定は，民事再生法49条による解除の場合には契約上の倍額損害金条項は適用されないとした。

[*17] 大阪地判昭和58・4・12（労民34巻2号237頁）は，退職金についてであるが，1個の債権でも破産債権と財団債権に切り分けることはできるとする。

[*18] 法が規定する財団債権（破148条1項4号）の額を合意によって定められるとするのは相当とは思われない。鹿子木康＝島岡大雄編／東京地裁破産実務研究会著『破産管財の手引』182頁（金融財政事情研究会，2011年）は，賃貸借契約解除後，明渡完了までの損害金について，通常賃料の倍額ないしそれ以上とする条項がある場合でも，「財団債権として認められる額は，あくまで破産管財人の行為と相当因果関係のある損害，すなわち賃料相当額である」としている。

権を認めたことと同じになり，破産財団の負担が重大なものとなってしまう。同項が，本来，配当によって満足を受けるべきものとしているにもかかわらず，敷金が存することにより，破産債権以上の地位をもつことになり一般債権者との不公平が生じる。

しかし，破産法自体が破産債権としての成立を認めている以上，敷金契約の担保的機能まで否定することはなかなか困難ではないかと思われる。

## 8 補　遺

破産法53条の法意及び違約金条項等の適用については，その後の裁判例でも考え方が分かれている。

東京地判平成20・8・18（金法1855号48頁）は，期間10年の定期建物賃貸借契約において「賃借人のやむを得ない事由により中途解約する場合は，保証金は違約金として全額返還されないものとする。」との条項が設けられていたところ，賃借人の破産管財人が破産法53条1項に基づき契約解除し保証金の返還を求めたのに対し，判決は，「違約金条項が著しく賃貸人に有利であり正義公平の理念に反し無効であるとはいえず，当事者間の自由な意思に基づいて合意されたものであり破産管財人もこれに拘束されることはやむを得ないもので，破産法53条1項に基づく破産管財人の解除権を不当に制約するとはいえない。」，「破産法53条1項に基づく解除は，破産という賃借人側の事情によるものであるから，本件違約金条項にいう『賃借人の自己都合及び原因』『賃借人のやむを得ない事由』にあたる。」として保証金返還を否定した。

また，大阪地判平成21・1・29（判時2037号74頁）は，前掲（＊8）の債権査定決定に対する異議請求事件であるが，残期間分の賃料相当額を支払った場合は即時解約ができる，賃借人の債務不履行その他一定の事由が発生した場合は賃貸人は無催告解除ができ賃借人は違約金として残期間分の賃料相当額を支払わなければならない，賃借人は明渡完了まで賃料相当額の倍額の損害金を支払わなければならないという約定について，契約当事者間の合理的意思に基づく合意であり再生債務者等もこれに拘束される，民事再生法49条1項は双方未履行の双務契約につき再生債務者に契約の履行か解除かを合理的

に選択することができる権能を付与したにとどまる，本件事案では信義則上違約金の範囲を制限すべき事情も見当たらないとして，査定決定における判断を覆した。

　これに対し，東京地判平成21・1・16（金法1892号55頁）は，建物賃貸借契約において，賃借人は解約予告期間6ヵ月分の賃料相当額を支払えば即時解除できる，賃借人に破産手続開始があった場合は賃貸人は無催告解除ができる（倒産解除特約），解除された場合賃借人は違約金として賃料及び共益費の6ヵ月相当額を支払うとの条項が設けられていたのに対し，「同契約条項（倒産解除特約）は，平成16年法律第76号により当時の民法621条が削除された趣旨（賃借人の破産は，賃貸借終了事由とならないものとすべきこと）及び破産法53条1項により破産管財人に未履行双務契約の履行・解除の選択権が与えられている趣旨に反するものとして無効というべきであ」り，これを前提とする違約金条項も無効とした上，6ヵ月分の賃料相当額を支払って即時解除できるとの条項は破産法53条1項による解除の場合を予定したものではなく適用されないとした。

　さらに，東京地判平成23・7・27（判例集未登載）は，保証金返還請求権を放棄することにより即時解約ができるとの合意について，「これは合意に基づく解約権（約定解除権）の行使の要件を定めたものと解され，破産管財人による破産法53条1項に基づく解除権の行使の要件とは解されない上，同項は，契約の相手方に解除による不利益を受忍させても破産財団の維持増殖を図るために破産管財人に法定解除権を付与し，もって破産会社の従前の契約上の地位よりも有利な法的地位を与えたものと解されることをも併せ考えると，解除により保証金残金の返還請求権が消滅するものとは解されない」とした。

# ■論文 2

# 敷金の充当関係と充当後残債務の処理について

弁護士 堀　政哉

## 設　例

① 賃借人Xは，賃貸人Yから，甲建物を敷金1000万円，敷引き（退去時に差し引かれる敷金分）300万円，賃料月額150万円との条件で賃借していたが，賃料を2ヵ月分滞納した後，破産手続開始決定を受けた。Xの破産管財人Zは，就任後，直ちに破産法53条1項に基づき，本件賃貸借契約を解除したが，残置動産を全部撤去できたのは破産開始から1ヵ月後であった。
　Zは，残置物撤去後も原状回復を行わなかったが，Yにより原状回復工事がなされ，破産開始の2ヵ月後に工事が完了し，原状回復費用として500万円を要した。
　敷引後の敷金700万円では，未払賃料，原状回復費用等の債務を全部賄うには足りないが，残債務はいくらとなるか。また，これは破産債権か，財団債権か。
② XがYから，乙土地を①と同じ条件で賃借して乙土地上に丙建物を所有していたところ，賃料を3ヵ月滞納してYから賃貸借契約を解除された後，Xが破産手続開始決定を受けるに至ったが，Yにより丙建物が収去されたのは破産開始1ヵ月後であり収去費用として500万円を要した場合はどうか。

## 1　敷金の充当順序

　敷金充当後に残された債務が，破産債権か財団債権かを検討するためには，その前提として，未払賃料，原状回復費用等の複数の債務のうち，いずれが残っているのかを知る必要がある。
　敷金は，明渡時に未払賃料や原状回復費用等が当然に控除され，なお残額があることを停止条件として，その残額につき，返還請求権が発生するもの

（最判昭和48・2・2（民集27巻1号80頁・金判353号5頁））であるから，本件は，基本的には相殺の問題ではなく，弁済充当（民488条以下）の問題である。

### (1) 充当の指定の可否

民法の規定による弁済充当については，第一次的には弁済者が，第二次的には弁済受領者が，相手方への意思表示によって充当指定することとされているが（民488条），賃貸借契約に伴って差し入れられた敷金の充当については，契約の終了時に一方当事者からの意思表示による充当指定は認められない（大判昭和7・11・15（民集11巻20号2105頁））とされている*1。

同判決では，充当指定が認められない理由は詳述されていないが，敷金は当事者の行為を要せずに当然に充当されるため，充当指定をすべき「給付の時」（民488条1項）ないし「受領の時」（同条2項）を観念できず，また，当事者の意思表示が行われることも予定されていないということのほかに，敷金の担保的性質から，充当順序は当初から客観的に定まっているべきであり，差入時においてはともかく，賃貸借契約が終了して敷金が充当される段階に至って，当事者の一方が自己に有利に充当順序を指定するというのには，なじみにくいこと等があるのではないかと思われる（なお，不動産競売（根抵当権実行）による配当金交付の場合に関し，最判昭和62・12・18（民集41巻8号1592頁・金判788号3頁）も参照）。

### (2) 法定充当の順序

賃借物件を明け渡した時点では，未払賃料債務，賃料相当損害金債務，明渡費用（動産撤去費用）債務，原状回復債務等は，いずれも弁済期が到来している。そこで，法定充当の順序としては，①民法489条2号説（債務者のために弁済の利益が多いものから充当するとの見解），②民法489条3号説（弁済期が先に到来したものから充当するとの見解），③充当合意説（担保取得者である賃貸人に有利な順で充当する合意があるとする見解）が考えられる。

前記①の民法489条2号説は，弁済者である破産管財人にとって弁済の利益が多いのは財団債権である（敷金充当後に財団債権を残さないほうが，破産財団の流出を防ぐことができる）から，財団債権（破産手続開始後の賃料ないし賃料相当

---

*1　磯村哲編『注釈民法⑿』215頁〔山下末人〕（有斐閣，1970年）。

損害金），破産債権（破産手続開始前の未払賃料）の順に充当すると解する見解である[*2]。

しかし，民法489条2号は弁済時における弁済者の推定的意思に根拠を有するものであるところ，①説は前記大審院昭和7年判決が当事者の意思表示による充当の指定を排除しているのと相容れないように思われるし，同号にいう「債務者のために弁済の利益が多いもの」とは，破産手続が開始されていない平時において，破産法という手続法及び同法に定められた弁済の優先順位とは別に，もっぱら実体法的な観点から，債権それ自体の内容・性質を比較対照して決定されるべきものではないかとの疑問もある。また，賃貸人の充当順序に関する合理的期待が，賃借人の破産という，みずからがまったく与り知らない事情によって突如として裏切られ，賃貸人が一方的に不利益を被らねばならない理由はない。

他方，③の充当合意説は，賃貸人が敷金を担保としてとった趣旨から，賃貸人に有利に，破産債権，財団債権の順で充当される旨の（黙示の）合意が，敷金契約締結時（＝賃貸借契約締結時）に成立していたと解する見解であるが（この見解によれば，賃貸人は，敷金充当後の残債権をさらに財団債権として行使できることとなる），はたして本当にそのような合意があったといえるのか，前記大審院昭和7年判決との関係をどう説明するのか等の問題がある。

この点，②の民法489条3号説によれば，弁済期の到来順という，当事者双方にとって最も公平な充当順序が，当初から客観的に定まることとなり，後に生じた事情によって順序が変わるといった影響を受けない。当事者の期待（破産手続開始前には弁済期到来順に充当されると期待していた）の保護，公平性・予測可能性の確保，そして何より敷金の担保的性質にかんがみれば，客観的で公平な基準を一貫できる②説により，弁済期の到来順に充当されると解するのが妥当であると思われる。

### (3) 原状回復費用請求権の弁済期

前記のとおり法定充当する前提として，敷金の充当が本旨弁済といえる必

---

[*2] 全国倒産処理弁護士ネットワーク編『論点解説新破産法（上）』115頁〔小林信明〕（金融財政事情研究会，2005年）。民事再生のケースにつき，大阪地判平成21・1・29（判時2037号74頁）。

要があるが，本来，原状回復義務は「為す債務」であり，これに対して金銭の給付をしても本旨弁済であるとはいえない。したがって，遅くとも敷金が充当される時点では，原状回復義務が金銭債務に転化している必要がある。法定充当の順序は，この転化後の原状回復費用請求権（金銭債務）の弁済期によって定められるべきと考えられる[*3]。

ところで後記の，「原状回復費用＝破産債権」説（破産手続開始前の原因＝破産者による原状変更行為に基づいて生じた債権とみる見解）に立った場合には，破産債権は現在化（破103条3項）・金銭化（同条2項1号イ）されるから，原状回復費用請求権の弁済期は破産手続開始時となるようにも思われる。しかし，金銭化は非金銭債権である破産債権を金銭的に評価し，同額をもって破産手続に参加させようとする趣旨に出たものであって，一般に，破産手続との関係でのみ効力を有するとされているし，また，その効果が生じるのも，債権調査を経て破産債権が確定した時とされている（破124条1項・3項・221条1項）[*4]。したがって，破産手続の開始により直ちに実体法上も原状回復請求権が金銭債権に転化されたものとみることはできない。原状回復請求権が金銭債権に転化するのは，特段の事情がない限り，賃貸人が賃借人に代わって原状回復を行った時であり[*5]，金銭債権の発生と同時に弁済期が到来すると解すべきである[*6]。

以上より，敷金は，破産手続開始決定前の賃料等，手続開始後の賃料等，明渡費用・原状回復費用の順に充当される（なお，違約金や損害金は，その発生時期に応じて，前記各債務の全部又は一部に先立って充当される）と解するのが相当である。

---

[*3] 当初から「為す債務」と金銭債務が選択債権として発生しているとみる余地もないではないが，選択債権については，第一次選択権者が債務者とされていること（民406条），催告により選択権が相手方に移転するとされていること（民408条）等，実態にそぐわないと思われる。

[*4] 竹下守夫ほか編『大コンメンタール破産法』430頁〔堂薗幹一郎〕（青林書院，2007年）。

[*5] 原状回復費用請求権は財団債権であると解する場合は別として，後記のとおり，これを破産債権と解すると，その履行をしないことに帰責事由はないから（破100条1項参照），債務不履行を原因として損害賠償請求権に転化したとみることはできない。

[*6] 作為請求権との実質的同一性を重視して弁済期は賃貸借契約終了時（ないし現在化により破産手続開始時）と解することも考えられる（東京地判平成20・8・18（判時2024号37頁））が，やはり法律上は，両者は別個の債権といわざるをえず，債権の発生前に弁済期が到来しているとするのは背理であるように思われる。

よって、設例①では、(i)未払賃料300万円（破産債権）、(ii)賃料相当損害金150万円（財団債権。なお、原状回復完了時まで損害金が発生するとみれば300万円となるが、この点は後述する）、(iii)原状回復費用500万円の順に充当され、残債務として原状回復費用の一部金250万円（ないし400万円）が残ることになる。原状回復費用については財団債権説と破産債権説があるが、これについては次の**2**で検討する。

他方、設例②では、未払賃料450万円（破産債権）、賃料相当損害金150万円（財団債権）、建物収去費用500万円の順に充当され、残債務として建物収去費用の一部金400万円が残ることになる。一般に、借地上の建物収去は原状回復の内容であるとされているが、この点についても**2**で検討する。

## 2　原状回復費用の法的性質（破産債権か財団債権か）

前記のような充当順序になると解すると、最後に充当される原状回復費用や建物収去費用が、破産債権か財団債権かは重要な関心事となる。

なお、以下で紹介する、「原状回復費用＝破産債権」説は、「原状回復（費用）請求権」（破産債権）と「明渡（費用）請求権」（財団債権）を区別して取り扱う見解であるが、以下では、まず、「原状回復」と「明渡し」の区分について述べ、その後に「原状回復（費用）請求権」の法的性質を検討することとする。

### (1)　「原状回復」と「明渡し」の区分

原状回復（費用）請求権と明渡（費用）請求権を異なる取扱いとする前提として、「明渡し」と「原状回復」が区分できなければならないが、「明渡し」とは、「目的不動産等に債務者らが居住し、又は物品を置いて占有している場合に、中の物品を取り除き、居住者を立ち退かせて、債権者に完全な直接的支配を移すこと」[7]であるから、両者の区別は、賃借不動産の占有（直接的支配）を賃貸人に回復させたと評価できるか否かによって行うべきであろう。

具体的には、概ね、建物明渡しや建物収去土地明渡しの民事執行の際に執

---

[7]　司法研修所『民事弁護教材民事執行』（平成11年11月改訂）77頁。

行官によって直接強制又は代替執行される範囲のもの（賃借物件内の残置動産撤去，借地上の建物収去）は「明渡し」に含まれ，それを超えるもの（賃借物件の補修・内装工事，スケルトン（骨組み）状態への復帰，賃借物件に附合した看板の撤去等）は「原状回復」になるものというべきである。これは，特定物の引渡しは，「その引渡しをすべき時の現状」でその物を引き渡すものと定められていること（民483条）に照らしても妥当な区別であると思われる。

　そこで以下，本稿においては，前記の区分に従って，残置動産の撤去及び借地上の建物の収去は「明渡し」の一内容であり，「原状回復」はこれらを含まない概念であるものとして論述する。

**(2)　破産手続における原状回復（費用）請求権の取扱い**

　原状回復（費用）請求権については，①賃貸借契約が破産手続開始決定前に終了した場合は破産債権（破2条5項），②開始決定後に終了した場合は財団債権（合意解約の場合は破148条1項4号，履行選択後の終了の場合は同項7号，破53条解除の場合は破148条1項8号）とするのが通説であり，従来の大阪地裁破産部の見解でもあった。

　しかし，大阪地裁破産部は，原状回復（費用）請求権は破産債権であると見解を改めた[*8]。その問題意識は，破産手続開始直後に破産法53条1項に基づく解除権を行使した場合について，①破産手続開始前に破産者が原状を変更したという事実は同じなのに，契約終了が開始の前か後かによって，原状回復請求権が破産債権となったり財団債権となったりするのは均衡を失するのではないか，②財団債権は破産債権者全体の利益となる費用として共益的性格を有することが前提とされているところ，この場合の原状回復費用に共益的性格を認めることはできないのではないか，③賃貸人の保護につき，破産財団の負担，ひいては破産債権者全体の負担において原状回復費用に財団債権としての優先的地位を与えるまでの必要があるのかという点にある。

　理論的には，破産法148条1項8号は，破産財団が破産手続開始決定後に相手方からの給付によって利益を受けた場合に，公平の見地から，これに対

---

[*8]　『はい六民です』月刊大阪弁護士会2007年11月号（120回）。同旨，園尾隆司ほか編『新・裁判実務大系㉘新版破産法』212頁以下〔冨永浩明〕（青林書院，2007年），岡伸浩・筑波ロー・ジャーナル7号（2010年）79頁。

応する反対給付の請求権に共益的性格を認めて財団債権としているものであるところ、賃借人の前記行為によって生じた原状回復義務については、その適用の前提を欠いており、同号の規定は、「破産手続開始後その契約の終了に至るまで〔の原因〕に〔よって〕生じた請求権」と解すべきであると説明される。

これは、財団債権と表裏の関係にある破産債権について、一部具備説（主要な債権発生原因が破産手続開始前に具備されていれば、破産債権となると解する通説的見解）をとることと整合的といえる[*9]。また、原状回復義務は賃貸借契約に付随する債務の不履行（用法義務違反ないしは善管注意義務違反）に基づく損害賠償債務であるところ、破産手続開始前に賃借人（破産者）が前記義務違反により通常損耗を超えた減耗を発生させた場合は、その時点で原状回復義務は現実に発生している（ただし、不確定期限ないし停止条件付きで）と解することができ、これは、「破産管財人がした行為によって生じた請求権」（破148条1項4号）ではないとの説明もなされている[*10]。

### (3) 賃借人所有物の撤去費用（残置動産撤去，借地上の建物収去費用）の取扱い

ところで、原状回復請求権について前記の理由から破産債権であると解すると、いわゆる「貸借型契約」理論[*11]からすれば、目的物返還請求権（前記の区分でいう「明渡し」の請求権であり、賃借物件内の残置動産の撤去請求、借地上の建物の収去請求を含む）についても同様に、破産手続開始前の原因（賃貸借契約に含まれる目的物返還合意ないし賃借物件内への動産の持込み・借地上建物の建築）に基づく請求権として破産債権になってしまうのではないかとの疑問も生じる。

しかし、賃貸人が破産管財人に対し賃貸目的物の返還（賃貸人への占有移転

---

[*9] ただし、破産債権の定義は、「破産者に対し破産手続開始前の原因に基づいて生じた財産上の請求権…（略）…であって、財団債権に該当しないもの」（破2条5項）とされているから、このように解するのが論理必然ではない。
[*10] 園尾ほか・前掲（[*8]）216頁〔冨永〕。
[*11] 貸借型契約である消費貸借、使用貸借及び賃貸借においては、目的物を返還する時期の合意が、あらかじめ不可欠の要素として契約の要素になっているとする見解（司法研修所編『増補民事訴訟における要件事実（第1巻）』276頁（法曹会、1986年））。これによれば、賃貸借契約の終了は、目的物返還義務の履行期が到来したことを意味することになろう。

=明渡し)を求めるのは,所有権に基づく物権的請求権として行う場合であっても,賃貸借契約の終了に基づく債権的請求権として行う場合であっても,取戻権の行使である*12。そして,破産管財人は,法定財団に帰属しない財産を現に管理・占有しているがゆえに,取戻権に対応する破産管財人自身の義務として,当該財産をみずからの費用負担で返還(動産であれば引渡し,不動産であれば明渡し)する義務を負うのである*13。

したがって,賃貸人が義務者である破産管財人に代わって明渡費用(残置動産撤去費用,建物収去費用)を出した場合は,事務管理ないし不当利得として,明渡費用請求権(金銭債権)は財団債権になると解すべきである(破148条1項5号)。

### (4) 「原状回復費用=破産債権」説の問題点

「原状回復費用=破産債権」説に立つと,「為す債務」としての原状回復義務については,当然に現在化(破103条3項)・金銭化(同条2項1号イ)され,破産手続によらなければ行使することができないこととなる(破100条1項)。他方,明渡請求権(賃貸目的物の返還請求権)は取戻権,明渡費用請求権(残置動産撤去費用,借地上建物収去費用の請求権)は財団債権として破産手続によらずに随時行使される。

原状回復義務は明渡義務(目的物返還義務)に包摂される一個の義務であると解する見解があるが*14,この一個説によった場合,明文なく一個の債権

---

*12 鹿子木康=島岡大雄編/東京地裁破産実務研究会著『破産管財の手引』186頁(金融財政事情研究会,2011年)。

破産債権や財団債権は,ある財産が破産財団(現有財団ではなく法定財団)に属することを前提として,その給付を求める債権的請求権である(伊藤眞『破産法・民事再生法』312頁(有斐閣),竹下ほか・前掲(*4)259頁〔野村〕)のに対し,賃借目的物の返還を求めるのは,当該財産が破産財団に帰属しないことを主張して,その返還を求めるものである点で異なる。

なお,目的物返還請求権が破産債権や財団債権であると解すると,破産配当(破195条等)や財団不足の場合の按分弁済(破152条1項)の対象となるのかの問題を生じるが,財団不足であるからといって,賃貸借の目的物の返還を要しないとか,按分弁済率に応じた一部返還で足りるということにはならないであろう。

*13 賃貸借契約の終了に基づく場合はもちろん(民485条),物上請求権に基づく場合であっても,所有者は相手方の費用で所有物の返還を求めることができるとするのが通説である(我妻栄『新訂物権法(民法講義Ⅱ)』264頁(岩波書店,1983年))。

*14 司法研修所編『紛争類型別の要件事実』89頁(法曹会,1999年)。

の一部（原状回復（費用）請求権）を破産債権，一部（明渡（費用）請求権）を取戻権又は財団債権とし，前記のようにまったく区別して取り扱うことが許されるのかという問題は生じうる。しかし，これを禁じる明文の規定もない[*15]。

また，原状回復を行わないで，賃借目的物の返還が完了したといえるのかも問題となる。この点，原状回復義務を賃借人が履行しない場合には目的物の返還が完了したことにはならないと説明されることがあり[*16]，この見解によると，原状回復義務を履行しない限り，財団債権たる賃料相当損害金が発生し続けることとなるようにも思われる。これを防ぐためには，破産管財人としては，たとえ破産債権となるべきものであっても，事実上，原状回復義務を履行せざるをえないこととなる。

しかし，賃貸借契約の実情をみると，営業用のテナントビルやショッピングセンターの賃貸借では，賃貸人の指定業者が原状回復工事を行うものとされていることが多いし（この場合，次のテナントが決まるまで原状回復工事が実施されないことが往々にしてある），とくに，居住用建物の賃貸借契約において，賃借人が原状回復を行う例は，ほとんどないものと思われる。にもかかわらず，原状回復未了を理由として賃料相当損害金が発生し続けると解するのは相当でない。また，財団債権たる賃料相当損害金は，破産管財人の行為（占有継続）を原因として発生するものであり，「原状回復」未了であっても，「明渡し」が完了して賃貸人に占有が回復された以上は，その後の期間について賃料相当損害金を発生させる理由もない。実務的にも，「明渡し」の民事執行が終わった後に賃料相当損害金が発生するとは考えられていない。

したがって，本稿にいう「明渡し」が完了すれば，「原状回復」は未了であっても目的物の返還は完了したものというべきである。前記の見解も，おそらく，本稿の区分でいう「原状回復」までをも要求しているのではなく，主に借地上の建物の収去（本稿では「明渡し」に含めて論じているが，一般には「原状回復」と呼ばれる）を念頭においているのではないかと思われる。設例①に

---

*15 大阪地判昭和58・4・12（労民34巻2号237頁）。
*16 全国倒産処理弁護士ネットワーク編『破産実務Q＆A150問』74頁〔小林信明〕（金融財政事情研究会，2007年）。

おける残置動産撤去後，原状回復工事完了までの期間については，賃料相当損害金は発生しないと解すべきである。

　以上のように解すれば，原状回復（費用）請求権は破産債権であるとして，これを配当に委ねることに事実上の障害もない。

## 3　まとめ

　財団債権の共益的性格，原状回復義務の主要な発生原因，破産債権の定義における一部具備説との整合性等にかんがみれば，「原状回復費用＝破産債権」説には十分な理由がある。とりわけ，大多数の債権者が低率の配当に甘んじ，貸倒れを計上している中，賃貸人は敷金により，債権のうち，かなりの割合（設例①では，950万円のうち700万円，敷引きも含めれば1000万円）を回収することができているのである。その賃貸人を他の一般債権者らの負担においてさらに財団債権として保護するのが，はたして公平なのかについても検討を要するところであり，筆者としては，大阪地裁倒産部の見解を支持したい。

　以上の次第で，(i)設例①では，残債務（原状回復費用）250万円が残り，破産債権となる，(ii)設例②では，残債務（建物収去費用）400万円が残り，財団債権となると解すべきである。

□■

## ■コメント

# 賃貸借契約と破産手続

神戸大学大学院法学研究科教授　中　西　　　正

## はじめに

「論文1」として掲載した井上論文は，賃借人が破産手続開始決定を受け，破産管財人が解除を選択した場合に，賃貸人に支払うべき損害賠償の内容などにつき，検討を加える。他方，「論文2」として掲載の堀論文は，同様の場合における，敷金の充当の問題や原状回復費用の償還請求権の法的性質などを検討する。主として賃借人の破産管財人の立場からの立論であるが，賃貸人の立場からの反論もありえよう。

## 1　破産法53条の趣旨

井上論文は，この問題を，破産法53条の趣旨に立ち戻って検討している。そこで，まず，同条の趣旨に触れることにしたい。

破産法53条の対象となる双務契約には，給付と反対給付の間に対価的牽連関係がある，つまり，給付と反対給付が互いに担保視し合い，同時交換的に履行し合う関係があるとされる。給付と反対給付の間に対価的牽連関係のある取引とは，信用供与がなされない取引であるので，非信用供与型取引ということもできよう。このような双務契約の典型が，同時交換的取引である。

そして，破産法（民再法，会更法も同様である）は，このような対価的牽連関係を尊重している。給付と反対給付が互いに担保視し合い，同時交換的に履行し合う関係の保護であるから，破産者をA，相手方をBとすれば，BはAに完全な履行をし，AはBに履行せず，BのAに対する請求権につき，破産債権として按分弁済をするという取扱いは，絶対にしない，ということになる。このような取扱いは破産債権者としての扱いであり，そこで被る損失は破産債権者が被る損失であるから，破産債権者としての取扱いはせず，破産

債権者が被る損失は負担させないということでもある。

　対価的牽連関係のある双務契約に破産債権者が被る損失を負担させない，言い換えれば信用を供与しない取引に破産債権者が被る損失を負担させない主たる理由は，以下の点にある。同時交換的取引（典型例は現金取引である）は，基本的に信用度の低い相手方との取引に使われる。仮にこのような取引に破産債権者が被る損失を負担させる（Bは完全な履行を求められるのに対し，BのAに対する請求権には按分弁済しか行わない）なら，信用度の低い債務者との取引は避けられ，このような債務者は実質的に取引界から除外されてしまう。これを避けるため，破産法は，同時交換的取引など給付と反対給付に対価的牽連関係のある取引については，破産による損失を負担させないわけである。

　そして，対価的牽連関係の保護は，具体的には，以下のように行われる。まず，A・B間の同時交換的な履行が破産手続開始前に完了した場合，たとえそれがAの危機時期に行われ，履行の時点でBが危機を知っていたとしても，AのBに対する履行は偏頗行為の危機否認に服さない（破162条1項括弧書），すなわち，BがAに対して行った給付は返還せず，AがBに対して行った給付は否認権行使により返還させ，BのAに対する請求権を破産債権としてこれに按分弁済するという扱いはしない。また，同時交換的な履行が完了しないまま，Aに対して破産手続が開始された場合，破産法53条1項が適用され，履行の選択・解除いずれのときでも，破産債権者としての扱いは回避される。つまり，Bには完全な履行をさせ，BのAに対する請求権につき，破産債権として按分弁済することはない。以上が，破産法における対価的牽連関係の保護である。

　以上のように，破産法53条1項は，162条1項括弧書と，その適用の主たる対象と趣旨を等しくすると，見るべきである。

## 2　賃貸人の破産財団に対する損害賠償請求権

　井上論文は，その趣旨が主として対価的牽連関係の保護にある以上，これを超えて損害賠償の範囲で双方未履行双務契約の相手方を特別扱いすることは，破産法53条から導けないと，主張する。それゆえ，①破産法54条が規定

する損害賠償の範囲は，一般原則に従い，民法416条が定める範囲に限定されるべきであり，例えば，期間満了までに得ることができるはずであった賃料などは含まない（期間満了前の賃貸借契約の解除の場合，解除により物件自体は相手方に返還されるので，後継テナントを探すまでに必要な合理的期間内の賃料が損害となるとする），②破産法54条が定める損害賠償の範囲を超える損害賠償の予定は認めることができない，と主張する。

　本倒産実務交流会では，これに反対する見解も有力に主張された。とりわけ，賃貸人が自己の資金を投入して賃借人の要望に応じた施設を作り賃貸する場合，賃借人の倒産により期間満了前に賃貸借契約が終了したときに，賃貸人は損害賠償の予定により自己の投資の一部を回収できるとすることこそ，合理的で公平な損失の分配であるという見解にも，説得力があるように思われた。これに対しては，信用供与型取引の場合，破産手続開始は債務不履行に該当しないと解されるため損害賠償を請求できないのに（例：BはCに転売する目的で，Aより絵画甲を買い受け代金も先払いしたが，甲の引渡しを受ける前にAが破産手続開始決定を受けた場合，Bは転売により得べかりし利益を破産債権として請求できるだろうか），同時交換的取引の場合には損害賠償を請求できること自体が不公平であり，その範囲は必要最小限に抑えられるべきであるとの反論もあった。

　なお，目的物の利用関係を賃貸借契約と構成しながら，中途で解約された場合に期間満了までの残賃料全額を損害賠償の予定とすることは，ファイナンス・リース契約の倒産法上の取扱いとの関係で，注意を要する。ファイナンス・リースの場合，目的物の利用関係を賃貸借契約と構成しながら中途で解約された場合は，期間満了までの残リース料全額を損害賠償の予定等としたところ，目的物の利用関係は賃貸借ではなく利用権の掛売りと扱われてしまったこととの均衡からすれば，このような場合も，損害賠償の予定を維持しつつ，利用関係は利用権の掛売りと構成するか，利用関係を賃貸借とする構成は維持しつつ，損害賠償の予定を無効とすることになろう（後者の場合に限り，破産法53条の適用がある）。

## 3 原状回復費用の償還請求権の法的性質

　堀論文は，破産管財人が賃貸借契約を解除し原状回復義務を負った場合，賃貸人が破産財団に対して有する原状回復費用の償還請求権は破産債権であると論じる。すなわち，破産管財人は目的物を明け渡せば（鍵の引渡し等により賃貸人に占有を移転すれば）よく，原状回復は賃貸人が行い，その費用償還請求権は破産債権として按分弁済を受けるのみであるとする。

　一般に，破産管財人が解除した場合，原状回復費用償還請求権は財団債権であると解されている。その理由は，破産管財人の行為により生じた請求権であるので，破産法148条1項4号により財団債権になるという点にあるが，これはきわめて明快な構成であろう。

　しかし，破産財団に対する権利を実現するための費用は誰が負担するべきかという観点から考えれば，堀論文の見解にも説得力があると思われる。

　財団債権は，本来，破産債権者への配当となるべき原資から，破産債権者に先立って弁済を受ける。したがって，破産債権者への配当原資を作り出すための共益的費用に該当する場合には，破産債権者に共通の費用は破産債権者全体が負担するという意味で，当該財団債権への支払は合理的であり公平であるといえよう。しかし，賃貸借契約終了に基づく原状回復請求権のような取戻権を実現するための費用を財団債権とし，破産債権者に負担させることが，公平で合理的であるか否かは問題である。取戻権者だけに利益をもたらす費用である以上，費用自体は取戻権者が負担し，実体法上費用償還請求権が認められるのならこれを破産債権として扱うというのも，1つの考え方であるというべきである。

　比較法的にみれば，この問題は，別除権の目的物に関する費用の負担をめぐって議論されているが，取戻権の目的に関しても検討されてよいと思われる。今後，議論が深まることを期待したい。

# II 賃貸人の倒産

**■論　文**

## 賃貸人の倒産における敷金返還請求権の取扱い

弁護士　野　村　剛　司
弁護士　余　田　博　史

## 1　はじめに——敷金返還請求権は特殊な債権か？

　筆者らは，日々倒産処理実務に携わっているが，賃貸人の倒産における敷金返還請求権の取扱いにつき，様々な疑問を感じながら処理を行っている。疑問の出発点は，賃貸人の民事再生の場面での再生債務者（賃貸人）の賃料回収と，再生債権者（賃借人）の敷金返還請求権の確保のせめぎ合い，賃貸人の破産の場面での賃借人の寄託請求にあった。実務家の感覚として，賃貸収益物件が存在する場合，賃借人の保護を図るべき，他の債権とは違う特殊性があると考えてきたが，なぜ賃借人ばかりが保護されなければならないのか，不動産の担保権者との関係はどうなるのか，といった疑問が生じる。平成19年1月に開催された倒産実務交流会において，筆者らの日頃の疑問点について，実務経験を基に発表する機会を得，銀行法務21・678号及び680号に寄稿させていただいた。

　問題の所在は，最高裁が一貫して敷金返還請求権を停止条件付債権であり，賃貸借契約が終了し，賃借人が賃借物件を明け渡した時に未払賃料等の当然充当をしたうえで残金が敷金返還請求権として具体化するとしている点にある。当事者の意思表示を要する「相殺」ではなく，当事者の意思表示を待たない「当然充当」という概念が大きく影響していることは間違いないところであり，様々な論点を生み出してきた。

## 2　本稿の前提条件

倒産の場面での敷金返還請求権について議論すべき点は多岐にわたるため、本稿では次のとおり、典型的な賃貸人の倒産の場面に限定して検討を行う。

① 通常の建物賃貸借（賃借人は建物引渡しで対抗要件を具備）の賃貸人の倒産の場面とする。
② 担保権者の（根）抵当権設定登記が賃借人の建物引渡しに先立つ。
③ 短期賃貸借の保護なしを前提とする。
④ 「保証金」返還請求権も敷金的性格を有する部分とし、敷金返還請求権と同様とする。
⑤ 敷金返還請求権は、契約上の敷引（償却）後の額とする。
⑥ 賃借人には、敷金返還請求権のほかに反対債権がないものとする。
⑦ 賃料債権の譲渡はされていないものとする。
⑧ 原状回復義務の点は省略する。

## 3　敷金返還請求権の性質

### (1) 総　論

敷金返還請求権は、従前から「停止条件付債権」であると説明されてきた。ただ、賃貸借契約が終了し、賃借人が賃借物件を明け渡すことを停止条件としている点は、他の停止条件とは若干異なるように思われ、単純に停止条件付債権と説明してよいのか疑問である。

前述のとおり、最高裁の判断は一貫して、「当然充当」されたうえで残額について敷金返還請求権は具体化するものとしている。最〔2小〕判昭和48・2・2（民集27巻1号80頁）は、「家屋賃貸借における敷金は、賃貸借存続中の賃料債権のみならず、賃貸借終了後家屋明渡義務履行までに生ずる賃料相当損害金の債権その他賃貸借契約により賃貸人が賃借人に対して取得することのあるべき一切の債権を担保し、賃貸借終了後、家屋明渡がなされた時において、それまでに生じた右の一切の被担保債権を控除しなお残額があることを条件として、その残額につき敷金返還請求権が発生する」とする。最〔1小〕判平成14・3・28（民集56巻3号689頁）も同様の指摘をしたうえで、「こ

れを賃料債権等の面からみれば，目的物の返還時に残存する賃料債権等は敷金が存在する限度において敷金の充当により当然に消滅することになる。このような敷金の充当による未払賃料等の消滅は，敷金契約から発生する効果であって，相殺のように当事者の意思表示を必要とするものではない」とする[*1]。

(2) **当然充当と相殺**

　敷金は，賃貸人の立場からは，担保的に賃借人から差し入れさせるものであるが，賃借人の立場からは，賃貸借契約存続中，敷金返還請求権と賃料債務の相殺ができず（敷金返還請求権を自働債権にできない），充当を求めることもできず，賃貸人との経済的力関係により，賃貸借契約を締結するために差し入れている状況にある。賃貸借契約に付随して締結される敷金契約は，賃貸人が敷金返還債務を負う債務者の立場となるが，実際には賃貸人の債権の担保としての機能がある。双方の利害を比較した場合，敷金は明らかに賃貸人の利益を考慮したものといわざるを得ないが，賃貸人の倒産の場面となると，後述するように，「当然充当」の判例法理は一転して賃借人（敷金契約の債権者）の利益を重視する結果となる。

　「充当」は，民法の弁済の充当の規定（民488条ないし491条，512条で相殺に準用）に現れるが，「当然充当」に関する規定はない。「相殺」は，当事者の相殺の意思表示を必要とするが（民505条），「当然充当」には当事者の意思表示は介在しない。「当然充当」が争われる他の場面としては，昨今の貸金業者に対する過払金返還請求訴訟がある（例えば，最〔1小〕判平成19・6・7（民集61巻4号1537頁）），が，最高裁判例を整合性のあるように考えると，「当然充当」は敷金契約に内在するもので，契約の効果と捉えることになるであろう。

　この点，民事再生における賃料6ヵ月の範囲内での共益債権化の規定（民再92条3項）の検討から進めて，敷金の充当の場面にも民事再生法92条2項が類推適用され，充当は賃料の6ヵ月分に限定されるとの見解がある[*2]。

---

[*1] 民法（債権関係）の改正に関する中間的な論点整理第45の3⑷敷金返還債務の承継においても，判例を条文上明記することの当否が指摘されている。
[*2] 山本和彦「倒産手続における敷金の取扱い（2・完）」NBL832号64頁以下。

傾聴に値する議論ではあるが，実務的には賃借人が争った場合に判例法理を覆すことができるのか現時点では疑問があり，実務家としては踏み切れない面がある。賃貸借契約の場面では判例法理が確立しているといわざるを得ない状況にある。

### (3) 賃貸人が倒産した場合の各当事者の利害状況

まず，賃借人にとっては，賃貸人が倒産するかどうかはまったく関係のない事情であり，賃貸人の倒産の場面では，従前どおり賃借し続けたいという意向が強い。そして，敷金返還請求権を保全したいとの要請があり，この点，民事再生，会社更生では共益債権化の問題，破産では寄託請求の問題となる。賃借人は賃貸人の倒産に乗じて賃料を不払いにしたいという誘惑に駆られるが，債務不履行解除のリスクと隣合せとなる。

倒産した賃貸人側では，従前どおり賃借人から賃料を回収したいが，前述の賃借人の利害状況と表裏の関係にあり，再生計画，更生計画での対応，破産では寄託請求への対応が必要となる。

さらに担保権者の立場では，倒産した賃貸人に対する建築資金や事業資金の貸付債権の債権回収を最大化したいのであり，担保・執行法の改正で賃借人には短期賃貸借の保護がなくなり，6ヵ月の明渡猶予のみとなったとはいえ，実際のところは収益物件としての価値評価で売却をすることを希望しているものと思われる。

### (4) 通常の任意売却での処理

通常，担保権者と協議し，賃貸収益物件として，第三者に任意売却することで賃貸借契約を承継する処理を行う。この場合，従前の賃貸借契約をそのまま買主に承継し，敷金返還請求権も敷引部分を除く契約上の返還部分を買主に免責的債務引受（賃借人の同意書や確認書を取り付けている）してもらうのが通常であり，この場合，賃借人は最大限保護される[3]。実務家としてはできる限りこの処理を行いたいと考えているのが実情である。

---

[3] 前掲（[1]）の民法（債権関係）の改正に関する中間的な論点整理第45の3(4)敷金返還債務の承継においては，旧所有者の担保責任の当否につき指摘があるが，弊害が多く問題である。大阪弁護士会編『民法（債権法）改正の論点と実務（下）』210頁，728頁（商事法務，2011年）参照。

## (5) 担保権の実行との関係

ところが，担保権者との協議が調わず，担保権の実行がされると，事情を異にする。

まず，物上代位権の行使による賃料の差押えや担保不動産収益執行の場面となると，賃借人は差押債権者に対し賃料を支払う必要があり，これが倒産手続で認められた権利と競合し，問題が生じる（後述）。

また，担保権者が競売の申立てをし，競落された場合，短期賃貸借の保護のない賃借人には6ヵ月の明渡猶予期間を与えられるだけとなり（民395条1項），賃借人の保護が図られにくくなる。

## (6) 今回の検討場面

本稿では，まず，敷金返還請求権の破産手続での取扱い（寄託請求）を検討し，次に，民事再生，会社更生での計画案における敷金返還請求権の権利変更と，対象不動産の譲渡と敷金返還請求権の各場面を検討する。

## 4 敷金返還請求権の破産手続での取扱い（寄託請求）

### (1) 停止条件付きの破産債権

賃貸人が破産した場合，賃借人は，破産に乗じて賃料を支払いたくないと主張することがあるが，賃借人の賃料支払義務は存在するので，不払いは認められない。

次に，賃借人は敷金返還請求権と今後発生する賃料債務を相殺したいと主張することがあるが，敷金返還請求権は停止条件付破産債権であり，相殺することはできない。賃借人としては，敷金返還請求権が破産債権となるのであれば賃料を支払いたくないが，債務不履行解除をされるのも困るところである。通常，破産管財人は，収益物件として任意売却し，買主に賃貸借契約を承継し，敷金返還請求権も免責的債務引受をしてもらえるよう努力するから，賃料を支払ってほしいと説明する。旧法においても賃料の寄託請求は認められていたが（旧破100条），実際に寄託請求される場面はほとんどなかった。現行法において寄託請求の規定が明確となったが（破70条後段），破産管財人から積極的に寄託請求を促すことまでは行われていないのが実態である（破産管財人に促す義務はない）。

ただし，賃料回収を確実にしながら，担保権者と任意売却の交渉を行うのであれば，賃借人に対し，保険的に寄託請求を促すことも方策のひとつである*4。

(2) **賃借人の対応——寄託請求**

賃借人が敷金返還請求権を保全するために寄託請求をするにも，実際にはどのようにしてよいのかわからないという賃借人が多い。実例として，「寄託請求書」のタイトルで，「当社（私）は，破産会社と下記の建物賃貸借契約を締結しております。平成〇年〇月分以降の賃料等については，従前どおりお支払いいたしますが，賃料部分については，下記の敷金返還請求権（解約時引後）の額に満つるまで，当社（私）が貴職に支払う賃料額を寄託するよう破産法第70条に基づき請求します。」と記載した文書*5を賃料債務弁済の際に破産管財人宛に提出することで寄託請求を行う。

(3) **寄託請求の範囲**

寄託請求の範囲については，破産法70条後段には「賃料債務を弁済」とあるだけで，実際には，例えばオフィスビルのように，賃料，共益費，水光熱費の実費精算分，消費税の各項目に分かれている場合，寄託請求として認められるのはどの範囲かが問題となる。その全額について寄託請求が認められるとすると，破産管財人は，賃借人の支払った全額を寄託請求対象として破産財団の中で保管せねばならず，物件の管理にかかる費用を捻出することもできない事態となる。共益費は，物件管理のために必要な費用を賄うためにあり，また，実費精算分は電気代等の実費支払に充てるために必要である。消費税についても，賃貸人は預かりであって，納税義務を果たさねばならないものである。

したがって，賃借人の寄託請求により保護される対象は，「賃料」部分に限定されるべきであり（法定果実は「賃料」部分に限られると解される），実際にそのように取り扱った例がある*6。

全額が「賃料」とされている場合には問題であるが，この場合でも物件の

---

*4 野村剛司ほか『破産管財実践マニュアル』194頁，503頁（青林書院，2009年）。
*5 野村ほか・前掲（*4）504頁に寄託請求書のひな型が紹介されている。
*6 共益費，水光熱費の実費精算分によりオフィスビルの維持管理を行った。

管理に必要な費用に相当する部分は物件の価値の維持と賃借人の使用収益する利益を考慮して，一定部分が寄託請求の対象外となるべきである（担保不動産収益執行でも物件の維持管理の費用が必要となる（民執188条で準用する106条1項参照））。

### (4) 寄託後の回収方法

寄託請求を行った賃借人はその後，破産手続の最後配当の除斥期間満了までの間に賃貸借契約を解約し，原状回復のうえ，賃借物件を明け渡した場合，具体化した敷金返還請求権と賃料寄託額に相当する賃料債権を対当額で相殺する旨の意思表示を行い，破産管財人から賃料寄託分の返還を受けることになる。賃料の弁済は，賃貸借契約終了，賃借物件明渡しの停止条件の成就を解除条件として行うもので，賃料の弁済自体は有効であり，解除条件が成就した段階で賃料の弁済が効力を失い，具体化した敷金返還請求権と未払いとなった賃料債権の相殺をすることとなる（この点，「当然充当」ではないかとの疑問もあるが，破産法70条前段は，「後に相殺をするため」としており，同条後段においても同様となる[*7]）。実務的には，賃借人から破産管財人に対し，内容証明郵便にて相殺の意思表示を行ってもらうことになる。

ここで，破産管財人が賃借人に返還する根拠をどのように考えるかの問題がある。寄託物の返還は一種の取戻権であるとの指摘もあるが[*8]，解除条件の成就により弁済の効力を失ったことに伴う不当利得の返還として財団債権（破148条1項5号）と解することもできる（後述）。

なお，賃借人が最後配当の除斥期間内に明渡しを完了せず，敷金返還請求権が具体化しなかった場合は，配当の対象とならず，寄託請求分も配当財団となる（破198条2項・201条2項）。

## 5 賃料の物上代位に基づく差押えと寄託請求の可否

別除権者である担保権者の権利行使がない場面では，前述のとおり，賃借人は賃料の寄託請求を行うことにより敷金返還請求権の保全を図ることが可

---

[*7] 伊藤眞ほか『条解破産法』516頁（弘文堂，2010年）は，後の充当（差引計算）のためと理解すべきであろう，とする。

[*8] 山本和彦ほか『倒産法概説』〔第2版〕247頁（弘文堂，2010年）。

能であるが，担保権者が担保権の実行として，物上代位（民372条・304条）に基づく差押えを行った場合には，賃借人は差押債権者に賃料を支払う必要があり，この場合に賃料の寄託請求が可能か問題となる（担保不動産収益執行（民執180条2号）の場面も同様である）。

この点，寄託請求を肯定する見解，否定する見解があるが，考慮すべき要素は次のとおり様々な点がある。

① 寄託請求は，常に賃借人に認められた権利であるのか。担保権者の（根）抵当権設定登記が賃借人の引渡しに先立つ場合に担保権者と賃借人の優劣関係が寄託請求の場面にも適用されるのか。
② 破産管財人は賃料を回収できないにもかかわらず，寄託請求を受け，取戻権又は財団債権としての返還義務を負うのか。
③ 寄託請求できるとした場合，賃料を回収した担保権者に寄託請求分の返還請求ができるのか。

実務的な観点からすると，賃料差押えにより破産管財人は賃借人から賃料を回収できず，寄託請求を受けても保管する寄託物はないにもかかわらず，賃借人が解約，明渡しを完了し，敷金返還請求権が具体化し，相殺の意思表示を行った場合，賃借人に対し，寄託分相当額の返還をすべきことになるのか。この点は認めがたい事態である。さらに，賃料差押えがされた場合，所有不動産を破産財団から放棄することが多く，破産財団から放棄した後も寄託請求が認められるという事態も容認しがたい。前述のとおり，寄託物の返還を取戻権と構成すると，破産財団を構成しないものとして最優先で返還すべきことになり，財団債権と構成しても，一般の財団債権として扱う必要がある（破148条1項5号）。保管すべき寄託物がないなかで対応すべきとなると，賃料収入でない破産財団から返還するという事態に陥る（他の債権者の負担となる）。

次に，担保権者と賃借人の権利の優劣を考えた場合，競売の場面においては，担保権者の（根）抵当権設定登記が賃借人の引渡しに先立つ場合には，賃借人は6ヵ月の明渡猶予期間があるのみとなり（本稿では短期賃貸借の保護がないことを前提としている），担保権者が優先することとなる。6ヵ月の猶予は賃貸借契約の効力を認めたわけではなく，あくまで明渡しの猶予を認めてい

るだけである（ここまで賃借人の権利は低下している）。

　賃料の寄託請求は，場合によっては敷金返還請求権額の全額を保全することが可能であり，民事再生，会社更生における6ヵ月分の共益債権化よりも強力である。これを競売の場面で担保権者に劣る賃借人が完全に行使できると考えることは賃借人を優遇しすぎるきらいがある（逆に現行法では担保権者の権利が優遇されすぎているという指摘も可能であろうが）。

　この点，賃料は物上代位権者の担保権者に対して弁済しながら，破産管財人に寄託請求を行い，賃借物件を明け渡した段階で，担保権者に対する弁済の効力が失われたことをもって，賃借人が担保権者に対し不当利得返還請求を行えるのではないかとの指摘がある[*9]。この場合，賃借人は担保権者に対する不当利得返還請求権を取得し，復活した賃料債務は敷金返還請求権に当然充当されるとされているが，停止条件の成就により敷金返還請求権が具体化し，停止条件の成就を解除条件としていた賃料債務の弁済が解除条件の成就で未払いの状態になるのであるから，敷金返還請求権と賃料債権の相殺の場面になる。この相殺を行うにあたっては，賃料差押後に具体化する敷金返還請求権を自働債権とする相殺は，民法511条の第三債務者の相殺禁止に触れるおそれがあるのではないか。前述のとおり，担保権者と賃借人の優劣が厳然として存在するなかで，先鋭的な対立構造となった賃料差押えの場面において，賃借人の寄託請求が優先すると考えることは難しいのではないか。

　この寄託請求の可否については，日々の破産管財業務のなかで遭遇するところではあるが，現時点では裁判例もなく，確定的な判断は出ていない。本稿では，寄託請求は，担保権者が担保権の実行を行うまでの間，賃借人に認められた権利であり，担保権の実行が行われた場合の寄託請求については，破産管財人との関係で寄託物がないのに寄託請求が認められるという結果は，実務家としては否定的な見解に立たざるを得ない。ただ，実務的には解決しておらず，肯定説もある以上，破産管財人としては，寄託請求に対し一

---

[*9] 山本和彦「倒産手続における敷金の取扱い(1)」NBL831号22頁以下。

定の配慮をすべきとの見解もある*10。ただ，最後配当の除斥期間内に賃借物件の明渡しが完了していない場合は，敷金返還請求権が具体化せず，配当対象とはならないので，時期的な制約はある。

## 6 計画案における敷金返還請求権の権利変更について
### (1) はじめに
　賃貸人が倒産した場合，敷金返還請求権は倒産債権（破産債権，再生債権あるいは更生債権）として扱われる。
　倒産債権として扱われる敷金返還請求権は，破産手続においては，どのような配当を受けるかが問題となるが，再生手続あるいは更生手続においては，再生計画あるいは更生計画によってどのような権利変更を受けるかが問題となる。
　以下では，敷金返還請求権は，再生計画あるいは更生計画によってどのような権利変更を受けるのかについて考察するとともに，不動産が譲渡（任意売却）されることによってどのような影響を受けるのかについて検討する*11。

### (2) 権利変更先行説と当然充当先行説
　敷金返還請求権が再生計画によってどのような権利変更を受けるのかについては，従前から2つの考え方があった。
　その1つは，敷金返還請求権は再生手続開始決定時に停止条件付きで成立していることから，他の再生債権と同様に，再生計画認可決定確定時に再生計画による権利変更を受け，その後，不動産を明け渡したときに，権利変更後の債権額から未払賃料等が控除されるという考え方（権利変更先行説）である。他の1つは，敷金返還請求権は，不動産明渡時に一切の債務を控除したうえで具体的に発生するものであるから，再生債権は，再生計画認可決定確定時に変更を受けるのではなく，不動産明渡後，まず，未払賃料等が控除さ

---

*10　小林信明「各種の契約の整理(1)―賃貸借契約」園尾隆司ほか編『新・裁判実務大系(28)新版破産法』188頁（青林書院，2007年）。
*11　なお，敷金返還請求権は，再生手続，更生手続いずれにおいてもほぼ同様の扱いを受けることから，以下では，便宜上，再生手続における取扱いを前提として論じることとする。

れ、控除後の残額について再生計画による権利変更を受けるという考え方（当然充当先行説）である。

これらの考え方によると、例えば、「賃借人が賃料10ヵ月分の敷金を差し入れていたが、賃貸人が再生手続開始決定を受けた。その後、賃借人は2ヵ月間賃料を支払わなかった。そして、再生計画において、債権額の75％について免除を受けることとなった」という事例（事例A）の場合、権利変更先行説では、賃借人は、再生計画認可決定によって再生計画による権利変更を受け、権利変更後の敷金返還請求権から未払賃料等が控除され、その残額について弁済を受けることになるから、0.5ヵ月分（敷金10ヵ月分×25％－滞納2ヵ月分）の弁済を受けることになる。他方で、当然充当先行説では、事例Aでは、敷金返還請求権は、まず、未払賃料等の債務が控除され、その残額について再生計画による権利変更を受けることになるから、結局、2ヵ月分（（敷金10ヵ月分－滞納2ヵ月分）×25％）の弁済を受けることになる。

このように、従前より、権利変更先行説と当然充当先行説との2つの考え方があり、いずれの説をとるかによって賃借人が弁済を受ける額について相違があったが、平成16年の民事再生法改正によって、共益債権化の規定が設けられたことにより、考え方がやや複雑となった。

### (3) 平成16年改正による規律

平成16年の民事再生法改正（平成16年法律第76号）により、再生債権者たる賃借人が、再生手続開始決定後の賃料につき、弁済期に遅滞なく弁済をしたときは、再生債務者が有する敷金返還請求権のうち、賃料の6ヵ月分に相当する範囲において、共益債権とするとの規定が設けられた（民再92条3項）[*12]。

(2)のとおり、敷金返還請求権の権利変更については、平成16年改正前より、権利変更先行説と当然充当先行説の2つの考え方があったが、平成16年改正において共益債権化の規定が新たに設けられたことにより、それぞれの

---

[*12] なお、会社更生法においても同様の規定が設けられた（会更48条3項）。

説において，敷金返還請求権は次のとおり扱われることとなった[*13]。

(a) **権利変更先行説** 敷金返還請求権の全額が一般の再生債権と同様に権利変更を受け，明渡時における未払賃料等は，権利変更後の額から控除される。ただし，民事再生法92条3項により，弁済期に賃料債務を弁済している場合は，6ヵ月分に相当する額の範囲で権利変更を受けずに共益債権化される。

権利変更先行説によると，敷金返還請求権は，

(i) 再生計画によって，他の一般再生債権と同様の権利変更を受ける。
(ii) ただし，(i)において，弁済期に賃料債務を弁済している場合は，6ヵ月分に相当する額の範囲で権利変更を受けずに共益債権化される。
(iii) 不動産を明け渡した時点で，未払賃料等があった場合は，(i)の権利変更後の敷金返還請求権（共益債権化された部分を含む）から当然充当される。

という扱いを受けることになる。

権利変更先行説によると，例えば，「賃借人が賃料10ヵ月分の敷金を差し入れていたが，賃貸人が再生手続開始決定を受けた。賃借人は，再生手続において，6ヵ月間賃料を払い続けたが，その後7ヵ月間賃料を支払わなかった。その後，債権額の75％について免除を受けるという再生計画が認可された」という事例（事例B）の場合，10ヵ月分の敷金のうち6ヵ月分については共益債権化がなされ（(ii)），残りの4ヵ月分について再生債権として75％の免除を受けることになる（(i)）。その結果，賃借人は不動産明渡時に，再生債権1ヵ月分（4ヵ月分×25％）と共益債権化（敷金返還請求権は不動産明渡時に具体化するから，共益債権化された部分についても，賃借人が不動産を明け渡した時に

---

[*13] なお，(a)権利変更先行説，(b)当然充当先行説のいずれの考え方においても，民事再生法92条3項による共益債権化について，①まず共益債権化されたうえで再生計画による権利変更を受けるという考え方（共益債権化先行説）と，②再生計画による権利変更を受けたうえで共益債権化されるという考え方（権利変更先行説）がある。倒産実務交流会においてはすべての組み合わせについて，複数の設例を用いて検討したが，本稿では，紙面の都合上，一般的な考え方と思われる共益債権化先行説を前提に議論している。なお，これらの分類については，事業再生研究機構編『民事再生の実務と理論』95頁〔蓑毛良和〕（商事法務，2010年），全国倒産処理弁護士ネットワーク編『通常再生の実務Q&A120問』120頁〔服部敬〕（金融財政事情研究会，2010年）が詳しい。

弁済される）された6ヵ月分の合計7ヵ月分の弁済を受けることになるが，他方で，未払賃料が7ヵ月分あることから，これが当然に充当される結果((iii))，賃借人が弁済を受ける額は，結局0円となる。

(b) 当然充当先行説　具体的な敷金返還請求権は，不動産明渡時に一切の債務を控除したうえで発生するものであるから，再生計画に基づく権利変更は，これらの未払賃料等を控除した残額に対してなされる。そして，未払賃料を控除した残額のうち，民事再生法92条3項の範囲内のものがあれば，その額について共益債権化される。

当然充当先行説によると，敷金返還請求権は，
(i) 不動産明渡しを行うまで権利変更が留保され，明渡しを行った時点で未払賃料等が当然に充当される。
(ii) 弁済期に賃料債務を弁済している場合は，(i)で充当された後の残額のうち，6ヵ月に相当する額の範囲内で権利変更を受けずに共益債権化される。
(iii) (ii)において共益債権化されなかった額について，権利変更を受ける。
という扱いを受けることになる。

事例Bの場合，まず，10ヵ月分の敷金から未払賃料7ヵ月分が当然に充当され((i))，残りの3ヵ月分については，民事再生法92条3項の範囲内であることから，全額が共益債権となり((ii))，結局，賃借人は不動産明渡時にこの3ヵ月分の弁済を受けることになる（この場合，再生債権となる部分はないので，再生計画によって権利変更を受ける債権((iii))はない）。

### (4) 権利変更先行説，当然充当先行説それぞれの問題点

(a) 権利変更先行説の問題点　権利変更先行説によれば，再生計画認可決定確定時に権利変更がなされることから，敷金返還請求権について，他の一般の再生債権との公平を保つことができる（後述するが，当然充当先行説では賃借人を保護しすぎるとの批判がある）。

しかし，この考え方では，再生計画認可決定確定前に不動産を明け渡した賃借人がいた場合，この賃借人との公平が保てないという問題がある。すなわち，認可決定確定前に不動産を明け渡した場合は，その時点における未払賃料等が敷金返還請求権に当然に充当され，充当後の残額について権利変更

を受ける（つまり、当然充当先行説と同様の考え方をとることになる）のであり、明渡時期がいつになるかによって、異なる扱いをとることとなってしまい、再生債権者間の公平を害してしまうことになる。

**(b) 当然充当先行説の問題点** 当然充当先行説は、敷金返還請求権は不動産明渡時に一切の債務を控除したうえで具体的に発生するという敷金の性質と整合的であり、また、権利変更先行説とは違って、再生計画認可決定確定前に不動産を明け渡した賃借人との公平を保つことができる。

しかし、この考え方では、未払賃料について当然充当されることから、充当された未払賃料相当額について実質的に回収したことと同様となり、結果として、他の一般再生債権より優遇された扱いとなるという問題がある[*14]。

さらに、賃料を遅滞せずに支払った賃借人との関係において公平を害する場合があるという問題もある。すなわち、事例Bにおいて、賃借人が賃料を10ヵ月間支払わなかった場合は、不動産明渡時に10ヵ月分の敷金から当然に充当される結果、実質的には10ヵ月分の敷金を回収したことになるが、他方で、賃借人が賃料を遅滞なく支払った場合は、共益債権化される6ヵ月分と、残額の4ヵ月分について権利変更を受けた後の1ヵ月分の合計7ヵ月分しか弁済を受けることができないのであり、賃料の支払を遅滞した賃借人のほうがより多く回収できるという問題が生じるのである。

### (5) 充当範囲限定説

**(a) 充当範囲限定説の内容** (4)(b)のとおり、当然充当先行説においては、賃料の支払を遅滞した者が保護されるという問題がある。

そこで、未払賃料等は不動産明渡時に当然に充当されるという考え方を前提としたうえで、民事再生法92条2項、3項は、賃料の6ヵ月分に限って相殺ないし共益債権化を認めたものであって、実質的には相殺とみるべき当然充当もこの6ヵ月分の範囲に含めるべきと考え、充当により消滅する賃料の債権を6ヵ月分に限定するという考え方がある[*15]。

---

[*14] 当然充当先行説に基づいて作成された再生計画案は、平等原則の趣旨に反して好ましからざるものであると指摘する見解もある（伊藤眞「民事再生手続における敷金返還請求権の取扱い」青山善充先生古稀祝賀論文集『民事手続法学の新たな地平』641頁（有斐閣、2009年））。

[*15] 山本・前掲（*2）NBL832号64頁。

この考え方によると，敷金返還請求権は，
(i) 明渡しを行うまで権利変更が留保され，明渡しを行った時点で，未払賃料等が当然に充当され，充当後の残額について民事再生法92条3項により一部共益債権化されるが，充当される未払賃料の額と共益債権化される額は合計して6ヵ月分を超えることはできない。
(ii) (i)において当然充当あるいは共益債権化された後の残額について，権利変更を受ける。
という扱いを受けることになる。

事例Bの場合，未払賃料が7ヵ月分あることから，このうち6ヵ月分について当然充当がなされ((i))，残りの4ヵ月分について，再生債権として75％の免除を受け((ii))，1ヵ月分の弁済を受けることになる（他方で，充当されなかった未払賃料が1ヵ月分あることから，これと相殺され，結局，弁済額は0円となる）。

(b) 充当範囲限定説の問題点　充当範囲限定説は，当然充当先行説では賃借人を保護しすぎる場合があることから，賃借人が保護を受ける範囲（実質的に回収できる範囲）を6ヵ月に限定しようとするものであるが，民事再生法92条2項，3項の相殺の中に当然充当を含めるという解釈をするのは困難であるという問題がある。

(6) まとめ

再生計画・更生計画においては，権利変更先行説，当然充当先行説のいずれの考え方も見受けられるが，充当範囲限定説は見受けられなかった。やはり，民事再生法92条2項，3項の相殺の中に当然充当を含めるという解釈をとることは困難であり，結果の妥当性はともかくとして，充当範囲限定説を採用することは実務上できないであろう。

敷金返還請求権は，目的物の明渡しを完了した時点で発生し，明渡時点における未払賃料等が当然に充当されるものである（最判昭和44・7・17民集23巻8号1610頁）ことを考えると，当然充当先行説が理論的である。また，すでに不動産を明け渡している賃借人がいる場合は，敷金返還請求権がすでに発生していることから，当然充当先行説の考え方で扱わざるを得ず，そうすると，いまだ明渡しが行われていない賃借人との実質的公平を考えると，計画

においては当然充当先行説をとらざるを得ないのではないかと思われる*16。

　裁判所としては，権利変更先行説，当然充当先行説のいずれの考え方も妥当なもの（少なくとも明らかに違法ではないもの）として認可をしているとのことであるが*17，債権者間の平等を害するような計画（例えば，賃借人Aは権利変更先行説，賃借人Bは当然充当先行説によって変更を受ける等）は認められないものと解される*18。

## 7　対象不動産の譲渡と敷金返還請求権
### (1)　対象不動産の任意売却と敷金返還請求権

　判例は，目的物の所有権移転に伴い賃貸人たる地位に承継があった場合には，旧賃貸人に差し入れられた敷金は，賃借人の旧賃貸人に対する未払賃料債務があればその弁済としてこれに当然充当され，その限度において敷金返還請求権は消滅し，残額についてのみその権利義務関係が新賃貸人に承継されるとする（前掲最判昭和44・7・17）が，これは，賃貸人に倒産手続がなされていない場合の事例である。

　ところで，賃貸人が再生手続開始後に不動産を任意売却した場合においても，賃貸借契約の移転に伴って敷金関係も全部移転することとなれば，いったん再生債権となった敷金返還請求権について，不動産の譲渡により再生債権ではなく通常の債権となる結果，賃借人は，不動産の譲受人から敷金返還請求権を全額回収できることとなる。

---

*16　なお，既述のとおり，当然充当先行説によれば，賃料を滞納している賃借人を優遇することになりかねないが，これについては，速やかに契約解除及び明渡しを求めて，他の再生債権者や滞納のない賃借人との公平を害しないよう対処すべきであると考える。

*17　中井康之ほか「新法下における破産・再生手続の実務上の諸問題」事業再生と債権管理111号22頁。

*18　なお，権利変更先行説，当然充当先行説のいずれも許容されるが，権利変更先行説に立った場合は現状のままの明渡しを認めるなど原状回復義務の負担を適切な水準に減じるよう何らかの合理的措置を講じるべきであり，当然充当先行説に立った場合は差し入れられた敷金のすべてに敷金性を認めるのではなく合理的な範囲に制限のうえ敷金性のない部分については貸金的性質を有する再生債権とすべきであるとの見解がある（事業再生研究機構編・前掲（*13）112～114頁〔蓑毛良和〕）。具体的な事案に応じて公平性を保つよう柔軟に対応しようとするものであるが，はたして適切な計画案を策定することができるのか，という問題がある。

しかし、このように考えると、当該不動産は敷金返還債務を負担する物件となることから不動産の譲渡代金が低くなり、その結果として、他の再生債権者を害することになるのではないか、との問題がある。

**(2) 学説の整理**

(a) 対象不動産の譲渡によって、敷金返還請求権が引き継がれるとする立場　　この立場は、対象不動産の譲渡により賃貸借契約が承継される場合は敷金契約も引き継がれるとする判例の考え方は、倒産手続においても妥当するとし、新所有者が敷金返還債務を引き受けると考える（新所有者は免責的に債務を引き受けると考えられるが[19]、判例は、「新所有者のみが敷金返還債務を履行すべきものとすると、新所有者が無資力となった場合などには、賃借人が不利益を被ることになりかねないが、右のような場合に旧所有者に対して敷金返還請求権の履行を請求することができるかどうかは、右の賃貸人の地位の移転とは別に検討されるべき問題である」としており（最判平成11・3・25金判1069号10頁）、必ずしも明確ではない）。

承継される額については、譲渡が計画認可決定確定前であれば未払賃料等を控除した残額となるが、計画認可決定確定後については次のとおり両説が考えられる。

(イ) 権利変更前の額が承継されるとする立場　　明渡前に不動産が任意売却され賃貸人の地位が移転した場合は、その時点で敷金に未払賃料等が当然に充当されたうえで、その残額が新所有者に承継される。

この立場は、当然充当先行説に整合的であり[20]、不動産の譲渡により敷金返還請求権は新所有者に対する通常債権となると考えるのが一般的であるが、再生計画による権利変更という条件のついた債権として新所有者に移転すると考えることもできる[21]。前者の考え方によれば、賃借人は、不動産が譲渡されることによって敷金を実質的に全額回収できることになるが、後者の考え方によれば、敷金返還請求権は明渡時に再生計画による権利変更を

---

[19] 中井ほか・前掲（＊17）事業再生と債権管理111号24頁、伊藤眞ほか「研究会　新破産法の基本構造と実務　第11回　法律行為に関する倒産手続の効力」ジュリ1308号124頁。

[20] 全国倒産処理弁護士ネットワーク編『論点解説新破産法・上』138頁（金融財政事情研究会、2005年）参照。

[21] 伊藤ほか・前掲（＊19）ジュリ1308号124頁参照。

受けることになる。

　(ロ)　権利変更がなされた後の額が承継されるとする立場　明渡前に不動産が任意売却され賃貸人の地位が移転した場合は、権利変更がなされた後の額から、未払賃料等が当然に充当されたうえで、その残額が新所有者に承継される。

　この立場は、権利変更先行説に整合的であり、敷金返還請求権は、すでに権利変更がなされた後の状態で新所有者に引き継がれると考える。

　(b)　対象不動産の譲渡によって、敷金返還請求権は引き継がれないとする立場　この立場は、譲受人が債務引受をすれば、当然に不動産の譲渡価格が下落することとなり、他の債権者に対する弁済の減少を招来することとなる結果、債権者平等を害することになるとし、また、敷金関係を承継すべき根拠として指摘される、(ⅰ)敷金関係はとくに賃貸借と密接な関係にあり、強い随伴性を有する、(ⅱ)敷金関係は賃貸人にとっての権利義務の中でも重要であり、賃貸人の保護のために必要である、(ⅲ)賃借人も賃貸人に対して債務を負担した場合に差引計算できるという利益を有しており、そのような利益を賃貸不動産譲渡の場合にも保護する必要がある、との点については、倒産手続においては妥当せず、したがって、敷金関係は承継されないと考える[22]。

　この立場では、敷金返還請求権は不動産譲渡の時点で確定し、その時点における賃借人の賃貸借契約上の債務を敷金から控除し、控除後の残額が敷金返還請求権となって、再生計画に基づく弁済を受ける。

　**(3)　ま と め**

　敷金返還請求権は引き継がれないとする(b)の立場は、判例との整合性を考えると採用するのは困難である。なお、譲渡価格が不当に低額になるのではないかとの点については、売却に際しての価格の相当性で判断すればよく、実務上も、敷金返還請求権が引き継がれることによって譲渡価格が大きな影響を受けることはないと思われる。

　不動産の譲渡に伴って敷金関係が移転する場合、いったん再生債権となった敷金返還請求権は通常の債権となり、賃借人は、不動産の譲受人から敷金

---

[22]　山本・前掲（＊9）ＮＢＬ831号18頁。

返還請求権を実質的に全額回収できるとするのが一般的な実務上の取扱いと思われる。しかし，再生計画認可決定確定後に不動産を譲渡した場合，新所有者に移転する敷金返還請求権は，再生計画によって権利変更された債権あるいは再生計画による権利変更の条件のついた債権であると考えることもできることから，後日賃借人が不動産を明け渡したときに，敷金返還請求権がどのように扱われるのかについて紛争が生じる可能性があることを踏まえて，再生計画において明確にしておく必要があるのではなかろうか[*23]。

---

[*23] 倒産法改正研究会編『提言　倒産法改正』102頁以下〔山形康郎〕(金融財政事情研究会，2012年)では，再生手続における敷金返還請求権の取扱いに関する問題点の指摘と立法提案がなされており，不動産の任意売却の際の敷金返還請求権の承継の問題については，共益債権として保護を受ける6ヵ月分を限度として承継され，これを超える部分については再生債権として権利変更の対象となることを提言している。

## ■コメント

# 賃貸人の倒産と敷金返還請求権

神戸大学大学院法学研究科教授　中　西　　正

## 1　はじめに

　敷金返還請求権は，2つの対立する要素をもっている。まず，賃借人が賃貸人に一定額の金銭を一般財産に混入する形で交付した点から，信用供与に準じたリスク引受け的要素を認めることができる（ただし，信託の設定がなされた場合は別である）。他方，担保目的で交付し，目的物明渡後に当然充当の後残額の返還を受ける点から，取戻権的な要素もある。敷金返還請求権は，前者を重視すれば倒産債権として当然損失を負担すべきこととなるし，後者を重視すれば，画一的な債権者平等が破産法ほど厳しく要求されない再生・更生手続では，一般の倒産債権より優遇されるべきことになろう。また，賃貸人倒産の場合，賃借人は債務者の再生に欠かせない重要な取引先であったり，利害関係人における社会的弱者であったりする。これらの要素も，敷金返還請求権の優遇という帰結を生むと思われる。このほか，当然充当という機能的に相殺と似た構成などのため，敷金返還請求権は倒産法上その処理に問題を生ずる場面が少なくない。野村＝余田論文は，この難しい問題を詳細に検討するものである。

　本稿では，賃貸人の破産・民事再生における敷金返還請求権の取扱いの全体像を簡単に示したうえで（破56条，民再51条・破56条の適用のある不動産賃貸借を前提とする），野村＝余田論文が検討する問題の一部につき，若干のコメントをすることにしたい。

## 2　検　　討

　(1)　当該賃貸借契約が破産手続開始から終結までの間に終了する場合，契約が終了し，賃借目的物を明け渡し，当然充当した後，敷金返還請求権と賃

料債務を相殺して管財人より寄託された額の返還を受け（賃借人が，破産法70条後段に基づき，賃料を支払う際，破産管財人に対して，後に敷金返還請求権と相殺するため賃料の額を寄託請求したことが，前提である），なお敷金返還請求権に残額があれば，破産債権者として配当を受けることになる。

次に，破産管財人が賃貸借契約継続中に目的物を第三者に売却する場合，賃貸借契約は第三者と賃借人の間に移転し，敷金返還請求権も破産債権の属性を失いつつ第三者に引き継がれる。不払賃料などがあれば引き継がれる前に当然充当されよう。敷金返還請求権が停止条件付破産債権として届け出られた場合，破産手続との関係では条件不成就が確定したことになり，破産法70条や（稀であろうが）214条1項4号に基づき寄託されていた金額は，破産債権者への配当に充てられる。

(2) 民事再生手続が開始され，再生計画認可決定確定（この時点で権利変更が生じる。民再176条）までに再生債務者等が目的物を第三者に売却する場合，賃貸借契約は第三者と賃借人の間に移転し，敷金返還請求権も，権利変更を受けることなく，再生債権の属性を失いつつ第三者に引き継がれる。不払賃料などがあれば引き継がれる前に当然充当される。

それ以外の場合には，再生計画認可決定確定時に，敷金返還請求権は再生計画による権利変更を受ける。

民事再生手続が開始され，賃借人が賃料を支払い続け（ただし賃料の一部は不払いであったとする），賃貸借契約が終了し，目的物の明渡しがなされた後，再生計画認可決定が確定し，敷金返還請求権が権利変更を受けた場合，敷金返還請求権につき当然充当がなされ，民再法92条3項による6ヵ月の共益債権化がなされた後，残った敷金返還請求権につき権利変更がなされるので，共益債権化や当然充当は問題なく認められる。

これに対し，再生手続が開始され，賃借人が賃料を支払い続け（ただし賃料の一部は不払いであったとする），再生計画認可決定が確定し，敷金返還請求権が権利変更を受けた後，賃貸借契約が終了し，目的物の明渡しがなされた場合には，当該敷金返還請求権につき，当然充当，92条3項による6ヵ月の共益債権化，権利変更をどのような順序でするのかが問題とされ，権利変更先行説や当然充当先行説などが対立するわけである。

(3) 敷金は賃貸人のための担保である。すなわち、滞納された賃料、その他賃貸借契約上の債務不履行に基づく損害賠償請求権につき、賃貸人が完全な弁済を得るための担保である。当然充当も、賃貸人の担保権行使としてなされることになる。ところが、この当然充当は、賃貸人が倒産し、敷金返還請求権が倒産債権になると、賃借人の担保権行使と同様の経済的効果をもつに至る。すなわち、敷金返還請求権が賃貸人の倒産による損失を被るのを避けるため、賃借人が故意に賃料を滞納し、その滞納賃料が当然充当されると、敷金返還請求権を自働債権、賃料債権を受働債権とした相殺と同じ経済効果が生じるのである。これが、賃借人の他の債権と賃料債務との相殺と、どのような関係に立つのかは、1つの問題である。賃料債権は倒産財団構成財産なので、賃借人（敷金返還請求権者）と他の倒産債権者との間で、公平の問題が生ずるわけである。

破産手続開始の時点で停止条件付破産債権（敷金返還請求権）と期限未到来の債務（賃料債務）が対立していた場合、破産手続では無制限に相殺が認められるので、破産手続開始後、賃借人が賃料を滞納し、賃貸借契約が終了し、目的物を明け渡した場合、滞納賃料が当然充当されることにより、敷金返還請求権と賃料債務とが相殺されたのと同様の結果が生じても、他の破産債権者との公平の面で問題はないと思われる。

しかし、民事再生手続では、民再法92条1項により、敷金返還請求権を自働債権とする相殺は、94条1項の債権届出期間満了までに賃貸借契約が終了し目的物が明け渡されなければ、認められない。しかし、認められない場合も、92条2項（賃借人が金銭債権を有している場合には6ヵ月分の賃料債務に限って相殺を認めている）とバランスをとるため、同条3項で、賃借人が敷金返還請求権を有している場合には、6ヵ月分の賃料債務の額の分だけ、敷金返還請求権を共益債権化した。ただし、相殺が認められるときは、その額は6ヵ月分に算入される（同項括弧書）。このように、破産手続とは異なり、民事再生手続では、敷金返還請求権と賃料債権との相殺には、制約が付されている。とするなら、他の再生債権者との公平を図るため、当然充当も、敷金返還請求権を自働債権、賃料債権を受働債権とした相殺と同じ経済効果が生じる場合には、共益債権か・相殺と等しいと見て、規律する（解釈する）ことが必要

ではないかと，思われる。

(4) 次に，賃貸目的物上に抵当権を有する賃貸人の債権者が，物上代位権に基づき賃料債権を差し押さえた場合であるが，これは，賃料債権上の物上代位権と合理的相殺期待のどちらを優先させるかという問題である。例えば，Aがマンションの一室（以下，「甲」という）を所有し，Aに対して貸金債権を有するCは，甲につき抵当権の設定を受け（抵当権設定登記も具備していたとする），AはBに甲を貸し渡し，BはAに対して敷金返還請求権を有していた，とする。この場合，AのBに対する賃料債権につき，Cの抵当権に基づく物上代位権と，Bの敷金返還請求権との相殺期待が競合しており，どちらが優先するかが問題となるのである。

CのAに対する債権につき債務不履行となり，Cが抵当権に基づく物上代位権の行使として賃料債権を差し押さえた時点で，敷金返還請求権の停止条件が成就していない場合，Cの賃料を支払えとの請求に対し，Bは敷金返還請求権との相殺を理由にこれを拒むことはできないのではないかと思われる（相殺権の脆弱性）。とすれば，破産手続においても，平時実体法のルールが可及的に尊重されねばならないのであるから，できないと解するのが妥当である。

これに対しては，野村＝余田論文が検討するように，破産法70条の寄託請求の問題がある。寄託請求は，以下のような制度である。すなわち，BがAに対して停止条件付債権を有し，AがBに対して反対債権を有し，Aに対して破産手続が開始された場合，AのBに対する反対債権の履行期が先に到来し，その後BのAに対する債権の停止条件が成就したときでも，Bの相殺は認められる，つまりBは破産債権者全体に対して相殺権を対抗できる。これを実現する制度が，寄託請求なのである。仮に，CがAに債権を有しており，AのBに対する債権を差し押さえた場合，その時点でBのAに対する債権の停止条件が成就していないのであれば，Bは，Cの取立てに対し，BのAに対する債権とAのBに対する債権の相殺をもって対抗することはできないと解される（相殺権の脆弱性）。しかし，これが破産手続であれば，つまりCが破産債権者全体であれば，Bの相殺が優先するとする（相殺権の脆弱性を除去する）のが，破産法70条である。寄託請求の制度は，平時実体法のルー

ルを，このように変更するのである。

　しかし，そうすると，上述した物上代位権と合理的相殺期待の優劣関係には，疑問が生じることになる。民事執行手続では，差押えした物上代位権者（C）が優先するかもしれないが，破産手続では，破産法70条により，相殺権者（B）が勝つということも可能になるからである。

　破産法70条の寄託請求による平時実体法のルールの変更には，正当化根拠があるのだろうか。これが問題の核心であると思われる。

# Ⅲ 不動産信託スキームと倒産

■論　文

## 不動産の流動化における
## 受益者・マスターレッシーの倒産

弁護士　苗　村　博　子<br>
弁護士　佐　藤　　　俊

### 1　不動産信託における受益者倒産・マスターレッシー倒産の現状

　2008年に入って，サブプライム・ローン問題に端を発する，金融市場・不動産市況の悪化の影響による不動産販売代金の低下，テナントからの賃料収入の減少等の理由で，不動産投資事業（売買・賃貸・開発・管理等）を手掛ける業者（不動産投資法人（いわゆるリート）を含む）が収益を悪化させ，法的倒産に至るという事例が散見されるようになった。

　このような不動産投資事業者の中には，不動産を主たる信託財産とする信託契約に係る信託受益権を保有している事業者（不動産信託における受益者）や，信託受託者から不動産の賃借を受け，これをテナント（転借人）に対して転貸している事業者（いわゆるマスターレッシー）が存在する。そして，なかには，1つのストラクチャーにおいて，受益者及びマスターレッシー双方の地位を倒産会社が有している場合や，受益者とマスターレッシーが親子会社の関係にあり，双方が倒産に至る場合も考えられる。

　本稿では，このような不動産信託スキームにおける受益者及び／又はマスターレッシーが倒産した場合における法的問題点及び実務上の課題について言及し，検討を行う。

### 2　本稿の前提条件

　不動産信託における受益者又はマスターレッシーが倒産する場面は，その

スキーム及び進行の程度によって異なり，各々の場面での倒産において議論すべき点は多岐にわたる。そこで本稿では，次のとおり，いくつかの条件を前提に検討を行う。

〔前提条件〕
① 受益権は，共有ではなく単独保有である。
② 本稿で取り扱う受益権は，不動産を主たる信託財産とするものに限る。
③ 本稿で取り扱うマスターレッシーは，受託者兼所有者からの賃借人に限る。
④ 本稿で取り扱う受益者は，当初委託者以外の者（受益権の譲渡を受けた者）とする。

〔定　義〕
・賃貸人：信託受託者であり，主たる信託財産である不動産の所有者をいう。多くの場合は信託銀行である。
・マスターレッシー：賃貸人から，主たる信託財産である不動産の賃借を受けている者をいう。
・テナント：マスターレッシーから，主たる信託財産である不動産の転借を受けている者をいう。なお，本稿では，テナントは，建物の引渡し等，第三者対抗要件（借地借家法31条1項等）を備えているものとする。
・倒産会社：破産管財人，更生管財人，再生債務者を総称していう。

## 3　マスターレッシーの倒産

### (1) 倒産の原因

昨今の不動産市況の冷え込みにより，賃貸用マンション，商業施設（ショッピングモール等）等は，いずれも深刻な稼働率低下状態に陥っている。このような中で，いわゆるパス・スルー型ではないスキームにおいては，サブリース賃料（転貸賃料）よりもマスターリース賃料が高額となり，いわゆる逆鞘現象が生じた結果，赤字を累積させてマスターレッシーが倒産に至るケースが存する。

また，パス・スルー型の場合，マスターレッシー又はその関連会社がプロ

## 【図1】本項で検討するスキーム

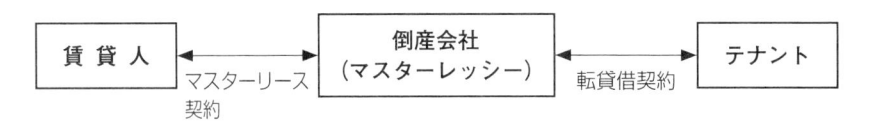

```
┌─────┐ ←──────→ ┌──────────────┐ ←──────→ ┌──────┐
│賃貸人│  マスターリース │  倒産会社    │  転貸借契約  │テナント│
│     │    契約      │(マスターレッシー)│         │      │
└─────┘           └──────────────┘         └──────┘
```

パティ・マネジメント（PM）業務を受託する場合も多くみられ，このPM契約において当該物件から得られる純利益が一定程度を上回れば基礎報酬に上乗せして成功報酬が得られる形態がとられることが多くあるところ，稼働率の低下によって必然的に当該純利益が下がり，マスターレッシーが十分な報酬を得られずに赤字を累積させて倒産に至るケースも存する。

さらに，マスターレッシーの中には，マスターリース事業及びPM事業等以外の事業を，同一会社で行っている者もいる。このような場合には，他の事業の業績不振によって倒産に至るケースも存する。

このように，マスターレッシーが倒産した場合において権利関係をいかにして整理すべきか，以下検討する。

### (2) マスターリース契約の承継

(a) マスターリース契約関係からの離脱の必要性　　主に逆鞘状態を抱えるマスターリース契約関係については，清算型・再建型の如何を問わず，倒産会社はマスターレッシーの地位から離脱し，逆鞘状態を解消する必要がある。また，賃貸人の立場からみても，倒産会社がマスターレッシーの地位にいることでスキーム全体が不安定になることから，賃料を適正価格に修正した上，第三者にマスターレッシーの地位を承継させる必要性が高い。

(b) 転貸借関係におけるマスターレッシーの「明渡し」　　マスターリース契約関係から離脱するとは，すなわちマスターレッシーが賃貸人との間の賃貸借契約関係を解消し，賃貸人に対して賃貸建物を明け渡すことを前提としている。では，マスターリース契約が解消されてマスターレッシーに賃貸建物の明渡義務が発生した場合，マスターレッシーはどのようなかたちで「明渡し」を行うべきか。

(イ) マスターリース契約解除時点で「明渡し」も完了する場合　　この点，マスターリース契約が終了しても，信義則上，テナントが転借権を賃貸

人に対抗できる場合（合意解除による終了の場合[*1]，一定の条件下における更新拒絶による終了の場合[*2]等）には，契約終了の時点でマスターレッシーによる明渡しが完了したものと観念できるものと考えられる。

　すなわち，マスターリース契約が合意解除等によって終了する場合，テナントが転借権を賃貸人に対抗できる結果，マスターレッシーとテナントとの間の契約関係がそのまま賃貸人とテナントとの間に引き継がれる（賃貸人がマスターレッシーの地位を承継する）と考えられる[*3]ため，マスターレッシーは単に間接占有を失うのみで，「明渡し」ができるのである。この点については，マスターリース契約より転貸借契約のほうが賃料条件や賃貸期間の面等で借主側に有利なものとなっている場合に賃貸人に不測の損害を与える等の理由で，テナントがマスターレッシーとしての地位を承継するにすぎないとの見解[*4]も有力に主張されるところではあるが，そもそも賃貸人が転貸借契約の存立について承諾を行っている（又はそれと同様の状況にある）こと，信義則上，合意解除等に関与できないテナントの保護を考慮すべきであることに鑑み，賃貸人がマスターレッシーの地位を承継することとなるものと考えられるのである。

　　(ロ)　テナントを退去させなければならない場合　　他方，マスターリース契約の終了により，テナントが転借権を賃貸人に対抗できない場合，テナントの明渡完了時まで，マスターレッシーの賃貸人に対する明渡義務及び賃料相当損害金の支払義務は発生し続けることになると考えられるため，マスターレッシーは，賃貸人との間で賃料相当損害金の支払義務（テナントが明渡しを拒めば，想定不可能な額の支払義務が日々発生する）を，テナントとの間で敷金

---

[*1]　大判昭和9・3・7（民集13巻4号278頁），最判昭和37・2・1（裁判集民58号441頁）。
[*2]　最判平成14・3・28（民集56巻3号662頁・金判1151号3頁）。
[*3]　東京高判昭和38・4・19（東高民時報14巻4号89頁），原田純孝「賃借権の譲渡・転貸」星野英一編集代表『民法講座(5)』377頁（有斐閣，1985年），星野英一『借地・借家法』377頁（有斐閣，1969年），鈴木禄弥『借地法（下巻)』〔改訂版〕1199頁（青林書院新社，1980年）など参照。類似の事例として，東京高判昭和58・1・31（判時1071号65頁）。
[*4]　東京地判昭和37・12・24（判時323号25頁），石田喜久夫「土地所有者が地上権者との間の地上権設定契約の合意解除の効果をその土地の賃借人に対抗できない場合における右三者間の法律関係」判評295号16頁など。

返還義務及び債務不履行に伴う損害賠償義務を負担することとなる*5。

そして，このマスターレッシーに倒産手続が開始されている場合，前記債権には財団・共益債権となるものも存する（後記(c)参照）ため，サブリース事業を行う企業の倒産手続においては，この点に十分留意しなければならない。

(c) 双方未履行双務契約の解除を選択することの適否　以上のとおり，マスターレッシーが倒産した場合，マスターリース契約関係を解消する必要性がありながら，他方で前記(b)記載の明渡しに伴う想定不可能な負担を回避しなければならない。

この場合，離脱の方法としては，倒産手続開始決定後，倒産会社が賃貸人との賃貸借契約について，双方未履行双務契約の解除選択をすることが考えられる。この双方未履行双務契約の解除がなされた場面において，テナントが，立退きを求める賃貸人に対し，転借権を対抗して賃貸建物の明渡しを拒むことができるか。

テナントが明渡しを拒めるとすれば，倒産会社であるマスターレッシーとしても前記(b)(イ)記載のとおり，直ちに「明渡し」ができるので，その後に不測の出捐を強いられることがないが，テナントが明渡しを拒めないとすれば，前記(b)(ロ)記載のとおり，テナントが退去するまで，倒産会社であるマスターレッシーが不測の出捐を強いられる可能性があるため，マスターレッシーが双方未履行双務契約の解除を行った場合，テナントによる賃貸人に対する転借権対抗の是非はマスターレッシーの倒産において非常に重要な論点である。

この点，基礎となる賃貸借契約が解除されれば，転借人であるテナントは，賃貸人に転借権を対抗できないのが原則であると解されている*6。この原則に従って，テナントが転借権を賃貸人に対抗できないとすれば，破産法56条1項等が賃貸借契約関係において対抗要件を具備した賃借人を保護し

---

*5　例えば，マスターレッシーがテナントに対して明渡しの催告を行い，明渡しに通常必要な期間を経過した後においては，賃貸人との関係でマスターレッシーの占有はなくなり，以後はテナントによる独自の占有であると考えることも一応考えられるが，マスターレッシーが本来負担すべきテナントに起因するリスクを賃貸人に転嫁するだけの根拠となるものとは考えられず，このような見解を述べる判例・学説等は見当たらない。

*6　最判昭和36・12・21（民集15巻12号3243頁）。

ようとした趣旨を没却するとも考えられるが、この場合に転借人が転借権を対抗できる旨の判例・学説が見当たらないこと、賃貸借契約が合意解除された場合や一定の条件下で更新拒絶により終了した場合のように、テナントとの関係において、賃貸人の側に何ら信義則に反する事情[7]がないことも合わせ考えれば、賃貸借契約が双方未履行双務契約の解除により終了した場合、テナントは、賃貸人に転借権を対抗できないものと考えられる[8]。

前記見解を前提にすれば、倒産会社であるマスターレッシーが賃貸人との間で双方未履行双務契約の解除選択をしたとしても、賃貸人に対する明渡し（前記(b)参照）までの明渡費用、原状回復費用[9]等が財団・共益債権となりうること、倒産債権としてではあるが、明渡しまでに生じる約定明渡遅延損害金や違約金が相当高額となる可能性があること[10]、破産法56条1項等によりテナントとの間の賃貸借契約が解除できないにもかかわらず、テナントからの寄託請求等によって転貸借契約からの収益が財団を形成しないばかりか、賃貸人がテナントに立退きを求めればテナントとの間で債務不履行状態が生じ、テナントから倒産会社への損害賠償請求権が発生する可能性があること等、倒産会社の財務状態に与える影響、テナントに与える影響、ひいては物件価値に与える影響は多大となる。

したがって、賃貸人との調整がつかず（後記(e)の場合等）、かつ、テナントとの協議が調う場合等やむをえない場合を除き、倒産会社が双方未履行双務

---

[7] 信義則違反がある事例として、最判昭和48・10・12（民集27巻9号1192頁）。

[8] 同旨の見解として、佐藤英幸「不動産流動化・証券化と倒産手続（第1回）マスターレッシー倒産時の法律関係に関する諸問題(1)」不動産証券化ジャーナル17巻。

[9] 争いあり。東京地判平成20・8・18（判時2024号37頁）。反対説として、大阪地方裁判所第6民事部編『破産・個人再生の実務Q＆A はい六民です お答えします』〔2008・12・全訂新版〕146頁（大阪弁護士会協同組合、2008年）。

[10] マスターレッシー側の事情に基づく解除がなされた場合には一定の違約金が発生する旨の規定が破産法53条1項に基づく解除がなされた場面においても有効であるとする裁判例（前掲（[9]）東京地判平成20・8・18）や、残存期間の賃料相当損害金を支払う旨の約定、及び契約終了の翌日から明渡しまでの賃料相当額の倍額の損害金を支払う旨の約定は、民事再生法49条1項に基づく解除がなされた場面においても有効であり、各約定に基づく債権への預かり敷金の充当を認める裁判例がある（大阪地判平成21・1・29（判時2037号74頁））。当該各裁判例は、倒産会社に法定解除権を付与した法の趣旨等に照らして、結論としては疑問である（大阪地方裁判所第6民事部編・前掲（[9]）149頁）。なお、賃貸人（信託銀行）並びにレンダーの立場からすれば、パス・スルー型の場合、賃料相当損害金の規定方法には注意が必要である。

契約の解除を選択することは適切とはいえない*11。

　(d)　合意による離脱の可否とスキーム（パス・スルー型の場合）

　　(イ)　単純合意解除スキーム（**図2**参照）　マスターレッシーが倒産した場合，清算型である場合はもちろん，再建型であったとしても，2次破綻リスク回避の観点から，賃貸人も，倒産会社をマスターレッシーの地位から離脱させ，別会社をマスターレッシーとすることにメリットがある。この場合，賃貸人，マスターレッシー（倒産会社）及びテナントの三者合意，又は賃貸人，マスターレッシー（倒産会社），テナント及び新マスターレッシーの四者合意によって，倒産会社がマスターレッシーの立場から離脱することも考えられるが，このような合意によってテナントが倒産債権である敷金返還請求権の満足を受けられることとなると，倒産手続における債権者平等の観点から問題があるため，倒産債権者であるテナントとの合意なしに，いかにしてマスターレッシーの地位からの離脱を図るのかが問題となる。

　この点，倒産会社と賃貸人とが，賃貸借契約を合意解除することによって，倒産会社をマスターレッシーとしての地位から離脱させることが考えられる（以下，「単純合意解除スキーム」という）。この場合，倒産会社とテナントとの間の転貸借契約は同内容のまま賃貸人・テナント間に引き継がれることとなるが（前記(b)(イ)参照），こうしたマスターレッシーの地位の移転に伴って，テナントに対してマスターレッシーが負っていた敷金返還債務も，賃貸人に承継されるものと考えられる*12。一方で，賃貸人がテナントに対して敷金

---

*11　賃貸人から履行の催告（破53条2項等）を受けた場合，倒産会社であるマスターレッシーは，履行の選択を行わざるをえないのではないだろうか。なお，賃貸人に対して未払賃料がある場合，倒産手続開始前の未払賃料が財団・共益債権となるか否かについては，伊藤眞『破産法・民事再生法』〔第2版〕278頁（有斐閣，2009年）〔積極〕，全国倒産処理弁護士ネットワーク編『論点解説新破産法』108頁（金融財政事情研究会，2005年）〔消極〕など，見解が分かれている。

*12　最判昭和39・6・19（民集18巻5号795頁），最判昭和44・7・17（民集23巻8号1610頁）など参照。各判例は，賃貸の対象となっている物件の所有権移転に伴って賃貸人たる地位が移転した場合に敷金関係も随伴することを認めた事例であるが，賃貸人たる地位が移転した場合に，敷金関係の随伴を是認する必要性は，対象物の所有権移転の有無によって異なるものではない（新賃貸人に資力がない可能性は存するが，それは，所有権移転に伴う場合も同様である）。また，賃貸人は転貸借契約の存立について承諾を行っている（又は，それと同様の状況にある）ことから，こうした結論をとっても賃貸人に不測の事態が生じることはない。

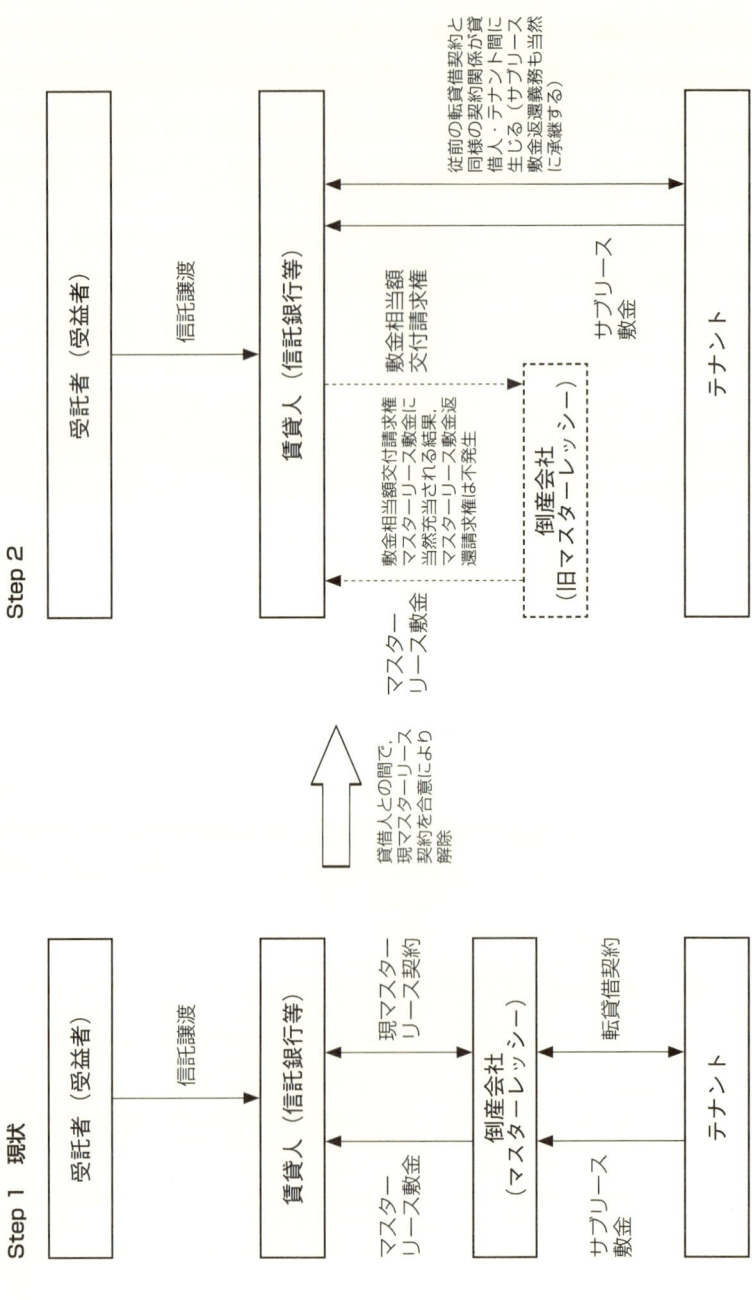

## 398 第6章 契約関係の処理　第2｜賃貸借契約

**[図2]**

**Step 1 現状**

受託者（受益者） →（信託譲渡）→ 賃貸人（信託銀行等） ⇄ 倒産会社（マスターレッシー） ⇄ テナント

- 賃貸人 → 倒産会社：現マスターリース契約
- 倒産会社 → 賃貸人：マスターリース敷金
- 倒産会社 → テナント：転貸借契約
- テナント → 倒産会社：サブリース敷金

↑ 賃貸人との間で、現マスターリース契約をそれぞれ合意により解除

**Step 2**

受託者（受益者） →（信託譲渡）→ 賃貸人（信託銀行等） ⇄ 倒産会社（旧マスターレッシー） ／ 賃貸人 ⇄ テナント

- 賃貸人 → 倒産会社：敷金相当額交付請求権
- 敷金相当額マスターリース敷金に当然充当される結果、マスターリース敷金返還請求権は不発生
- 倒産会社 → 賃貸人：マスターリース敷金
- 賃貸人 ⇄ テナント：従前の転貸借契約と同様の契約関係が賃借人・テナント間に生じる（サブリース敷金返還義務も当然に承継する）
- テナント → 賃貸人：サブリース敷金

返還債務を負うことの対価として，賃貸人から倒産会社に対して，賃貸人が返還義務を負うこととなった敷金相当額の交付請求権が発生[*13]し，これに，マスターリース敷金が充当[*14]されることになる（パス・スルー型の場合，この金額は基本的に一致する）。なお，こうした合意解除を行った場合，本来，倒産債権者であったテナントが，倒産債権である敷金返還請求権を満額回収できる結果を招来することとなるが，これは，賃貸人による免責的債務引受の結果であって，債権者平等原則には反しないと解される（事業再生と債権管理111号24頁参照）。

当該単純合意解除スキームに対しては，実質的にみて，倒産会社による合意解除の意思表示は，自らの財産であるマスターリース敷金を，実質的に倒産債権であるサブリース敷金への弁済に充てるものにほかならず，倒産手続との関係で債権者平等の観点から問題があるとの指摘もあろう。しかし，前記のとおり，敷金相当額交付請求権がマスターリース敷金に当然に充当される結果，マスターリース敷金の返還請求権はそもそも発生しない。他方，サブリース敷金は，賃貸人がこれを免責的に債務引受した結果，テナントが回収することができるだけであるから，前記の指摘はあたらないものと考えられる[*15, *16]。

---

[*13] 賃貸借契約書上，あるいは合意解除の際に賃貸人・マスターレッシー間で交わされる合意の内容として，こうした敷金相当額の交付請求権が明定される場合もあるが，仮にそれがなくても，合意解除の際，当事者間に別段の意思表示がなされていなければ，賃貸人たる地位の移転と，それに伴う敷金関係の随伴の効果として，当該交付請求権は当然に発生するとの解釈も可能であろう（大判昭和11・11・27（民集15巻23号2110頁））。

[*14] 前掲（*12）最判昭和44・7・17，最判昭和48・2・2（民集27巻1号80頁）。なお，当然充当ではなく，財団債権としての敷金相当額交付請求権が発生し，これとマスターリース敷金返還債務が相殺されるという構成も可能であろうが，マスターリース敷金の差押債権者がいる場合に相殺が劣後することとなる。

[*15] とくに再建型の手続の場合，マスターリース敷金の回収ができなくなったとしても，マスターリース契約関係から離脱する実務上の必要性は高い。なお，マスターレッシーの再建型倒産の場面においては，財産評定時にこうしたスキームによる離脱を念頭においた評定を行わなければ，清算価値保障との関係で問題が発生する可能性があるので注意が必要である。

[*16] 本件では，積極財産となるべきマスターリース敷金がそもそも発生しないという点で，いわば消極財産の実質的な付替え的意味合いのある借入金による弁済と否認権行使の論点（大判昭和8・4・26（民集12巻8号753頁），大判昭和10・9・3（民集14巻15号1412頁），最判平成5・1・25（民集47巻1号344頁・金判916号3頁等））のように，倒産債権者の共同担保の減損の有無からアプローチして結論を肯定することは困難であろう。この点の是非については，実務界における今後の事例の集積とともに，議論がまたれるところである。

(ロ)　第三者への承継スキーム（**図3**参照）　単純合意解除スキームによると，賃貸人とテナントとの間で直接の賃貸借契約関係が残ることとなる。しかし，賃貸人によっては，数多くのテナントと直接の賃貸借契約関係が形成されることを敬遠する場合も考えられる（多くの信託銀行はこれを敬遠する傾向にあるようである）。そこで，このような場合に，前記(イ)同様，テナントとの合意なしに，いかにして第三者にマスターレッシーの地位を承継させるべきか。

　この場合，テナントからの地位承継の承諾なく第三者に転貸人たる地位を移転することはできないため，新たなマスターレッシー（新マスターレッシー）となる者を選定した上で，①賃貸人が，新マスターレッシーに対し，当該物件を賃貸する，②賃貸人が，倒産会社との間の原賃貸借契約上の地位を新マスターレッシーに移転する（倒産会社はこれに同意する）〈この時点で，賃貸人→新マスターレッシー→倒産会社→テナント，という貸借の流れとなる〉，③テナントが，倒産会社から新マスターレッシーに転貸人たる地位が移ることを承諾すること，あるいは転貸借契約の終了を条件として，新マスターレッシー・倒産会社間に移転した賃貸借契約の一部をその都度合意解除し，その結果として新マスターレッシーとテナントとの間に転貸借契約関係が生じる〈賃貸人→新マスターレッシー→テナント，というかたちで離脱が完了する〉，という手法を用いれば，倒産会社・テナント間の合意なくして，新マスターレッシーに倒産会社の地位を付け替えることが可能である（ただし，テナントの個別同意が必要となる）。この場合，合意解除の都度，敷金相当額の交付請求権が新マスターレッシーから倒産会社に立ち，新マスターレッシーが賃貸人から承継した敷金返還債務にこれが充当される一方で，テナントに対する敷金返還債務は，新マスターレッシーが負うこととなる。

　こうした手法を採用した場合，倒産会社は賃貸人に差し入れたマスターリース敷金を回収できない一方で，テナントは本来倒産債権である敷金返還請求権を満額回収できることとなるが，前記(イ)同様，このような結論に倒産手続との関係で問題はないものと考えられる。そして，この手法はマスターレッシーの地位を賃貸人ではなく第三者に承継させるため単純合意解除スキームと同等の経済状況を作出したものであり，実務上も行われているスキーム

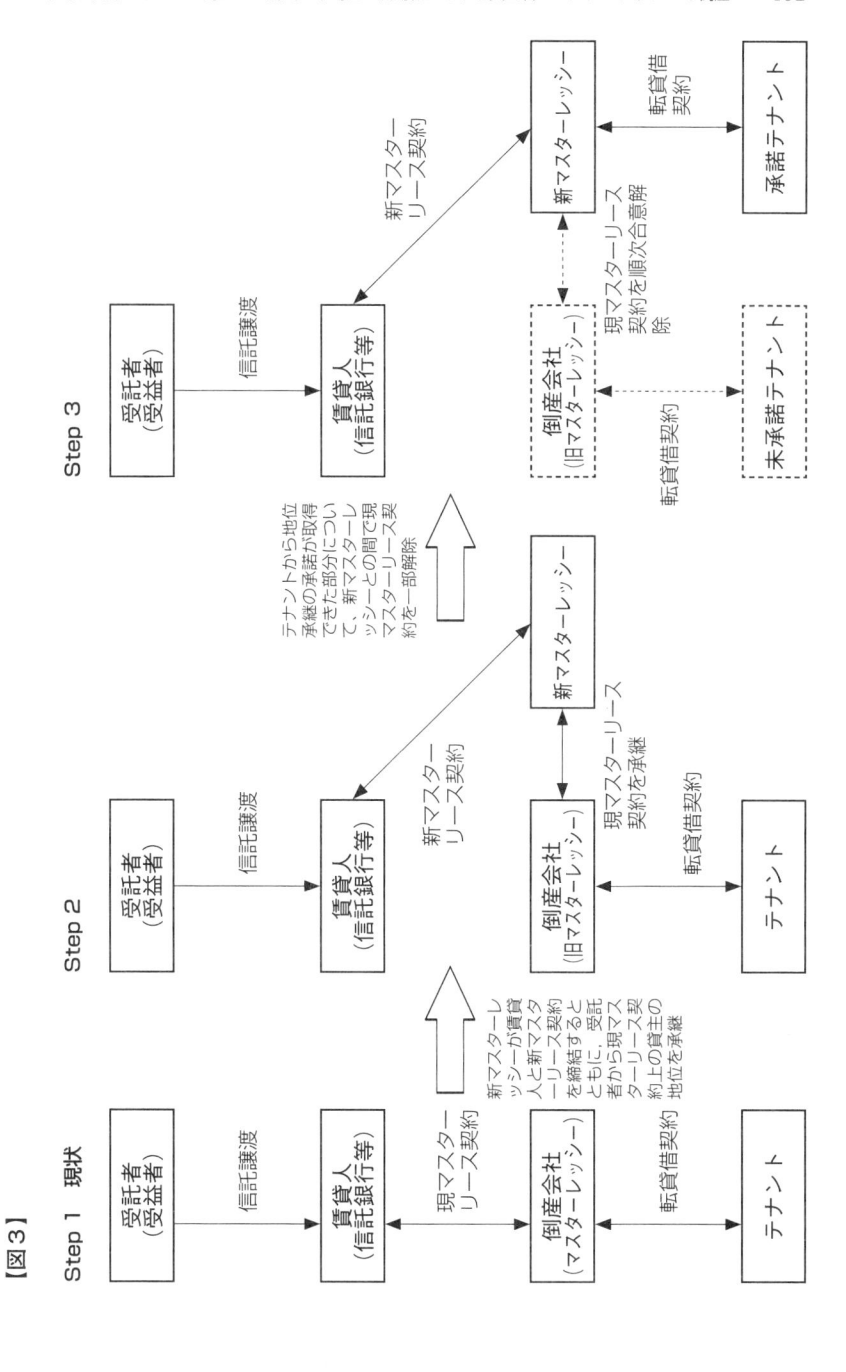

III 不動産信託スキームと倒産　論文／不動産の流動化における受益者・マスターレッシーの倒産　*401*

**[図3]**

**Step 1 現状**

受託者（受益者）→［信託譲渡］→賃貸人（信託銀行等）←［現マスターリース契約］→倒産会社（マスターレッシー）←［転貸借契約］→テナント

新マスターレッシーが賃貸人と新マスターリース契約を締結するとともに、受託者から現マスターリース契約上の賃貸主の地位を承継

**Step 2**

受託者（受益者）→［信託譲渡］→賃貸人（信託銀行等）←［新マスターリース契約］→新マスターレッシー

倒産会社（旧マスターレッシー）←［現マスターリース契約を承継］→新マスターレッシー

倒産会社（旧マスターレッシー）←［転貸借契約］→テナント

テナントから地位承継の承諾が取得できた部分について、新マスターレッシーとの間で現マスターリース契約を一部解除

**Step 3**

受託者（受益者）→［信託譲渡］→賃貸人（信託銀行等）←［新マスターリース契約］→新マスターレッシー←［転貸借契約］→承諾テナント

倒産会社（旧マスターレッシー）←［現マスターリース契約を順次合意解除］…新マスターレッシー

倒産会社（旧マスターレッシー）←［転貸借契約］→未承諾テナント

である。
　(e)　合意による離脱の可否とスキーム（パス・スルー型でない場合等）　パス・スルー型でない場合において、マスターリース敷金（本項では、倒産会社による賃料の不履行分[17]を差し引いた額）が、サブリース敷金を上回っていれば、前記(d)と同様のスキームで合意によるマスターレッシーの地位からの離脱を行うことができる（敷金相当額交付請求権充当後のマスターリース敷金の残部が倒産会社に返還される点が異なるのみである）。

　他方、パス・スルー型でない場合等、マスターリース敷金がサブリース敷金を下回っている場合、賃貸人あるいは新マスターレッシーが前記(d)と同様のスキームによって倒産会社の離脱を認めれば、賃貸人あるいは新マスターレッシーが、倒産会社より預託を受けた敷金額以上の敷金返還債務をテナントに対して負うこととなるため、合意による離脱を図ることは一般的に困難である[18]。このような場合は、テナントと調整（立退き同意を得るか、敷金返還債務の一部毀損を前提に賃貸人又は新マスターレッシーとの間で新たな賃貸借契約関係構築の同意を得る）の上、賃貸人との間で双方未履行双務契約の解除を選択するしかないこととなる。

## 4　受益者の倒産

　次に、受益者が倒産した場合を検討する。この場合、受益者たる倒産会社としては、いかなる方法により換価を行うことができるか。

### (1)　換価方法
(a)　不動産として換価する場合

---

[17]　実務上多くの場合、テナントからの賃料は直接賃貸人名義の口座に振り込まれ、現実にテナントから振り込まれた金員をしてマスターリース賃料と定義するためこのような事態は発生しないが、理論上は、このような事態も想定しうる。

[18]　賃貸人あるいは新マスターレッシーが相応の負担を負う場合には、本文前記(d)のスキームによって倒産会社をスキームから離脱させることも一応可能である。とくに清算型の倒産の場合には、こうした負担を負ってでも倒産会社をマスターレッシーの地位から排除することは、賃貸人側の利にも適いうる。合意解除の結果生じる倒産会社に対する敷金相当額交付請求権は、財団債権に該当すると考えられるところ、倒産会社がこれを負担してもスキーム上抱えるマイナスを解消することに合理性が認められれば、倒産会社がこれを負担してスキームから離脱することも考えられる。

(イ) 不動産として換価する方法の検討　信託の枠内で不動産を売却する方法としては，指図権[*19]に基づき受託者に信託不動産を売却させる方法が考えられる。ただし，この場合には，不動産の売却が信託事務として受託者によって行われるため，処分信託報酬を支払う必要がある。処分信託報酬の支払を避けるには，信託を終了させて，信託財産たる不動産を取得した上で（後記(3)参照），これを売却する必要がある。

信託を終了させる方法としては，まず，①委託者と受益者の合意による方法が考えられる（信託法164条1項）。不動産の流動化においては，受益権の譲渡に伴い，委託者の地位も受益権の譲受人に承継させることが通常であるから，委託者兼受益者は，信託契約において別段の定めがない限り（同条3項），信託を終了することができる（ただし，受託者に不利な時期に信託を終了したときは，やむをえない事由によるものでない限り，受託者の損害を賠償しなければならない。同条2項）。また，②信託契約に受益者の解約権が規定されている場合には，こうした解約権に基づき，信託を終了させる方法も考えられる。しかし，委託者と受益者の合意による信託の終了が信託契約において制限されており，受益者による解約権も認められていない場合には，③双方未履行双務契約解除の可否を検討する必要がある。

この点について，受益者は，信託契約の当事者ではないから，受益者の立場において倒産会社が双方未履行双務契約として信託契約を解除することはできないとも考えられるが，前述のように，不動産の流動化において受益者たる倒産会社は委託者の地位を併有していることが通常であるから，委託者の立場において，双方未履行双務契約として信託契約を解除できないかが別途問題となる[*20]。

信託契約に関連した委託者及び受託者の債務のうち，未履行状態にあるも

---

[*19] 指図権とは，信託において信託財産の管理又は処分に関して受託者に対し指図を行う権利をいう。この指図権は，信託法に規定された権利ではないが，信託契約により委託者又は受益者に付与することができると解されている。資産流動化取引においては，委託者であるオリジネーターからの倒産隔離を達成するため，契約上，受益者に付与されるのが通常である（金融法委員会「信託受益権に対して設定された質権の効力」4頁）。
[*20] 加々美博久編『契約類型別　取引先破綻における契約の諸問題』396頁（新日本法規出版，2006年）。

のとして想定することができるのは、委託者の債務として、(i)費用・報酬の支払債務（委託者が費用及び信託報酬を支払うこととされた場合であって、その支払が未了である場合）、(ii)追加信託義務（委託者が一定の事由が発生した場合に追加的に信託財産を拠出する旨を約していた場合）、(iii)信託財産の引渡しに係る債務（信託契約締結後において、委託者から受託者への引渡しが未了の信託財産がある場合）がある一方、受託者の債務として、(iv)信託事務遂行債務、(v)法定帰属権利者たる委託者に対する残余財産の支払債務（指定帰属権利者等を指定していない場合）があるが、通常の信託契約においては、(i)及び(ii)の債務を発生させる特約が締結されることは少ないし、(iii)についても、通常は信託契約の締結直後に履行されるため、これが問題となることは稀であると考えられる。

また仮に、これらの債務が未履行状態にあり、破産法53条1項等の適用がありうるとしても、これにより契約を解除することによって相手方に著しく不公平な状況が生じるような場合には、解除権の行使ができないと考えられる（最判平成12・2・29（民集54巻2号553頁・金判1090号4頁））[*21]。これらを勘案すれば、信託契約では、多くの場合において倒産会社が解除権を行使することはできないと考えられている[*22]。

(ロ) 不動産として換価する場合のメリットとデメリット　不動産として換価する場合には、受益権として換価を行う場合に比べて買受人の幅が広がるというメリットがある。後記(b)で検討する受益権として換価する場合には、信託受益権は金融商品取引法上「みなし有価証券」として取り扱われるため（同法2条2項1号）、業として信託受益権の売買等を行うには原則として第2種金融商品取引業者として登録が必要であることから（同法2条8項1号・2号・28条2項2号）、受益権の転売を予定しうる買受人は、基本的に第2種金融商品取引業者に限定される。

---

\*21　相手方に著しく不公平な状況が生じるかどうかは、①解除によって契約当事者双方が原状回復等としてすべきことになる給付内容が均衡しているかどうか、②破産法60条（現54条）等の規定により、相手方の不利益がどの程度回復されるか、③破産者の側の未履行債務が双務契約において本質的・中核的なものか、それとも付随的なものにすぎないか、などの諸般の事情を総合的に考慮して決すべきであるとされている。

\*22　以上につき、法務省民事局参事官室「信託法改正要綱試案　補足説明」27頁以下、新井誠監修『コンメンタール信託法』447頁以下（ぎょうせい、2008年）等参照。

一方，デメリットとしては，①受託者に不動産を換価させる場合には，処分信託報酬の負担が，②信託を終了させ，受益者に交付された不動産を換価する場合には，流通税の負担が，それぞれ問題となる。とくに，②の信託を終了させる場合には，受益者である倒産会社が不動産を取得することになるため，多くの場合には，倒産会社に流通税（不動産取得税，登録免許税）が課税されることとなる（地方税法73条の2第1項，登録免許税法2条・9条・別表第1第1号ニハ）[*23]。また，不動産として換価することに関し，受益権質権者であるレンダーの承諾を取り付ける必要もあろう。

さらに，受益者がＳＰＣであり，匿名組合出資等を引き受けている場合において，信託が終了して不動産が受益者に交付され，それを売却して配当を行えば，不動産特定共同事業法に抵触する可能性が指摘されている[*24]。

(b) **受益権として換価する場合**　これに対し，受益権のまま換価する場合には，信託不動産に受益権の流通に耐えうるだけの物件価値が必要であり，また，前記(a)「不動産として換価する場合」のとおり買受人も限定されるが，この場合には流通税の課税を軽減でき，(a)の場合よりも高額での換価も期待できる。

もっとも，他の利害関係人からのイニシアティブによって，信託が終了すれば，こうした換価も不可能になるため，受益者以外の利害関係人のイニシアティブによって信託が終了する可能性がないかを検討する必要がある（後記(2)参照）。

### (2) 受益者の倒産と信託終了の可能性

受益者の倒産自体は信託法163条各号所定の終了事由には含まれていないので，受益者が倒産したからといって直ちに信託が終了するわけではないが，(a)同法165条の規定により信託の終了を命ずる裁判があったとき（同法163条6号）や(b)信託行為において定めた事由が生じた場合（同条9号）には，信託は終了するとされている。

---

[*23] もっとも，信託の効力が生じた時から引き続き委託者のみが信託財産の元本の受益者である信託により，受託者から当該受益者（当該信託の効力が生じた時から引き続き委託者である者に限る）に信託財産を移す場合における不動産の取得及び財産権の移転の登記は，非課税である（地方税法73条の7第4号イ，登録免許税法7条1項2号）。

[*24] 金融法委員会・前掲（[*19]）10頁。

受益者が倒産した場合、このような規定に基づき信託が終了しないか。(a)は旧信託法下でいわゆる「58条リスク」と呼ばれていたものであり、(b)のうち、とくに問題となると思われるのは、契約当事者の一方に倒産手続の開始等の事由が発生した場合に他方当事者が当該契約を解除できる旨の特約（いわゆる倒産解除特約）の有効性である。

(a) 旧信託法の58条リスク　旧信託法58条では、受益者が信託利益の全部を享受する場合、信託財産をもってしなければその債務を完済できないとき、その他やむをえないときには、裁判所が受益者又は利害関係人の請求により信託の解除を命じることができるとされていたため、受益者が破綻した場合には信託が終了するリスクがあった[*25]。

この点、新信託法では、要件を「信託行為の当時予見することのできなかった特別の事情により、信託を終了することが信託の目的及び信託財産の状況その他の事情に照らして受益者の利益に適合するに至ったことが明らかであるとき」と明確化するとともに、申立権者を委託者、受託者及び受益者に限定した（同法165条1項）。受益者が信託を終了させて信託財産の払戻しを受けなければ債務を完済できないというだけの事情では、裁判所に対する請求により信託を終了させることは許されず、とくに証券化・流動化目的の信託では、中途で信託が終了することは関係当事者に大きな不利益が生じるのが通常であるため、前記の事情だけでは裁判所の命令により信託を終了させるための要件に該当しないと考えられており[*26]、申立権の不行使に関する特約[*27]の締結さえしておけば、旧信託法の58条リスクは事実上解消されたといわれている。

したがって、受益者が倒産した場合に、受益者の債権者には、信託の終了を命じる裁判の申立権はなく、委託者や受託者がこうした申立てを行ったと

---

[*25] 旧信託法59条は、特約による58条の排除を認めていたが、信託目的の遂行よりも受益者当人ないし第三者の利益を尊重すべきものと裁判所が判断する場合には信託の解消を認めるべきという58条の趣旨から考えて、裁判所のこの解除権を絶対的に排除することは許されないというのが有力説であった（四宮和夫『信託法』〔新版〕349頁（有斐閣、1989年））。

[*26] 法務省民事局参事官室・前掲（*22）154頁。

[*27] ただし、信託行為の定めにより、こうした申立権は制限できないため（信託法92条1号）、申立権不行使に関する特約は、申立権者間で個別に締結することが必要である（福田政之ほか『詳解　新信託法』429頁（清文社、2007年））。

しても要件を充足しないため，信託の終了を命じる裁判によって信託が終了することはないと考えられる。

 (b) 倒産解除特約　　信託契約に倒産解除特約が付されていた場合，受託者は，同特約に基づき信託を終了させることができるか。

 この点に関しては，受益者について，民事再生手続や会社更生手続が開始した場合の解除特約を無効と解すべきとする見解もある[28]。

 しかし，倒産解除特約には様々な適用場面があるから，適用場面ごとに倒産解除特約に基づく解除が，倒産手続の趣旨・目的に反しないかを考察する必要があると考える。ここでは，担保権の実行としての解除と本来の契約解除に分けて検討する。

 更生手続との関係で所有権留保付売買契約における同特約を無効とした最判昭和57・3・30（民集36巻3号484頁・金判645号12頁）や再生手続との関係でファイナンス・リース契約における同特約を無効とした最判平成20・12・16（金判1308号40頁）は，前者（担保権の実行としての解除）に該当する場合である。最高裁昭和57年判決は，所有権留保売買に限定せず，一般的な形で倒産解除特約の効力を否定しており，また，手続の趣旨・目的を害する具体的理由を明らかにしていないため，その射程距離に議論があるが[29]，担保権を制限する更生手続の目的に反し所有権留保売主の有する更生担保権を取戻権に転化させる効力を認めない趣旨と理解するのが一般的であると思われる[30]。また，最高裁平成20年判決では，手続の趣旨・目的に反する理由として「担保としての意義を有するにとどまるリース物件を，一債権者と債務者との間の事前の合意により，民事再生手続開始前に債務者の責任財産から逸出させ，民事再生手続の中で債務者の事業等におけるリース物件の必要性に応じた対応をする機会を失わせること」を挙げており，担保権の実行手続の中止命令（民再31条）を得て別除権協定を締結することや担保権消滅許可制度（民再148条）を利用する機会を失わせることを想定していると思われる[31]。これ

---

[28]　加々美博久編・前掲（*20）407頁，415頁。
[29]　竹下守夫編集代表『大コンメンタール破産法』216頁（青林書院，2007年）参照。
[30]　竹下守夫「弁済禁止保全処分後の履行遅滞を理由とする解除および更生申立解除特約の効力」判タ505号280頁，伊藤眞「証券化と倒産法理」金法1658号83頁等。

らの判例から，少なくとも再建型の倒産手続との関係では，担保権実行の方法である倒産解除特約は手続の趣旨・目的に反し無効と解すべきと思われる。

これに対し，信託契約における倒産解除特約に基づく解除は，担保権の実行手段ではなく，本来の契約解除である（後者の場合）。後者の場合における倒産解除特約の有効性に関しては，まず，同特約による解除を認めることは倒産会社に対して履行か解除かの選択権を付与している法の趣旨を害するとの指摘がなされている[*32]。また，最高裁平成20年判決が指摘する事前の合意による責任財産からの逸出という点は，ファイナンス・リース契約以外の契約にも通じるものとも考えられる。

双方未履行双務契約解除との関係では，一般的に，委託者兼受益者が倒産した場合において，信託契約を双方未履行双務契約として解除することはできないと考えられること（前記(1)(a)(イ)参照）から，倒産解除特約の有効性を認めても，倒産会社に履行か解除かの選択権を付与している法の趣旨は害しないと考えられる。

倒産を予期した事前の合意により，総債権者の共通の担保を構成すべき財産を奪取することになるという点は，相手方が倒産会社に対して履行済みの給付の目的物の返還を求める場合にはよく妥当するが，継続的な法律関係を将来に向かって終了させる場合には，そのまま妥当しない[*33]。一方，当事者が倒産という事態を迎え，従来の契約関係に拘束されるのを不安に思い契約関係を終了させたいと希望するのは契約相手方として自然であり，一定の合理性を有するにもかかわらず，倒産解除特約の効力が否定される根拠は，倒産会社の選択権を無意味にするという点に求められる[*34]。

信託契約において，受託者は契約関係を遡及的に解消して財産を奪取して

---

[*31] 中島肇「民事再生手続におけるリース契約の処遇」ＮＢＬ907号69頁，加藤賢＝坂井瑛美「金融判例解説(1)民事再生手続開始の申立てを解除事由とするファイナンス・リース契約上の特約が無効とされた事例」民研624号20頁。
[*32] 東京地判平成10・12・8（金判1072号48頁），伊藤・前掲（＊11）274頁。
[*33] 伊藤眞「会社更生申立てを原因とする契約解除特約の再検討」北澤正啓先生還暦記念論文集『現代株式会社法の課題』48頁（有斐閣，1986年）。
[*34] 伊藤・前掲（＊33）57頁，59頁，伊藤眞「更生手続申立と契約の解除」金判719号75頁。

満足を得ることを目的としているわけではなく，信託を清算し将来に向かって契約関係を終了させることを目的としているにすぎず，こうした目的には一定の合理性が存する（とくに不動産の流動化においては，委託者兼受益者が追加信託義務等を負担したり，プロパティ・マネージャーやマスターレッシーの立場を兼務している場合があり，受益者が倒産した場合，受託者として契約関係の終了を望む利益状況が存する）。そして，信託契約の多くの場面においては，これを否定しうるだけの倒産会社の選択権も認められない。

したがって，信託契約における倒産解除特約は合理的理由があり，結果として，倒産会社が信託受益権を喪失することになっても，他の倒産債権者との間で正当化されえない不平等が生じるとはいえないと考えられ，倒産手続の趣旨・目的に反することはなく，有効と考えるべきと思われる。

### (3) 抵当権設定契約と否認

受益者が倒産した場合，倒産解除特約に抵触し，また，受益者が倒産状態にあることが信託契約における他の解除条項（追加信託の不実施による費用不足等）に抵触することがありうる。この場合，受託者が信託契約を解除すれば，信託は終了する。信託契約において残余財産の帰属権利者は受益者とされるのが通例であるから，信託が終了すると，受託者は残余財産たる不動産を受益者に交付することになる。

他方，受益者がレンダーからの借入れを行っている場合，レンダーは信託受益権に質権の設定を受けているのが通例であるから，この受益権質権が信託の清算に際してどのように処遇されるかが問題となる。

(a) 不動産質権の存続　　まず，受益権質権を有するレンダーは，信託の清算に際し，民法366条4項に基づき，第三債務者（清算受託者）[35]に対し，不動産を自己に引き渡すことのみならず，質権設定者に所有権を移転し，かつ，移転登記をなすべき旨を請求することができる。そして，この場合，レンダーの有する質権は当該不動産の上に存続することになる。もっとも，第三者に対抗するには，別途，不動産質権の登記手続を行う必要があり，これ

---

[35] 信託が終了すると，信託の清算手続が開始され（信託法175条），以後，受託者は清算受託者として，職務を行うこととなる（信託法177条）。

については，質権設定者である受益者の協力を要することになる。

しかし，不動産質権は，目的不動産の占有を質権者に移転しなければならず，質権者が目的不動産を使用・収益する「用益質」であるから，不動産質権による債権回収は，もっぱら金融を業とするレンダーにとって，困難ないし不可能である。

(b) **抵当権設定契約の締結**　そこで，レンダーとしては，抵当権設定契約をあらかじめ締結しておくことになる。この抵当権設定契約については，受益者との間で締結し登記を留保するものと，信託の終了を停止条件とする停止条件付抵当権設定契約を受託者との間で締結するものがあるので，それぞれにつき否認の問題を中心に検討する。

(c) **抵当権設定者が受益者である場合**

(イ) **偏頗行為否認**　まず，抵当権設定契約が偏頗行為否認（破162条1項1号）の対象となるかが問題となるが，抵当権の設定は危機時期前の受益権質権の設定と同時期に行われているから，偏頗行為否認の問題は生じないと考えられる。

(ロ) **対抗要件具備の問題**　ただし，設定登記を留保しており設定登記が未了であるため，受益者の倒産手続との関係では，倒産会社に当該抵当権を対抗することはできないと考えられる[*36]。

もっとも，倒産手続開始前に仮登記を経由していた場合には，当該仮登記に基づいて受益者たる倒産会社に対し本登記請求ができると考えられるため[*37]，受益者を抵当権設定者とする場合には，仮登記を経由しておくことが肝要である。

---

[*36] 近時，民事再生に関して，根抵当権設定契約をしても再生手続開始前に登記をしていない根抵当権者は，再生手続開始後は，再生債務者に対し，根抵当権を対抗することができないとした大阪地判平成20・10・31（金判1314号57頁）がある（根抵当権者である金融機関側が控訴したが，控訴は棄却され確定した（大阪高判平成21・5・29（金判1321号28頁）））。

[*37] 1号仮登記に関しては，大判大正15・6・29（民集5巻9号602頁），東京地判平成18・10・16（LLI掲載）参照。2号仮登記に関しては，1号仮登記との基本的な差異（権利変動の実体的要件をすでに備えているか否か）を重視して本登記請求は許されないという否定説も有力であるが，最近の有力説は，差押えその他の中間処分を排除できる点では1号仮登記と2号仮登記の間には差異がないことから，2号仮登記の場合も本登記請求を認める。また，肯定説を前提とする判例として，最判昭和42・8・25（金判75号5頁）がある。以上につき，竹下・前掲（*29）197頁以下，伊藤・前掲（*11）261頁以下参照。

(d) 抵当権設定者が受託者である場合　受益者と抵当権設定契約を締結する場合の問題を回避するため，実務的には，受託者との間で停止条件付抵当権設定契約を締結し，信託契約が終了し受託者が受益者に残余財産を交付する前に抵当権の設定登記を行うことを約定することが多い。

　(ｲ)　偏頗行為否認　この場合，受託者が抵当権設定者となるため，抵当権設定登記に受益者の協力は不要であるし，また，偏頗行為否認との関係では，「破産者が…（略）…した行為」（破162条1項1号）に形式的には該当しないことになる。

　しかし，偏頗行為否認の場合には，たとえ第三者の行為であっても，その効果において破産者の行為と同視されるものが認められれば，それについて否認の成立を認めてよいと指摘されており[*38]，行為性の観点からは，受益者と抵当権設定契約を締結する場合と本質的な差異はないと思われる。

　もっとも，停止条件付抵当権設定契約の場合にも抵当権の設定自体は受益権質権の設定と同時期に行われており，危機時期には停止条件の成就のみで受託者の行為が存在しないため，否認の対象とならないと考えることが可能である。

　なお，この点に関しては，停止条件付債権譲渡（債権譲渡人について支払停止又は破産申立てがあったことを停止条件とする債権譲渡契約に係る債権譲渡）は旧破産法72条2号に基づく否認権行使の対象となると判示した最判平成16・7・16（民集58巻5号1744頁・金判1203号12頁）との関係を検討する必要があるが，停止条件付債権譲渡が，危機時期時の責任財産の逸出を目的とするものであるのに対し，停止条件付抵当権設定契約は，信託の終了後も（受益権質権から）引き続き担保権を確保することによって債権を保全することを目的としていること（その意味で抵当権は受益権質権の代替物と評価しうること），目的不動産は受益者の責任財産を構成したことがないこと，信託契約の解除という事情はレンダーの与り知らないものであることなどを考慮すれば，前記最高裁判決の射程は，停止条件付抵当権設定契約には及ばないと解することが可能である

---

[*38]　影浦直人「第三者による弁済の否認」西謙二＝中山孝雄編／東京地裁破産再生実務研究会『破産・民事再生の実務（上）』〔新版〕314頁（金融財政事情研究会，2008年），伊藤・前掲（*11）393頁等参照。

と思われる。

　(ロ)　**対抗要件否認**　次に，停止条件付抵当権設定契約の締結から設定登記までには15日以上が経過しているのが通常であるから，対抗要件否認（破164条）も問題となる。

　対抗要件否認について，判例は，その対象を「破産者の行為またはこれと同視すべきもの」としており[*39]，学説上は，その効果において破産者による対抗要件具備行為と同視されるものも否認の対象となりうるとの考えが主張されている[*40]。受託者と契約を締結することが，対抗要件の具備を確実にするための技巧的手段である側面も否定しがたいことを考えると，判例の基準に従ったとしても，受託者による抵当権設定登記を受益者の行為と同視できないと即断するには躊躇を覚える。

　もっとも，15日の起算日につき，権利移転の原因たる行為の日ではなく，当事者間における権利移転の効果を生じた日とする最判昭和48・4・6（民集27巻3号483頁・金判367号5頁）に従えば，停止条件成就の日から15日以内に抵当権設定登記を具備すれば，対抗要件否認の問題は生じないと思われる。

　以上より，受託者と停止条件付抵当権設定契約を締結する方法は，受益者と抵当権設定契約を締結する方法と比較して，受益者の協力なく抵当権設定登記を具備できる点でメリットがあり，対抗要件を具備していないことによって倒産会社に抵当権を対抗できないという事態を回避することができる。

### (4)　**受益権質権実行の実務上の問題点**

　前記(1)(b)のとおりの任意売却が，受益権に質権を有するレンダーの同意を得られる価格・条件で行われた場合には，受益権質権実行の問題点は顕在化しない。

　他方，結果として担保権行使が必要となった場合の質権実行方法については，信託元本の直接取立て，流質による処分清算，流質による帰属清算，強制執行が考えられる。レンダー自身は受益権又は信託元本を保有又は所有しないのが通常であるから，実務上は流質による処分清算を選択することが最

---

[*39]　最判昭和40・3・9（民集19巻2号352頁）。
[*40]　伊藤・前掲（*11）413頁。

も簡便と考えられる*41が、これを選択する場合であっても、①受益者変更の登記手続（不登103条）に際し、原受益者（倒産会社）の同意書面添付の要否について統一した運用がなされていないこと、②質権者の手元に最新の物件資料等がなく、受益権の売主となる質権者による重要事項の説明（金融商品の販売等に関する法律3条、宅地建物取引業法50条の2の4・35条3項）等に困難を伴うこと、③マスターレッシーと受益者が同一の場合には、受益権の任意処分後も倒産会社と受託者とのマスターリース契約が残存しうること、④後順位質権者が存在する場合、処分清算後の後順位質権の趨勢について法的に争いがある*42こと等、種々の実務上・法律上の問題点が存する。

したがって、貸付及び受益権質権の設定にあたっては、前記の諸問題について契約上手当てをする等の十分な留意が必要である。

---

*41 信託解除の指図を行って、現物不動産について担保権を実行する方法もあるが、この点の問題点については、前記(3)のとおりである。なお、受益権質権者が当該指図権を行使できるか否かについては、金融法委員会・前掲（*19）4頁参照。

*42 動産譲渡担保権の事案について、最判平成18・7・20（金判1252号4頁）、宮坂昌利「最高裁判所判例解説35」曹時60巻6号237頁参照。

## ■コメント

# 「不動産の流動化における受益者・マスターレッシーの倒産」における2, 3の問題

神戸大学大学院法学研究科教授　中　西　　　正

　いわゆるサブプライム・ローン問題に端を発する世界的な金融危機と，これを原因とする世界的な景気後退の影響で，平成20年に入り，不動産投資事業を手がける事業者の法的整理が散見された。その後，世界各国の協調した政策により，金融危機は収まり，景気後退も終わりつつあるようにも思われる。そして，それに伴い，不動産投資事業も一時の大変な状態からは抜け出したように見受けられる。しかし，問題が完全に解決されたわけではなく，苗村＝佐藤論文は現在の実務上重要な問題を取り扱っているといえよう。また，検討の対象としている倒産法上の問題はいずれも難問である。以下，そのうちの2点につき，コメントしたい（紙幅の関係上，1については破産法に限定してコメントする）。

## 1　破産法53条と56条1項

　この問題をより一般的に表現するなら，以下のようになろう。Bはある不動産（以下，「甲」という）をAに賃貸し，AはこれをCに転貸した。その後，B・A間の賃貸借契約もA・C間の賃貸借契約も終了していない時点で，Aが破産手続開始決定を受け，Xが破産管財人に選任された。Xは，B・A間の賃貸借契約と，A・C間の転貸借契約を，破産法53条に基づき解除することができるだろうか。ただし，Aの賃借権も，Cの賃借権も，第三者に対抗できるものとする。

　破産法56条1項により，A・C間の転貸借契約を53条により解除することはできない。この点は，明らかである。では，B・A間の賃貸借契約につい

ては，どうであろうか。文理上は，53条を適用することに何の問題もない。しかし，XがB・A間の賃貸借契約を解除し，その結果，A・C間の転貸借契約も消滅するなら，56条の趣旨に反する結果が生じるようにも思われる。他方，解除できないなら，Xの管財業務に困難が生じよう（賃借権を譲渡するほかない）。

　苗村＝佐藤論文は，B・A間の賃貸借に53条が適用されると解したうえで，本件には，賃貸借契約が合意解除された場合のような，Aの側にCに対する信義則違反とみるべき事情がないこと等を理由に，Aは53条によりB・A間の賃貸借を解除し，その結果，Cの転借権も消滅すると解している。

　56条1項の意味は，Aが甲地を所有している場合には，明確である。実体法がCに保障する地位を破産手続上も保護するため，XはAの賃貸借契約を解除できない。しかし，Xが甲地を売却することにより，A・C間の賃貸借契約は新所有者とCの間に移ることになる。

　では，A・C間の賃貸借契約が転貸借であった場合はどうか。56条1項は，実体法が保障している地位を破産手続でも尊重する趣旨である。だとすれば，この場合は，実体法が転借人に保障している地位を破産法でも保護すれば56条の趣旨に反することはないと思われる。すなわち，Aの破産管財人は，Cに対し，原則としてB・A間の賃貸借契約の終了を主張することができるが，契約の終了が信義則違反と評価されるような場合はこの限りでないと，解せばよいと思われる。そして，Xが53条で解除することには，B・Aが合意解除する場合のような信義則違反的要素はないと評価できるなら，解除によりCの転借権が消滅しても，56条の趣旨には反しないことになる。

　以上のように考えるなら，苗村＝佐藤論文の考え方は基本的には正当であると評価できよう。ただ，Xが賃借権を譲渡できる場合は，これを譲渡せずに53条解除を選択するのは信義則違反となるので，Xによる解除はCに対抗できないと解すべきだとする見解も，成り立つのかもしれない。

## 2　倒産解除特約

　信託行為に倒産解除特約（契約当事者の一方に倒産処理手続が開始された場合に他方当事者は当該契約を解除できる旨の特約）が付いていた場合，この特約は有効

か,つまり,受託者が倒産手続の開始決定を受けた場合に,この特約は有効で,信託は終了することになるのか（信託法163条9号）。

最高裁判所は,倒産解除特約を,会社更生法との関係で無効とし（最判昭和57・3・30（民集36巻3号484頁・金判645号12頁）),さらに民事再生法との関係でも無効としている（最判平成20・12・16（民集62巻10号2561頁・金判1319号45頁））。ここから,倒産解除特約は一般的に倒産法上無効であるとのルールを引き出す見解もあるが,次のように考えれば,この見解は正当でないと思われる。

倒産法は平時実体法をできる限り尊重せねばならないというのが,倒産実体法の基本原則である。当事者は,取引を行う際,相手方が倒産する危険性も考慮して,その実体法上の地位を選択しあるいは形成する。担保を取ったり,現金取引を行ったり,倒産解除特約を付けたりすることは,その例である。このようにして倒産によるリスクを管理して,信用制度などを維持しようとするのである。したがって,倒産法は,倒産によるリスクの管理を実効あらしめるため,このような地位,引いてはその根拠である平時実体法を,できる限り尊重しなければならない。ただ,倒産手続において,すべての利害関係人の平時実体法上の権利・法的地位を完全に尊重することは,不可能である。そこで,これらの権利・法的地位の対立・衝突を公平にあるいは合理的に調整するため,倒産実体法は平時実体法を一部変更するのである。その例として,否認権,相殺禁止,双方未履行双務契約の解除権,不足額責任主義などを,挙げることができよう。それがなければ倒産手続（あるいは倒産処理）は成り立たないという意味で,これらは倒産法の「公序」ということも可能である。

以上のように考えるなら,倒産解除特約も原則として倒産法上有効と扱うべきであり,倒産法の「公序」に反する場合に,例外的に無効と解すべきである。前述の最判昭和57・3・30であれば,会社更生法の担保権の制約を潜脱する結果となるので,認められないと解すべきだと思われる。したがって,信託行為の倒産解除特約には前述のような事情がないので有効と扱うべきであるという苗村＝佐藤論文の見解は,基本的に正当であると思われる。

# 第3 請負契約

■論　文

## 公共工事請負人の破産——前払金の帰趨

弁護士　新　宅　正　人

## 1　公共工事請負契約における前払金の取扱いとその問題点

　公共工事の請負において，発注者である国や自治体（以下，「自治体等」という）が請負人である建設業者に対して，請負工事代金の一部を前払金として，工事発注時や工事が一定の完成度に達した時点で支払うことが多く行われている[*1]。建設請負工事は施工に要する費用が多大であり，完成時まで請負人の費用負担でこれらを賄うことは困難を伴うことから，公共工事に限らず，請負工事においては前払金が交付されることが一般的であるが，特に公共工事は，発注額が多額となることから，前払金の支払がなされることが通常である。

　そして，自治体等は，建設業者の倒産による前払金の回収リスクを回避するため，公共工事の前払金保証事業に関する法律（保証事業法）に基づいて設立された保証事業会社[*2]の保証を受けている。

　本稿では，

① 自治体等から10億円で建設請負を受注した建設業者が，前払金3億円を受けた直後に破産し，前払金全額が破産者名義の預金口座に引き出さ

---

[*1] 前払金支払条項がある場合に，請負業者は，「前金払い」「部分払い」「完成払い」を選択できる。前払金は通常請負金額の30％であるが，特例により40％まで認められる。また，一定の工事完成後に「中間前払金」として20％を請求することもできる。
[*2] 東日本建設業保証株式会社，西日本建設業保証株式会社，中日本建設業保証株式会社，北海道建設業信用保証株式会社の4社がある。

れないまま残存している場合に，管財人はこの前払金をどのように取り扱えばよいか。
② 同じ工事を受注し，同額の前払金を受け取った建設業者が破産し，すでに前払金は材料費や下請業者への支払などに充てられており，工事出来高は2億円にとどまる場合，自治体等に代位弁済した保証事業会社との間で前払金と出来高との精算をいかに行うか。

の2つの設例について若干の考察を行う。

## 2 預金口座に残存する前払金

### (1) 保証事業会社の「拘束」がある普通預金

公共工事の前払金については，保証事業会社の約款により，建設業者は保証事業会社の指定する別口の普通預金に預け入れなければならず，保証事業会社の使途監査を経なければ預金の払戻しを受けることができないとされている[*3]。こうした預金も，通常の普通預金口座を利用しており，保証事業会社の拘束により，建設業者が自由に引出しができないにすぎない。

建設業者の管財人が当該預金の解約や引出しを行おうとすれば，金融機関は，保証事業会社との約定を理由に拒否することとなる。このような破産者の預金口座に残存する前払金の性質は，どのように考えられているのであろうか。

### (2) 公共工事の前払金と信託の成否

このような前払金の性質については，従来から，債権質が成立しているとする見解[*4]や，信託が成立しているとする見解[*5]があり，議論が分かれていた。これに対し，最判平成14・1・17（民集56巻1号20頁・金判1141号20頁）は，信託の成立を認め，預金口座に残存する前払金は，倒産隔離の対象となり破産財団には帰属しないとした。

---

[*3] 東日本建設業保証株式会社前払金保証約款15条，西日本建設業保証株式会社前払金保証約款15条等。ただし，実務的には，すべての前払金がこのような扱いとされているわけではないようである。
[*4] 名古屋高判平成12・9・12（金判1109号32頁（本文の最判平成14・1・17の原審））など。
[*5] 東京高判平成12・10・25（金判1109号32頁）など。

そもそも、自治体等と建設会社との請負契約や前払金の授受にあたって、明示の信託契約が締結されているわけではない。しかし、前記の最高裁判決では、次のような要素を考慮し、自治体等と建設会社との間に黙示の信託契約の成立を認めている。

すなわち、自治体等と建設会社との間の請負契約自体には、前払金を当該工事の必要経費以外に支出してはならないことを定めるのみで、前払金の保管方法や管理・監査方法等については定めていないものの、こうした請負契約は、保証事業会社の保証を前提としている。そして、保証事業法27条が、保証事業会社に前払金が適正に使用されているかについて監査義務を課していることに加え、同法12条1項により、保証事業会社による保証は、前払金保証約款に基づく必要があることとされ、同約款は、（当時の）建設省から各都道府県に通知されていたものである。したがって、自治体等と建設会社は、同約款の内容である前払金の保管、払出しの方法、前払金の使途についての監査、使途が適正でないときの払出し中止の措置等を合意内容として前払金の授受をしたものであって、前払金が別口預金口座に振り込まれた時点で、自治体等と建設業者との間には、自治体等を委託者、建設業者を受託者、前払金を信託財産とし、請負工事の必要経費の支払に充てることを信託目的とする信託契約が成立したとする。

ここで、受託者が単独受益者となることを禁止する信託法8条との関係が問題となるが、前記最高裁判決は、信託の内容が工事の必要経費のみに支出することであり、受託事務の履行の結果は、委託者である自治体等に帰属すべき出来高に反映されることから、受益者は委託者である自治体等であるとし、信託法8条に抵触することはないとしている。

### (3) 信託財産である前払金と管財人

黙示の信託契約が成立したとされる場合、前払金が別口預金口座に振り込まれたとしても、建設会社の一般財産から分別管理され、特定性をもって保管されている以上、登記・登録の方法のない預金については、信託財産であることを第三者性を有する管財人に対抗するために特別の公示方法は必要とされない（信託法14条）。

したがって、保証事業会社の監査を経て払出しがなされるまでは、建設会

社の固有財産とはならないだけでなく，前払金が引き出されないまま建設会社に破産手続開始決定がなされた場合，当該前払金は信託財産として倒産隔離の対象となり，破産財団には帰属しない（信託法25条1項）。この場合，管財人は，前払金が残存する別口預金口座をいかに取り扱うべきであろうか。

　前払金が振り込まれた別口預金口座自体は，通常の普通預金口座であり，特別の標識が付されているわけではない。したがって，破産手続開始決定直後に管財人が信託財産の対象であることを認識することが困難な事態も想定される。しかし，管財人が実際に当該口座を解約しようとしても，金融機関から保証事業会社の承認を受けていないことを理由に預金の引出しを拒否されることになる*6。このような公示方法のない信託財産が管財人に対抗できることは，信託法の定めがある以上，やむをえない。

　そして，信託法は，破産手続開始決定によって受託者の任務は終了し（信託法56条1項3号），委託者及び受益者の合意により新受託者を選任することができるとし（同法62条1項），受託者の管財人は，新受託者が任務を開始するまで信託財産を管理すると定める（同法60条4項）*7。したがって，管財人は，委託者兼受益者である自治体等が選任する新受託者が選任されるまで前払金を管理し，選任された新受託者に前払金を引き渡せば足りる。

　もっとも，双方未履行双務契約解除によって請負契約が終了した場合，請負を基盤とする信託は目的を達することができずに終了することになり（信託法163条1号），新受託者（清算受託者）は，前払金と出来高との精算を行い，残余前払金を自治体等に引き渡すことになる（同法177条・182条）。

　この場合，現実には管財人を新受託者に選任し，新受託者（清算受託者）としての管財人が自治体等に前払金（前記①の設例では3億円）を引き渡すことに

---

*6　なお，受益者である自治体等は，管財人に対し，信託財産である預金の引出し・解約を行わないよう請求することができる（信託法60条5項）。

*7　管財人の法律上の地位については，破産財団代表説や管理機構人格説などの見解がある（伊藤眞『破産法・民事再生法』140頁（有斐閣，2007年），山本和彦ほか『倒産法概説』336頁（弘文堂，2006年））。いずれの見解に立ったとしても，信託財産となる前払金は破産者の固有財産ではなく，破産財団には属しないことから，破産者が管財人としての地位を失った後の余後効としての新受託者任務開始までの信託財産管理義務は，管財人の本来的な職務ではなく，信託法によって創設的に付与された義務であるということになろう。

なるであろう。

これに対し，請負契約の続行が選択された場合は，自治体等は，管財人を新受託者に選任し，管財人は，本来の信託業務として前払金を信託目的に応じて工事の必要経費に充てることになることが多いと考えられる。

すなわち，請負契約の帰趨にかかわらず，管財人は新受託者として選任され，請負契約が解除された場合は信託の清算を，履行選択された場合は本来の信託業務を行うことになろうと思われるが，いずれの場合についても，事後の紛争の可能性を回避するため，自治体等が管財人を新受託者として選任したことを明確にすることが望ましい。

### (4) 民間工事の前払金と信託成立の可能性

自治体等による公共工事以外の民間企業が注文主となった建設工事請負契約においても，工事着工前又は中間段階に前払金が支払われることが多い。このような前払金を信託財産として倒産隔離の対象とすることは可能であろうか。

まず，注文主と建設業者との間で明示の信託契約を締結し，前払金を信託財産とすることは妨げられない。もっとも，前払金が破産手続開始決定前に建設業者の一般財産に混入するなど，分別管理がされておらず，特定性を失っている場合には，前払金は，信託財産ではなく請負業者の固有財産となっているものであるから，倒産隔離の対象とはならず，破産手続開始決定後は破産財団に属することになる。

ただし，分別管理の程度としては，前払金を預金で管理する場合でも，また現金として管理する場合であっても，計算上の分離で足りると解されている（信託法34条1項2号ロ）。

これに対し，明示の信託契約が締結されていない場合にも，公共工事に関する前記最高裁判決と同様，黙示の信託の成立を認めることができるか，また，黙示の信託を認めるとすれば，どのような事情が必要とされるかが問題となる。

この点については，当該財産を請負工事の必要経費にしか使用しないという目的（信託目的）のもとに前払金が交付され，かつ，信託目的に従って分

別管理がなされていることが必要であると考えられる*8。もっとも，信託契約すら存在しない黙示の信託の成立を認めるためには，登記・登録制度がない財産についても，受託者の債権者が受託者の責任財産として期待しない程度の信託財産としての公示が必要であり，預金についてみると，別口の専用口座で特定されていることが要件とされると解すべきである*9。

現在の民間建設請負工事契約では，前払金を別口の専用口座で特定して管理することまでは求められていない。また，前払金を請負工事の必要経費にしか使用できないような手段が講じられておらず，注文者・建設業者双方に信託目的があるとはいえない。したがって，現実に黙示の信託が認められることは少ないであろう*10。

## 3 双方未履行である請負契約の管財人による解除と前払金の取扱い

### (1) 注文者による債務不履行解除と管財人による双方未履行解除との差異

公共工事の前払金が別口で管理される預金口座に保有されている場合は信託財産となり，破産財団を構成しないことは前述のとおりである。しかし，すでに別口預金口座から金銭が引き出され，請負工事の材料費や労働者の賃金，下請業者への支払に充てられている場合，前払金は信託財産から離脱しており，管財人は，直ちに信託財産として前払金相当額の引渡義務を負うものではない。

しかし，請負工事が完成しないまま破産手続開始決定がなされた場合，管財人は，双方未履行双務契約の処理を行うことが必要となり*11，その結果，前払金と出来高との精算を行う必要が生じる場合がある。

特に，公共工事の場合，自治体等は不能届の提出を管財人に求めたうえで

---

*8 黙示の信託成立の要件として，分別管理の事実では足らず，受託者に分別管理義務が課せられていることを要するとする見解もある。道垣内弘人「判批」金法1600号84頁。
*9 米倉明編『信託法の新展開』65頁〔伊室亜希子〕（商事法務，2008年）。
*10 なお，黙示の信託成立の可能性を指摘したものとして，弁護士の債務整理のための預り金口座についての最判平成15・6・12補足意見（民集57巻6号563頁・金判1176号44頁）がある。
*11 最判昭和62・11・26（民集41巻8号1585頁・金判789号3頁）は，いわゆる2分説を採るが，通常，代替性のない公共工事は想定し得ず，管財人が双方未履行双務契約解除をなし得ることは争いがない。

債務不履行解除を行うことが通常であるが，注文者による債務不履行解除と管財人による双方未履行双務契約解除とでは，前払金のうち出来高を超える過払部分の返還請求権の性質が異なると解されており，不能届の性質をどのように解するかが重要な問題となる。

### (2) 不能届の提出と双方未履行双務契約解除

履行選択も契約の解除も行わない時点において，管財人が自治体等の求めに応じて不能届を提出し，自治体等が債務不履行解除の通知を行った場合，どのような根拠で請負契約は消滅することになるのであろうか。

自治体等に保証債務を履行して自治体等の破産者に対する債権を代位取得した保証事業会社は，多くの場合，不能届の提出によって管財人は双方未履行双務契約解除（破53条1項）を行ったものとし，前払金から出来高を控除した過払部分の返還請求権が財団債権となるとして，管財人に対して請求を行ってくる（なお，過払部分の返還請求権が財団債権となるとする解釈の妥当性については，後記(3)で検討する）。

これに対し，自治体等の解除通知によって請負契約が解除された場合には，後記(3)のとおり，過払部分の返還請求権が破産債権となることに争いはない。

公共工事の前払金は，相当な高額となることが通常であり，出来高にもよるが，過払部分も相当な金額となることが多い。前記1の設例では，前払金3億円と出来高2億円の差額が1億円にも上ぼる。このため，過払部分の返還請求権が財団債権となるか破産債権にすぎないかによって，他の破産債権の配当可能性に重大な影響を及ぼす可能性がある。

この点，判決例の中には，不能届等の提出によって双方未履行双務契約解除の意思表示がなされたものとするものがある[12]。同判決は，民事再生の事案であるが，発注者が工事続行を求めていたにもかかわらず，再生債務者が工事を続行しないことを決定して不能届及び協議書を提出し，その後，いったんは工事続行の可否を検討するとしたものの，結局，工事を続行しない方針を維持することを決定し，その旨を告知したことをもって，民事再生法

---

[12] 大阪地判平成17・8・24（判例集未登載）。

49条1項による双方未履行双務契約解除の意思表示にあたるものと判断したものである。

　もっとも，前記の判決例の事案は，工事続行に向けた相当程度の協議や，複数回にわたる意向の表明が行われていた事案であり，単純に不能届を提出した事案ではない。また，そもそも不能届は，自治体等が債務不履行解除を行う前提として，工事続行が不能となった事実を発注者である自治体等に通知するものにすぎず，実際，不能届提出後に自治体等から債務不履行解除の通知が送付される。

　このような不能届の性質からすれば，単に自治体等の要求に応じて機械的に不能届を提出したにすぎない場合，これをもって双方未履行双務契約解除の意思表示を行ったものと解すべきではなく，管財人は，いまだ請負工事の履行と双方未履行双務契約解除の選択を行いうるものであり，自治体等が債務不履行解除の通知を行った時点で請負契約は解除されると考えるべきであろう。

　なお，注文者である自治体等から，破産手続開始決定後に解除をなし得るかが問題となりうる。双方未履行双務契約について，債権者側が民法541条による債務不履行解除をなし得るかについては，破産手続開始決定前に債務不履行に陥っており，催告などの解除権発生の要件が満たされていれば解除権行使は可能とするのが有力説であるから[*13]，破産会社に対する解除権が発生していた場合には，自治体等による債務不履行解除が妨げられることはない。

**(3)　双方未履行双務契約解除による相手方の請求権は必ず財団債権となるか**

　(a)　注文者による解除と管財人による解除との違いで生ずる問題　管財人が自治体等の求めに応じて不能届を提出したとしても，直ちに双方未履行双務契約解除を行ったものではなく，管財人は，履行選択をなし得ると考えられるが，現実に破産会社が下請業者や労働者を確保し，材料を調達して工事を続行することは困難なことが多い。このため，自治体等が不能届を受け

---

*13　伊藤・前掲（*7）264頁。

て債務不履行解除を通知した場合，これにより，請負契約は解消されるが，他方，自治体等が積極的に解除通知を行わずに，管財人に破産法53条2項の催告を行った場合，管財人としては，結局，双方未履行双務契約解除を行わざるを得ない場合が多いといえる。

請負契約が債務不履行解除される場合，請負工事が可分であり，既履行部分について当事者が利益を有するときは，未完成部分のみが解除の対象となる[*14]。その結果，前払金が既履行部分に比して過大な場合には，前払金から既履行部分を控除した過払部分のみが解除の対象となり，請負人は，注文者に対して，解除に伴う原状回復義務として過払部分についてのみ返還義務が生じる。注文者による解除は，破産手続開始決定前の債務不履行によるものであるから，これによって生ずる原状回復請求権も破産債権となる。破産手続開始決定前にすでに解除されていた場合も同様である。

これに対して，管財人が請負契約を双方未履行双務契約解除した場合，前払金の過払部分は，破産法54条2項により財団債権化すると解されている[*15]。

しかし，注文者が解除する場合（又は，開始決定前に解除されていた場合）と，管財人が解除する場合で，このような大きな違いが生ずることは，他の破産債権者の利益がまったくの偶然で左右され，破産手続の法的安定性を害することになるのではないかという疑問が生ずる。

(b) 請負人への信用供与と財団債権化への問題　請負契約における前払金は，請負人である建設業者の完成までに要する材料費や労務費を賄うために支払われることが多いとされる。これは，請負人が金融機関から融資を受けて工事経費を用立てる場合と何ら変わらない。

すなわち，注文者は，請負代金と仕事完成・引渡しとの同時履行による対価的均衡を放棄し，請負人に信用を供与しているものである。こうした信用供与に，他の破産債権に優先する財団債権化という強い保護を与える必要は

---

[*14] 最判昭和56・2・17（裁判集民132号129頁・金判617号16頁），大判昭和7・4・30（民集11巻8号780頁）。
[*15] 前掲（[*11]）最判昭和62・11・26。

ないと考えられる*16。また，注文者が工事代金全額を前払いしていた場合には，双方未履行双務契約解除の余地はなく，注文者の履行請求権は金銭化され，破産債権となるにすぎないが，請負代金の一部のみ前払いした場合と全額を前払いした場合との差異は，信用供与の程度の差にしかすぎないのに，前者にのみ財団債権化という強い保護を与える理由はない*17。

　また，通常の執行手続において何ら優先権がない前払金の過払部分の返還請求権が，請負人の破産によって財団債権として他の債権より保護を受けることは，一般執行手続である破産制度の趣旨に反する。すなわち，請負人による仕事完成が不能となった場合，注文者は，債務不履行解除して前払金を請求し強制執行手続をとるよりも，破産申立てをして管財人が増殖させた破産財団から財団債権として弁済を受けたほうが有利になってしまう。しかし，破産手続に移行したことによって他の債権に優先することになるという結論は，不合理である*18。

　さらに，注文者が破産し，前払金を上回る出来高が生じている場合は，注文者の管財人又は請負人のいずれが解除しても，解除が認められるのは出来高を超える部分であることから，請負人の出来高と前払金の差額の請求権は破産債権となるにすぎない（請負人解除の場合について，民642条1項後段）。請負人破産で前払金が過剰な場合と利益状況は同様であるにもかかわらず，一方は財団債権となる可能性があり，他方は破産債権としかならないことに合理的な根拠はないと考えられる。

　(c)　破産法54条2項の解釈の問題　　そもそも，破産法54条2項は，旧商法993条1項が規定していた破産手続における双方未履行の無賠償解除を修正し，管財人による解除により双方に原状回復義務が生じこれが同時履行の

---

*16　松下淳一「請負人の破産に対する破産法59条適用の有無」ジュリ901号106頁，林田学「建築請負人の破産と注文者の権利」法学教室90号90頁。なお，個人住宅の建築請負の場合に，注文者である個人を特に保護する必要があるとの見解もある（山本ほか・前掲（＊7）201頁）。しかし，個人であっても，建設業者を選択することでリスク回避は可能である。また，個人消費者を保護すべき場面は請負契約に限られたことではない。

*17　田原睦夫ほか「建築請負工事請負人の破産と注文者の権利（特別座談会第2回）」債権管理16号11頁〔田原発言〕。

*18　道下徹＝高橋欣一編『裁判実務大系(6)破産訴訟法』152頁〔平岡建樹〕（青林書院，1985年），田原ほか・前掲（＊17）9頁〔田原発言〕。

関係にあるときに，相手方の義務は全部履行しなければならないにもかかわらず，相手方の請求権は破産債権にすぎないとされることによる不公平を避けるために設けられたものである。したがって，このような不公平の生じない，相手方のみに原状回復請求権が発生する場合には適用する必要がない[19]。

加えて，過払部分が財団債権化されるとすれば，注文者としては，債務不履行解除が可能な場合であっても，管財人による双方未履行双務契約解除を待ったほうが有利であることになる。しかし，特に注文者が自治体等の公共工事の場合，仕掛工事の完成が遅れることによる社会的損失が発生することとなってしまう。

したがって，破産法54条２項は，管財人の双方未履行双務契約解除によって双方に原状回復義務が生じる場合にのみ適用され，この場合には，相手方の原状回復請求権は，財団債権となるが，管財人にのみ原状回復義務が生じる場合には適用がなく，相手方の原状回復請求権は，破産債権となるにすぎないと解すべきである[20]。

このような破産法54条２項の適用を制限的に解する見解に対しては，管財人が履行を選択した場合には注文者の履行請求権は財団債権となり，解除を選択した場合には破産債権となるとするのはバランスを失するとの批判や，管財人側にごくわずかでも原状回復請求権があれば財団債権化を制限する見解によっても相手方の債権は財団債権となることになったり，双方に原状回復請求権が生じる場合でも管財人が原状回復請求権を放棄すれば破産債権となってしまうことになり，不合理であるとの批判[21]がある。

---

[19] 霜島甲一『倒産法体系』383頁（勁草書房，1990年）。
[20] なお，平成17年の破産法改正時に，立法論として，管財人の解除によって双方に原状回復義務が生ずる場合にのみ財団債権化することや，管財人の解除権を廃止し，履行拒絶権を付与することで足りるとすることも検討された。しかし，管財人に通常は認められない解除権を付与したこととの均衡から，相手方のみが原状回復請求権を有する場合でもこれを財団債権化することには一定の合理性があるとの意見や，建築請負契約の前払金の返還請求権が破産債権としかならないとすると，平常時の請負人の資金繰りに影響を与える可能性があるとの意見から，旧法と同様の規定が採用され，なお解釈に委ねられることとなった（法務省民事局参事官室「破産法等の見直しに関する中間試案補足説明」別冊ＮＢＬ74号137頁）。
[21] 福永有利「請負人の破産と破産法59条の適用」昭和62年度重要判例解説139頁。

しかし，前者については，管財人が履行を選択すれば双方が債務を負担し続けることから，相手方の請求権が財団債権とされることに不均衡はないのに対し，管財人が双方未履行双務契約解除したときには，注文者は自らの負担を完全に免れ，既履行部分の所有権を取得したうえに，自らの前払金返還請求権は財団債権となり，かえって不均衡であるとの反論が可能である[22]。また，後者についても，前払金の精算が問題となるような建設工事の請負契約については，出来高部分はおよそ可分であって，前払金が過払いの場合に管財人の原状回復請求権が生じる事態は想定し得ず，不合理な事態とはならないと考えられる。

また，破産法54条2項の趣旨について，管財人と相手方の各原状回復請求権の均衡を重視したものではなく，管財人に特別の解除権を与えたことによって害される相手方の利益との均衡を重視したものと解する見解からは，相手方の利益を重視することが公平であるとする[23]。しかし，相手方との個別的な公平を重視しすぎており，他の債権者（特に労働債権など）との全体的な公平を害することを軽視するものである[24]。

### (4) 請負契約における双方未履行双務契約解除可能な範囲についての再考

前記の最判昭和62・11・26（*11参照）は，請負工事が可分であり，当事者が既履行部分に利益を有する場合，未完成部分のみが解除の対象となるとする。さらにこれを進めて，請負工事が可分であるのであれば，前払金の過払部分に相当する未完成工事部分も観念しうるはずであり，解除可能となるのは，請負代金が支払われておらず，かつ，工事も行われていない部分に限定されるとの解釈も可能であろう。

もっとも，これに対しては，既履行部分の解除を認めないのは，単に可分であるからではなく，社会経済上及び衡平の観念上の考慮によるものであるから，このような考慮を要しない場合についてまで可分性を徹底させること

---

*22 平岡・前掲（*18）151頁，田原睦夫ほか「建築請負工事請負人の破産と注文者の権利（特別座談会第1回）」債権管理15号9頁〔田原発言〕。
*23 伊藤・前掲（*7）282頁，伊藤眞「建築請負人の破産と注文者の権利」法律のひろば41巻4号57頁。
*24 園尾隆司ほか編『新・裁判実務大系㉘新版破産法』254頁〔加々美博久〕（青林書院，2007年）。

は疑問であるとの批判がある[*25]。

しかし，例えば数次にわたって貸し付けることが約束された貸金契約のうち，一部の貸付が完了しつつも残余の貸付が未了のまま借主が破産した場合に，貸金契約全体を双方未履行双務契約解除することで既貸付部分の返還義務が財団債権化することは不相当である。双方未履行双務契約解除しうるのは，未貸付部分のみと解するのが自然であろう。

請負契約の前払金も，注文者が工事のために請負人に対して与信するという要素が強く，前記の包括的貸金契約と利益状況は同じであると考えられる。

したがって，工事請負契約について管財人が双方未履行双務契約解除をなし得るのは，注文者が請負代金を支払っておらず，かつ，請負人が工事を完成していない部分のみであり，前払金の過払部分は双方未履行双務契約解除の対象とならず，破産法54条2項も適用されない結果，破産債権となるにすぎないと考えることが可能ではなかろうか。

また，こうした見解に対しては，管財人が履行選択した場合，解除可能とされる未払代金部分に相当する未施行工事部分のみ仕事を完成すれば足りることになるのではないかとの疑問が生じうる。しかし，履行選択の場合，管財人は未完成工事部分全体の仕事完成義務を負うと解することは可能である[*26]。

## 4 まとめ

本倒産実務交流会においては，双方未履行双務契約解除により，前払金の過払部分が財団債権化されることについての不均衡が指摘されつつも，前記最判平成14・1・17を克服することの困難性などのご指摘を受けた。

これを踏まえて若干の考察を行っているが，さらなる諸兄のご批判を待ちたい。また，信託と倒産隔離については，現行信託法の施行後の実務運用によって議論が深まっていくことが期待される。

---

\*25　瀬戸正義「判批」最高裁判例解説民事篇昭和62年度720頁の調査官解説。
\*26　伊藤・前掲（\*7）267頁，278頁。

## 5 補　　遺

　なお，本稿掲載後，本稿と直接関係する論点ではないが，発注者である自治体等が破産手続開始決定前に公共工事の続行が不可能となったとして解除した場合で，前払金を出来高が上回っているときに，別口預金口座が開設されていた金融機関が破産者に対する破産債権である貸金債権と前払金にかかる預金払戻請求権を相殺することが相殺禁止（破71条1項1号）に該当するかについて，2つの判決がなされている。

　自治体による解除は開始決定前になされたが，出来高査定は開始決定後であった事案につき，名古屋高金沢支判平成21・7・22（判タ1312号315頁）は，信託の終了により残余財産がその帰属すべき者に移転する時期は，信託が終了し，かつ，帰属すべき残余財産が特定された時点であるとしつつ，出来高査定により返還すべき前払金が存在しないことが確認されるまでは，前払金にかかる預金払戻債権は破産財団に帰属したものとはいえないから，破産法71条1項1号の相殺禁止に該当するとする。

　他方，解除だけでなく出来高査定も開始決定前に行われていた事案について，福岡高判平成21・4・10（判時2075号43頁）は，相殺禁止にはあたらず，相殺は有効であるとしている。

■コメント

# 公共工事請負人の破産について
## ——前払金の信託と双方未履行双務契約

神戸大学大学院法学研究科教授 　中　西　　　正

## 1　保証事業法に基づく前払金と信託

　新宅論文は，2つの重要な問題を検討している。そのうちの1つは，公共工事の前払金保証事業に関する法律（「保証事業法」と略す）に基づく，前払金と信託の問題である。地方公共団体が，保証事業法に基づいて設立された保証事業会社の保証を受けて建設業者（請負人）に前払金を支払う場合，自治体を「委託者兼受益者」，建設業者を「受託者」とし，前払金を「信託財産」とする信託契約が成立すると解するのが判例である（最判平成14・1・17（民集56巻1号20頁・金判1141号20頁））。

　したがって，建設業者が破産手続開始決定を受けた場合，一方で，前払金は破産者に帰属する財産ではあるが，破産財団を構成しないため（信託法25条1項），破産管財人の管理処分には服さず，他方で，建設業者は受託者としての地位を失うので（同法56条1項3号），建設業者自身が管理することもできず，この前払金を誰が管理するのかという問題が生ずる。

　新宅論文で示された解決策は，明快だと思われる。まず，新受託者が選任され，その任務を開始するまでは，受託者の管財人に該当する破産管財人が前払金を管理する。これは，破産法78条1項ではなく，信託法60条4項の解釈を根拠とする。そして，委託者兼受益者である自治体は，当該請負契約が解除される場合も，その履行が選択される場合も，破産管財人を新受託者に選任する（信託法60条1項）のが合理的である。法律上当然に生じる効果ではないので，自治体は，自らの選任を明確にしておくべきである。

## 2 請負人の破産と破産法53条

(1) もう1つの重要な問題は、注文者が請負人に前払金を支払い、その後、請負人が前払金に相当する仕事を完成させるまでに、請負人に破産手続が開始され、請負契約が解除された場合の、前払金の返還請求権の取扱いである。

破産法上の双方未履行双務契約の規律は、以下のような趣旨であると理解されよう（加藤正治『破産法要論』〔15版〕129頁以下（有斐閣、1950年）、中田淳一『破産法・和議法』101頁以下（有斐閣、1959年）、三ヶ月章ほか『条解会社更生法（中）』291頁以下（弘文堂、1973年）など。最判昭和62・11・26（民集41巻8号1585頁・金判789号3頁）も同趣旨と思われる）。

双務契約における当事者の債務は対価的関係（対価的牽連関係ともいう。両者は同義である）にあり、互いに他を担保視し合う関係にあるが、この対価関係は破産手続でも尊重されねばならない。つまり、相手方にその債務の完全な履行を要求しながら、その債権につき、破産的配当を行うことは許されない。そこで、当事者の一方につき、破産手続が開始された場合に、この対価関係を保護するとともに、その地位を害しない限度で破産財団の利益を追求する途を開いた。つまり、①対価関係を、相手方にその債務の履行を請求しつつ、破産管財人も相手方に完全な満足を与えることにより、積極的に保護するか、契約を解除して双方の債務を消滅させることにより、消極的に保護するとともに、②管財人が破産財団の利益を考慮して、そのいずれにするか選択することを可能にしたものである。

その後、この問題について主張されている多数の見解は異論もあろうが、基本的には、以上の枠組みの中で、対価関係や解除権の内容を深化したものと位置付けられるように思われる。

(2) 以上のように理解した場合、この問題には以下の考え方があろう。

第1は、「前払金の支払は、与信である」とみる見解である。この場合、注文者は与信の限度で破産法上の対価関係に対する保護を放棄したとみるか、前払金は本体の請負契約とは別個独立の消費貸借契約であるとみることにより、破産法53条の適用を除外して、返還請求権を破産債権とすることになろう。

第2は,「前払金があっても,当該請負契約を同時交換的取引(=対価関係のある取引)とみる」という見解である。一方の給付が刻々となされる取引においては,当事者が同時交換的取引と構成したくても,給付に対し刻々と反対給付をすることが社会的に不可能であるものがある(賃貸借契約において,賃借人が目的物使用の対価を刻々と支払うことは不可能であろう)。このような場合,刻々となされる給付に対し,例えば毎月1回の割合で反対給付を行う,とか,契約終了までに何度か反対給付を行う等の方法で,当該取引全体を同時交換的取引として,破産法53条や同法162条1項本文括弧書による保護(行為の危機否認の適用除外)を受けることが考えられよう。そうでなければ,同時交換的取引の法理の妥当範囲が狭くなり,不合理で不公平な結果になると思われる。

　そして,請負契約の場合,注文者が前払金を支払い,請負人が一定の仕事をし,次に中間金を支払い,さらに一定の仕事をして,最後に残金の支払とともに完成物の引渡しを受ける,という取引の形態は,まさにこの場合に該当すると考えるのである。

　これは難しい問題であるが,いずれが正当か,というより,実際に問題とされる事例がどちらのタイプに該当するかという,当該取引の解釈の問題と理解すべきである。そうはいっても,解釈が非常に難しい場合もあり,問題の最終的な解決には,さらに多くの議論が必要であろう。

# 第4　リース契約

■論　文

## 転リース契約への民法613条1項前段の類推適用の可否

弁護士　大　江　祥　雅

## 1　はじめに

　本稿において紹介する裁判例は，小職が担当した事件で，転リース契約への民法613条1項前段の類推適用の可否が問題となったものである。第1審である東京地判平成17・5・27（金判1256号46頁）は類推適用を肯定したが，第2審である東京高判平成18・3・8（金判1256号38頁）は類推適用を否定し，最〔3小〕決平成19・9・23（判例集未登載）は上告を棄却及び上告不受理を決定し，同高判を維持した。

　周知のように，リース契約については，信用供与契約・賃貸借契約いずれの側面を重視すべきかをはじめ争点が多く，その法的性質について諸説ある。また，最高裁判例及び多くの下級審裁判例があるものの，賃貸借契約に関する民法の規定がどこまでリース契約に適用・類推適用されるのか不明確である。フルペイアウト方式かノンフルペイアウト方式かによって違いが生じるのかについても，いまだ明確な結論が出ていない。

　本件は，初めて転リース契約への民法613条1項前段の類推適用の可否が判断されたものであり，第2審における民法613条1項前段の法意への言及，ノンフルペイアウト方式の原リース契約及び転リース契約がフルペイアウト方式と同様に信用供与契約性を有しているとの判示も含めて，リース契約の法的性質を検討するうえで参考となる。

## 2 事　　案

本件の事案の概要は，次のとおりである。

①　平成4年12月，Z社は会社更生手続開始決定を受けた。

②　平成10年から11年にかけて，X社（原リース会社）・Y社（転リース会社）・Z社（ユーザー）の間で，運送用トラック等を目的物とするノンフルペイアウト方式の原リース契約及び転リース契約（以下，あわせて「両リース契約」という）が結ばれた。

両リース契約の文言は同一で，相異としてはリース料に若干差があるのみである。両リース契約において，ユーザーは，目的物の保守点検整備，修理，修復を行い，これらの費用を一切負担し，また公租公課も負担するとされた。

X社がZ社に直接リースしなかったのは，Z社が会社更生手続中のため与信できなかったことによる。一方，Y社は大阪証券取引所2部上場会社であった。

③　平成13年3月，Y社は民事再生手続開始決定を受け，X社のY社に対する未払リース料債権・規定損害金債権は再生債権となった。

④　平成14年7月，Z社は破産宣告を受けた。ただし，Y社のZ社に対する未払リース料債権・規定損害金債権は，財団債権（平成15年改正前会更24条・23条1項本文）である。

⑤　その後，X社が，Z社に対し，民法613条1項前段に基づき，未払リース料・規定損害金等の支払を求めて提訴したのが本件である。小職が代理したY社は，第1審において当事者となっておらず，第2審から補助参加した。

⑥　なお，Y社は，別途Z社に対し，未払リース料・規定損害金の支払を求めて提訴し，後日和解している。

## 3　民法613条1項前段の法意と類推適用の条件

### (1)　総　　論

転リース契約への民法613条1項前段の類推適用の可否を検討するうえでは，まず同項前段の法意が問題となる。1・2審はともに，「ファイナン

ス・リース契約は，法形式上は賃貸借の形式をとるものの，その実質は，ユーザーにリース物件の購入代金等相当額の金融の便宜を付与するものであるから，民法の規定する典型契約としての賃貸借契約そのものと解するのは相当ではなく，非典型契約であると解するのが相当であって，民法の定める賃貸借契約に関する条項が直ちにすべて適用されると解することはできない」としたうえで，「民法613条１項前段が適用ないし類推適用されるか否かは，民法613条１項前段の趣旨，本件各転リース契約の趣旨ないし契約に至る経緯及びファイナンス・リース契約の前記性質を踏まえて判断するのが相当である」とした。

民法613条１項前段は賃貸人の利益を保護するものとされているが[*1]，その立法趣旨に詳しく言及する文献は少なく，また最高裁判例もないようである。なお，民法起草者である梅謙次郎の見解を紹介すると，梅は，①転借人が賃借人に対してその義務を履行しているにもかかわらず，賃借人が賃貸人に対してその義務を履行していない事例は少なくない。②この場合，賃借人が利益を独占する一方で賃貸人が大きな損害を被るおそれがあり，転借人は目的物を使用収益して利益を得ているが，これは不公平である。③そこで，民法613条は，賃貸人に対して転借人へ直接請求できる権利を与えた旨述べている[*2]。

### (2) 第１審の判旨（東京地判平成17・5・27）

第１審は，「民法613条１項前段は，賃借人が転借人に対して有する転借料や転借物の減失毀損による損害賠償債権は賃貸物自体又はその使用の対価ないし変形と考えられることに鑑み，賃借人が無資力の場合に賃貸人を保護する規定の趣旨と解される」としたうえで，「リース料支払債務とリース物件を使用収益させる債務とが対価関係に立たないことから直ちに民法613条１項前段の類推適用の根拠を欠くとは言い難」い，つまり，対価関係がなくとも類推適用され得ると判示した。

### (3) 第２審の判旨（東京高判平成18・3・8）

---

[*1] 幾代通＝広中俊雄編『新版注釈民法(15)』287頁〔篠塚昭次〕（有斐閣，1989年）。

[*2] 梅謙次郎『民法要義　巻之三　債権編』656頁（信山社，1992年）。

第2審は，民法613条1項前段を，「賃貸借契約においては目的物の使用収益とこれに対する賃料支払義務との間の対価的な牽連関係が存在するところ，賃借人が無資力の場合において，転借人が目的物を使用収益しているにもかかわらず，賃貸人が，契約関係が別個であるとの理由で，転借人に対して何らの請求もできないとするのは公平を害することから，賃貸人に対して転借人に対する直接の請求権を認めた制度」であるとした。民法613条1項前段の趣旨についてだけいえば，第1審と大差はない。

　しかし，第2審は，類推適用の条件を第1審よりも厳しく解し，民法613条1項前段の類推適用が認められるためには，リース料の支払義務と目的物の使用収益が「賃貸借契約におけるような意味での対価関係」に立つ必要があるとした。1・2審の結論が分かれた大きな理由はここにある。

**(4) 対価関係の要否について**

　民法613条1項前段は，直接の契約関係がないにもかかわらず，公平の観点から賃貸人の転借人への直接請求を認める特別なものであるから，その類推適用は慎重であるべきで，第2審が維持されたことは首肯できる。

　リース契約以外にも，譲渡担保契約[*3]など信用供与契約・賃貸借契約両方の側面を有するものがあるが，第1審のごとく「賃貸借契約におけるような意味での対価関係」を不要とするならば，これらにも類推適用の余地が生じ，妥当でない。

　これまでは民法613条1項前段の類推適用の条件はあまり議論されておらず[*4]，1・2審の相異は参考となろう。

## 4　あてはめ

**(1) 第1審（東京地判平成17・5・27）**

　第1審は，まず，①「リース（賃貸）する」との文言，②契約が解除されたときは，「ユーザーは直ちに自動車をリース業者に返還する」との文言，

---

[*3]　譲渡担保契約に付随して賃貸借契約が締結され，賃料として弁済がなされている場合もある（道垣内弘人『担保物権法』〔第2版〕308頁（有斐閣，2005年）参照）。

[*4]　土地所有者と借地上建物の賃借人及び転借人に対する民法613条1項前段の類推適用についてではあるが，肯定する見解がある（幾代・前掲（*1）287頁）。

③第三者への転貸・保管場所の変更・用途の変更等にリース業者の事前承諾が必要とされていることに触れたうえで，これらは民法613条1項前段と趣旨を同じくするとした。

次に，契約締結の経緯について触れ，両リース契約はＹ社がＺ社の信用を補完するためになされたもので，その利益はもっぱらＺ社が享受していたと判示したうえで，両リース契約の内容が酷似していること等もあわせて考えると，Ｘ社がＺ社に対して直接請求できるとしても，当事者に予想外の不利益をもたらさないとした。

そして，Ｘ社がＺ社に直接請求できないとすると，Ｚ社は目的物件を利用したにもかかわらず支払義務を免れることになるので[*5]，不公平となるとし，民法613条1項前段の類推適用を肯定した。

### (2) 第2審（東京高判平成18・3・8）

(a) 総　論　第2審は，次のとおり両リース契約の形式面及び実質面を検討し，「賃貸借契約におけるような意味での対価関係」はなく，民法613条1項前段は類推適用されないとした。

(b) 形式面　第2審は，法形式としては賃貸借契約の方式によっているとした。その理由として，①「リース（賃貸）する」との文言，②契約が解除されたときは，「ユーザーは直ちに自動車をリース業者に返還する」との文言，③第三者への転貸・保管場所の変更・用途の変更等にリース業者の事前承諾が必要とされていることを挙げている。

しかし，第2審は，当該①・②・③では対価関係を根拠付けることはできないとした。①はまさに形式的なもので，また②・③と同様の規定が信用供与契約である所有権留保売買契約・動産譲渡担保契約に存することに鑑みると，妥当であろう。

(c) 実質面　第2審は，実質面を検討して，「契約締結と同時に全リ

---

[*5] この点は事実認定の誤りであり，第2審において修正されている。Ｚ社はＹ社に対して支払義務を負っていないわけではなく，Ｚ社がＹ社に一定金額を支払う内容で和解が成立している。民法613条1項前段の類推適用の可否の判断における重要な要素について事実認定を誤っている点，第1審の判断は不十分であったとの感がある。また，民法613条1項前段の適用において，転借人は前払いをもって賃貸人に対抗することはできないものの，原則として賃借人の転借人に対する債権の存在が前提であるが，第1審はこれに矛盾するように思われる。

ース料債務が発生し，リース契約期間中は，ユーザーは残リース料の一括支払又は規定損害金の支払をしなければ，当該リース契約を中途解約して契約関係から脱退することができないものであって，本件各自動車の使用収益とリース料債務又は規定損害金の支払義務とが切断されていることからすると，本件各原リース契約及び本件転リース契約においては，目的物の使用収益とこれに対する賃料支払とが対価関係にある賃貸借契約の実質を備えていないものというべきである」。「リース業者の所有物を同契約のユーザーが使用し，ユーザーが一定の金銭（リース料）を支払うという意味程度の対価関係は肯定できるものの，賃貸借契約におけるような意味での対価関係には立たないものというべきである」と判示した。

　検討された実質面は，①契約解除後，残リース料相当額の規定損害金をユーザーに請求できること[*6]，②リース業者が，原因のいかんを問わず，リース物件の修理，修復を行わず，またその費用一切を負担しないこと，③ユーザーは，目的物を使用しない期間があっても，リース料等の支払を免れないこと，④ユーザーが公租公課を負担すること，⑤不可抗力によってリース物件の引渡しが不可能になったときや，隠れた瑕疵があった場合でも，リース業者が一切の責任を負わないことである。

　第2審は，ここにおいて，両リース契約はノンフルペイアウト方式ではあるが，リース満了時に残存価値があることが前提とされているほかはフルペイアウト方式と変わらず，最〔2小〕判平成7・4・14（民集49巻4号1063頁・金判973号3頁）がフルペイアウト方式のファイナンス・リース契約についてリース物件の使用とリース料の支払とは対価関係に立たないとして金融取引的な理解を鮮明にしていることに照らすと，フルペイアウト方式と同様に信用供与契約性を有していると判示した。確かに第2審は，両リース契約の具体的内容に言及したうえで当該結論を導き出しており，事案によっては，ノンフルペイアウト方式のファイナンス・リース契約について信用供与契約性

---

[*6] 第2審は，この点を，解除後に賃料を請求できない賃貸借契約と決定的に異なっていると強調している。

が否定される場合もあろう[*7]。しかし，フルペイアウト方式に関する前記最高裁判例やその他裁判例[*8]の射程を検討するにあたり，参考となろう。

なお，第1審は，リース料支払債務とリース物件を使用収益させる債務との間に対価関係があるといっているわけではなく，その限りにおいては第2審と異なっていない。

### (3) まとめ

リース契約は多様で，個々にその内容が異なるのであるから，賃貸借契約に関する民法の規定が適用又は類推適用されるかを判断するには，丁寧に契約条項を検討せざるを得ない。第2審は，詳細に契約内容を分析・検討し，またノンフルペイアウト方式とフルペイアウト方式の相異についても配慮しており，参考となろう。

## 5 その他

### (1) 第2審の価値判断

第2審の価値判断が，判決の中で示されている。

第2審は，「本件最高裁判決[*9]が，フルペイアウト方式によるファイナンス・リース契約において，金融取引的理解を前提に，ユーザーがリース物件の使用が不能の場合においても原則としてリース料の支払義務を免れないことなど，リース業者に対して賃貸人とは異なる権利義務を認めており，……リース業者において，ユーザーの倒産などの場合には，上記と異なり，金融

---

[*7] 東京地判平成21・9・29判タ1319号159頁は，転リース契約ではないと事実認定しているものであるが，仮に実質的に転リース契約であるとしても，「一般に，転リース契約においては，同契約の貸主が借主に対して金融の便宜を供与しているのではなく，実質的には，原リース契約の貸主が金融の便宜を供与しているのであるから，転リース契約のリース料支払債務を貸金返還債務に類するものとみて，同債務が転リース契約の締結時に全額発生するものとみることはできないというべきである。」「実質的に転リース契約であるというだけでは，同契約が民事再生法49条1項にいう『双務契約』に当たらないとはいえない。」と判示した。確かに第一次的には原リース契約の貸主が金融の便宜を供与している事案もあり（事実，本件では，X社がZ社に直接与信できず，Y社がZ社の信用リスクを引き受けた），安易には一般化し難いと考える。

[*8] 大阪地決平成13・7・19判時1762号148頁，東京地判平成15・12・22判タ1141号279頁等。

[*9] 判決では，最〔2小〕判平成7・4・14民集49巻4号1063頁が引用されているが，最〔1小〕判平成5・11・25金法1395号49頁が正しいと思われる。

取引的な性質をかなぐり捨てて一転してリース業者に賃貸借契約における賃貸人と同様に民法613条1項前段の適用ないし類推適用を認めるべきであると主張するのは一貫しておらず，相当とはいえないものというほかない」と判示している。リース業者はリース契約に賃貸借契約・信用供与契約両方の有利な要素を共存させたいと考えるであろうが，第2審はこれを端的に否定した。

また，「仮に，被控訴人（X社）が本件各原リース契約に基づく債権の十分な満足を得られないとしても，そのことは，被控訴人において，信用力があるものと見込んで本件各原リース契約を締結した補助参加人（Y社）の経営状態が予想に反して悪化し，民事再生手続が開始されたことに基づくものといえるから，控訴人（Z社）に対する直接請求が認められないことが公平を害するものということもできない」と判示した。ユーザーの信用力に依拠したいのであれば，ユーザーに対して直接リースする又はユーザーを保証人とすること等で対応できるのであるから，妥当であろう。

(2) サブリースとファイナンス・リースの相異

本訴訟のなかで，X社は最〔3小〕判平成15・10・21（民集57巻9号1213頁・金判1187号6頁）に触れ，ファイナンス・リース契約も，サブリース契約と同様，賃貸借契約の側面を有すると主張した。しかし，第2審は，①当該最高裁がサブリース契約に借地借家法が適用されるとした理由は，当該契約において，貸主が借主に対して建物賃貸部分を使用収益させ，借主が貸主に対してその対価として賃料を支払うとされており，建物の賃貸借契約であることが明らかであったことにある，②本件と当該最高裁の事案は前提を異にしており，当該最高裁を本件に及ぼすことはできない，と判示した。

当該最高裁の事案では，途中で契約が解約されても残存期間の賃料総額相当金の支払義務が賃借人に課せられていないようであり，確かに本件事案と異なると考えられる。しかし，サブリース契約の中には，途中解約の場合に残存期間の賃料総額相当金の支払義務が賃借人に課せられているものがある。このような契約について民法613条1項前段や借地借家法の適用があるのか，興味深い問題である。

## 6 おわりに

　最〔3小〕判昭和57・10・19（民集36巻10号2130頁・金判661号3頁）をはじめ，次第にリース契約の金融取引的側面が強調されているように思われるが，第2審はこれに親和的である。

　なお，企業会計においても，所有権移転外ファイナンス・リース取引について，これまでの賃貸借取引に係る方法に準じた会計処理を廃止し，売買取引に係る方法に準じた会計処理を行う旨発表されているので，参照されたい[*10]。

---

[*10] 「リース取引に関する会計基準」（企業会計基準第13号，改正平成19年3月30日），「リース取引に関する会計基準の適用指針」（企業会計基準適用指針第16号，最終改正平成23年3月25日）。

■コメント

# ファイナンス・リースの破産法上の取扱い

神戸大学大学院法学研究科教授　中 西　　正

## 1　はじめに

　債務者が倒産すれば，信用供与者は損失を被る。取引界では，このような損失を管理するため，担保権のような倒産による損失を回避するための手段，あるいは，同時交換的行為のようにそもそも信用供与自体を回避しようとする取引などが創り出されてきた。もちろん，このような手段なしで供与される信用（無担保信用）もある。取引界は，債務者や取引の態様に応じてこれらの手段を使い分け，それぞれの取引のリスクに応じた価格，手数料，利息などを設定し，倒産による損失を分散することにより，これを管理しているわけである。

　したがって，倒産が起こる社会で信用制度を維持するためには，このような損失の分散による管理が現実に機能するようにせねばならない。そのためには，まず第一に，取引界が創出した倒産による損失を回避する手段や，信用供与を回避する取引を，倒産処理の場面で尊重することが不可欠である。無担保信用供与者の損失を合理的範囲に抑えることも，同様である。そして第二に，このような法的手段同士が対立し合う場合には，それらの調和を図らねばならない。以上は，倒産実体法の最も基本的な目的であろう。

　東京高判平成18・3・8（金判1256号38頁）では，ファイナンス・リース契約に民法613条の適用があるか否かを決定する前提として，それが賃貸借契約的な性質を有するのか，あるいは信用供与契約的な性質を有するのかが問題とされ，リース契約を解除した時にリース業者が残リース料相当額の規定損害金を取得する等の点に着目して，ファイナンス・リース契約は信用供与契約的であると判断された。本稿では，主としてこの問題につき検討を行う

ことにしたいが、ここでの問題を一言でいうなら、ファイナンス・リース契約における信用供与取引の要素と、同時交換的行為（信用を供与しない取引）の要素の調和である。以下でこれを解説することとしたい[*1]。

## 2 信用供与取引の破産法上の取扱い

信用供与者とは、さしあたり、ある債務が債務不履行となるリスクを、その債務者との合意により引き受けることであると、定義しておきたい。したがって、自らの給付は完了し、反対給付を得る権利を債権として有している者は信用供与者である。信用供与者は、破産債権者となり[*2]、相手方の破産による損失を負担する。ここに、「破産による損失」（破産手続において破産債権者が被る損失）とは、以下のとおりである。破産債権者は、自らの給付は完了し、反対給付を得る権利を破産債権として有している。そして、債務者に破産手続が開始されると、自らは完全な給付を行ったにもかかわらず、反対給付を請求する権利については破産債権者として按分弁済を得るのみである。これによって生ずる損失が「破産による損失」である。

破産債権者が破産財団に対する様々な権利のなかでも株主に次ぐ順位で破産による損失を負担させられる根拠は、リスクの引受けに求めることが許されよう。すなわち、相手方が債務者との双務契約で先履行義務を負い、反対給付を得る前に債務者より先に自らの債務につき履行を完了した点で、相手方は債務者の損失をリスクとして引き受けたと評価でき、そうでない他の権利者と比較して、債務者の損失を優先して負担させるに十分な根拠が備わっているとみることができる[*3]。

信用供与者は、破産債権者となり、破産による損失を負担せしめられるが、信用を供与する相手方の財務状況に応じて、価格、手数料、利息を設定し、担保を取り、あるいは一定の事由に基づき期限の利益を喪失させて残債

---

[*1] 本稿は、中西正「双方未履行双務契約の破産法上の取扱い」谷口安平先生古稀祝賀『現代民事司法の諸相』497頁以下（成文堂、2005年）のうち、この問題に関する部分を要約したものである。議論の詳細は、上記文献に譲りたい。

[*2] 破産債権者はかならずしも信用供与者ではない。後掲*3を参照。しかし、以下で「破産債権（者）」という場合、それは信用供与の結果生じた債権（者）を意味することとする。

権全体の取立てを行うなどしてリスクを管理し（リスクの程度を決定し），取引全体（当該信用供与者は多数を相手に取引しているであろうが，その取引の全体）として，利益が上がるようにするわけである。次に述べる同時交換的取引の場合，破産法53条1項により契約が解除されたときは，残債権全体が消えてしまい，担保権も意味を失い，残債権の回収もできない。しかし，破産債権として債権を持ち続ける信用供与者の場合，このような問題はない。以上のようなリスク管理が可能な点は，まさに信用供与者が債務者の破産による損失を引き受けているからこそ認められる（正当化される）のだと思われる。

## 3 同時交換的行為の破産法上の取扱い

### (1) 同時交換的行為の意義

同時交換的行為とは，債務者と相手方の間で，給付と反対給付を同時交換的に行うことが合意された取引のことである。給付と反対給付の間に対価的牽連関係の認められる取引であるということもできよう。一方が先履行して，反対給付を請求する権利を債権としてもつことにより，他方の債務不履行のリスクを引き受けるという要素が見られないので，非信用供与型取引であるということもできる。それゆえ，同時交換的に給付することを内容とした取引成立（契約締結）後に当事者の一方が自らの債務の履行を先に完了した場合には，信用供与が認められるため，当該取引は同時交換的行為の属性を失う。

同時交換的行為の典型は現金取引などの同時履行の抗弁権付取引であるが，同時履行の抗弁権付でない取引でも，月初や月末に当月の賃料を支払う賃貸借契約は，これに該当しよう。この場合，刻一刻となされる目的物の使

---

＊3　破産債権の典型は破産手続開始前に債務者に対して信用を供与したことにより生じた債権であるが，信用供与的要素が存在しない破産債権もある。例えば，相手方の財産が債務者の財産と混同して不当利得返還請求権が発生し，その直後に債務者につき破産手続が開始された場合，その不当利得返還請求権は破産手続開始前の原因に基づく債権であり，破産債権として扱われよう（破2条5項参照）。だが，債務者との返還交渉の結果相手方が期限の猶予を与えたなど特段の事情のない限り，ここには信用供与（リスク引受）的要素は存在しない。このように信用供与的要素がないにもかかわらず，破産による損失を最優先で負担させられるのは，優先権は可及的に排除せねばならないという原則が破産法に妥当しているからだと思われる。詳細は，中西・前掲（＊1）引用文献517頁以下を参照。

用・収益に応じて，賃料を刻一刻と同時交換的に支払うのは不可能であるため，社会的にみて可能な限り同時交換的に近い形態として，まとめて月初に支払う，あるいは月末に支払うなどの形がとられているからである。電気，水道，ガスなどの供給契約についても同様である。請負の報酬を着手金，中間金として支払った後，残額は完成物の引換えに支払う形態の請負契約も，これに該当する場合が多いであろう。

(2) **同時交換的行為の破産法上の地位**

(a) はじめに　破産法においては，同時交換的行為の相手方は，他方の破産による損失を負担しないよう規律されている。以下では，AとBが，BがAにある商品（以下，「甲」という）を売り渡し，甲の引渡しと代金の支払は同時交換的に行うという売買契約を締結したが，その後Aは破産手続開始決定を受けたという設例に基づき，説明を行うことにしたい。

(b) AもBも履行を完了した後Aが破産手続開始決定を受けた場合　まず，Aが破産手続開始決定を受けるまでに，AとBが同時交換的に履行を完了した場合につき検討する。

AとBの同時交換的な履行がAの危機時期になされ，その時点でBが危機を知っていた場合には，AのBに対する弁済は偏頗行為の危機否認に服する可能性がある（破162条1項1号）。Bが受けた弁済が偏頗行為の危機否認に服すなら，Bは，自分がAに引き渡した甲の返還は受けないが，Aより支払を受けた代金は破産財団に返還し（破167条1項），これによりBのAに対する売買代金債権が復活し（破169条），Bは破産債権者として按分弁済を受けることになる。Bは，自らは完全な給付を行ったのに，反対給付を請求する権利につき按分弁済しか得ることができないのであるから，破産による損失を負担させられたことになるわけである。ところが，このような偏頗行為の危機否認は，同時交換的行為の例外により，AによるBに対する弁済については排除されている（破162条1項括弧書）。履行の時期がAの危機発生より前であったり，危機時期に履行されたがその時点でBはAの危機を知らなかったときは，そもそも偏頗行為の危機否認の問題が生じない。

したがって，(b)の場合には，「破産法は，同時交換的行為の相手方に破産による損失を負担させないよう規律している」ということができよう。

(c) 破産手続開始時に双方とも未履行の場合　次に，Aが破産手続開始決定を受けた時点で，AもBも履行を済ませていなかった場合が問題となる。この場合には，破産法53条1項，54条2項，148条1項7号などが適用されよう。すなわち，①履行が選択された場合，相手方は完全な履行を要求されるが，反対給付を請求する権利についても完全な満足を得る。②解除が選択された場合，通説的見解によれば，相手方も破産管財人も未履行の債務は免れ，既履行部分については互いに履行したものを返還することになる。以上の規律は，全体として，双方未履行双務契約の当事者の一方が破産した場合に，相手方が破産による損失を負担することを回避させていると，みることができる。①，②いずれの場合にも，相手方（この場合はB）は，自らは完全な給付を行いながら，反対給付を請求する権利については按分弁済しか得ることができないという立場に置かれることはないからである。

(3) **破産による損失を負担させない根拠**

以上から明らかなように，破産手続開始決定前に双方により同時交換的に履行された場合にも，破産手続開始決定時に双方とも未履行の場合にも，同時交換的行為の相手方は破産による損失を負担させられることはない。そこで，次に，そのような取扱いの根拠が問題となる。

偏頗行為の危機否認は，否認の相手方に酷な結果を負担させる。否認の相手方は，自らが債務者より受け取ったものを返還せねばならないにもかかわらず，自らが債務者に行った給付の目的の返還は受けることなく，前者を請求する権利につき按分弁済を受けるだけである。そして，たとえ債務者に有利な取引（相手方が行う給付の価値が債務者が行う給付の価値より高い取引。例えば，危機に瀕したAを救うため，Bが安い価格でAに原材料を売却する取引，Bが高い価格でAより商品を購入する取引などがこれに該当しよう）であっても，債務者より相手方に対して弁済があれば，債権者を害する結果（偏頗的結果）が発生したことになり，偏頗行為の危機否認の対象となる。したがって，債務者の危機を認識した者には，そのような債務者との取引を拒絶することのほか，偏頗行為の危機否認による酷な結果を回避する手立ては存在しないことになる。そのため，危機に陥った債務者との取引は一般的に避けられ，債務者は危機時期に事実上取引界から排斥されることになり，財産を時価で売却して必要な資

金を得る，担保設定と引換えに融資を得るなどの，事業の継続・再生に最低限必要な取引も行うことができなくなる。このような結果は明らかに不当であろう。そこで，同時交換的行為は偏頗行為の危機否認の対象外とされたのである（破162条1項括弧書）。

　しかし，信用度の低下した債務者が事実上取引界から排斥される問題は，偏頗行為の危機否認を同時交換的行為について排除するだけでは完全には解決できない。債務者と相手方が合意した後，直ちに双方の履行が完了する場合は格別，合意の時期と履行期との間に一定の時的間隔がある場合には，双方が給付と反対給付の履行を完了した後で破産手続が開始される場合だけでなく，双方ともにこれを完了しないうちに手続が開始される場合も想定される。これらすべての場合に相手方は破産による損失を被らないという保障がない限り，信用度の低下した債務者との取引に対する萎縮的効果は依然として存在し，このような債務者が取引界から事実上排斥され，事業の継続・再生に最低限必要な取引も行うことができなくなるという問題は解決できないからである。したがって，同時交換的行為を偏頗行為の危機否認に服せしめないという例外だけでなく，破産手続開始の時点で，同時交換的行為が双方未履行の場合にも，相手方が損失を負担することを回避させる必要がある。そこで，同時交換的行為につき，双方未履行双務契約の規律（破53条1項・54条2項・148条1項7号ほか）がなされたのである。

　同時交換的行為がなされる理由の1つは，取引の相手方の支払能力を十分に信用できないため，相手方破産による損失を負わないよう信用の供与を回避する，という点にあろう。取引界が同時交換的行為に付与した，信用供与の回避という相手方倒産の場合に備えたリスク管理機能を尊重しなければ危機に陥るなど信用度の低下した債務者が取引界から事実上排斥され，事業の継続・再生に最低限必要な取引も行うことができなくなるという弊害が生じよう。そこで，破産法は，162条1項括弧書や，53条1項・54条2項・148条1項7号などにより，同時交換的取引の当事者に破産による損失を負担させないこととして，信用供与の回避という取引界が同時交換的取引に与えたリスク管理機能を尊重したのである。

## 4 ファイナンス・リース契約の破産法上の取扱い

### (1) 信用供与取引の要素と同時交換的行為の要素の併存

リース業者LとユーザーUの間でファイナンス・リース契約が締結され、LとサプライヤーSの間でリース物件につき売買契約が締結され、リース物件がUに引き渡され、LよりSに代金が支払われるなどしてから、リース期間が満了するまでに、Uに対して破産手続開始決定がなされたとする。

破産管財人がリース契約を解除した場合、損害賠償の予定（規定損害金請求権）などの構成により、Lは実質的な残存賃料債権全体を破産債権として取得しよう。この点をみれば、リース契約は信用供与的である。Lが自ら先履行し、反対給付を請求する権利を債権としてもっている状態と等しいとみることができるからである。仮に同時交換的行為であれば、解除されれば残存する賃料債権全体も消滅するはずである。

他方、破産管財人が履行を選択すれば賃料債権はすべて財団債権となることが企図されている点では、リース契約は同時交換的行為の要素を有しているといえる。信用を供与したのであれば、LのUに対する債権が破産債権となるだけであり、当該リース契約につき履行の請求か解除かが問題となったり、LのUに対する債権が財団債権となったりすることはないからである。

### (2) 2つの要素を併存させる趣旨

(a) 以上のようにみるなら、ファイナンス・リース契約とは、契約自由の原則に基づき、同時交換的行為の一要素と、信用供与型取引の一要素を組み合わせたものである、ということができよう。つまり、同時交換的行為にも信用供与型取引にも、Lにとって有利な要素と不利な要素が存在しているが、ファイナンス・リース契約は、同時交換的行為と信用供与取引のLにとって有利な要素を組み合わせたものだと、いうことができよう。以下、この点を説明したい。

(b) 信用供与者には、同時交換的取引と比較して、破産による損失を負担するという不利な点もあるが、有利な点もある。すなわち、残債権全体につき、期限の利益を喪失させて債権回収措置を講ずることができる（破産手続では配当を受けることができる）。同時交換的行為の場合、管財人により解除されれば債権全体が消滅してしまうので、これらは不可能である（ただし、目的

物の返還を受けることができる）。

　また，信用供与型取引の場合，被担保債権が確定しているので，担保権の設定を受けることにより，担保権の価値の範囲で破産による損失を回避することができる。とりわけ，目的物に担保権を設定すれば，その実行により目的物の返還と同等の効果を得ることが可能になる。同時交換的行為の場合，管財人により解除された場合には，残債権自体が消滅するため，履行遅滞となった部分以外は，担保権も消滅してしまうことになる。

　信用供与型取引においては，以上のようにして，信用供与者が負担するリスクの程度を決定する（あるいは管理する）ことが可能とされている。

　(c)　他方，同時交換的取引の相手方には，破産による損失負担を免れるという長所がある。先の例でいえば，Ｕが破産手続開始決定を受けた場合，リース契約が同時交換的取引と認められれば，履行が選択された場合は，契約期間満了まで残された賃料債権全額につき，完全な弁済を受けることができる。解除された場合には，残債権は失うが，目的物も返還される。これに対し，信用供与取引だとみるなら，Ｕは契約期間中目的物の使用ができる（Ｌはその間目的物の返還を受けられない）一方で，Ｌはその対価である債権につき按分弁済しか受けられないことになる。

　(d)　そこで，契約自由の原則に依拠しつつ，信用供与型取引の利点と同時交換的取引の利点を併せ持ち，管財人による解除の場合には信用供与取引の属性を，履行選択の場合には同時交換的行為の属性を発揮する契約が，創り出された。すなわち，ⓐ同時交換的行為である賃貸借契約をベースにして，Ｕが破産手続開始決定を受け，破産管財人が履行を選択すれば，賃料債権につき完全な弁済を受けられるようにし，破産管財人が解除を選択すれば，目的物が返還されるようにしつつ，ⓑ信用供与型取引の有利な属性を利用するため，破産法54条１項を利用して損害賠償の予定として賃料の残額に相当する金額を定め，管財人が解除を選択すれば，実質的に残債権全体を破産債権として行使できるようにしたのである。

(3)　２つの要素の併存の可否

　(a)　しかし，破産法上，信用供与型取引に付与されている効果と，同時交換的行為に付与されている効果の内から，一方の当事者に有利なものを選択

し、それらを組み合わせて、1つの法的地位を創造することは、許されないと解される[*4]。破産法においても私的自治の原則が妥当し、当事者の合意は尊重されるべきであるが、倒産法の「公序」に反する場合はこの限りでない。そして、当事者が合意により創ったこのような地位は、倒産実体法の公序に反するので、破産法上尊重されるべきでないと思われるからである。以下で、このように解する理由を、説明したい。

(b) このような合意ないし地位を有効と認めるなら、破産法上、信用供与型取引と、同時交換的行為という、2つの異なる損失分担の形態を設けた意味が、失われてしまう（このような合意を有効と認めれば、このような合意がなされる場合、このような地位が創設される場合が、一般化・原則化しよう）。これら2つの地位の存在を前提とし、両者を使い分けることにより、取引界は経済合理性を追求できるのであるから、この結果は容認し難い。

例えば、BがAに商品（以下、「甲」という）を掛け売りする売買契約において、信用供与者Bに、同時交換的取引の長所も付与すべく、「Aが代金を全額支払うまでに破産手続開始決定を受けた場合には、Bは契約を解除し、甲を取り戻すことができる」という条項を設けたとする。これを有効と認めるなら、Bの与信の巻き戻しを認めることになり、信用供与型の売買契約の消滅へとつながろう。破産手続は、信用供与者（破産債権者）が債務者（破産者）に給付したものの返還は認めず、信用供与者が破産者に対して有する反対給付請求権につき按分弁済をすることにより成り立つ制度であるから、このような合意を有効と認めるなら、破産制度も崩壊しよう。倒産解除特約に係る、最判昭和57・3・30民集36巻3号484頁、最判平成20・12・16民集62巻10号2561頁も、このような合意を容認しない趣旨であると思われる。

---

[*4] 1つの取引に、信用供与者としての地位と同時交換的行為の相手方の地位が併存することはあり、それは不当なことではない。例えば、メンテナンス・リース取引に、信用供与型取引であるファイナンス・リースと、同時交換的行為であるメンテナンス契約が併存している場合があろう。預託金会員制ゴルフクラブの会員契約のなかで、預託金の支払とゴルフ場施設利用権の取得が信用供与型取引で、年会費の支払とゴルフ場施設の維持等の義務が同時交換的行為である場合もあろう。また、賃貸借契約のなかにも、賃貸借本体は同時交換的行為であるが、敷金関係は信用供与に準ずると解し得よう。これらの取引は適法であり、倒産実体法の公序に反することはない。しかし、ここで問題としているのは、取引を構成する最小単位の法的地位が、信用供与型取引の要素と同時交換的行為の要素により構成される場合である。

(c)　ある契約において信用供与がなされているか否か，給付と反対給付の間に対価的牽連関係があるか否かは，二者択一の問題である。したがって，双方の有利な要素を組み合わせた法的地位は，信用供与者に対して信用を供与しなかった者に対する法的効果を付与し，信用を供与しなかった者に対して信用供与者に対する法的効果を付与した結果となる。これは，当該法的地位を付与する正当化根拠との関係で，問題を生ずる。

　まず，信用供与型取引における信用供与者が残存する請求権全体を付与されるのは，債務不履行のリスクを引き受ける以上，負担するリスクの大きさをコントロールできねばならないからである（詳細は上述2を参照）。とするなら，信用を供与していない同時交換的行為の相手方が，残存する請求権全体を付与される根拠は，認められない。

　次に，同時交換的行為の相手方が破産による損失を負担しない根拠は，同時交換的取引が非信用供与型取引であることのほか，危機に陥った債務者が事実上取引界から排除されることを防ぐという政策に求められる（詳細は上述3(3)を参照）。では，信用供与者に同時交換的取引の相手方の地位の内で有利なものを付与すれば，当該信用供与型取引が危機に陥った債務者を救済するために行われるであろうか。行われないと，いうべきである。例えば，最判平成7・4・14民集49巻4号1063頁が出るまでは，フルペイアウト型ファイナンス・リース契約は危機に陥った債務者を救済するために使われたかといえば，そうではないであろう。このように考えるなら，信用供与者に，同時交換的行為の破産による損失を負担しない地位を認める根拠は，存在しない。

　(d)　以上のように考えるなら，ファイナンス・リース契約を信用供与型取引と見るなら，破産法53条などの適用を可能とした部分は，倒産実体法の公序に反して無効となるので，LがUに利用権を掛け売りする取引であり，Uが破産手続開始決定を受けた場合にはLはUに対して残債権を破産債権として行使すると解することになる。他方，同時交換的取引（賃貸借契約）と見るなら，破産法53条などの適用は可能であるが，破産管財人が解除する際に残賃料債権全額を請求できる点は，倒産実体法の公序に反して無効となると解されよう。

### (4) 信用供与取引か同時交換的行為か

　以上のように，信用供与取引の要素と同時交換的行為の要素は併存し得ないとするなら，ファイナンス・リース契約の性質はどちらかを決定しなければならない。論理的には，信用供与型取引（利用権の掛け売り）だとして破産法53条などの適用はないとするか，同時交換的取引（賃貸借契約）だとして残存する賃料債権全体（規定損害金請求権）を破産債権とするのを無効とするかの，二者択一であろう。

　いずれとするかは，もはや倒産実体法の公序とは関係ないので，当事者の意思により決めればよい，つまり契約（法律行為）の解釈の問題に持ち込めばよいと思われる。その際の判断基準は問題であるが，信用供与的要素がみられる場合には，つまり，実質的にみて残債権全体が行使可能な法律構成がなされ，それに担保が設定され，リスクに応じた手数料，利息，遅延損害金が設定されるなど，リスク管理の措置が講じられている場合には，ⓐ信用供与型取引がなされており，さらにⓑリスクを減じるために同時交換的行為の要素が組み込まれていると解すべきである。その上で，ⓑの部分は倒産実体法の公序に反して無効であると解すべきである。ⓒ賃料の不払いがあれば契約を解除し目的物を引き揚げることができるという部分は，同時交換的行為の要素は認めることができない以上，契約の解除は期限の利益を喪失させることであり，目的物の引揚げは目的物上に設定された担保権の実行のことであると，善解することになろう。前掲最判平成7・4・14も同様の趣旨だと理解することはできないであろうか。

## 5　民法613条の類推適用の可否

　最後に，民法613条の類推適用の可否につき，若干のコメントをしておきたい。

　民法613条の趣旨は，同時交換的取引である賃貸借契約を前提とするなら，よく理解できる。月初や月末に賃料を支払うこととされている賃貸借契約は，同時交換的行為と見るべきである。厳密にいえば，賃貸借契約を同時交換的取引と構成するには，賃借人が刻一刻と使用収益するのに応じて，賃貸人に刻一刻と賃料を支払うこととすべきであろう。しかし，これは社会的

に不可能である。そこで，刻一刻と賃料を支払うことと価値的に等しいと見ることができる，月初や月末に支払うことを，これに代えたわけである。

では，賃借人が転貸した場合，賃貸人の同時交換的取引の当事者としての地位は，どのように保障されるべきであろう。転借人が刻一刻と使用収益しているにもかかわらず，賃貸人が賃借人より賃料の支払を受けることができない場合，賃貸人は転借人にも賃料を請求でき，双方に請求しても賃料の支払として不十分であれば，賃貸人は賃借人に対する賃貸借契約を解除して，転借人より目的物を取り戻すというルールは，このような地位の保障として，合理的であると思われる。

しかし，賃貸借という形式をとっていても，信用供与型取引と解さなければならないファイナンス・リース契約に，この理は妥当しない。リース業者は，リース期間の利用権をユーザーに設定し，その対価としてリース債権全体を取得してリスクを引き受け，その見返りとして担保権の設定を受けるなど，債権全体につきリスク管理をしているので，仮にユーザーが刻一刻と使用・収益の利益を得る一方，原リース会社がこれに応じてその対価を収めることができないとしても，それは，信用供与の相手方である転リース会社について想定されていたリスクが，顕在化しただけのことであり，原リース会社は期限の利益の喪失や担保権の実行で対処すべきだからである。同時交換的行為の場合と異なり，債務不履行による損失に対処するために解除したとしても，原リース業者は残賃料債権全体を失わず，それゆえ担保権行使も可能である。さらにいえば，リース期間内に目的物が消滅した場合ですら残リース料債権を行使できる（利用権の設定と債権全体の取得が対価関係に立つのであって，使用収益と賃料の支払は対価関係に立たないことが鮮明となろう）。

リスク引受けの見返りとして，以上のような，顕在化した損失に対処するための手段を与えられているのであるから，このような手段がない場合を想定して賃借人と転借人の衡平を図ろうとする民法613条が類推適用されないことは当然であると思われる。

## 倒産実務交流会活動一覧

| 回数 | 開催日 | テーマ | 報告者 |
|---|---|---|---|
| 1 | H18. 7. 8 | 更生手続における動産売買先取特権をめぐる実務上の諸問題 | 池口　毅, 木村真也 |
|  |  | 倒産手続における株主に関する問題点 | 中嶋勝規, 森　拓也, 北野知広 |
| 2 | H18.10.28 | 再生手続と営業譲渡に関する問題点 | 服部　敬, 中嶋勝規, 森　拓也 |
|  |  | 転リース契約への民法613条1項前段類推適用の可否 | 桐山昌己, 大江祥雅 |
| 3 | H19. 1.13 | 賃貸人の倒産における敷金返還請求権の取扱い | 野村剛司, 余田博史 |
| 4 | H19. 4.21 | 破産管財人の源泉徴収義務の有無について | 桐山昌己 |
|  |  | 詐欺破産罪について | 田仲美穂 |
| 5 | H19. 7.21 | 信販取引と破産について | 黒木和彰, 川上　良 |
| 6 | H19.10.20 | 将来債権譲渡と債務者の倒産について | 籠池信宏, 広瀬道人 |
| 7 | H20. 1.26 | 保証人の求償権による相殺について | 増市　徹, 坂川雄一 |
| 8 | H20. 4.19 | (1) 民事再生手続開始申立てがあったときを解除原因とするファイナンスリース契約の特約は民事再生法の趣旨, 目的を害するもので無効であるとされた事例<br>(2) 民事再生手続開始後にファイナンスリース契約が解除され, 目的物が返還されなかったことによる不法行為に基づく損害賠償請求権は共益債権に当たるとされた事例 | 中西　正（神戸大学教授） |
|  |  | 公共工事請負人の破産 | 田仲美穂, 新宅正人 |
| 9 | H20. 7.19 | 賃借人破産における破産法53条1項による解除の規律 | 井上計雄 |
|  |  | 敷金が未払賃料や原状回復費用等全部を賄うに足りない場合における処理について | 堀　政哉 |
| 10 | H20.10.18 | 倒産手続における費用負担の問題 | 中西　正（神戸大学教授） |
| 11 | H21. 1.24 | 保全管理人の地位と事業譲渡 | 髙橋典明 |
| 12 | H21. 4.25 | 不動産の流動化における受益者・マスターレッシーの倒産 | 苗村博子, 佐藤　俊 |
| 13 | H21. 7.11 | 再建型倒産手続における商取引債権の優先的取扱い | 上田裕康, 杉本純子（日本大学准教授） |
| 14 | H21.10.24 | 開始時現存額主義の適用範囲について | 印藤弘二 |
| 15 | H22. 1.30 | 事業再生ADRによる事業再生の実務 | 中井康之, 柴野高之 |
| 16 | H22. 4.10 | 第三セクターにおける特定調停, 民事再生における諸論点 | 山本健司, 中西敏彰 |
| 17 | H22. 7.10 | 私的自治の原則と倒産法における限界 | 藤本利一（大阪大学教授）, 稲田正毅 |

| | | | |
|---|---|---|---|
| 18 | H22.10.16 | 弁済による代位と民事再生～大阪高判平成22年5月21日の事案から～ | 中西　正（神戸大学教授）、野村剛司 |
| 19 | H23. 1.22 | 将来債権譲渡の効力～管財人の第三者性の議論との関係も踏まえて | 赫　高規 |
| 20 | H23. 4.16 | 濫用的会社分割について | 黒木和彰，川口珠青 |
| 21 | H23. 7.23 | ＤＩＰ型会社更生手続の実務運用について | 小畑英一 |
| 22 | H23.10.29 | 銀行の保持する留置物としての手形の取立（権）と倒産法理についての実体的法律関係（銀行取引約定書の解釈）からのアプローチ | 東畠敏明 |
| 23 | H24. 2.25 | 倒産実務の最前線 | 松嶋英機 |
| 24 | H24. 4.21 | 濫用的再生手続申立てに対抗する更生事件の事例 | 木内道祥 |

## 初 出 一 覧
(以下において，①は「論文」，②は「コメント」を表す。)

## ■第1章　倒産処理の手法

第1　ＡＤＲ
　①中井康之「事業再生ＡＤＲの手続上の諸問題」
　　・事業再生ＡＤＲの手続上の諸問題（上）　銀行法務21・717号22頁（2010年）
　　・事業再生ＡＤＲの手続上の諸問題（下）　銀行法務21・718号36頁（2010年）
　②中西　正「プレＤＩＰファイナンスに基づく債権の共益債権化」
　　・プレＤＩＰファイナンスに基づく債権の共益債権化　銀行法務21・718号44頁（2010年）
第2　赤字第三セクターの処理
　①山本健司＝中西敏彰「第三セクターに関する事業再生の実例と今後の事業再生のあり方について」
　　・第三セクターに関する事業再生の実例と今後の事業再生のあり方について　銀行法務21・720号24頁（2010年）
　②中島弘雅「赤字第三セクターの債務整理が進まないのはなぜ？」
　　・赤字第三セクターの債務整理が進まないのはなぜ？　銀行法務21・720号32頁（2010年）
第3　会社分割を用いた事業再生
　①黒木和彰＝川口珠青「濫用的会社分割に対する一試論」
　　・濫用的会社分割に対する一試論（上）　銀行法務21・734号18頁（2011年）
　　・濫用的会社分割に対する一試論（下）　銀行法務21・736号38頁（2011年）
　②中西　正「濫用的会社分割と否認権・債権者取消権」
　　・濫用的会社分割と否認権・債権者取消権　銀行法務21・736号46頁（2011年）

## ■第2章　管財人・保全管理人の地位と職務

第1　保全管理人の地位
　①髙橋典明「倒産手続における保全管理人の地位と事業譲渡」
　　・倒産手続における保全管理人の地位と事業譲渡　銀行法務21・705号16頁（2009年）
　②松下祐記「保全管理人による事業譲渡について―会社更生を念頭に―」
　　・保全管理人による事業譲渡について―会社更生を念頭に―　銀行法務21・705号22頁（2009年）

第2　破産管財人の職務
　①桐山昌己「破産管財人の源泉徴収義務―大阪地方裁判所平成18年10月25日判決について―」
　　・破産管財人の源泉徴収義務―大阪地判平成18・10・25について―　銀行法務21・676号46頁（2007年）
　②中西　正「破産管財人の源泉徴収義務」
　　・破産管財人の源泉徴収義務　銀行法務21・676号52頁（2007年）

第3　管財人の第三者性
　①赫　高規「将来債権譲渡の効力と債権法改正―管財人の第三者性の議論との関係も踏まえて―」
　　・将来債権譲渡の効力と債権法改正（上）―管財人の第三者性の議論との関係も踏まえて―　銀行法務21・730号34頁（2011年）
　　・将来債権譲渡の効力と債権法改正（下）―管財人の第三者性の議論との関係も踏まえて―　銀行法務21・731号38頁（2011年）
　②中西　正「倒産法と将来債権譲渡の効力」
　　・倒産法と将来債権譲渡の効力　銀行法務21・731号46頁（2011年）

## ■第3章　担　保　権

第1　先取特権
　①池口　毅＝木村真也「更生手続下における動産売買先取特権の取扱いについて」

・更生手続下における動産売買先取特権の取扱いについて　銀行法務21・670号5頁（2007年）
②中西　正「更生手続における先取特権保護に関するコメント」
　・更生手続における先取特権保護に関するコメント　銀行法務21・670号14頁（2007年）

第2　銀行の取立手形と商事留置権
①東畠敏明「銀行の手形取立金の実体的法律関係と倒産法理」
　・銀行の保持する留置物としての手形取立金の優先回収と倒産法理についての実体的法律関係（銀行取引約定書の解釈）からのアプローチ（上）　銀行法務21・740号16頁（2012年）
　・銀行の保持する留置物としての手形取立金の優先回収と倒産法理についての実体的法律関係（銀行取引約定書の解釈）からのアプローチ（下）　銀行法務21・741号22頁（2012年）

第3　将来債権譲渡担保
①籠池信宏「将来債権譲渡担保と更生担保権評価」
　・将来債権譲渡担保と更生担保権評価（上）　銀行法務21・696号24頁（2008年）
　・将来債権譲渡担保と更生担保権評価（下）　銀行法務21・697号38頁（2009年）
②中西　正「将来債権譲渡担保と倒産手続」
　・将来債権譲渡担保と倒産手続　銀行法務21・697号50頁（2009年）

## ■第4章　保証人の求償権

第1　開始時現存額主義
①印藤弘二「開始時現存額主義の適用範囲を示した最高裁判決に関する一考」
　・開始時現存額主義の適用範囲を示した最高裁判決に関する一考　銀行法務21・719号32頁（2010年）
②藤本利一「手続開始時現存額主義の意義と弁済充当の合意」
　・手続開始時現存額主義の意義と弁済充当の合意　銀行法務21・719号42頁（2010年）

第2　弁済による代位

①野村剛司「弁済による代位と民事再生―大阪高裁平成22年5月21日判決の事案から―（附）最高裁平成23年11月24日判決について」
　・弁済による代位と民事再生―大阪高裁平成22年5月21日判決の事案から―　銀行法務21・727号30頁（2011年）
②中西　正「財団（共益）債権性・優先的倒産債権性の承継可能性」
　・財団（共益）債権性・優先的倒産債権性の承継可能性　銀行法務21・727号38頁（2011年）

第3　事後求償権による相殺

①増市　徹「保証人の事後求償権と相殺【1】―破産手続における事後求償権の属性の観点からの考察」
　・保証人の事後求償権と相殺　破産手続における事後求償権の属性の観点からの考察　銀行法務21・689号24頁（2008年）
①坂川雄一「保証人の事後求償権と相殺【2】―相殺権行使の可否の観点からの考察」
　・保証人の事後求償権と相殺　相殺権行使の可否の観点からの考察　銀行法務21・689号30頁（2008年）
②中西　正「委託を受けない保証人の求償権と破産財団に対する債務との相殺の可否」
　・委託を受けない保証人の求償権と破産財団に対する債務との相殺の可否　銀行法務21・689号35頁（2008年）

■第5章　相　　殺

①中西　正「証券投資信託における受益者の破産・民事再生と相殺―名古屋高裁平成24年1月31日判決の検討―」
　・証券投資信託における受益者の破産・民事再生と相殺―名古屋高裁平成24年1月31日判決の検討―　銀行法務21・743号22頁

■第6章　契約関係の処理

第1　契約全般

Ⅰ　商取引債権
①上田裕康＝杉本純子「再建型倒産手続における商取引債権保護」
　・再建型倒産手続における商取引債権の優先的取扱い　銀行法務21・711号42頁（2010年）
②中西　正「再建型倒産処理手続における商取引債権優先的取扱いの根拠」
　・再建型倒産処理手続における商取引債権優先的取扱いの根拠　銀行法務21・711号48頁（2010年）
Ⅱ　倒産前に締結された契約条項の拘束力
①稲田正毅「契約自由の原則と倒産法における限界」
　・私的自治の原則と倒産法における限界，契約自由の原則と倒産法における限界　銀行法務21・724号32頁（2010年）
②藤本利一「アメリカ連邦倒産法における ipso facto 条項をめぐる展開素描　管財人による転貸借事例を手がかりに」
　・アメリカ連邦倒産法における ipso facto 条項をめぐる展開素描―賃貸借契約を手がかりとして―　銀行法務21・724号39頁（2010年）

第2　賃貸借契約
　Ⅰ　賃借人の倒産
①井上計雄「賃借人破産における破産法53条1項による解除の規律」
　・賃借人破産における破産法53条1項による解除の規律　銀行法務21・703号22頁（2009年）
①堀　政哉「敷金の充当関係と充当後残債務の処理について」
　・敷金が未払賃料や原状回復費用等全部を賄うに足りない場合における処理について　銀行法務21・704号22頁（2009年）
②中西　正「賃貸借契約と破産手続」
　・賃貸借契約と破産手続　銀行法務21・704号29頁（2009年）
　Ⅱ　賃貸人の倒産
①野村剛司＝余田博史「賃貸人の倒産における敷金返還請求権の取扱い」
　・賃貸人の倒産における敷金返還請求権の取扱い（上）　銀行法務21・678号28頁（2007年）
　・賃貸人の倒産における敷金返還請求権の取扱い（下）　銀行法務21・680号

32頁（2007年）

②中西　正「賃貸人の倒産と敷金返還請求権」

・賃貸人の倒産と敷金返還請求権　銀行法務21・680号38頁（2007年）

Ⅲ　不動産信託スキームと倒産

①苗村博子＝佐藤　俊「不動産の流動化における受益者・マスターレッシーの倒産」

・不動産の流動化における受益者・マスターレッシーの倒産（上）　銀行法務21・708号38頁（2009年）

・不動産の流動化における受益者・マスターレッシーの倒産（下）　銀行法務21・709号28頁（2009年）

②中西　正「『不動産の流動化における受益者・マスターレッシーの倒産』における2，3の問題」

・「不動産の流動化における受益者・マスターレッシーの倒産」における2，3の問題　銀行法務21・709号36頁（2009年）

第3　請負契約

①新宅正人「公共工事請負人の破産―前払金の帰趨」

・公共工事請負人の破産―前払金の帰趨―　銀行法務21・691号25頁（2008年）

②中西　正「公共工事請負人の破産について―前払金の信託と双方未履行双務契約」

・公共工事請負人の破産について―前払金の信託と双方未履行双務契約―　銀行法務21・691号34頁（2008年）

第4　リース契約

①大江祥雅「転リース契約への民法613条1項前段の類推適用の可否」

・転リース契約への民法613条1項前段の類推適用の可否　銀行法務21・674号32頁（2007年）

②中西　正「ファイナンス・リースの破産法上の取扱い」

・ファイナンス・リースの破産法上の取扱い　銀行法務21・674号38頁（2007年）

# 事項索引

## あ行

明渡（費用）請求権 …… 357
委託を受けない保証人
　…………………… 267, 283
一時停止 ……………………… 5
　——の決議 ………………… 8
　——の通知 ………………… 6
一種の担保 ………………… 256
ipso facto 条項
　… 331, 332, 334, 336, 337
違約金条項 ………… 325, 345
請負 ………………………… 417
請負契約 …………………… 245
請負人の破産 ……… 417, 431
売掛債権
　——の譲渡
　　………………… 111, 118, 122
　——の譲渡担保権（累積型） ……………………… 119
営業循環型の売掛債権の譲渡担保権 ………… 119, 120

## か行

改革推進債 ……… 34, 40, 43
開始時現存額主義 … 227, 241
開始時残高限定説 ……… 189
会社分割 ……………………… 47
果実収取権 ……………… 111
過大担保 ………………… 121
管財人の第三者性
　…………… 105, 113, 126
観念的清算 ……………… 195
期限の利益の喪失 ……… 163
寄託請求 ………… 280, 372
基本契約 ………………… 112
求償権 …………………… 245
共益債権 ………………… 245
共益債権化 ……………… 377
共益債権化先行説 ……… 378
強制管理 ………………… 116

銀行取引約定 …………… 150
口単位説 ………………… 227
継続的契約 ……………… 112
契約自由の原則 … 320, 338
原債権 …………………… 245
原状回復（費用）請求権
　………………………… 357, 425
源泉徴収義務 …… 87, 88, 100
現存額主義 …… 227, 241, 242
権利変更先行説 …… 376, 378
公共工事 ……………… 417, 431
更生担保権 ……………… 188
合理的相殺期待 ………… 292
個別契約 ………………… 112

## さ行

債権者代位権 …………… 290
債権譲渡 ………………… 254
債権譲渡登記 …………… 183
債権法改正 ……………… 105
再生債権 ………………… 245
債務超過 …………………… 81
詐害行為取消権 …………… 55
産活法 ……………………… 3
敷金の充当順序 ………… 353
敷金返還請求権 …… 367, 386
事業再生ADR ……………… 3
事業再生実務家協会 ……… 3
事業譲渡 ………… 75, 83, 111
事後求償権 ………… 268, 277
私債権 …………………… 258
失期条項 ………………… 163
実行時固定化説 ………… 121
実体法上の制約 …… 249, 250
私的整理 …………………… 4
重畳的債務引受 …………… 49
充当合意 ………………… 243
充当範囲限定説 ………… 380
受益者 …………… 391, 414
受託保証人の事後求償権
　………………………… 277

準法定相殺 ……………… 152
少額債権 ………………… 306
証券投資信託 …………… 289
商事留置権 ……………… 149
商事留置手形 …………… 324
商取引債権 ………… 305, 315
　——の保護 …………… 22, 306
将来債権譲渡 ……… 105, 125
将来債権譲渡担保 … 184, 218
将来の求償権 …………… 269
将来の請求権 ……… 279, 280
信託 ………………… 391, 418
信託受託者 ……………… 391
信用供与 ………………… 253
信用供与取引 …………… 445
信用補完 ………………… 253
清算価値保障原則 ……… 144
全体価値把握説 ………… 189
相殺 ……………………… 371
　——に対する合理的期待
　　………………………… 277
相殺権 …………………… 276
総債権説 ………………… 227
相殺予約担保 …………… 163
双方未履行双務契約 …… 420
租税債権 ………… 251, 257
損失補償契約 …… 34, 40, 45

## た行

第三者対抗要件 ………… 105
第三セクター ……………… 29
第三セクター等改革推進債
　……………………… 29, 43
立替払制度 ……………… 251
他人の破産債権 ………… 279
担保価値維持義務 ……… 121
担保権 …………… 251, 258
　——の実行 …………… 374
　——の実行中止命令
　　………………… 121, 124
　——の実行手続の取消命

令 ……………………122
担保権消滅許可 ……121, 124
中止命令 …………………123
賃借人の破産 ……………341
賃貸借契約 …………341, 363
賃貸人
　——の地位の承継 ……108
　——の倒産 ………367, 386
賃料債権の譲渡 ……108, 116
停止条件付債権 …………367
手形取立金 ………………149
手続移行 …………………21
手続実施者 ………………4
手続法上の制約 …………250
転貸借契約 ………………397
転リース契約 ……………435
倒産解除特約 ………320, 342
倒産隔離 …………………418
動産債権譲渡特例法 ……108
倒産条項
　………331, 332, 335, 338
動産売買先取特権 …133, 146
倒産法における公序 ……327
同時交換的行為 …………446
当事者間の公平 …………252
投資信託 …………………289
当然充当 …………………367
当然充当先行説 …………377
特定調停 …………………21
取消命令 …………………123

取立委任手形 ……………149

## な 行

任意処分条項 ………151, 168
任意売却 …………………370

## は 行

倍額損害金条項 …………349
配当無色透明論 …………96
破産管財人
　——の源泉徴収義務
　　　　　　　　…87, 100
　——の第三者性 …105, 126
　——の地位 ……………125
破産法72条1項1号類推適
　用 ………………………279
否認権 ……………………62
ファイナンス・リース
　…………………436, 444
物権法定主義 ……………111
物上代位 …………………374
物上代位権 ………………139
プライオリティ・ルール
　…………………………265
プレDIPファイナンス
　…………………………13, 25
弁済充当 …………………150
弁済充当合意 ……………243
弁済充当指定 ……………243
弁済充当特約 ……………238

弁済による代位 ……245, 260
包括的禁止命令 …………123
法人格否認の法理 ………54
法制審議会民法(債権関係)
　部会 ……………………105
保証事業会社 ……………417
保証人 ……………………253
　——の事後求償権と相殺
　　　　　　　…268, 276
保全管理人 ……………75, 83

## ま 行

前に生じた原因 …………296
前払金 ……………………417
前渡金返還請求権 ………245
マスターレッシー …391, 414
無受託保証人の事後求償権
　…………………267, 278

## や 行

優先弁済権 ………………150
予告期間条項 ……………345

## ら 行

濫用的会社分割 ………47, 66
累積型の売掛債権の譲渡担
　保権 ……………………121
労働債権 ……………251, 257
労働者健康福祉機構 ……251

倒産実務交流会 編

■編集者

中 西 　　正（神戸大学大学院法学研究科教授）

中 井 康 之（弁護士）

佐 々 木 　豊（弁護士）

石 井 教 文（弁護士）

野 村 剛 司（弁護士）

木 村 真 也（弁護士）

中 嶋 勝 規（弁護士）

堀 　　政 哉（弁護士）


## 争点　倒産実務の諸問題

2012年7月2日　初版第1刷印刷
2012年7月14日　初版第1刷発行

編　者　　倒産実務交流会
発行者　　逸 見 慎 一

発行所　東京都文京区　株式　青 林 書 院
　　　　本郷6丁目4—7　会社
振替口座　00110-9-16920／電話03(3815)5897〜8／郵便番号113-0033
ホームページ☞ http://www.seirin.co.jp

印刷・星野精版印刷㈱　落丁・乱丁本はお取替え致します。
Ⓒ2012　倒産実務交流会
Printed in Japan

ISBN 978-4-417-01565-9

**JCOPY**〈㈳出版者著作権管理機構　委託出版物〉
本書の無断複写は著作権法上での例外を除き禁じられています。複写される場合は，そのつど事前に，㈳出版者著作権管理機構（電話03-3513-6969，FAX03-3513-6979，e-mail:info@jcopy.or.jp）の許諾を得てください。